KB231371

분단의 두 얼굴

분단의 두 얼굴

1판 1쇄 인쇄 2005년 7월 25일
1판 1쇄 발행 2005년 7월 30일

지은이 김승렬 신주백 외
펴낸이 김백일
기획 조원식
편집 김수영 정윤경
마케팅 정순구 황주영

출력 ING
용지 한서지업사
인쇄 제본 한영문화사

펴낸곳 역사비평사
출판등록 제1-669호 (1988. 2. 22)
주소 110-801 서울시 종로구 계동 140-44
전화 741-6123~5
팩스 741-6126
홈페이지 www.yukbi.com
전자우편 yukbi@chol.com
ISBN 89-7696-407-1 93340

† 책값은 표지 뒷면에 표시되어 있습니다.
잘못 만들어진 책은 구입하신 서점에서 바꾸어 드립니다.

분단의 두 얼굴

테마로 읽는 독일과 한반도 비교사

김승렬 · 신주백 외 지음

역사비평사

차 례

책을 펴내며

1.

세종문화회관과 인민문화궁전, 서울타워와 주체사상탑, 임시정부정통론과 항일무장투쟁정통론, 반상회와 5호담당제, 새마을운동과 천리마운동, 그리고 학생 군사 교육 ……. 전혀 어울릴 것 같지 않은 억지스런 연계처럼 보이지만 서로를 대비하고 나열해보면 막연하게라도 어떤 연관을 찾아낼 수 있을 것이다. 우리의 연구는 이렇게 막연한 관계를 학문적으로 규명해보자는 데서 출발했다.

좀더 거창하게 이야기를 풀어보자. 남북한 관계는 1972년 7·4남북공동성명을 계기로 급속히 화해 분위기로 돌아섰다. 평소 통일 문제를 생각하지 않았던 사람조차 곧 통일이 달성될 것처럼 느꼈을 정도다. 그런 상황에서 남한과 북한은 곧바로 극단적인 독재체제에 들어갔다. 거의 동시에, 아주 이해하기 어려운 정치 현상이 남한과 북한에서 일어난 것이다.

남한과 북한은 상당히 다른 것 같지만 조금만 깊게 살펴보면 비슷한 점이 무척 많다. 남북한 각자의 내부로만 시선을 돌려서 볼 때는 서로 차이를 강조하는 모습만 보일 뿐 닮은꼴을 제대로 이해하기 어렵다. 그보다는 남북한 상호간의 관계 속에서 이해해야만 더 정확히 알 수 있다. 그만큼 분단이 우리를 강력히 규정하고 있는 것이다. 분단이 미친 규정적 영향은 정치·군사·외교와 같은 고도의 정치적 차원을 넘어 사회 및 문화 전반에까지 확대되어 거의 모든 영역에 걸쳐 있기 때문이다. 그래서 우리는 남한과 북한의 역사를 별개의 분석 대상으로 놓고 보지 않았다. 서로 대립하지만 서로에게 의존하는 독특한 하나의 단위로 보았다.

탈냉전적이며 전체적이라고 할 수 있는 이러한 시각은 사실 알고 보면 그리 새로울 것이 없는 시선이다. 민족분단의 현실을 극복하려 했던 사람이라면 누구나 이러한 전체적 시각을 숙고할 수 있기 때문이다. 오래전부터 한반도 전체의 역사를 하나의 단위로 인식함으로써 분단시대의 역사 인식에 대해 문제 제기를 해왔던 강만길이나, 분단체제론을 주장해왔던 백낙청에게서 이러한 예는 어렵지 않게 발견할 수 있다. 하지만 극단적인 남북 대결 상황을 감안하면 이러한 시도는 대단히 선구적이라고 보아야 할 것이다. 냉전에 기대어 권력을 유지한 독재정권은 상대방에게 불리하거나 자신에게 유리한 것은 대대적으로 선전하되, 자신에게 불리한 것은 일절 알려지지 않도록 막았다. 그 결과 서로의 정보에 정통한 극소수를 제외하고는 남북한의 주민 중 남한과 북한의 상호 관계를 아는 이는 거의 없었고, 설령 안다고 하더라도 상대방을 객관적으로 파악한다는 것은 대단히 어려웠다. 이것은 분단사를 다루는 대부분의 연구에도 영향을 줌으로써, 남한과 북한은 결국 별개의 분석 대상이 되었다. 이러한 상황적 제약으로 인해 위의 선구적 시도들은 적지 않은 한계를 포함하고 있었다.

남한과 북한을 관계사적 측면에서 파악하는 시각이 본격적으로 발전하기 시작한 것은 1990년 냉전 종식 이후였다. 세계적 수준에서 냉전이 종식된 1990년대가 바로 동북아에서도 냉전이 끝났음을 의미하지는 않지만, 그 여파는 여실히 확인된다. 그 가운데 하나가 북한에 영향을 주었던 소련과 중국의 변화, 그리고 이들과 남한 정부가 맺은 외교적 관계일 것이다. 그 결과 최소한 남한에서는 극단적인 반공주의 문화가 점차 약해지기 시작했으며, 러시아·중국·미국에서는 한국전쟁 관련 문서들이 공개되었다. 전자의 결과로 그동안 연구 시각을 제한했던 벽이 해체되기 시작했다고 한다면, 후자로 인해서는 남북한을 아우르는 현대사 인식에 필요한 새로운 자료를 대량으로 참조할 수 있었다.

새롭게 열린 연구 공간을 최대한 활용한 대표적인 연구가 박명림과 이종석의 연구일 것이다. 박명림은 『한국전쟁의 발발과 기원 I, II』(나남출판, 1996)와 「분단 질서의 구조와 변화 : 적대와 의존의 대쌍관계동학 1945~95」(『국가전략』 3-1, 1997)에서 자신의 생각을 유감없이 드러냈다. 그는 남한과 북한이 서로 적대하지만, 분리해서 파악할 수 없는 하나라고 보고, 각 진영 내부에도 관통하는 남북 관계의 메커니즘을 "대쌍관계동학"과 "적대적 의존"이라고 명명했다. 이종석도 『분단시대의 통일학』(한울, 1998)과 「유신체제의 형성과 분단 구조」(『개발독재와 박정희 시대』, 창비, 2003)에서 유신체제의 형성과 분단 구조의 관계를 실증적으로 밝혔다. 그는 분단을 매개로 형성된 남북한의 정치·경제·사회의 여러 관계와 남북한 관계의 총체를 "분단 구조"라고 정의했다.

우리는 박명림과 이종석의 연구에 많은 시사를 받았지만, 모든 영역에서 이를 적용하기에는 뭔가 허전했던 심정을 고백하지 않을 수 없다. 왜냐하면 위의 연구는 주로 정치적 영역에 국한되었기 때문이다. 이러한 갈증을 메워준 청량음료가 동서독 현대사를 연구한 클레스만(Christoph Klessmann)의 논문이었다. 국내에 소개된 클레스만의 주장은 「분단된 과거와 공동의 역사」(『독일연구』, 2001)와 『통일과 역사 새로 쓰기』(최승완 역, 역사비평사, 2004)에서 확인할 수 있다.

클레스만은 "배제와 연관", "배제와 상호 영향 관계", "분단되었지만, 공통되기도 한 역사", "비대칭적 관계사" 등과 같은 개념을 적극 활용하며, 동서독을 모두 아우르는 '특수한 분단 독일 현대사'를 위한 연구 틀을 제시한 사람이다. 그는 이에 기초하여 과거 청산 문제, 여성사, 노동운동사, 청소년사, 교회사 등과 같은 다양한 사회 문화적 방면에서 이루어진 독일 학자들의 실증적인 연구 결과도 소개했다. 클레스만은 단순히 과거에 대한 학문적 관심에 머무르지 않고 통일 이후 독일에서 나타나고 있는 문제까지, 즉 통일 이후 골칫거리인 구동독인들과의 내적 통합 문제까지 염두에 두고 있다. 그래서 그는 분단시기를 서독 중심주의의 목적론적 시각에서 서독이 승리한 역사로만 보거나, 민족국가 역사에서 예외적인 일탈로 보아서는 안 된다고 하였다.

독일의 분단사 연구와 한반도의 그것이 기본 시각에서는 일치하는 측면을 보이지만, 그 넓이와 깊이에서는 차이를 드러낸다. 일상사와 문화사 분야에서 서로 다른 연구 풍토와 수준 때문이기도 하지만, 독일 연구자들은 동독의 붕괴로 그곳의 사료를 충분히 참조할 수 있다는 점에서 더 근본적인 차이가 있다. 그런데 이러한 차이는 오히려 우리에게 학문적 자극이자 도전이다. 때문에 독일 분단사 연구는 우리에게 학문적으로 의미 있는 범례이기도 하다.

위와 같은 (비)대칭적 관계사의 시각과 문제의식에서 역사비평사의 단행본 기획위원회는 남북 관계를 포괄적으로 분석하면서 독일사와 비교하는 연구서를 출간하기로 결정했다. 동서독 부분은 김승렬이, 남북한 부분은 신주백이 담당한 이번 기획에서는, 세 가지를 동시에 시도하고 있다. 첫째, 남북한 및 동서독을 따로따로 분석하지 않고 각 분단 구조를 하나의 분석 단위로 설정하였다. 둘째, 분석 대상을 정치적 영역뿐 아니라 사회 및 문화 영역에까지 확장하였다. 끝으로 셋째, 비슷한 역사적 경험을 갖고 있는 독일의 분단과 한반도의 분단을 비교하였다. 책 제목인 "분단의 두 얼굴"은 독일과 한반도를 가리킨다. 동시에 분단이 (비)대칭적으로 영향을 미친 동독과 서독, 그리고 남한과 북한의 관계사를 의미할 뿐만 아니라, 분단으로 인해 형성된 남한·북한·서독·동독의 내부 모습이 다르면서도 닮았음을 의미한다.

2.

관계사적 시각과 방법론이 나름대로 의미 있는 접근법이라고 기획자가 판단한 이유는, 남한에 대한 현실적인 문제의식 때문이었다. 그것은 먼저 대한민국의 반공주의 문화를 재검토해야 한다는 필요성에서 비롯되었다. 남북 대립을 화해와 공존의 관계로 바꾸기 시작한 2000년 이래 벌써 4년이란 세월이 흘렀다. 그간 북한도 많은 변화를 겪었지만, 남한에도 많은 변화의 진통이 있었다. 그것은 남북한 내부에서 진행된 분단체제의 변화였다. 특히 지난 한 해 동안 국보법 폐지 및 과거사 진상규명법 제정 논란은 여론의 집중적인 관심 속에서 진행되었다. 대한민국 반공체제의 변화는 이를 위해 노력한 많은 분들의 노고가 없었다면 지금과 같은 수준까지 발전하지 못했을 것이다. '빨갱이'라는 낙인이 찍힐 것이 예상됨에도 인권과 민주주의를 위해 싸워온 많은 분이 끊임없이 주장했던 것 중 하나가 북한을 위한 간첩 행위와 인권과 민주주의를 위한 활동은 다르다는 점이다.

이러한 문제의식에서 반공 독재 권력이 자신을 향한 거의 모든 비판을 친북과 용공으로 '색칠하는' 것이 얼마나 진실을 왜곡하고 역사를 오용한 것인가를 드러내는 연구서들이 최근 들어 많이 출간되고 있다. 이러한 연구는 더욱더 확대되어야 할 뿐 아니라 더욱더 치밀해져야 한다. 다시 말하면, 그 비판의 화살이 독재자와 소수의 무리들에게만 향할 것이 아니라 반공주의 문화 속에 살아오면서 좋든 싫든 의식하든 의식하지 못했든 간에 그것에 익숙해진 우리 모두를 향해야 한다. 왜냐하면 지난해 국보법 폐지 논란에서도 확인되는 것처럼 대한민국의 반공주의가 단지 독재 권력의 도구적 차원 이상의 의미를 갖고 있기 때문이다. 달리 말하면 대한민국의 반공주의가 우리의 감성까지도 규제하는 '생체 권력'이 되고, 우리의 행복과 희망의 내용과 방향을 설정해준 '유사 종교'가 된 지 이미 오래이기 때문이다.

하지만 대한민국 최고 생체 권력의 해체를 위해 분단사 연구는 남북한 양쪽 모두를 아우르는 방법을 취해야 할 필요가 있다. 분단선은 현실의 분단을 의미할 뿐 아니라 현대사 연구의 분단도 초래했다. 물론 몇몇의 예외는 있지만 남북한 전체를 아우르는 연구가 거의 없었다. 이러한 연구 경향은 바람직한 것일까? 우리의 지난 반공주의를 긍정적으로 평가하는 사유방식은 인권과 민주주의도 우리가 살아남을 때 의미 있는 것이며, 그러기 위해서는 기존의 반공주의 문화가 필요했다는 논리이다. 쉽게 거부할 수 없는 '생존의 분단체제' 논리를 무엇으로 해체할 수 있을까? 소수의 권력집단이 한국전쟁의 경험을 악용했으며, 대다수 국민은 이에 오도되었고, 그래서 인권과 민주주의가 탄압받았다는 점을 도덕론적인 시각에서 입증하는 것만으로 충분한가? 남한과 북한 사이에 벌어졌던 경쟁과 배제의 (비)대칭적 관계가 서로에게 어떤 영향을 주었고, 이것이 다시 남북 대결에 어떤 영향을 미쳤는가에 대한 분석이 필요하다. 다시 말하면, 남북 대결의 동학(relational dynamics)에 대한 실증적 분석을 통해 은폐되거나 무시되었거나 잃어버린 다른 방식의 남북 대결의 가능성을 확인하는 작업이 여기에 더해져야 한다.

우리가 알지 못했던 다른 방식의 남북 대결의 역사적 가능성은 특정 조건의 부재를 전제한 반사실적(counter-factual) 가정이나 다른 역사적 예와의 비교를 통해 확정할 수 있다. 학문적으로 더욱 안전한 방식은 후자이지만, 이것은 전자를 배제하지 않는다. 다른 역사적 사례와의 비교는 우리에게 역사적 근거를 갖고 있는 반사실적인 가정을 가능하게 해주기 때문이다. 비슷한 분단 경험을 가진, 그러나 이제 그것을 극복한 독일이 이런 의미에서 우리의 좋은 비교 대상이다.

그렇지만 비교 연구는 대단히 어려운 작업이다. 왜냐하면 비교 대상 모두를 연구자가 잘 알아야 하며, 또한 비교의 목적에 맞는 비교 방법론이 정립되어야 하기 때문이다. 전자의 문제는 어느 정도 해소될 수 있지만, 후자의 문제는 여러 가지 점에서 현재 해결될 수 없다. 그래서 기획자는 동일한 주제의 두 필자들만이라도 집필하는 과정에서 의견을 교환함으로써 이 문제를 조금이나마 해결하고자 했다. 그것은 특정 주제에 있어서 독일 분단 구조와 한반도 분단 구조의 차이와 유사점을 확인하고, 다음 연구를 위해 유사하거나 다른 이유가 무엇인지 질문을 제기하도록 하기 위함이었다.

예컨대, 서독의 노동운동은 반공주의에도 불구하고 발전했는데 남한에서는 왜 탄압을 받았는가, 민주주의와 인권을 더 크게 주장한 사회민주당 정권이 보수당 정권보다 동독에게 더 큰 위협이었던 사례는 우리에게는 적용될 수 없는 동서독만의 특수한 상황일까, 동독 붕괴에 커다란 역할을 했던 교회 세력은 북한에는 과연 없을까 등등. 이러한 비교점이 독일과 한반도의 일반적 차이 — 전쟁 경험의 유무, 서독과 동독의 상대적 역학관계와 남북한의 역학관계의 차이, 경제 수준의 차이, 유럽적 맥락과 동아시아적 맥락의 차이 등 — 만으로 설명될 수 있는가, 아니면 다른 요인이 더 필요한가? 이것은 연구 결과에 따라 다양한 답이 주어질 수 있겠지만, 기획자의 가설은 기존과 다른 종류의 남북 분단 구조의 가능성을 독일 분단체제가 제시해줄 수 있다는 것이다.

이러한 관계의 동학(relational dynamics) 연구는 위와 또 다른 의미를 지닌다. 독일이 통일 이후 직면했던 내적 통합의 문제는 우리도 언젠가는 대면해야 할 현실이다. 클레스만의 현실적 고민이 바로 우리의 고민일 수 있다. 통일을 대비하기 위해 남한과 북한의 동질성을 회복해야 한다는 주장을 우리는 자주 들어왔다. 하지만 서로 적대하며 자신의 정체성을 확립해왔던 60여 년이라는 시간은, 그 이전의 동질성을 회복하기에 질적으로나 양적으로 결코 간과할 수 없는 무게이다. 북한 사람들과 교류한 경험이 있는 사람들이 종종 느끼는 것이지만, 처음에는 동질성을 확인하지만 곧 서로 다른 모습을 보고 과연 우리가 얼마나 동질적인가라는 의문을 던지곤 한다. 북한 사람의 입장에서는 반대의 경우도 성립할 수 있다. 분단시기 남한과 북한의 역사를 경쟁과 배제의 (비)대칭적 관계사의 시각에서 파악함으로써 그 부정적·긍정적 요소들을 확인하고 인정할 수 있는 연구가 필요한 이유가 바로 여기에 있다. 또, 분단시기의 역사가 어느 한쪽에 의한 승리의 역사로 서술되는 것을 막는 데도 기여할 것이다.

그런데 분단의 긍정적 요소 내지 영향은 무엇인가? 아니 분단을 어떻게 긍정적으로 평가할 수 있는가? 우리는 당대인의 평가가 훗날 바뀌는 역사적 사건을 종종 보아왔다. 예컨대, 냉전의 시기를 '긴 평화(long peace)'의 시대라고 재평가하는 논리를 보자. 냉전은 분명 20세기 전반기의 열전이 다른 방식으로 지속되는 것이며 적지 않은 국지전을 포함한 전쟁의 시기였지만, 세계적 차원에서는 '결과적으로' 평화의 시기였다는 것이다.

이러한 평가는 냉전기 동아시아 또는 한반도의 역사에도 적용할 수 있다. 큰 불행 속에서도 작은 행복은 존재할 수 있고, 적극적으로도 평가할 수 있다. 사실 역사에서 특정 구조나 행위자의 정책이 의도하지 않았거나 예견할 수 없었던 '토크빌 효과(Tocquevillean effect)'를 발하는 경우가 종종 있다. 분단으로 한반도의 인적·물적 자원이 불균형적으로 분배되었지만, 생사를 건 남북 대결은 남북한이 역사상 그 예를 찾아볼 수 없을 정도의 압축적 근대화와 경제성장을 이루어내는 데 큰 영향을 미쳤다. 남한의 군사독재정권은 분단과 북한의 위협을 정권 안보의 수단으로 악용했지만, 독재적인 북한 체제와의 이념 대결을 위해 자유민주주의에 대한 교육을 실시했고, 다수 정당제·의회제·선거 등 민주주의의 형식적 요소를 결코 외면할 수 없었다. 분단으로 말미암아 의도하지 않았던 긍정적 효과가 분명 있을 것이다. 이러한 측면들을 발견하는 것이 분단사를 종합적으로 평가하는 데 효과적인 인식 전략이며, 분단의 (비)대칭적 영향관계에 대한 실증적 연구의 전제 조건이다.

3.

이 책은 전문적인 학술서가 아니다. 각 분야에서 그동안 연구한 성과를 주제별로 나누어, 그 분야의 전문가가 정리한 책이다. 그렇다고 남북한사에 관심 있는 독자를 위해 가벼운 읽을거리를 제공하려는 대중서도 아니다. 그래서 우리는 이 책을 '학술 대중서'라 부르고 싶다. 연구 결과물은 특정 분야의 전문가만이 이해할 수 있는 것부터 일반 독자들이 쉽게 이해할 수 있는 것까지 그 층위가 다양하다. '학술 대중서'는 다양한 층위의 한 영역이다. 이제 우리의 공동 작업이 조그마한 자극제가 되어, 주제별로 독립된 성과가 다양한 독자층을 상대로 활발하게 출판되었으면 한다.

이 책에 수록된 논문들은 개별적으로 완성된 글이기 때문에 독자들이 전체적인 맥락과 관계없이 읽어도 좋겠지만, 전체적으로 독서하는 분들을 위해 독서의 순서 내지 방식에 대해 몇 마디 언급하겠다. 왜냐하면 이 책의 구성이 다소 복잡하기 때문이다.

이 책은 1945년 이후부터 현재까지의 동서독, 남북한의 역사를 테마별로 접근하고 있으며, 각 테마는 크게 3개의 부로 묶여졌다. 각 부별로 독일 관련 논문과 한반도 관련 논문이 배치되었다. 제1부의 주제(정치·외교·군사)는 제2부(사회·경제·여성)와 제3부(종교·문화·교육)에 비해 우리 학계에서 상세히 다루어져왔던 분야로서, 독자들에게 그리 생소하지 않을 것이다. 그럼에도 불구하고 이 부분을 여기에 포함한 것은 이것이 사회·경제·문화 분야를 이해하는 데 없어서는 안 될 틀, 혹은 뼈대와 같은 역할을 하기 때문이다. 제2부와 제3부는 경쟁과 배제의 (비)대칭적 관계사라는 틀 속에서 행위자들이 그려놓은 분단국가의 속풍경이라고 할 수 있다.

또한 특정 분야의 집필자를 찾기 어려워 각 테마마다 독일과 한국의 전문가를 짝지워 균형 있게 구성하려던 애초의 계획에 차질을 빚었다. 독일 쪽 논문 11개, 한국 쪽 논문 9개, 총 20개의 논문 중 서로 쌍을 이루는 글은 14개(7개의 테마)밖에 안 되고 나머지는 각자 서로 다른 주제를 다루었다. 더군다나 이 책은 정치학, 역사학, 사회학, 문학, 종교학, 건축학 등 총 6개 분과의 학자들이 개별적으로 집필한 글들의 모음이기 때문에 주제와 문제의식의 일관성에도 불구하고 각 글의 구성과 방법 면에서 일관성을 확보하기가 쉽지 않았다. 또한 전체적으로 보면 각 논문이 유기적이지만 서로 중복되는 부분도 없지 않다. 각 논문의 내용 이해를 위한 배경 설명이 여기에 해당한다. 이와 같은 불철저한 구성은 유기적인 집단 작업을 하지 못한 데 기인하기도 하지만, 집단 집필에서 일반적으로 피하기 어려운 측면이기도 하다고 변명하고 싶다. 그리고 무엇보다 '분단과 노동운동(노동자 문화)'에 적합한 필자를 구하지 못해 이 부분이 누락된 것이 기획자로서 가장 안타깝다.

독자들은 집단 집필에서 흔히 발견되는 기획 책임자의 요약 및 정리를 기대하실지 모르겠다. 하지만 우리들은 이를 하지 않았다. 두 명의 기획자가 주도적으로 연구팀을 구성하고 연구를 이끈 것이 아니라 책의 근본 취지를 제시하여 개별 연구자들을 잇는 네트워크 역할을 했을 뿐이기 때문이다. 또한 이 책은 새로운 시각을 제시하는 데 그 의의를 두고 있는 것이지, 어떤 완성도가 높은 연구 결과물에 의의를 두지 않고 있다. 하여 최종 평가를 예단하는 어설픈 비교 결과를 정리하지 않고 독자들의 판단에 맡기려 한다.

4.

여러 가지 미흡한 점 때문에, 그리고 남북한 관계사의 자료가 농축되어 있는 것도 아닌 현실에서 이 책은 어찌 보면 무리한 기획으로 비춰질 수도 있다. 그럼에도 불구하고 우리는 경쟁과 배제의 (비)대칭적 관계사라는 접근 방법과 현실적 문제의식을 드러내는 작업을 시도하는 것은 현재적 의미가 있다고 보았다. 특히 두 분단국가의 분단사가 테마별로 이렇게 망라되어 있는 단행본이 없다는 점에서 본 연구서는 그 의의가 적지 않을 것이다. 비록 기대한 만큼의 성과를 달성하지 못한 비교 연구지만, 최소한 새로운 시각을 제시하고 있으며, 독일과 한반도 분단 구조를 비교하는 데 자극제가 될 수 있다는 것이 기획자의 생각이다.

끝으로 바쁜 와중에 원고를 써주신 여러 필자분께 감사한다. 특히 2년 전에 이미 원고를 써주었으면서도 기다림의 미학을 보여주신 선생님들, 구멍 난 기획을 메우기 위해 구원투수 역할을 충실히 해주신 선생님들 모두에게 미안하고 고맙다는 말씀을 드리고 싶다. 오랜 기간을 참아주고 기다려주신 역사비평사 김백일 사장님, 복잡한 연락과 교정 과정을 인내해주신 편집부에게 감사할 따름이다.

2005년 7월

'과거 청산 원년의 해'인 2005년이 남북 관계의 새로운 지렛대가 되기를
바라는 마음으로 신주백·김승렬이 필자들을 대신해서 씀.

제1부

정치·외교·군사

독일 | 외교정책

진영 외교와 현상 유지

1. 문제 제기

독일과 한반도는 분단의 원인과 분단 상황의 전개 과정에 많은 차이점이 있다. 국제정치적 환경, 정치·사회·경제적 조건 등을 포함한 역사·문화적 배경이 서로 다른 까닭에 차이가 있는 것은 당연하다. 그렇지만 분단 구조의 큰 틀에서는 유사점도 없지 않다. 무엇보다 독일과 한반도는 제2차 세계대전 종식 직후부터 서서히 모습을 드러내기 시작한 미국과 소련 중심의 국제정치적 냉전 구조 속에서 분단의 고착화를 공통으로 경험했다. 또한, 비록 정도의 차이는 있지만 국제적인 냉전 논리가 양 지역의 사회 내에 점진적으로 내면화되는 가운데 대결 및 경쟁의 성격을 띤 분단 구조의 확대 재생산이 이루어졌다는 사실에서도 유사점을 가진다.

이러한 유사점 탓에 독일과 한반도의 분단은 여러 측면에서 비교되고 있다. 지난 10여 년 동안의 한반도 분단 상황을 감안하면, 그중에서도 국제정치적 차원에서 비교의 필요성이 증대되고 있다. 독일 분단 및 통일 문제에서는 시종일관 국제정치적 측면이 뚜렷하게 부각되었으며, 동서독 정부와 독일 민족은 이 점을 분명하게 인식하고 있었다. 한반도 분단 역시 기본적으로 국제정치적 성격을 강하게 띠고 있었지만, 한민족은 국제정치보다 민족 내부의 시각에서 분단 문제를 바라보는 데 익숙해져왔다. 1990년대 세계적 탈냉전시대의 개막과 함께 '한반도 문제의 국제화'가 부각되면서 우리는 분단 문제의 해결에서 차지하는 국제 환경과 대외정책의 중요성을 새삼스럽게 깨닫고 있다.

독일의 분단 문제는 이미 과거의 역사가 되었으며, 독일 분단의 국제정치적 환경이 한반도의 그것과 상당한 차이를 보이고 있음에도 불구하고 분단과 관련한 동서독의 국제정치적 대응 방식을 살펴보는 것은 우리의 분단 현실에 대한 인식의 지평을 넓히고 한7반도 문제 해결의 방법을 다각도로 모색하는 데 적지 않은 도움을 줄 수 있다. 이러한 관점에서 필자는 분단 문제에 초점을 맞추어 동서독의 국제정세 인식과 외교정책 추진 과정을 간략하게 정리하는 가운데, 특히 동서독이 외교적으로 서로 어떻게 경쟁했으며, 그 과정이 분단 질서의 관리와 통일에 어떠한 영향을 미쳤는지에 대해 주안점을 둘 것이다.

2. 동서독 외교의 결정 요인과 특징

제2차 세계대전 패전국인 독일은 전쟁 종료와 동시에 미국, 소련, 영국, 프랑스 4대 전승국에 의해 분할 점령되었다. 분할 점령은 독일 민족의 전쟁 도발에 대한 책임 추궁과 독일에 의한 전쟁 재발을 방지하려는 연합국의 의도에 따른 것이었다. 그러나 이것이 곧 분단을 의미하는 것은 아니었다. 1950년대 중반까지 4대 전승국은 독일을 하나의 국가로 재탄생시키려는 협상을 전개했다. 그러나 냉전의 소용돌이 속에서 독일은 자신의 의사와 관계없이 하나의 '정상국가(normal state)'로 다시 태어날 기회를 잃었다. 물론 나치의 만행에 대한 책임과 대가지불이란 측면에서 보면, 독일 분단이 단순히 냉전의 희생물이었다고 말할 수는 없다. 실제로 다수의 독일 국민은 외세에 의한 분단을 자국의 잘못된 과거에 대한 숙명적인 대가로 간주하는 경향을 보이기도 했다.

분단이 고착화되면서 동서독은 사회체제와 대외정책의 모든 측면에서 각각 소련화와 미국화의 길을 걷게 되었다. 비록 동독의 소련화에는 강제성이, 서독의 미국화에는 자발성이 작용했다는 점에서 차이는 있었지만, 동서 냉전이라는 새로운 형태의 국제적 안보 불안이 태동하는 가운데 패전국인 동시에 분단국이라는 이중적인 제약을 가진 동서독은 동서 진영에 철저하게 통합되는 것 이외에 다른 어떤 현실적 대안이 없었기 때문이다.

동서 진영에 편입됨으로써 동서독은 각 진영 내에서 전쟁 책임에 대해 외형적 사면을 받을 수 있었다. 그러나 외교적 자율성의 제약이라는 대가를 지불해야 했다. 동독은 소련의 지원 아래 공산화 과정을 거쳐 군사동맹기구인 '바르샤바조약기구(WTO)'와 동구 공산권 경제협력기구인 '경제상호원조회의(COMECON, 이하 코메콘)'에 가입하는 등 소련의 위성국가로 전락했다. 모든 위성국가를 소련 체제의 방식으로 획일화시키는 동시에 자국의 정책에 대한 추종을 강요했던 당시 소련의 정책으로 말미암아 동독 정권은 소련의 독일 정책 노선에 철저하게 순종하는 외교정책을 전개했다. 이에 비해 서독은 '북대서양조약기구(NATO)'와 유럽경제공동체(EEC)의 일원으로 가입하면서 재무장과 경제 발전의 기반 확보와 더불어 외교적 자율성의 확대를 꾀했다. 그러나 독일(통일) 문제의 해결과 베를린의 국제법적 위상 문제에 대한 결정권이 여전히 전승 4대국에 맡겨져 있었으며, 군사적으로도 서독 연방군의 지휘권이 나토에 귀속되는 등 온전한 의미에서 대외적인 자주권을 갖지는 못했다. 따라서 어떤 학자는 서독을 '반(半)주권국가'라고 부르기도 했다.[1)]

이러한 태생적인 제약과 함께 지정학적 위상 — 동서 진영이 직접적으로 부딪히는 첨병적 위상 — 은 동서독의 외교정책 결정 과정에 가장 중요한 요인으로 작용했다. 다시 말해서 동서독은 외교정책의 수립 및 추진 과정에서 국제정치적 상황 변화에 매우 민감할 수밖에 없었다. 물론 소련 체제가 붕괴되기까지 국제적 냉전 질서는 적지 않은 변화를 거듭했으며, 또한 동서독의 국제적 위상도 점차 증대되었다. 이에 따라 동서독은 자국의 국가이익을 고려한 외교정책을 추진할 수 있는 여유를 가질 수 있었다. 그러나 외교정책의 재조정 과정은 근본적으로 국내적 요구가 반영된 것이라기보다 국제 환경에 대한 적응의 성격을 강하게 띠었다.

3. 외교적 경쟁과 협력 : 진영 외교와 현상유지정책

분단 문제를 둘러싸고 전개된 동서독의 외교는 '진영 외교'와 '현상유지정책'이라는 두 가지 개념으로 간략하게 요약될 수 있다. 동서독은 소련과 미국 중심의 각 진영 내 동맹관계에 초점을 맞춘 외교를 추진할 수밖에 없었던 탓에 동서독 외교의 기본 골격은 '진영 외교'라고 지칭될 수 있다. 이는 소련 공산체제의 붕괴에 이르기까지 냉전시기 내내 지속되었으며, 그 속성상 경쟁과 대결이란 의미를 내포하고 있다. 그러나 냉전시기는 경쟁과 대결만으로 점철되지는 않았다. 핵전쟁과 같은 인류 절멸의 위험성이 대두되는 가운데 동서진영은 긴장 완화 또는 평화 공존이라는 이름 아래 일단 서로 다름을 인정하고 국제체제의 현상 유지에 상호 동의함으로써 전쟁을 회피하고 평화를 증진하려는 협력 노력도 하였다.

그렇지만 독일에 있어서 현상 유지는 통일 문제와 직접적인 상관관계를 갖기 때문에 가치와 현실의 모든 측면에서 여타 동서 진영 국가들보다 훨씬 복잡한 문제를 야기했다. 특히 서독의 경우에는 통일과 평화의 양 가치 및 목표를 정책적으로 어떻게 조화시킬 것인가에 대해 국내 정치적 논란이 끊임없이 제기되었다. 더욱이 동독 정권이 평화 공존을 통일 거부의 입장으로 발전시키는 상황에서 평화의 필요성과 당위적인 통일 목표 사이의 현실적 괴리를 메우기는 결코 쉽지 않았다. 이는 단지 국내 정치의 차원을 넘어 외교정책 추진 과정에서도 분명하게 드러난다.

요컨대 동서독은 분단시기 내내 진영 외교를 기반으로 외교적 경쟁을 전개했지만, 1970년대부터는 국제적 긴장 완화 분위기 속에서 통일과 평화의 가치 및 목표를 조화롭게 추구하려는 서독의 입장과 반통일적 태도를 보인 동독의 입장이 서로 갈등과 타협을 반복하는 모습을 보였다. 물론 동서독간 외교적 경쟁의 구체적 양상은 국제정치 환경 및 동서독 관계의 변화에 따라 상이한 모습을 보였다. 이러한 변화의 특징들을 시기별로 구분하면, 대략 다섯 시기로 나눌 수 있다. 첫째, 냉전의 발생으로 동서 진영이 생성된 1950년대로서 동서독 분단이 고착화된 시기이다. 둘째, 1960년대 미국과 소련 간에 긴장 완화 분위기가 고조되는 국제 환경의 변화 속에서 동서독이 국내외적 논쟁과 갈등을 겪으며 분단 문제에 대한 각자의 접근 방법을 모색하는 시기이다. 셋째, 1970년대 동서독이 유럽의 긴장 완화에 적극적으로 동참하는 가운데 동서독 관계의 정상화를 통해 양독 관계가 비약적으로 발전하는 시기이다. 넷째, 1980년대 전반기 미·소간 신냉전이 발생한 가운데 국제정치적 긴장이 양독 관계에 미칠 악영향을 최소화하기 위해 동서독이 서로 협력한 시기이다. 다섯째, 1980년대 후반기 소련의 개혁정치로 인한 탈냉전 분위기 속에서 독일 문제가 해결의 실마리를 찾게 되는 시기이다.

1) 냉전의 발생과 독일 분단의 고착화 : 1950년대

전후 유럽의 질서 재편 과정에서 발생한 냉전은 미·소간 패권 경쟁의 귀결이었다. 각자의 세력권을 확보하기 위한 미국과 소련의 적대적 대결은 1955년 서독의 재무장 및 나토 가입과 바르샤바조약기구의 탄생에서 그 정점을 이루었다. 동서 진영의 형성으로 양대국의 세력권은 거의 확정되었으나, 소련은 세력 팽창의 유혹과 독일 분단의 현상 유지 인정이라는 두 대안을 놓고 서방측의 입장을 확인하기 위해 1960년대 초까지 베를린을 중심으로 도발적 행위를 지속했다. 즉, 당시 독일은 동서 진영간 대결의 시험대였다.

이러한 국제 환경에서 동서독의 초기 외교적 방향은 앞에서 언급했던 것처럼 외적으로 결정되어 있었다. 동독은 점령시기부터 체계적인 소련화 과정을 겪으면서 철저하게 소련에 종속되어 외교적 독자성을 가질 수 있는 여지가 거의 없었다.[2] 특히 1953년 동독 노동자들의 봉기가 소련군에 의해 진압된 이래 동독 정권의 체제 운명은 소련의 손에 달려 있음이 분명히 드러났다. 1953년 스탈린의 사망으로 소련 공산권 내 탈(脫)스탈린화가 진행되기도 했지만, 여타 동유럽 국가와 달리 동독의 소련에 대한 종속화는 더욱 심화되었다. 따라서 동독의 외교는 철저하게 소련의 정책을 추종했다. 이러한 정책의 대표적 사례가 통일에 대한 동독 정권의 입장이다. 동독은 분단 초기에는 통일을 강조하는 외교정책을 추진했다. 이는 소련의 팽창주의 맥락에서 나온 것으로 전체 독일을 공산화하려는 의도가 담겨 있었다. 특히 1950년대 전반기 독일 문제를 둘러싼 미·영·불 등 서방 전승국과 소련의 줄다리기가 진행되는 동안 동독은 소련이 제기한 '중립화 통일방안'의 당위성을 국제적으로 강조했다.[3] 그러나 서독의 나토 가입과 동독의 바르샤바조약기구 가입으로 분단이 기정사실화된 이후, 동독은 통일보다 국제사회에서 독립된 국가로 인정받는데 외교적 역점을 두었다.

서독의 경우에도 선택의 여지는 거의 없었다. 서방 전승국들은 애초 서독이 다시는 패권 경쟁에 뛰어들지 못하도록 독일의 탈나치화와 민주시민사회 건설에 정책적 초점을 맞추었으나, 냉전의 가속화와 더불어 소련의 팽창을 막는 교두보로서 서독을 동맹국으로 받아들였다. 서독 정부 역시 서방 전승국의 그러한 정책에 전적으로 부응했다. 1955년 이전까지 서독 정부는 국제정치에서 미·소의 등장과 유럽의 쇠약, 소련 및 공산권의 팽창, 냉전의 발발, 민주주의적 기반이 허약한 서독 외교정책의 구조적 문제에 관심을 두고 있었다. 그리고 독일 문제가 아직 전승국들간의 협상 의제로 남아 있으며, 독일 문제의 조속한 해결이 사실상 불가능한 상황에서 서독은 국제사회에서 여타 국가들과 동등한 지위를 누릴 수 있는 환경 조성을 급선무로 간주했다. 이 맥락에서 서독의 초대 총리인 아데나워(Konrad Adenauer)는 첫째 자유, 둘째 평화, 그리고 마지막으로 통일이라는 순서로 대외 및 안보정책의 우선순위를 매기고, 서유럽체제로의 강력한 통합정책에 매진했다.4)

아데나워의 이러한 정책은 국제정치적 역학 구조 탓에 어쩔 수 없는 것이기도 했지만, 당시 분단 극복에 대한 독일 국민의 희망과 야당의 반대를 무릅쓰고 서유럽체제로의 통합을 강력히 추진한 데에는 좀더 분명한 현실주의적 목적이 있었다. 이를 요약하면 첫째, 4강국이 독일을 희생시키면서 서로의 이해관계를 흥정할 가능성을 방지하는 것이다. 서유럽체제로의 강력한 통합을 통한 독일의 주권 회복만이 독일 문제에 대한 4강국의 자의적 해결을 막을 수 있는 유일한 길이었기 때문이다. 둘째, 전후 서독의 정치적 안정은 자유민주주의의 정착에 달려 있었기 때문에 전통적인 독일의 권위주의적 정치문화를 극복하기 위해서는 서유럽체제로의 귀속이 필수적이었다. 셋째, 경제적 목적이다. 서독은 실제로 유럽부흥계획, 즉 '마셜플랜(Marshall Plan)'의 일환으로 미국으로부터 약 15억 달러에 이르는 경제 원조를 받음으로써 전후 경제를 복구하는 데 큰 힘을 얻었다. 그뿐만 아니라 서유럽으로의 통합을 발판으로 국제시장은 물론 세계경제체제에 재합류할 수 있었다. 넷째, 소련의 팽창주의 정책의 희생물이 되지 않기 위한 안보적 목적이다. 서독 지역에서 미군의 지속적 주둔과 미국 주도의 서유럽 안보체제만이 소련의 팽창주의를 막을 수 있었기 때문이다.5)

나토 가입을 통해 자유와 안보라는 목표가 어느 정도 확립되자 아데나워는 적극적인 의미에서 통일 문제를 염두에 둔 동방정책(Ostpolitik)을 추진하기 시작했다. 아데나워는 동독을 국가로 인정하지 않고 단순히 소련의 점령지역으로 간주했다. 따라서 정부 차원에서 동독과의 대화를 생각조차 하지 않았으며, 그 대신 소련과 대화했을 뿐이다. 이러한 아데나워의 동방정책은 1955년 소련과 국교 정상화를 필두로 동독 불인정, 오데르-나이세 국경선 불인정, 할슈타인(Hallstein) 독트린의 바탕 위에 '강자의 정책(Politik der Staerke)'이란 특징을 띠었다. '강자의 정책'은 서방의 지원 아래 소련을 정치적·경제적으로 압박함으로써 독일 문제에 대한 소련의 양보를 얻어내려는 것을 의미한다. 여기에는 세 가지 가정이 전제되어 있었다. 첫째, 독일 문제는 냉전 구도 속에서 미·소에 의해 결정될 것이며, 양대국의 세력 균형은 미국의 우세로 판가름이 날 것이라는 가정이다. 둘째, 미국을 비롯한 서방 동맹국들은 소련에 대항하는 서독의 통일정책을 진심으로 지원할 것이라는 가정이다. 셋째, 소련은 미국과의 세력 대결 속에서 힘의 법칙을 따를 수밖에 없을 것이라는 가정이다.[6)]

다만 연합국의 점령시기에도 단절되지 않았던 점령지역간 민간 차원의 경제 및 인적 교류는 제한적이나마 유지되었다. 이 맥락에서 서독은 1951년 '경제 및 교역에 관한 베를린협정'을 체결했다. 그러나 서독은 정부가 나서는 대신 민간단체인 서독 상공회의소 산하에 '점령지역간 교역 신탁관리사무소'를 설치하고 내독교역에 관한 협상과 관리를 맡겼다. 이 협정은 분단 상황에서도 민족적 동질성 유지 차원에서 인적·물적 교류의 필요성을 인식한 서독의 입장과 내독교역을 통한 경제적 이익을 확보하려는 동독의 이해관계가 서로 부합한 결과로 성사될 수 있었다.

2) 국제적 긴장 완화와 동서독의 적응 과정 : 1960년대

1958년 흐루시초프의 '베를린 통첩'에서부터 시작되어 1961년 8월 13일

베를린 장벽의 구축으로 이어진 베를린 위기는 특히 서독 외교의 중대한 전환을 예고하는 사건이었다. 이는 '강자의 정책'이 상정했던 전제들을 여지없이 무너뜨렸기 때문이다. 서독을 당혹스럽게 만든 것은 베를린 위기를 감행한 소련과 동독의 강경한 정책보다도 위기 상황에서 보여주었던 서방 동맹국들의 온건한 대응 태도였다. 당시 긴장 완화의 필요성을 인식한 서방 동맹국들은 서독의 기대와 달리 소련의 조치를 사실상 수용하는 태도를 보였다.[7)]

서독 정부는 큰 충격을 받았으나, 동맹국들의 이익을 그대로 수용하기는 어려웠다. 따라서 1966년 키징어(Kurt Georg Kiesinger)와 브란트(Willy Brandt)가 주도하는 대연정(grand coalition)이 출범하기 이전까지 서독 정부는 긴장 완화를 둘러싸고 미국과의 이견 속에서 한동안 노선 갈등을 겪었다. 무엇보다 서독 정부는 통일 및 영토를 포함하는 독일 문제의 해결 방법에 있어서 동독을 국가로 인정하거나, 전쟁 이후 축소된 영토 규정을 수용할 수 있는 준비가 전혀 되어 있지 않았다. 또한 더 직접적으로는 긴장 완화가 초래할 안보적 불안, 즉 긴장 완화의 맥락에서 선택된 '유연대응전략'이 유사시 독일을 전장(戰場)의 중심으로 삼고 있는 현실에 대해 심각한 불안을 느꼈다. 이처럼 긴장 완화에 대한 독특한 이해관계로 인해 서독은 서방 동맹국과는 불편한 관계를, 동유럽 진영으로부터는 긴장 완화를 거부하는 데 대한 비난의 화살을 감수해야 했다.

그렇지만 서독은 점진적이나마 변화의 모습을 보이기 시작했다. 1961년 외상에 취임한 슈뢰더(Gerhard Schroeder)는 동유럽 국가들과 경제관계 발전을 통해 긴장 완화 분위기에 부응하고자 했다. 이에 따라 1963년을 전후해 동유럽 국가들(루마니아, 폴란드, 헝가리, 불가리아)과의 무역확대협정을 체결했다. 슈뢰더의 동방정책은 동유럽 국가들과 무역 및 문화관계를 개선·확대시킴으로써 동독을 고립시키고, 이를 통해 궁극적으로 동독을 압박하는 외교적 지렛대로 삼으려는 분명한 목적을 가지고 있었다.

슈뢰더의 정책은 서독이 서방으로부터 고립될 위험성을 감소시키는 동시에 동유럽과의 관계를 개선하는 데 중요한 기여를 했지만, 궁극적으로는 한계를 가졌다. 무엇보다 동유럽 국가들의 행동 자율성을 과대평가했기 때문이다. 소련과 동독이 배제된 상황에서 동유럽에 대한 서독 접근은 결코 쉬운 일이 아니었다. 더구나 오데르-나이세 국경선과 수데텐의 영토를 포기하지 않는 한 폴란드나 체코슬로바키아와의 실질적 관계 개선은 애초부터 가능하지 않았다.

긴장 완화의 수용 여부를 둘러싸고 서독 정치권과 사회에서 논쟁이 가열되는 가운데, 베를린에서는 새로운 동방정책이 서서히 태동하고 있었다. 당시 서베를린 시장으로서 베를린 위기를 가장 고통스럽게 경험한 브란트는 양극 체제하에서 독일 문제가 정치적으로 해결되기 힘들다는 점을 피부로 깨닫고, 안보와 독일 문제의 상관관계를 재인식하기 시작했다. 이는 1963년 그의 공보 비서였던 에곤 바(Egon Bahr)의 투칭(Tutzing) 연설에서 분명히 드러났다. 에곤 바는 공산주의체제의 변화를 목적으로 하는 케네디의 평화정책을 독일 정책에도 적용시킬 것을 강조하고, 독일 문제를 외교적으로 해결할 수밖에 없는 현실을 내세워 동독 불인정 정책의 오류를 지적했다. 또한 그는 단기적으로 현상 유지를 인정함으로써 동독을 변화시키는 계기를 만들고, 이를 기반으로 먼 훗날 분단의 현상 변화(통일)를 가능케 하는 여건의 조성에 역점을 둔다는 의미에서 '접근을 통한 변화'를 주창했다.[8]

브란트의 동방정책은 사회민주당(SPD, 이하 사민당)이 1966년 대연정에 참여하면서 소위 '신동방정책'이라는 이름을 얻게 되었다. 기독교민주당(CDU, 이하 기민당) 출신의 키징어 총리는 연방의회에서 행한 시정 연설에서 "서독 외교정책의 최대 목표는 통일이 아니라 긴장 완화를 위한 노력"임을 밝히고, 동독의 외교적 고립 포기, 동유럽 국가들과의 국교 정상화 용의, 동유럽 진영과 무력 사용 포기 공동선언 등을 제안했다.[9] 이러한 새로운 정책 방향은 사민당의 정책 노선과 당시 안보를 미국에 의존할 수밖에 없는 현실을 인정한 기민당 지도부의 시각이 합치된 결과였다.

대연정 시절 루마니아와의 수교를 시작으로 할슈타인 독트린의 실질적 폐기, 동서독 총리의 서신 교환 및 정상회담 개최 시도, 소련과의 무력 사용 포기 협상 시도 등 신동방정책이란 이름에 걸맞은 성과들이 있었지만, 새로운 구상들이 원활하게 실행되지는 못했다. 그 이유는 세 가지로 요약될 수 있다. 첫째, 동독 및 영토의 현상 인정에 대한 기민당 내부의 기본적 거부 분위기와 소련의 체코슬로바키아 침공에 대한 반소 분위기 때문이다. 둘째, 신동방정책에 위협을 느낀 동독 정권의 반대 때문이다. 셋째, 가장 결정적인 이유는 정치권력의 변화로 보수적 분위기에 휩싸인 소련의 지도부가 서독의 정책 변화를 제대로 인식하지 못하고 동독의 입장을 옹호했기 때문이다.

이처럼 서독이 국제적 긴장 완화 분위기에 대한 적응의 어려움을 겪는 동안 동독은 동유럽 공산 진영 내에서 패전국의 지위를 극복하고 점차 외교적 목소리를 높였다. 물론 안보적 차원에서는 소련에 철저하게 종속되어 있었기 때문에 외교적 자주성을 거론할 수 있을 정도는 결코 아니었다. 그러나 경제적으로는 사회주의 분업체제 내에서 소련 및 동유럽 국가들의 주요 파트너로 등장하면서 외교적 입지를 강화했다. 또한 경제 역량을 기반으로 동독은 1960년대 동유럽 국가들의 경제개혁 분위기 속에서 소련과의 불균등한 교역체계에 불만을 보이기도 했다. 동유럽 진영 내에서 동독의 위상은 1968년 체코슬로바키아의 개혁운동(프라하의 봄)을 무력으로 진압하는 과정에 동독 인민군이 참여함으로써 더욱 확고해졌다. 동독 인민군의 동원은 동독이 소련의 세력권을 지키는 보초병의 역할을 하게 됨을 의미하는 동시에 소련의 제1동맹국 지위를 다지는 계기로 작용했다. 이렇듯 진영 내 입지 강화를 배경으로 동독은 1960년대 중반 이래 서독의 신동방정책에 대한 동유럽 국가들의 호응을 견제했다. 당시 동독 공산당(SED) 서기장인 울브리히트(Walter Ulbricht)는 서독의 동독 불인정 정책이 지속되는 한, 동유럽 동맹국들이 동독을 우회해서 서독과의 관계 개선에 나서는 것을 용인하지 않는 정책을 추진했으며, 서독의 언론은 이를 '할슈타인 독트린'과 대비시켜 '울브리히트 독트린'이라고 명명했다.[10)]

3) 유럽 긴장 완화의 확립과 동서독 관계의 정상화 : 1970년대

1969년 가을 서독에서는 브란트를 총리로 하는 사민당 정부가 출범하면서 동서독의 외교적 경쟁은 새로운 시대로 접어들기 시작했다. 이는 서독의 정책 변화만으로 가능했던 것이라기보다 당시 유럽의 국제정세가 신동방정책의 순조로운 추진을 위해 매우 바람직하게 전개된 덕분이었다. 당시 긍정적으로 작용했던 국제정세는 크게 네 가지이다. 첫째, 1960년대 말 소련의 핵무장 수준이 미국에 근접하는 가운데 나토는 유럽의 지속적인 평화체제 구축을 위해 동유럽 진영이 제기했던 유럽안보회의 개최 요구에 긍정적인 입장을 표명하기 시작했다. 둘째, 1968년 소련은 체코슬로바키아 침공을 계기로 동유럽에 대한 지배력의 안정을 확신함으로써 대서방정책에 대한 자신감을 가질 수 있었다. 셋째, 1965년 코시긴의 경제개혁이 실패로 나타나자 소련은 경제 발전의 동력을 서방의 경제력 및 기술에서 찾기 시작했으며, 미국보다 서유럽 국가, 특히 서독이 경제 협력의 파트너로서 훨씬 덜 부담스럽다고 생각했다. 넷째, 1950년대 말부터 서서히 가시화되었던 중·소분쟁이 1969년 무력충돌로 이어지는 가운데, 소련은 유럽에서 안보적 안정이 더욱 절실하게 필요했다.[11)]

이러한 국제 환경의 변화 속에서 브란트 정부는 크게 세 가지 전략 구상을 기반으로 신동방정책을 추진했다. 첫째, 아데나워의 동방정책과 달리 얄타체제의 현상 유지를 인정했다는 것이다. 이 맥락에서 사실상 동독을 국가로 인정했다. 이는 국제정세의 변화에 대한 순응이긴 하지만 좀더 적극적인 의미에서 긴장 완화가 평화적 수단에 의한 독일 및 유럽 분단의 극복을 가능하게 할 것이라는 미래의 확신을 바탕에 깔고 있었다. 그러나 현상 유지 인정은 잠정적인 것으로 서독 정부가 궁극적인 현상 타파(통일)를 결코 포기한 것은 아니었다. 둘째, 동유럽 공산체제의 안정을 통한 점진적인 변화 유도이다. 브란트 정부는 소련의 지배력이 확고한 상황에서 서방의 직접적 개입으로 동유럽체제를 변화시키는 것은 매우 어렵다고 판단했다. 대신에 동유럽체제에 내재하는 변화 촉진 요인들에 주목해서 우선 긴장 완화를 통해 소련의 세력권을 인정함으로써 소련이 위성국가들의 국내 개혁에 너그러워질 수 있게 만들고, 동시에 동유럽 국가의 지도부가 내부적 개혁에 자신감을 가질 수 있는 환경을 조성해줌으로써 장기적으로 동유럽의 체제 변화를 유도하는 소위 '선순환'을 목표로 삼았다. 셋째, 공산권에 대해서 안보와 협력을 동시에 추진하는 것이다. 사실 서독의 안보적 이해관계는 주변의 정상국가와 비교해 여러 측면에서 특수성을 가지고 있었다. 즉, 패전국가로서 주변 국가의 경계를 의식해야 하는 동시에 양대 진영 대결의 첨병적 지위에 있었기 때문에 서독은 안보 문제가 개입되는 어떠한 사안에 대해서도 매우 조심스러웠다. 그러나 1960년대 후반 나토 회원국들이 동서간 긴장 완화의 필요성에 대한 인식을 공유[12)]하기 시작하자 서독 정부는 별 부담을 갖지 않고 소련 및 동유럽과의 협력 확대에 나설 수 있었다.

이러한 전략 구상을 바탕으로 브란트는 소련에 초점을 맞춘 외교정책을 전개했다. 소련을 독일 분단과 관련한 모든 문제의 해결 관문으로 판단했기 때문이다. 서독은 소련과의 집중적인 협상을 통해 1970년 5월 에곤 바와 소련 외상 그로미코(Andrej Gromyko) 간에 최종 합의를 도출했다. 소위 '바 문서'로 알려진 이 합의서는 이후 '동서독 기본조약'을 비롯해 모든 동방 조약들에 관한 기본 방침을 정했다. 즉, 동서독 관계 정상화 과정의 주요 사항은 서독과 소련 사이에 결정되었으며, 동독의 의사는 별로 존중되지 못했다. 동독 정권은 그러한 가능성을 예상하고 서독과 소련의 협상이 시작되자 서독에 대해 공식적 대화를 제안했고, 그 결과 1970년에 최초의 동서독 정상회담이 개최되었다. 그러나 양 독일에서 번갈아 개최된 두 차례의 정상회담은 실질적인 합의보다는 상징적인 의미만을 띠었다. 이후 동서독 관계 정상화 협상에서 동독은 서독에게 동독의 '법적 인정'을 강하게 요구함으로써 협상 타결의 어려움이 대두되었다. 그러자 소련은 동독 공산당 서기장 울브리히트를 퇴진시키고, 대신 호네커(Erich Honecker)를 후계자로 등장시켜 '사실상 인정'에 동의하도록 압력을 가했다. 결국 외형적으로는 동서독이 관계 정상화를 위한 협상을 벌였지만, 동독의 실제적 역할은 서독과 소련의 합의 내용을 추인하는 것에 머물렀다.

1972년 말 동서독 기본조약 체결을 비롯해 동서독간에 분야별 협정이 체결됨으로써 동서독은 유엔에 동시 가입하고 상호 상주 대표부를 파견했다. 이를 바탕으로 동독은 영국, 프랑스, 미국 등 서방국가들과 국교를 수립했으며, 국제정치무대에 나설 수 있게 되었다. 동독은 서독에 비해 뒤떨어진 자신들의 입지를 만회하기 위해 '유엔인권협약'에 서독보다 먼저 가입하는 등 외교적 위상 제고에 심혈을 기울였다. 이러한 노력들은 국제사회에서 동독이 법적으로 인정받기 위한 목표와 직결되어 있었다. '동서독 기본조약' 체결 이후에도 동독은 서독에 지속적으로 법적 인정을 요구했다. 그뿐만 아니라 동독 정권은 1974년 헌법 개정을 통해 전통적인 독일 민족 개념을 폐기하고 사회주의적 전통을 이어받은 민족 개념을 내세워 서독과 별개의 민족국가임을 강조했다. 이는 동독이 통일을 아예 거부한다는 것을 의미했다. 무엇보다 만성적인 정통성 부재와 동서독의 국력 차이를 고려할 때, 동독 정권은 통일이 동독 체제의 소멸을 의미하는 것임을 잘 알고 있었기 때문이다. 따라서 동독은 동서독 관계 정상화와 더불어 서독을 외국으로 간주하고 통일의 당위성을 부정했다. 이와 관련해 동독은 모든 동서독 관계 및 협상을 외무성이 주도함으로써 그들의 논리를 뒷받침했다. 이는 '특수한 관계'에 입각해 동서독 관계 업무를 총리실과 내독성이 주관한 서독과는 아주 대조적인 모습이었다. 이렇듯 동독은 국제적 위상의 제고와 법적 인정을 받기 위해 외교적 노력을 기울였지만 경제 대국으로 성장한 서독의 그늘에서 벗어나기 어려웠다. 오히려 국제적 위상의 증진 노력은 아이러니컬하게도 동독 내부의 인권 문제 및 동서독 인적 교류와 관련해 동독 정권에 대한 국제사회의 영향력을 증대시키는 의도하지 않은 결과를 초래하기도 했다.

동서독 관계의 정상화 이후 동독 정권의 가장 큰 고민은 서독의 정치·사회 문화 유입이 동독 사회에 미칠 파장이었다. 따라서 소위 '차단정책'을 추진함으로써 가능한 동서독 주민들의 접촉면을 제한하려는 노력을 기울였다. 이에 대해 서독 정부는 실용주의적으로 대응했다. 특히 1974년 서독 총리가 된 슈미트(Carl Schmitt)는 통일을 향한 전제 조건이 양 독일에 존재하지 않는 상황에서 통일 논의는 무의미하다고 주장하고 통일 여건의 조성 차원에서 실질적 관계 개선에 주력했다.[13] 슈미트는 애초부터 동독을 중요한 정치적 상대로 간주하지 않았다. 동독에 대해서는 단지 경제적 인센티브를 보장함으로써 실질적인 교류·협력의 확대를 모색하는 것에 치중했을 뿐이며, 통일 여건 조성과 관련해 국제정치적 차원에 더욱 큰 비중을 두었다.

슈미트는 미국 중심의 동맹체제에만 의존하는 '외다리 외교'가 아니라 소련 및 동유럽 국가들에 대해서도 적극적인 정책을 펼치는 '양다리 외교'를 통해 통일 여건을 조성해야 한다는 신념 아래 주변 열강들과의 대화와 협력에 주력했다.[14] 사실 1970년대에 서독의 정치적·경제적 위상이 제고되었지만, 통일 문제에 대한 외교적 해결 가능성은 여전히 낮았다. 서독은 1960년대까지 약자의 입장에서 서유럽 통합과 안보 우선 정책을 추구하는 가운데 통일 목표를 뒤로 미룰 수밖에 없는 '약자의 딜레마'에 처해 있었다면, 1970년대 들어와서는 '강자의 딜레마'에 빠지게 되었다.[15] 즉, 이 당시 서독은 경제적·정치적 역량이 증대하고 유럽 정치에서 주도적 국가로 부상하게 되었으나, 동방정책의 자율성이 강화될수록 자칫하면 주변국들로부터 서독이 현상 변경의 의도를 가지는 것으로 오해받을 수 있기 때문에 분단 극복은 이전과 마찬가지로 난제로 남을 수밖에 없었다.

슈미트의 외교정책은 1970년대 말 소련의 아프가니스탄 침공과 미·소간 중거리 핵미사일(INF) 협상이 결렬되면서 시작된 '신냉전'과 더불어 한계에 직면하게 되었다. 그는 INF 협상이 결렬되자 미·소간의 화해를 위한 중재자 역할을 자임했다. 그러나 서독은 제고된 국제적 위상에도 불구하고 미·소의 대결 구도에 개입하기에는 역부족이었으며, 오히려 소련과 접촉을 함으로써 미국의 의혹을 불러일으키는 결과를 초래했다.

4) 신냉전의 발발과 동서독의 관계 악화 회피 : 1980년대 전반기

신냉전은 서독의 외교적 한계를 재차 확인시켜주었지만, 동시에 동서독간 협력의 필요성을 재확인하는 계기가 되기도 했다. 1970년대 점진적인 관계 개선 과정을 거치면서 동서독은 협력을 통한 상호 이익을 확인했을 뿐만 아니라 여러 분야에서의 대화와 협상을 겪으면서 상호간의 기대치를 충분히 이해할 수 있게 됨으로써 양독 관계 발전에 대한 공감대는 물론이고 관계 발전의 제도화 수준이 증대했다.[16] 그러므로 동서독은 신냉전에 직면해 이것이 양독 관계에 미치게 될 악영향을 심각하게 우려했다. 물론 양 독일은 각 진영 내부의 기본적인 정책 노선에 근본적으로 반발하지는 않았지만, 적어도 미·소의 관계 악화로 인해 동서독 교류가 심각하게 위축되지 않길 원했다. 이 맥락에서 슈미트는 총리 취임 후 처음으로 동독을 진지한 정치적 대화 상대로 간주하고 1981년 동베를린 근교에서 호네커와 정상회담을 가졌다. 동독 정권 역시 신냉전의 부정적 파급 효과를 최소화하려 했다. 특히 동독은 1970년대 후반에 시도했던 산업 구조 조정이 실패하면서 외채 상환 불능의 문턱까지 내몰린 상황에서 서독의 도움을 절실히 필요로 했다. 따라서 호네커는 '피해의 제한(Schadenbegrenzung)'이란 이름하에 신냉전에도 불구하고 관계를 유지하고자 했다.

1982년 기민당의 재집권과 더불어 콜(Helmut Kohl) 총리는 슈미트의 외교에서 얻은 교훈을 바탕으로 동맹정책에 더욱 큰 비중을 두기 시작했다. 콜 정부는 1983년 국내외 평화주의자들의 반대를 무릅쓰고 미국의 중거리 핵미사일의 서독 배치를 허용하고, 레이건 미 대통령이 제안한 '전략방어계획(SDI)'에 대한 동참 의사를 표명했다. 그러나 야당 시절 반대했던 브란트의 동방정책의 기조를 이어받았다. 콜 정부가 1983/84년 동독에 총 20억 독일마르크(DM)를 차관으로 제공한 것이 대표적인 사례이다. 그 결과 1984년 가을 분단 이후 최초로 동독 공산당의 서기장인 호네커가 서독을 방문하기로 양국간에 합의를 보았다. 그러나 소련은 콜 정부가 미국의 대소정책에 동조하는 것을 결코 용인하지 않았다. 소련은 서독의 외교를 1950/60년대에나 사용했던 '보복주의(revanchism)' 또는 '실지(失地)회복주의'라는 용어로 매도하고, 동서독의 관계 발전에 제동을 걸었다. 동서독간에 합의된 호네커의 서독 방문도 소련의 동독 압력으로 말미암아 실현될 수 없었다.

그렇지만 동서독이 상호 관계의 유지·발전을 원하는 한, 소련의 대동독 압력은 한계를 가질 수밖에 없었다. 동독은 양독 협력의 일환으로 과거 서독이 끈질기게 요구했던 문제들을 수용했다. 예컨대 양독 주민의 상호 방문 절차 완화, 동독 주민의 합법적 서독 이주 확대, 그리고 동서독 국경 지역에 배치되었던 자동발사화기를 자진 철거하는 등 서독에 호의적인 태도를 보였다. 그뿐만 아니라 동독 정권은 국내적으로 대규모 평화운동을 전개하고, 국제평화운동 및 기구에 적극 동참함으로써 한편으로 독일 지역에 미국 및 소련의 중거리 미사일 배치로 인한 군사적 동서 대결의 격화 가능성을 최소화하고, 다른 한편으로는 평화 애호국으로서 동독의 국제적 위상을 제고하려 했다.

5) 소련의 개혁정치와 독일 문제의 해결 모색 : 1980년대 후반기

1985년 소련 공산당 서기장에 취임한 고르바초프가 개혁정치를 표방하면서 신냉전이 종식되고 국제적 긴장 완화가 재개되었다. 서독과 소련의 관계 역시 1986년 서독의 외무장관 겐셔(Hans-Dietrich Genscher)의 모스크바 방문을 계기로 서서히 해빙되기 시작했으며, 1987년에 들어오면서 급속도로 진전되었다. 이러한 배경하에 1987년 호네커의 서독 방문도 마침내 실현될 수 있었다. 소련과 서독의 관계가 급속한 발전을 이루게 된 동기는 소련의 서유럽에 대한 재평가라는 맥락에서 찾아볼 수 있다. 서유럽에 대한 소련의 인식 변화는 곧 서독의 중요성이 부각되는 것을 의미한다. 경제 외교에 우선권을 두게 된 소련은 서독의 경제력, 그리고 유럽공동체(EC)에서의 지도적 위상에 대한 매력은 물론이고, 동독을 담보로 더욱 용이하게 서독으로부터 경제 지원을 받을 수 있다고 판단했기 때문이다. 콜 정부는 소련의 외교정책적 변화에 기민하게 대응했다. 특히 소련에 대한 서방의 경제 원조를 위해 발 벗고 나섬으로써 소련의 신뢰할 수 있는 협력 파트너로서 스스로를 부각시키는 데 전력을 다했다. 1988년 콜의 모스크바 방문과 1989년 고르바초프의 본(Bonn) 방문은 그러한 노력의 결실이었다.

콜 정부는 소련에 대한 지원의 대가로 독일 문제의 해결을 위한 소련의 용단을 촉구했다. 이에 대해 소련은 자국의 개혁정치를 위해 서독의 도움을 기대하고 있었지만, 독일 문제 자체를 부인하는 등 독일 통일에 대한 부정적 태도를 계속 견지했다. 이러한 가운데 고르바초프는 1989년 서독 방문시 독일 문제에 대한 직접적 언급을 회피한 채 다만 민족자결 원칙만을 강조함으로써 독일 문제를 경제적 원조의 흥정거리로 만드는 고도의 전략을 구사했다. 사실 콜 정부의 독일 문제 해결 요구는 소련의 정책 변화를 당장 통일로 연결시킬 수 있다는 기대에서 나온 것은 아니었다. 서독 정부의 의도는 소련의 독일 정책에 가시적 변화를 촉구함으로써 통일의 외적 여건을 조성하는 데 있었다.

당시 소련의 개혁정책은 동독 정권에게는 하나의 딜레마였다. 국제정치적 측면에서는 긴장 완화를 재개시킴으로써 동서독 관계의 유지에 긍정적인 영향을 미치는 반면, 국내 정치적 측면에서는 개혁정치의 국내적 파급으로 인한 정권 유지에 악영향을 미칠 것이 자명했기 때문이다. 따라서 동독 정권은 외교적 차원에서는 소련의 정책을 옹호했으나, 개혁정치의 국내 수용은 거부했다. 이러한 가운데 소련의 개혁정책의 여파로 동유럽 국가들의 자유화가 점차 촉진되자 동독은 점차 외교적으로 사면초가 상태에 빠져들었다. 더욱이 1988년 말 고르바초프가 유엔 연설에서 소위 '시나트라 독트린'을 발표해 소련의 동유럽 통제권을 의미하는 '브레즈네프 독트린'을 포기함으로써 동유럽 진영의 해체 가능성이 대두되었고, 소련과 동독 지도부 사이에 개혁정책을 둘러싼 갈등이 노정되면서 동독 정권의 국내적 통제력도 급격히 약화되기 시작했다.

외교적 고립과 국내 통제력 약화를 만회하기 위한 방편으로 동독 정권은 양독 관계 발전에 더욱 적극적인 태도를 보였다. 무엇보다 소련의 개혁정치에 대한 거부가 야기하는 동독 사회 내부의 불만을 무마하기 위해 주민들의 서독 방문과 서독 이주를 대폭 허용하기 시작했다. 1987년 호네커의 서독 방문 역시 그러한 의미를 내포하고 있었다. 그러나 근본적으로 동독 정권이 내적 개혁을 거부하는 한 그러한 조치만으로 주민의 불만이 해소될 수는 없었다. 1987년 동독에서도 최초로 반체제 조직이 결성되었고, 이들에 대한 동독 정권의 탄압은 1989년 동독 주민의 대규모 서독 탈출과 평화시위를 초래했으며, 마침내 호네커의 실각과 베를린 장벽의 붕괴로 이어졌다.

베를린 장벽의 붕괴 이후 동독 주민들의 통일 요구가 급격히 분출하기 시작하자, 서독 정부는 미국의 적극적 협조 아래 주변 강대국들을 본격적으로 설득하기 시작했다. 일차적으로 미국은 독일 통일의 명분을 축적하기 위해 통일에 부정적 입장을 표명하는 영국과 프랑스를 끌어들여 통일 과정과 결과에 대한 기본 원칙을 마련했다.[17] 이제 독일 문제의 해결은 소련의 동의만을 남겨두게 되었다. 원칙론적으로 민족자결권의 존중을 약속해왔던 고르바초프는 명분상으로 동독 주민들의 통일 요구를 받아들이지 않을 수 없었다. 결국 소련은 1990년 2월 '2+4' 회담의 개최에 동의함으로써 독일 통일을 둘러싼 관련국들의 협상이 시작될 수 있었다. 이 과정에서 동독의 외교권은 거의 무시되었다고 해도 과언이 아니다. 무엇보다 동독 내부의 평화혁명으로 공산정권이 몰락했고, 1990년 3월에 출범한 민주정부 역시 동독 주민의 통일 요구로 인해 혼란스러운 국내적 분위기 속에서 독자적이고 체계적인 외교정책을 수행할 능력을 갖추지 못했기 때문이다. 비록 동독 정부가 '2+4' 회담에 동참은 했지만, 서독과 주변 강대국의 결정에 자신들의 운명을 맡김으로써 독일 통일을 위한 국제협상은 실제로 '1+4' 회담의 성격을 띠었다.

'2+4' 회담에서 최대 걸림돌은 안보 문제였다. 서방이 제시한 기본 원칙에 따르면 통일 독일은 나토에 잔류해야만 했으나, 소련은 거부 태도를 보였다. 그러나 소련의 거부 태도는 본질적으로 안보적 불안에 기인하는 것만은 아니었다. 소련의 거부는 본질적으로 소련의 국내 개혁이라는 혼란과 밀접한 연관성을 맺고 있었다. 소련의 개혁세력은 이미 대세가 독일의 통일로 기울었으며, 이를 거스르기 힘들다는 사실을 인식하고 있었지만, 보수세력의 공세적 태도 탓에 대가 없이 독일 통일을 승인할 수 없었다. 특히 독일 통일은 서방의 경제 원조가 절실했던 소련의 주도적 개혁세력에게 최적의 흥정거리였다. 이를 간파한 서독 정부는 소련에 대한 정치적·경제적 지원은 물론이고, 소련 정부의 요구를 가능한 범위에서 최대한 수용하기 위해 서방 동맹국과의 외교적 협상을 추진했다. 동시에 그해 7월 콜 총리는 소련을 방문해 고르바초프와의 협상을 통해 독일의 군사력 제한, 소련에 대한 경제적 지원 등을 비롯한 소련의 여러 요구를 구체적으로 수용함으로써 '2+4' 협상 타결의 최종 장애를 제거했다. 이에 따라 1990년 8월 31일 동서독간의 통일조약과 9월 12일 '2+4' 조약이 체결될 수 있었고, 마침내 10월 3일 독일 통일이 실현되었다.

4. 평화와 통일의 기반 구축을 향해

제2차 세계대전 이후 분단 국가의 경우, 일반적으로 분단 당사국간의 외교 경쟁은 국제사회에서 민족국가의 정통성을 인정받는 것과 불가분의 관계를 맺고 있다. 1960년대 말까지 동서독도 예외가 아니었다. 즉, 앞에서 설명했듯이 서독의 동독 불인정 및 단독 대표권 주장과 이에 맞선 동독의 서독에 대한 국가 인정 요구가 팽팽히 맞섰다. 그러나 패전국으로서 다자적 관계로 형성된 동서 진영에 철저하게 통합될 수밖에 없었던 동서독의 경우, 분단 초기에는 각 진영 내에서 어엿한 동맹 파트너로 인정받는 것이 더욱 시급했던 탓에 그러한 외교적 경쟁은 여타 분단국가에서처럼 그렇게 두드러지지 않았다.

분단시기 내내 동서독은 기본적으로 외교적 경쟁의 틀을 완전히 벗어버리지는 못했지만 동서 진영간 대결과 협력 속에서 외교 경쟁의 성격은 변했다. 더구나 1970년대 이후 동서독의 외교적 경쟁은 대등한 지위에서 이루어질 수 없었다. 시간이 지날수록 양 독일간의 국제적 위상의 차이가 크게 벌어졌기 때문이다. 동독 정권이 새로운 민족국가임을 표방하고 통일을 거부한 것은 바로 그러한 이유에 기인한다. 이처럼 양 독일간 외교적 경쟁의 성격을 변화시킨 요인은 크게 세 가지 측면에서 찾을 수 있다. 첫째, 동서 진영의 체제 경쟁에서 공산체제의 취약성이 점차 확대되었다. 둘째, 서독은 경제력 증대와 이를 바탕으로 서유럽 통합 과정에서 정치적 리더로 등장했다. 셋째, 처음부터 정권 안보를 소련에 의존했던 동독 정권은 정치적·경제적으로 국내에서의 정통성을 확보하는 데 실패했다. 이 세 가지 요인이 상호 작용한 결과 1970년대부터 서독은 동독과의 외교 경쟁보다 소련과의 관계 확대를 통해 분단 문제의 적극적 해결을 모색할 수 있었고, 이에 반해 동독은 방어적 외교에 급급했다. 그리고 소련의 개혁정치와 더불어 방어막이 사라지자 동독 정권은 더 이상 체제를 유지할 수 없게 되었고, 이는 체제의 내적 붕괴를 불러왔으며,

바로 이어 통일로 발전되었다.

동서독이 처했던 국제 환경은 외형적으로 우리의 그것과 분명히 다르다. 그러나 세계적 차원의 냉전 종식과 함께 남북한에도 더 이상 외교적 경쟁은 큰 의미를 갖지 못하며, 더구나 북한도 동독처럼 정권 내지 체제 생존에 급급해 있다는 점에서 1970년대 이후의 독일 문제와 내용상 유사점을 찾을 수 있다. 또한 안보적인 측면에서 한반도 문제를 둘러싸고 새롭게 등장한 외교적 갈등 역시 1960년대의 독일 상황과 비교될 수 있다. 이러한 맥락에서 동서독의 외교는 우리에게 남북 관계와 동북아 국제정치를 어떻게 조화시켜 평화와 통일의 기반을 구축해야 할 것인지에 대해 여러 가지 생각할 점들을 던져준다.

김학성 | 충남대 평화안보대학원 교수

독일 | 독일 정책

대결과 공존을 거쳐 통일로

독일과 한국은 전후 냉전 속에서 서로 다른 체제로 민족이 분단되었고, 미국과 소련을 종주국으로 하는 안보동맹체제에 편입되어 서로 대립하게 되었다. 이러한 공통점에도 불구하고 양국 분단의 역사는 많은 구조적 차이를 보이고 있다. 동서독은 이미 1972년 '기본조약'을 체결하여 냉전적 대결을 극복하고, 민족 내부의 접촉을 점점 더 긴밀히 하였으며 고르바초프의 개혁정책으로 열린 '기회의 창'을 이용, 1990년에는 대망의 재통일을 실현할 수 있었다. 남북한도 1972년 7·4남북공동성명을 발표했지만 양측은 이를 독재 권력을 강화하는 수단으로 이용하였을 뿐 남북 관계에 아무런 실질적 진전도 가져오지는 못했다. 2000년 남북정상회담과 6·15공동선언을 통해 획기적인 전기가 마련되었지만 많은 장애물로 인하여 남북 관계는 여전히 초보적인 수준에 머물러 있다.

독일과 한국 분단사의 이러한 차이는 어디에서 오는가? 이러한 의문을 화두로 이 글에서는 우리 분단사의 비교 준거로서 동서독의 독일 정책의 변천사를 개괄적으로 고찰해볼 것이다. 동서독 정부의 독일 정책을 중심으로 살펴보겠지만 그와 더불어 야당과 재야 시민운동의 독일 정책에 대한 입장도 부분적으로 조명해보고자 한다.

1. 냉전의 시기 : 1950년대

1) 통사당의 초기 통일정책

적어도 1950년대 초반까지는 통일정책에서 동독의 통합사회당(SED, 이하 통사당)이 서독의 주요 정당들보다 훨씬 더 적극적이고 공세적이었다. 통사당의 통일정책에 결정적으로 영향을 미친 세 가지 요인으로는 소련과 서독, 그리고 동독의 내정적 발전을 들 수 있다. 소련과 동독의 관계는 비대칭적이기는 하지만 결코 일방적인 종속관계는 아니었다. 동독은 모스크바의 정치적 후견하에 있었지만 소련의 정책을 독일에 적용하면서 일정한 전술적 행동반경을 확보하였다. 동서독간의 상호 관계도 1949년 이후 비대칭적 의존관계로 발전했는데, 당시 서독 측에서는 통일의 사명과 동독 주민에 대한 배려가, 동독 측에서는 경제적 혜택이 주된 관심거리였다. 동독의 사회적 삶의 모든 영역에서 드러났던 서독의 '자력(磁力)'은 — 적어도 1961년 베를린 장벽이 설치되기까지 — 통사당 지배에 근본적인 위협을 가했으며 통사당의 행동반경을 제약했다.[18)]

통사당은 독일의 전통적 제국주의가 전후에 미국의 지배적인 '제국주의'와 결합하였다고 보았다. 즉, 서독은 미국의 '식민지'가 되었다는 것이다. 따라서 통사당에게 있어서 통일은 외국에 대한 종속으로부터의 해방과 민족 문제이자 사회 문제로서의 독일 문제의 일반적 해결, 곧 외정적으로는 소련을 따르고 내정적으로는 사회주의적 전망을 가진 독일 민족국가의 재건(1945년의 축소된 영토에서)을 의미했다.

1951년 중반까지 소련과 동독은 '반파시스트-민주주의적' 모델에 따라 단기간에 독일을 통일하는 것이 가능하다는 믿음을 가지고 있었다. 즉, 동서독의 '반제국주의적' 세력들로 구성되며 통사당이 지도하는 전독일적 민족전선을 통해 모든 '반민족적' 이해관계들에 맞서 소련의 도움을 얻어 이 목표를 관철시킬 수 있다는 가정이 그 기반을 형성하였다. 이 구상에 따르면 서독의 사민당과 '부르주아 민주주의자들'은 민족전선의 제휴 대상으로서 중요한 도구적 의미를 지니고 있었으며, 따라서 이들은 서방사업의 주요 공작 대상이 되었다. 이 시기 동독의 독일 정책은, 동독의 새로운 질서를 아직 공고화되지 않은 서독에 혁명적으로 확장시켜야 한다는 통사당의 '역사적 사명'에 대한 '환상'을 반영하고 있었다.

1952년 3월 소련은 서독을 포함하는 새로운 군사적 서방통합체제를 막기 위해 비동맹 중립국가로의 독일 통일을 허용한다는 '스탈린 각서'를 발표했다. 그러나 소련 지도 아래에 있는 세계체제의 일부로서 사회주의 독일을 창출한다는 최종 목표는 여전히 남아 있었다. 소련 지도부는 독일을 소련과 같은 사회주의 국가로 점차 바꾸려고 하는 세력들이 충분히 강해지리라고 계산하였다. 따라서 서독에 민족전선을 창출하는 것이 통사당의 일상적인 서방사업(Westarbeit)의 주요 목표였다. 소련은 아직 무장이 불충분했기 때문에 중립화 방안을 통해 미국과의 직접적 충돌을 피하고 시간을 벌고자 했다. 소련은 또한 기술 시장으로서 기능하는 중립화된 통일 독일을 통해 미국의 무역봉쇄 정책을 피하는 한편 소련의 근대화에 독일의 도움을 얻으려는 계산도 함께 했다.[19]

통사당의 지도부는 '스탈린 각서'를 겉으로는 환영했지만 내심으로는 그것을 동독 국가와 통사당 권력에 심각한 위협으로 인식하였다. 울브리히트는 아데나워와 마찬가지로 냉전의 조건하에서는 독일 문제를 해결할 수 없다고 믿었다. 그 때문에 그는 일찍이 동독의 독자적인 국가로의 발전의 길을 지지했다. 그는 동독을 강화하는 것을 가장 중요한 현재적 과제로 설정했을 뿐 아니라 동독의 독자적 존속을 위한 기본 조건으로 여겼다.

서방측 연합국들과 아데나워는 통일 후의 독일이 중립국으로 머물러야 한다는 소련의 조건을 받아들일 수 없었으며, '스탈린 각서'를 단지 서독이 서방동맹체제로 결속되어가는 것을 방해하려는 술책으로 간주하였고, 자유선거의 보장이 없다는 이유를 들어 이 각서의 내용을 거부하였다. 반면에 사민당과 자유당은 스탈린의 제안을 검토하고 그 진의를 따져보아야 한다고 주장했다.

1953년 6월 17일 동독의 민중봉기[20]는 소련의 탱크로 진압되었지만 통사당의 독일 정책이 환상에서 깨어나는 데 중요한 전기를 마련해주었다. 늦어도 이 시점에서는 당 지도부의 대부분이 동독의 모델을 서독에 부과하거나 그 흡인력을 통해 통일을 성취하는 것이 불가능하다는 것을 분명히 깨닫게 되었다. 점증하는 공화국 탈출은 이에 대한 중요한 전거를 제공했다. 동독은 이제 전 독일적 대안 모델로서 최종적으로 실패했으며, 민족전선 구상도 사실상 회복할 수 없을 정도로 파국을 경험했다.[21]

2) 아데나워의 서방통합 우선정책

전후 서방 점령구 서독에서도 독일의 재통일 문제는 정치적 논의의 일차 관심사였다. 기민당 내에서 서독의 초대 총리 콘라드 아데나워의 라이벌이었던 야콥 카이저(Jakob Kaiser)는 통일 독일이 동과 서 사이에서 교량 역할을 해야 한다고 주장했다. 이것은 중립국으로의 통일을 의미했다. 사민당 지도자인 쿠르트 슈마허(Kurt Schmacher)는 이에 반대하고 서방통합을 지지했지만 그것이 독일 통일이라는 우선적 목표를 방해하지 않는다는 전제하에서 그러했다. 슈마허는 자유롭고 경제적으로 번영하는 서방 점령구가 동방 점령구에 흡인력을 행사하여 통일을 성취할 수밖에 없다는 "자석이론(Magnettheorie)"을 대변했다.[22]

냉전이 강화되는 가운데 서독의 외교정책을 규정한 것은 아데나워의 서방통합 노선이었다. 아데나워에게는 양 독일의 재통일이 아니라 1949년 들어선 새 서독 정부가 서방 열강들로부터 가능한 한 빨리 주권을 회복하는 것이 제1차적 정치 과제였다. 심화되어가는 냉전체제 속에서 미국은 서독이 대(對)소련 방어 전략에서 중요한 몫을 담당해주기를 원했다. 한국전쟁은 이러한 미국의 의지를 강화시켰으며, 아데나워는 비슷한 상황에 있는 독일에서도 마찬가지로 전쟁이 일어날 수 있다는 것을 강조함으로써 서방통합과 재무장을 위한 계획들을 관철시키는 데 한국전쟁을 이용했다. 서방측과 아데나워는 서독의 서방통합이나 독일 문제에 대해 같은 입장을 취했다. 그들은 서방측이 단합하여 힘의 우위를 확보함으로써만이 소련에 압력을 가하고 통일 문제에서 양보를 얻어낼 수 있다고 믿었다. 서독 정부는 동독에 대해 완고하게 불승인 및 차단정책을 실시하였다. 서독 정부는 동독이 민주적 정당성을 결여하고 있기 때문에 서독만이 독일을 전체로서 대표할 권한이 있다고 보았다. 이 단독 대표권 요구를 관철하기 위한 외정적 도구가 1955년부터 적용된 이른바 '할스타인 독트린'이었다. 이를 통해 서독은 동독과 국교를 맺는 국가들에게 외교관계를 철회할 것을 위협하였으며 1957년과 1963년 유고슬라비아와 쿠바가 실제로 그 표적이 되었다. 서독은 동독을 국가로서 승인하지 않았기 때문에 협상의 파트너로서 인정할 수 없었고, 따라서 1950년대와 1960년대에 독일 통일에 관하여 동독이 제기한 어떤 방안도 모두 원천적으로 거부하였다.[23)]

3) 동독의 국가연합안

1950년대 중반 이후 동독은 재통일보다는 먼저 근본적인 변화를 거친 후의 서독과의 새로운 통일을 목표로 삼았다. 이러한 목표에 상응하는 것이 울브리히트가 1956년 말 처음으로 제기한 국가연합안이었다. 이것은 통사당의 통일

관련 마지막 이니시어티브로서 1960년대 말까지 통사당 독일 정책의 기초를 형성했다. 그뿐만 아니라 이 국가연합안은 북한의 김일성이 1960년 광복절 기념사[24]에서 처음으로 연방제 통일안을 제시하는 데 모델이 되었기 때문에 더욱 우리의 흥미를 끈다.[25]

1966년 초까지 통사당이 공식적으로 견지했던 국가연합안의 핵심 내용은 동일하였다. 울브리히트는 1956년 말의 기고에서 상이한 사회체제를 가진 두 독일 국가의 접근을 우선 실현한 뒤에 국가연합의 형태로 중간 해결책을 모색할 것을 주장했다. 그런 연후에야 민주적인 선거를 통한 통일이 가능하다는 것이었다. 국가연합 메커니즘을 거쳐 단계적인 통일을 실현하기 위해 통사당은 '특정한 내적 및 외적 조건들'이 반드시 필요하다고 보았다. 통사당은 특히 '군사적, 레방시즘적 및 파시스트 세력들'의 극복과 나토로부터의 탈퇴, 서독에서 '독점자본의 무력화(無力化)', 핵심 산업의 국민재산으로의 환수, 그리고 동독의 모델에 따른 토지개혁과 학교개혁을 요구했다. 이 조건들이 충족된 후에 양쪽 동수로 구성된 '전독일위원회'의 위원들이 선출될 것이며 이 위원회는 동독과 서독 국가연합의 정부로서 '전독일적 자유선거'를 준비할 자격을 갖게 될 것이었다.

통사당의 국가연합안은 동독에 대한 국제법적 승인 외에도 군비 축소를 주요 테마로 삼고 있었다. 이미 1957년 통사당은 중부유럽을 비핵지대로 만들자는 라파키 안(案)을 지지했다. 그해 7월 동독 총리 그로테볼(Grotewohl)은 독일 영토에서 핵무기를 저장하거나 제조하는 것을 금지하는 것과 동서독이 각각 바르샤바조약기구와 나토로부터 탈퇴할 것, 4강에게 독일에서의 점진적이면서도 조속한 철군을 제안하였다.[26]

소련은 1957년 8월 국가연합이 독일 분단을 제거하는 과정에서의 제1보라고 평가하고 서독 정부에 보내는 각서에서 통사당의 국가연합안을 적극 지지하였다. 그러나 통사당이 국가연합의 전제 조건으로 제시한 요구들은 서방통합의 포기와 체제 변경을 의미하기 때문에 서독 정부는 이것을 결코 받아들일 수 없었다. 또한 서방 강국들과 서독은 소련이 지지한 동독의 국가연합안이 동독 국가를 국제법적으로 승인하기 위한 수단에 지나지 않는다고 보았다. 따라서 서독 정부는 1958년 1월에 통일은 두 정부의 소관이 아니라 오로지 독일 국민이 결정할 사항이라는 이유로 통사당의 국가연합안을 단호히 거부하였다. 이 상황은 통사당으로 하여금 베를린 장벽 건설 이후에도 밖으로는 통일 목표를 견지하면서도 실질적으로는 서독에 대해 분리와 차단정책을 일관되게 추진하는 것을 용이하게 해주었다.

2. 긴장 완화와 새로운 독일 정책의 모색 : 1960년대

1) 냉전의 전초기지로부터 교류 협력의 가교로 : 베를린의 위상 변화

통사당은 1950년대 중반 소련과 함께 독일 정책에서 1민족 2국가론으로 이행한 뒤 그들의 체제를 독립된 국가로서 안정화시키고 공고화하려고 시도했다. 그러나 서독의 생활수준을 따라잡고 추월하겠다는 울브리히트의 야심찬 선언에도 불구하고 동독의 경제는 계획 목표에 전혀 도달하지 못했다. 동독을 탈주하는 자가 현저히 증가했으며 생산과 공급 체계 도처에서의 결원으로 인하여 주민들의 부양이 심각하게 위협받았다. 1953년 이래 매년 평균 20만 명이 동독을 떠났는데, 그 대부분이 아직 동서 점령지역 사이에 국경이 차단되어 있지 않은 베를린을 통해서였다.[27] 따라서 1961년 8월에 이루어진 베를린 장벽의 건설은 통사당과 소련 공산당 지도부에게는 동독 국가를 지키기 위한 불가피한 선택이었다. 장벽 건설은 통사당 정권을 안정시켰으며 주민들로 하여금 주어진 체제에 어쩔 수 없이 순응하고 살아가게 만들었다. 반면에 베를린 장벽 건설이 서독의 정치 엘리트들에게 준 충격은 대단히 컸다. 그들은 서독 정부의 '힘의 정책'과 동독에 대한 불승인 및 차단정책의 파괴적 결과를 피부로 느끼게 되었다. 장벽 건설을 가장 먼저 충격적으로 받아들인 것은 당연히 동서 베를린 시민들이었다. 이러한 충격 속에서 당시 서베를린 시장이었던 빌리 브란트가 독일 정책의 새로운 방향을 제시하고 실행에 옮기게 된 것은 결코 우연이 아니었다.

분단의 고통은 다른 어느 곳보다도 베를린에서 더 심각하게 드러났다. 베를린 문제를 둘러싸고 승전국들 사이에 두 번이나 전쟁의 문턱까지 갈 만큼 대립이 고조되었다. 1948년 6월부터 스탈린은 11개월이나 서베를린으로 통하는 모든 육로와 수로를 봉쇄하였다. 1950년대 말에는 흐루시초프가 최후통첩을 가지고 4년간이나 서베를린을 위협하였다. 1961년 8월에 설치된 베를린 장벽은 동서독간의 국경에서보다 더 많은 가족과 친척, 친구와 동료들을 갈라놓았다. 1960년대 말까지 서베를린은 분풀이 대상이 되었다. 서독의 정치가 맘에 들지 않을 경우 통사당 정치국은 서베를린으로의 통행을 방해하였다. 장벽은 탈출로뿐만 아니라 탈출할 생각까지도 막았다. 장벽과 함께 동독인들은 서방에서 다른 삶을 시작할 가능성뿐만 아니라 이 가능성과 결합된 내적 자유의 일부마저 상실하였다.[28)]

그럼에도 불구하고 베를린은 두 독일 사이에 없어서는 안 될 가교 역할을 했다. 베를린 장벽 건설 이전까지 동독인과 서독인은 서베를린에서 만났으며 많은 동독인에게 서베를린은 '서방의 쇼윈도'였다. 장벽 건설 이후에 동서독인의 만남은 동베를린에서 이루어졌다. 장벽 건설 이후에도 통행권 협정을 통해 서베를린 시민은 단기간 동안 동베를린을 방문하는 것이 가능하였다. 브란트 정부하에서 4강협정을 통해 서베를린 시민의 동독 방문이 가능해지자 그들의 동독 방문 회수는 전체 서독인의 독일 방문 회수의 두 배나 되었다.

서독의 독일 정책에서 베를린 문제는 핵심적인 위치를 차지했다. 연방 정부는 서베를린으로의 통행을 자유롭게 하기 위해 모든 노력을 기울였을 뿐만 아니라 베를린 지원 프로그램을 통해서 경제 입지로서의 서베를린의 매력을 높이기 위해 막대한 재정을 지출하였다. 모든 근로자는 그의 총소득의 8%를 추가 수당으로 받았으며 가족 및 주택에 대한 추가 지원금도 받았다. 새로운 전입 근로자에게는 이사 비용 등 각종 혜택이 제공되었다. 베를린에 투자한 기업과 자영업자들도 여러 종류의 혜택을 제공받았다. 그러나 이러한 포괄적인 지원에도 불구하고 정치적 위기로 불안정이 커질 때 서베를린이 갖는 위험부담은 경제 발전에 항상 큰 장애 요인으로 남아 있었다.[29]

공산주의자들은 서베를린을 '살 속의 가시'로 느꼈던 반면 자유민주주의자들은 그것을 '붉은 밀물'이 넘실거리는 속에 위협받고 있는 섬으로 인식했다. 따라서 양자는 이러한 긴장관계를 어떤 식으로든 조정해나가야만 했다. 특히 서독 정부는 서베를린의 생존과 활력을 유지하기 위해 소련 및 동독과의 타협을 모색하지 않을 수 없었다. 베를린은 양 독일을 연결시켜주는 '클립(Klammer)'과 같은 존재였다. 섬과 같이 포위된 서베를린 때문에 어떤 서독 정부도 동독을 아주 잊어버리고 라인연방국가에 안주할 수는 없었다. 베를린 장벽 건설은 대부분의 서독 정치인에게 동방과의 대결정책을 통해서가 아니라 협력을 통해서만 무엇인가를 성취할 수 있다는 것을 깨닫게 해주었다.

브란트의 동방정책은 잘 알려진 바와 같이 베를린에서 출발하였다. 베를린시 한복판을 가로질러 장벽이 세워지고, 이렇게 분단이 고착화되는 것을 서방측이 받아들일 수밖에 없었다는 사실은 독일 정책을 재고하게 만든 결정적 체험이 되었다. 이산(Trennung)의 고통은 이곳에서 가장 컸고 따라서 여기서 가장 먼저 무엇인가 하지 않으면 안 되었던 것이다. 서베를린 시장으로서 브란트가 체결한 1963년 12월의 통행권 협정은 그가 7년 후 수상으로서 동독과의 관계를 정상화하기 위해 취한 정책의 모델이 되었다. 그것은 동독을 국가로서 승인, 즉 분단을 인정하는 대신 이산의 고통을 완화시키는 것이었다.[30]

2) 새로운 독일 정책의 모색

분단을 극복하는 것을 목표로 하는 서독의 독일 정책은 국제정치적인 여건의 변화로부터 지배적인 영향을 받지 않을 수 없었다. 1960년대 국제정치 체계는 동서 대립을 새롭게 규정지은 "긴장 완화(Détente)"정책을 통해서 근본적으로 변하였다. 그 가장 중요한 원인은 소련이 1960년대를 지나면서 미국의 군사적 공격에 반격할 수 있는 능력을 확보하게 된 것이었다. 그밖에 국제적 세력 분배에서의 변화, 즉 중·소분쟁의 점차적 심화, 유럽공동체와 일본의 부상, 제3세계 국가들의 비동맹운동도 일정한 역할을 했다. 동서 관계에서의 사건사적인 분기점은 베를린(1958~61/62)과 쿠바(1962/63)를 둘러싼 이중의 위기를 들 수 있다. 미국은 당시 아직 핵전략적인 우위를 점하고 있었다. 하지만 미·소 양측은 핵전쟁 직전까지 치닫는 치명적인 위험을 경험한 뒤 이러한 위험을 줄이기 위해서 군비를 축소하는 데 협조하고 현상 유지를 기반으로 공조체제를 건설하는 데 관심을 가졌다. 케네디 대통령의 평화전략과 1963년 7월의 부분적인 핵실험 금지조약을 통해서 현실화된 긴장완화정책은 서독의 독일 정책에 커다란 영향을 미쳤다.

1963년 여름 서베를린을 방문한 케네디 대통령의 새로운 평화전략과 긴장완화정책은 특히 당시 서베를린 시장 브란트의 외교정책 참모이자 공보실장인 에곤 바에게 깊은 인상을 남겼다. 그는 이미 그해 7월 투칭 연설에서 미국의 새로운 긴장완화정책과 일치하며 브란트의 '신동방정책'의 기초가 될 독일 정책의 입장을 밝혔다. 그는 더 이상 아무런 기대를 할 수 없을 만큼 낡아빠지고 비현실적인 기존의 독일 정책을 폐기하고 장기적인 긴장 완화의 일부로서의 신독일 정책을 요구했다. 그는 현상 유지(Status quo)를 변화시키기 위해서 우선 이 현상 유지로부터 출발해야 하며, 동독에서의 자유의 발전은 새로운 정책의 전제가 아니라 그로부터 기대되는 결과라고 주장했다. 또한 바는 동베를린의 공산주의 정권이 존재에 대한 위기의식을 가지는 것은 당연한 일이며 따라서 그들로부터 불안감을 점차로 거두어들여 나중에는 위험 부담이 견딜 만하기 때문에 그들이 국경과 장벽을 느슨하게 풀어주게 만들어야 한다고 보았다. 그는 그러한 가능성을 '접근을 통한 변화'에서 보았다. 따라서 정권을 무너뜨리는 것이 아니라 그것과의 협조가 유일한 해법이라는 것이었다.[31)]

3. 서독의 새로운 독일 정책과 동독의 대응 : 1970년대

1) 사민당-자유당 연정의 새로운 독일 정책

1969년 10월 사민당과 자유당이 서독 역사상 처음으로 연정을 구성하였다. 아데나워에서 비롯된 통일정책의 정체성(停滯性)을 비판하고 세계적인 긴장 완화 분위기에 부응하여 독일 정책에 활로를 뚫으려는 공통의 이해관계가 이 연정의 성사에 결정적인 역할을 했다. 1969년 10월 28일의 정부 성명에서 분명해진 것처럼 브란트에게는 독일 민족의 결속을 보존하는 것이 첫째 목표였다. 그는 민족의 통일성이 헌법 조문을 통해서 명시되어 있는 것만으로는 불충분하고 독일인들의 의식 속에 깨어 있도록 해야 한다고 생각했다. 이를 위해서 브란트 정부는 우선 단기적으로 분단이 낳은 비인간적인 결과들을 완화함으로써 동서독인 사이의 심화되어가는 간극을 가능한 한 메우고자 노력하였다. 독일 통일을 다시 성취하는 것은 이제 같은 민족이라는 공통의 감정을 강화시키는 과정에서 도달할 수 있는 장기적인 목표로서 간주되었다. 독일의 분단과 그것의 극복을 위한 노력의 초점으로서의 베를린의 역할로 인하여 전 베를린 시장이었던 브란트는 분단된 도시의 생존 능력을 보장하는 데도 큰 관심을 기울였다. 서베를린과 서독 사이의 교통, 통신 및 정치적 연결을 보장할 뿐만 아니라 베를린 내에서 동서독인이 서로 만날 수 있는 가능성이 개선되어야 했다. 신독일 정책의 두 번째 목표는 동서독간의 긴장 완화와 무력 사용의 포기를 통해서 유럽의 평화를 보장하는 데 중대한 기여를 하는 것이었다.

이러한 복합적인 목적들은 한 걸음 한 걸음 단계적으로 조심스럽게 나아가는 점진적 정책을 통해서만 실현 가능한 것이었다. 브란트는 정부 선언에서 "독일에 두 국가가 존재하지만 서로 외국이 아니다. 양자의 관계는 특별한 것일 수밖에 없다"라고 선언함으로써 그 첫발을 떼었다. 이것은 단독 대표권 주장과 동독에 대한 불승인 정책을 토대로 하는 전후 서독 독일 정책의 근본 원칙을 파기하고 처음으로 동독을 국가로서 인정한 것이었다. 그는 동독과의 관계에서 연방정부가 민족의 통일성을 유지하기 위해 추진해야 할 목표로서 "조율화된 공존을 통해 공생으로" 나아갈 것을 역설하였다. 이를 위해 브란트는 동독 내각에 정부 수준에서 동등한 자격으로 협상하여 계약을 통해 조율된 협력관계를 발전시킬 것을 제안했다. 브란트는 또한 소련과의 관계를 개선함으로써 동서독 관계 진전을 위한 소련의 응낙을 얻는 것이 급선무라고 보았다. 따라서 1970년에는 에곤 바를 모스크바에 보내 소련 외상 안드레이 그로미코와 불가침조약을 협상하게 하는 한편 동독 총리인 빌리 스토프(Willi Stoph)와 동독의 에어푸르트와 서독의 카셀에서 두 차례에 걸쳐 정상회담을 추진하였다. "동독에 대한 완전한 국제법적 승인"이라는 최대 요구를 관철시키려는 울브리히트의 시도로 인하여 두 차례의 정상회담은 구체적인 성과를 내지 못한 채 끝이 났다. 하지만 정상회담은 동독의 국제적 위신을 높여주었고 동서독 양측에게는 통일 문제에 대한 관심을 뜨겁게 만들었다. 특히 에어푸르트에서 브란트의 이름을 외쳐대며 환영하는 동독 군중의 열기는 동독 정부를 당황스럽게 만들었다.

모스크바 및 바르샤바와 서독 간의 조약 체결이 비로소 동서독간의 협상에 확실한 진전을 가져왔다. 1971년 12월에는 통행조약이, 1972년 5월에는 교통조약이, 1972년 11월에는 동독에 동등한 주권국가로서의 자격을 인정하고 동서독간의 교류를 강화시킬 것을 골자로 하는 '기본조약'이 체결되었다. 동독은 이 '기본조약'을 동독을 국제법적으로 승인하는 분단조약으로 보았던 반면 서독은 장기적으로 민족자결권에 의한 통일 목표를 포기하지 않은 채 중·단기적으로 초민족적 긴장완화정책을 위한 도구로 보았다. '교통조약'과 '기본조약'은 1989년 가을까지 동서독간에 체결된 30개 이상의 조약의 기초가 되었지만 서독 정부는 동독에 대한 국제법적 승인과 동독의 독자적 시민권 인정을 끝까지 거부했다. 그것은 기본법에 명기된 통일의 사명을 포기하는 것을 상징하는 것이었기 때문이다. 1972년 12월 21일 '기본조약' 서명시 동독이 말없이 받아들인 서독의 '독일 통일에 대한 서한'은 "독일 민족(Volk)이 자유롭게 자결권을 행사하여 통일을 다시 성취할 수 있도록 유럽의 평화를 위해 진력한다"라는 목표를 재확인했다. 이에 따라 1974년 본과 베를린에 대사관이 아니라 상주 대표부가 설치되었으며, 서독에서는 그것이 외무부가 아니라 수상청 소속으로 편입되었다.

독일 정책과 동방정책에서의 새로운 패러다임으로의 전환은 서독 보수 진영의 소란스러운 반발을 수반한 채 진행되었다. 1972년의 격렬한 선거전은 신독일 정책을 둘러싼 국론의 분열을 여실히 보여주었다. 1973년 5월 '기본조약'의 인준법에 대한 연방의회의 표결에서 찬성 268대 반대 217라는 결과를 보면 야당의 반대가 만만치 않았음을 알 수 있다. 야당의 주요 비난 내용은 재통일이라는 목표가 포기되었으며 분단이 최종적으로 승인되었다는 것이었다. 즉, 동독에 충분한 반대급부를 확약받지 못한 채 민족적인 기본 입장들이 희생되었다는 것이었다.[32] 그러나 선거 결과는 서독의 국민 여론이 어느 쪽에 있는지를 분명히 보여주었다. 전후 사민당은 최대의 선거 승리를 이루었는데, 이는 브란트의 신독일 정책에 대한 서독 국민의 지지 덕분이기도 했다.

1973년 9월에는 양 독일 국가가 국제연합에 가입하였다. 서독 정부는 두 국가의 유엔 가입과 동독에 대한 세계 각국으로부터의 국제법적인 승인이 동독 정치 지도층의 외교 정치적·국내 정치적 자의식을 높이고, 그럼으로써 동서독간의 내적 교류의 확장에 이바지할 것이라고 믿었다. '기본조약'은 실제로 동서독 교류에 상당한 개선을 가져왔으며 분단 고착화를 부분적으로 완화시킬 수 있었다. 이산가족들이 재결합하고, 정년 이전의 나이라도 긴급한 용건(애경사나 병환 등)이 있을 때는 서독에 있는 가족을 방문할 수 있게 되었고, 국경 지역의 약 600만 명에 달하는 서독인이 까다로운 절차를 거치지 않고 인근 동독 지역을 방문할 수 있게 되었다. 그리고 4개의 국경 통과소가 추가로 개통되었고 서독의 기자들이 동독에, 동독의 기자들은 서독에 신임장을 받아 체류하며 취재할 수 있게 되었다.[33)]

2) 동독의 대응

그러면 동독 정권은 서독과의 '기본조약'을 통해서 어떤 목표를 추구했는가? 동독의 주요 목표는 독립된 주권국가로서 국제법적으로 승인받음으로써 국제적인 위상을 높이고 활동 영역을 확장할 뿐만 아니라 내정적으로는 자국민들로부터 정상적인 국가권력으로 인정받는 데 있었다. 외적 승인이 내부적으로 정권의 정당성을 강화하고 동독 국민으로 하여금 장기적으로 동독의 정치체제와 일체감을 갖게 함으로써 지배체제를 안정화하는 데 기여할 수 있다는 것이었다.[34)]

소련에 의해 제거된 울브리히트의 뒤를 이어 통사당 총서기가 된 호네커는 1971년 9월 통사당 제8차 당대회의 연설에서 새로운 외교 및 독일 정책 노선을 제시했다. 이 강령은 모스크바의 동의하에 소련 공산당 제24차 당대회의 '평화강령'에 의거하여 만든 것이었다. 호네커의 5개항 강령은 동독의 유엔 가입, 유럽안보회의의 소집, 헬싱키로 가는 길의 전제로서 동서독 관계와 동독―서베를린 관계의 조율, 동독의 세계적 승인을 포함했다. 1975년 8월 헬싱키 유럽 안보협력회의 최종안의 채택까지 통사당 지도부의 요구들은 모두 충족되었다. 따라서 1970년대 초의 5년간은 통사당 독일 정책의 가장 성공적인 시기라고 평가받을 수 있을 것이다.[35)]

서독이 동독을 국제법적으로는 승인하지 않았음을 분명히 했지만 통사당 지도부는 기회가 있을 때마다 양국의 관계가 '정상적인 국제법적 관계'라는 것을 강조했다. 1975년 통사당 제9차 전당대회의 새로운 당 강령은 동서독의 관계를 "상이한 사회질서를 가진 주권국가들 사이의 관계로서 평화 공존의 원칙과 국제법의 규범을 토대로 발전시켜나갈 것을" 지지했다. 주권을 서로 존중해주는 정치만이 양국 관계의 정상화와 평화 공존을 촉진하리라는 것이었다. 양국 관계에 부담을 가져온 1980년 10월 호네커의 '게라 요구들'은 동독 시민권의 인정, 동독 인권 침해 정보들을 수집 보관했던 잘츠기터 중앙 집결소의 폐지, 상주 대표부의 대사관으로의 전환 등을 요구했는데[36)] 이것 역시 동독에 대한 국제법적 승인을 강하게 요구한 것이라 볼 수 있다.

호네커 정권의 독일 정책은 세 가지 특징을 가지고 있었다. 첫째, 동독은 스스로를 사회주의 형제국들의 반열에 다시 자리매김하고 독일 정책에 있어서 소련의 유럽 및 독일 정책과의 공조를 더욱 강화함으로써 소련과의 관계를 새로이 설정하였다. 둘째, 동독 정권은 성공적으로 협상정책에 편입하여 그 결과들로부터 이익을 취할 수 있었다. 동독 지도부가 동등한 파트너로서 참여한 1970년대와 1980년대의 대화와 협상정책들의 직접적인 결과로 모든 동서독간 의사소통의 통로, 특히 수백만 명에 달하는 여행자들의 왕래가 고도로 활성화되었다. 국제법적인 승인과 서독과의 교류의 활성화, 그리고 평화주의 정책으로 인하여 동독은 국제사회에서 위상을 높일 수 있었으며 경제적으로도 실익을 챙길 수 있었다. 그러나 새로운 독일 정책이 가져온 이러한 정권 안정화 기능에도 불구하고 통사당은 동서독간의 긴밀한 관계와 수백만 명의 인적 교류가 정권을 불안정하게 만들 위험성을 두려워하고 경계해야만 했다. 여기서 1970년대와 1980년대 통사당 독일 정책의 세 번째 요소로서 서독에

대한 정치－이데올로기적 측면에서의 차단정책(Abgrenzungspolitik)이 비롯되었다.[37)]

호네커는 당시 브란트의 독일 정책적 슬로건인 '2국가 1민족'에 맞서 동독에서 사회주의적 민족의 독자적 발전, 곧 '2국가 2민족'의 원칙을 추구했다. 통사당은 이제 독일의 분단이 역사적으로 종결된 문제이며 독일 문제는 따라서 더 이상 열려 있지 않다는 시각에서 출발하였다. 동독을 '독일 민족의 사회주의 국가'라고 규정한 1968년 헌법 제1조가 폐지되었고, 통일에 대한 사명을 기록한 제8조가 삭제되었다. "독일, 하나의 조국"이라는 동독 국가의 가사는 이제 더 이상 불리지 않게 되었다.[38)]

4. 계약공동체의 발전 : 1980년대

1) 계약공동체의 발전

콜 정부의 독일 정책은 이전의 사민당－자유당 정부의 정책과 비교할 때 독일 문제가 열려 있다는 것과 서방통합 그리고 체제 대립을 더 강하게 강조했다는 데 그 특징이 있다. 그러나 동시에 동독과의 실질적인 협조는 계속되었을 뿐만 아니라 강화되었다. 콜이 이끄는 신정부는 이미 출범 직후 계속해서 동독과 협조해나갈 것을 선언했으며 지금까지의 조약에 기초하고 사람들에게 더 유익한, 보다 장기간의 포괄적인 조약들에 관심이 있다는 것을 알려주었다. 그러나 처음에는 당시의 일반적인 국제정치적 긴장 상태와 서독에 중거리 핵미사일을 설치하려는 계획 때문에 독일 정책에 별로 진전이 없었다. 1983년 6월 바이에른 주지사인 슈트라우스의 적극적인 주선으로 서독 정부가 동독 정부를 위해, 한 기업연합의 은행차관 10억 마르크(한국 돈으로 5,000억 원 상당)에 대한 지불 보증을 서주자 동서독 관계가 괄목할 만하게 발전했다.

이것은 동독 정부로 하여금 서독 정부에 대한 신뢰감을 갖게 했으며 차후 지속된 동·서 진영간의 긴장에도 불구하고 동서독간의 실질적인 협조를 심화시키고 관계를 구체적으로 진전시켜나가기 위한 계기를 마련해주었다. 같은 해에 이미 호네커는 여러 명의 서독 정치 지도자들을 만났고 동서독 국경에 설치된 자동살상기를 제거하겠다는 구체적인 약속까지 했다. 중거리 핵미사일을 서독 의회가 인준한 직후에조차도 호네커는 — 동독의 심각한 경제적 어려움에 직면하여 — "정치적 대화를 계속하기 위해 총력을 기울여야 한다"라고 말하였다. 서독 정부는 이러한 태도를 높이 평가하였고 양국 사이의 "책임공동체"를 어려운 시기일수록 더 잘 지켜나가야 한다는 점을 강조했다.

1984년 7월에 서독 정부는 또다시 동독에 9억 5천만 마르크의 차관에 대한 지불 보증을 해주었다. 이러한 서독의 우호적인 경제 지원의 대가로 동독 정부는 동서독 교류를 강화하려는 서독의 요구에 많은 양보를 해주었다. 동독은 1984년에 4만 명 동독인의 서독 이주를 허용해주었으며, 여행 및 방문시의 절차와 서독에서 서베를린으로 지나가는 통과 절차도 눈에 띄게 개선되었다. 동독의 접경 지역에서 서독인들은 이제 이틀간 체류할 수 있게 되었다. 그밖에도 문화 교류, 환경 문제, 핵발전소의 안전 문제 등을 개선하기 위한 수많은 협상이 개최되었다. 동서독간 무역의 경우 1983년에 도달한 약 150억 마르크의 높은 수준이 1984년에도 유지되었다.

고르바초프가 소련 공산당 서기장이 됨으로써 동서독 관계가 훨씬 더 발전할 전기가 마련되었다. 동독에서 서독과 서베를린으로의 여행자 수와 긴급한 가족 문제로 인한 여행자 수가 증가하였다. 1986년 5월에는 3년 동안 준비되어온 문화협정이 체결되었으며 환경 보호 분야에서도 구체적인 협약들이 맺어졌다. 1987년 9월 호네커의 서독 방문을 통해서도 동서독 관계는 더욱 개선되었다. 환경 및 방사능 보호와 과학과 기술상의 협동을 확대하기 위한 세 개의 협정이 조인되었다. 동독은 또한 동서독간의 여행, 방문 및 소포 우송을 더 쉽게 할 것이라고 발표했다. 특히 문화 교류가 상당히 발전하였다. 1988/89년 기간을 위해 100개의 문화 프로젝트가 약정되었다. 1988년 8월의 협정은 선물 우송에서의 개선을 가져왔으며 이제는 동독으로의 현금 송금이 가능하게 되었다.[39]

2) 녹색당의 독일 정책

녹색당은 통일 전 10년 이상의 존속 기간 동안 당 차원의 통일된 독일 정책을 대변할 수 없었다. 여러 개의 노선이 서로 팽팽히 대립했기 때문이다. 녹색당의 독일 정책은 현실정치적 노선, 민족정치적 노선, 운동정치적 노선의 세 가지로 크게 분류할 수 있다. 현실정치적 노선은 연방의회 녹색당 의원들과 베를린 녹색당인 대안 리스트(AL; Alternative Liste)의 다수가 대변하는 당내의 가장 영향력 있는 입장이었다. 그들은 제2차 세계대전 후의 영토 변경을 받아들이고 동독을 국제법적으로 승인할 것을 요구하였다. 그 때문에 그들은 독일 정책을 외교정책으로 재정의(再定義)하고 내독관계부(우리의 통일부에 해당)를 해체하고 동독 시민권과 호네커의 게라 요구들을 인정할 것을 요구했다. 이러한 동독 승인정책의 목표는 평등권의 기초 위에 동서독 관계를 세우고, 그럼으로써 긴장 완화 과정을 진전시키는 것이었다. 독일 분단을 승인하려는 이러한 노력은 전독일적 정체성이라는 자기기만을 끝내고 민주적 정체성을 발전시키기 위해 서독 국가를 "자기승인(Selbstanerkennung)"해야 한다는 요구와 밀접히 결부되어 있었다. 통일의 사명을 명시한 기본법 전문의 삭제와 민족국가적 전망의 포기를 통해 서독의 민주주의 문화를 강화시켜야 한다는 것이었다.

민족정치적 노선은 동서 대립을 독일 분단의 직접적 결과라고 보았다. 따라서 동서 대립으로 인한 세계 평화의 위협은 독일 분단의 극복을 통해서만 해소될 수 있는 것이었다. 그들은 동서독이 각각의 군사동맹체제에서 탈퇴해야 통일이 가능하리라고 믿었다. 비동맹과 중립화를 통해서 양 독일 국가는 국가연합을 형성하여 두 블록 사이의 "독일의 특수한 길(deutscher Sonderweg)"을 가야 한다는 것이다. 독일 국가연합은 동서간의 교량이자 동서 사회체제들 사이의 사회정치적 '제3의 길'로서 타국의 모델이 될 것이었다. 녹색당 내에서는 여러 개의 평화조약 초안들이 나돌았는데, 이것들은 연합군 주둔에 따른 독일의 자결권 부재 상태를 종식시키고 '완전한 주권'의 회복을 기약하였다. 그러한 평화조약은 자유롭고 평화로운 유럽의 핵심 비동맹 중립국가로서 하나의 독일을 위한 기초를 제공해야 했다.

페트라 켈리(Petra Kelly)를 중심으로 한 운동정치가들은 특히 녹색당 창당 초기에 영향력이 컸지만 당이 안정화되면서 점차로 세력이 약화되었다. 그들의 이론적 구상은 체계화되지 못했으며 정치 행동이 전면에 서 있었다. 동서 양 진영에서 군비 확장으로 핵전쟁을 통한 인류 말살의 위협이 커지면서 운동정치가들의 독일 정책은 급진적 평화정치를 추구할 수밖에 없었다. 평화운동의 일부로서 그들은 양 독일 국가의 군비 확장에 맞서 신사회운동의 정치적 레퍼토리인 시위와 스펙터클한 행동 등을 이용했다. 그들은 동독 평화운동 및 다른 재야 그룹들과의 협력을 통해 평화운동에 새로운 활력을 불어넣고자 시도했다. 체제를 뛰어넘는 비동맹의 동서독 공동의 평화운동이 양 독일 국가를 진영 대립의 구속으로부터 풀어야 한다는 것이었다. 이러한 맥락에서 전독일적 경향은 평화에 대한 동서독 공통의 책임으로부터, 그리고 민중 공통의 평화주의를 바탕으로 군비 확장에 반대하는 공동의 이니시어티브를 취하는 것을 의미했다.

독일 정책에 대해 녹색당 내부에 차이가 있다고 앞서 설명했지만, 그 정책의 이론적 구상에는 기본적으로 평화정책이나 생태 문제들에 관한 공통의 합의가 있었다. 녹색당의 관점에서 볼 때, 독일 정책은 동서 대립의 접합점을 찾는다는 차원에서 양 독일 국가가 직면한 특별한 위험을 드러내는 것이자,

두 국가가 안보 동반자 관계라는 의미에서 평화에 대한 공동의 책임을 강조하는 것이었다. 유럽 평화를 위한 양 독일 국가의 정치적 협력과 동서를 중재하는 위치에 대한 인식은 녹색당 독일 정책의 공통의 기초를 형성하고 있었다. 그들에게 독일 정책은 우선적으로 평화정책을 의미했다. 녹색당은 양 독일 국가의 산업 구조들, 환경 보호와 기술 발전으로 인한 문제들, '생태적 생활방식'에 대한 사람들의 소망에 상반되는 산업사회의 문제들에서 공통점을 보았다. 그들은 독일 정책의 '시각 전환'의 필요성을 역설하고 국경을 넘어서는 환경 보호를 더 강하게 독일 정책 속으로 통합할 것을 요구했다. 독일 정책과 생태학은 녹색당에게는 떼려야 뗄 수 없는 관계로 결합되어 있었다.[40]

5. 동독의 평화혁명과 전환기 통일정책 : 1989/90년

1) 동독의 평화혁명과 서독 연방정부의 통일정책

동독 혁명의 원인은 복합적이었다. 일상적 사회주의의 영향들에 대한 사람들의 불만, 암담한 경제 상황, 여행의 자유와 인권의 제한에 대한 항의는 분명히 혁명을 촉발시킨 결정적 요인이 되었다. 그러나 소련과 동구권에서 고르바초프를 통해 시작된 개혁이 없었더라면 동독의 혁명은 불가능했을 것이다.[41] 동독 혁명의 첫 단계(1989년 9월부터 11월까지)는 '밑으로부터의 혁명'이었다. 1989년 9월 11일 헝가리가 오스트리아와의 국경을 개방한 뒤 이를 통해 그리고 프라하와 바르샤바의 서독 대사관을 통해 동독인들이 서독으로의 대량 탈출을 한 것이 혁명적 전환의 촉매 역할을 했다. 이 대량 탈출은 동독 시민운동가들의 내부적인 개혁 요구, 대규모 시위들과 당 독재에 대한 강력한 도전을 감행케 하는 기폭제가 되었다.[42]

서독의 방송은, 1953년 미군 점령지역 방송(RIAS)이 그러했던 것처럼,

동독의 사회적 위기를 심화시키는 데 중요한 촉매 역할을 했다. 서독의 전자 미디어들은 헝가리의 국경이나 프라하와 바르샤바 서독 대사관의 담장을 넘어 서독으로 이주하려 했던 대규모 동독 탈주자들의 물결과 라이프치히의 월요 데모 장면, 베를린 장벽의 개방 등의 생생한 모습을 방영함으로써 통사당 정권의 붕괴를 가속화시켰다. 이미 동독의 붕괴 이전에 서독의 미디어들은 동독 반체제 시민운동가들에게 방어벽이 되어주었으며 동시에 의사소통 수단을 제공해주었다. 동독의 시민운동가였던 라이너 에펠만(Reiner Eppelmann) 목사는 서독 저널리스트들과의 긴밀한 접촉에 대해 통일 후 다음과 같이 옹호했다. "동독의 미디어는 검열을 받았기 때문에 우리는 그것을 통해 공론장에 접근할 기회를 전혀 가질 수 없었다. 따라서 우리는 불가피하게 서독을 통한 우회로를 선택할 수밖에 없었다. 원래 그곳에서는 서독인을 위해 라디오나 텔레비전 방송이 방영되었지만 거의 대부분의 동독인들이 ARD나 ZDF를 보고 SFB나 RIAS를 들었기 때문에 우리 견해를 알릴 좋은 기회를 제공해주었다. 또한 우리가 국내외에 잘 알려져 있다면 국제적 명성에 신경을 쓰는 국가가 우리를 박해하기가 곤란했다."[43] 이러한 측면에서 서독의 미디어들은 통사당의 언론 독점권을 약화시켰으며 동독의 평화적 혁명에서 상당한 몫을 차지했다.

동독 혁명의 제2단계는 민족적 전환이었으며, 1989년 11월과 1990년 3월 동독 최초의 자유로운 인민의회 선거 사이에 일어났다. 11월 9일 장벽을 즉각 개방하겠다는 통사당 수뇌부의 선언과 함께 국가적 통일로의 길은 이제 돌이킬 수 없는 것이 되었다. 매일 서독으로 넘어가는 수많은 이주자와 동서독 사이의 복지 수준의 격차는 신속한 통일 이외의 다른 대안을 불가능하게 만들었다. 동독의 국가적 독립성은 유지하면서 사회를 개혁하려던 반체제 지식인들의 주장은 점차 통일 요구에 의해 잠식되어갔다. 대중 시위의 구호는 이제 "우리가 국민이다"에서 "우리는 한 민족이다"로 바뀌었다. 동독의 평범한 시민들은 대부분 동독 국가의 변화 가능성을 믿지 않았으며 보다 부유하고 보다 자유스럽고 보다 매력적으로 보이는 서독과 통일함으로써 더 빨리 그들의 처지를 개선할 수 있으리라 기대했기 때문이다. 이듬해 3월 18일 동독 의회 선거까지의 기간 동안 대부분의 동독 시민들이 원하는 것은 또 다른 사회주의의 실험이 아니라 통일이라는 것이 명백해졌다.

서독의 콜 수상이 1989년 11월 28일 '10개항 계획'을 선언함으로써 연방정부의 독일 정책은 동독의 사건들에 대한 피동적 반응에서 적극적인 통일정책으로 전환되었다. 콜은 동독의 정치 및 경제개혁을 조건으로 동독에 즉각적 지원을 제공하고 협력을 강화할 것을 발표하였다. 콜의 구상에는 연방을 형성하는 것을 목표로 구체적인 시간 계획 없이 국가연합적 구조들을 마련하는 것이 포함되었다. 전유럽적 통합 과정에 통합되어 마지막 단계에서는 국가적 통일을 실현해야 한다는 것이었다.

12월부터 서독 정부의 영향력은 급속히 증가하였으며, 직접적이고 노골적인 것이 되어갔다. 동독의 혁명은 민족통일을 위한 운동이 되었으며 그 운동의 무게 중심은 이미 내부의 기층 민중으로부터 서독의 수도인 본의 연방정부와 기성 정당들로 이전되었다. 즉, '밑으로부터의 혁명'이 '밖으로부터와 위로부터의 혁명'으로 탈바꿈한 것이다. 혁명은 점점 더 서독의 직업 정치가들과 행정 관리들을 통해서 조정되어갔다. 경제, 사회관계, 교육문화제도 등 모든 생활 분야에서 서독의 제도, 자원, 엘리트들과 사상이 동독에 이식됨으로써 재구조화 작업이 가속적으로 전개되었다. 따라서 이러한 특혜를 갖지 못한 어떤 다른 탈공산주의 국가들에서보다 동독에서의 체제 전환은 더 근본적이고 철저할 수밖에 없었다. 하지만 이러한 전환은 다른 국가의 경우보다 자율성이 결여되었고 그로 인한 새로운 종류의 갈등들, 특히 '내적 통일'의 문제들이 나타나게 되었다.[44]

통일 과정에 대한 주요 결정은 헌법적 절차를 둘러싼 논쟁에서 서독 헌법을 변경 없이 동독 전체에 적용시킴으로써 동독을 서독으로 병합하는 것을 가능케 한 기본법 제23조의 선택을 통해서 일어났다. 통일 과정을 주도한 보수 세력은 진보적 개선에 대한 거부 자세와 불안정한 소련의 국내 정치 상황으로 인하여 '기회의 창'이 언제 다시 닫힐지 모를 상황에서 제146조를 통한 통일의 길을 허용할 수 없었다. 그 결과 통일은 서독의 정치 질서를 그대로 동독에 이식시키는 방식으로 이루어졌다.

독일의 경제적 통일은 1990년 7월 1일의 통화 통일을 이룸으로써 국가적 통일보다 몇 개월 앞서 실현되었다. 동독의 사회주의적 경제구조는 빠른 속도로 서독의 모델에 따라 개조되었다. 국영기업들은 1990년 여름에 설치된 신탁관리청을 통해서 급속히 민영화되었다. 동독의 기업들은 생산성이 낮았고 위장된 실업자들과 불필요한 고용 인원을 부양하고 있었기 때문에 이러한 급진적인 민영화는 막대한 실업자를 양산해냈다. 1989년부터 1992년까지 전체 피고용인의 수가 930만 명에서 620만 명으로 줄었는데, 이는 약 34%의 감소를 의미한다. 이러한 커다란 사회적 위기를 동독인들이 참아낼 수 있었던 것은 서독의 발전된 사회복지제도가 그들의 기본적인 삶을 보장해주고, 고용창출사업 등 노동시장정책을 통해서 부분적으로나마 새로운 일자리의 가능성을 열어주었고, 또 막대한 재정 지원을 통하여 머지않아 경제가 부흥하리라는 기대를 가졌기 때문이다.[45)]

2) 1980년대 동독 시민운동가들의 독일 정책과 독일 통일에 대한 태도

1980년대 동독 반체제 시민운동에서 독일 정책은 결코 중심적 테마가 아니었다. 독일은 40년 이상 분단되어 있었기 때문에 통사당을 거부했던 사람들조차 분단 현실에 순응하였으며, 이를 바꿀 수 없는 것으로 보았다. 소련의 세력권은 1980년대 말까지도 안정적으로 보였으며 소련 지도부가 동독에 대한 영향력을 늦추려는 어떠한 조짐도 없었다. 호네커 정권의 내정 장악력은

1989년 여름까지도 결정적으로 약화되지는 않은 것으로 보였으며, 호네커 정권은 시민운동가들과의 어떤 대화나 타협도 거부하였다. 따라서 시민운동가들은 동독의 국가적 존재를 문제 삼음으로써 국가 배신죄로 처벌받지 않도록 조심할 필요가 있었다.

서독의 영향력 있는 정치세력 중 상당수 또한 그들의 공식적 담론과는 달리 실제에 있어서는 독일 통일이라는 목표를 완전히 포기하거나 가까운 장래에는 실현할 수 없는 것으로 간주하였다. 동독 시민운동가들과 가장 긴밀한 접촉을 가지고 지원해주던 녹색당이나 그들의 중요한 대화 상대였던 서독 개신교회의 경우 그 다수가 통일 목표를 포기하였다. 이러한 맥락에서 동독 재야 시민운동이 독일 정책에 깊은 관심을 기울이지 않은 것은 당연한 일이었다.

이러한 가운데서도 로버트 하베만(Robert Havemann), 라이너 에펠만과 게르트 포페(Gert Poppe) 등은 예외적으로 독일 정책에 관심을 기울이고 1981년 호네커와 브레즈네프에게 보내는 공개서한과 1982년의 '베를린 호소'를 통해 유럽 긴장의 근본 원인으로서의 독일 분단, 평화조약을 통한 독일 문제 해결의 필요성, 강대국 주둔군의 철수와 독일 통일의 전망에 대한 입장을 밝혔다. 에펠만은 1981년 7월 호네커에게 보내는 공개서한에서 특히 "중부유럽의 비핵지대화"와 "유럽의 모든 국가들로부터 외국 군대의 철수"를 요구했으며 전쟁 장난감의 금지, 군사 교육의 철폐, 국경일에 군사 퍼레이드의 포기 등 사회적 삶에서의 탈군사화 필요성을 역설했다.

9월에는 하베만이 브레즈네프에게 보내는 공개서한을 발표하였다. 하베만은 독일의 분단이 강대국들의 의도와는 달리 유럽의 안전을 확보하지 못했으며 그와 반대로 치명적인 위협의 전제가 되었다고 보았다. 그는 독일의 민족 문제를 어떻게 해결할 것인지는 독일인의 자결권에 맡겨야 하며 누구도 독일 통일에 대해 두려워할 필요가 없고, 그보다는 핵전쟁을 두려워해야 한다고 역설했다. 동독에서는 이 서한에 약 200명이 서명했으며 서독에서도 수천 명의

지식인이 이에 서명했다.[46]

하베만과 에펠만은 1982년 1월 '베를린 호소'를 발표했는데 여기에는 약 80명의 평화운동가들이 1차로 서명하였다. 이 호소문은 "무기 없이 평화를"이라는 구호 아래 전유럽의 비핵지대화, 독일에 있는 모든 핵무기를 철수할 것에 대한 양 독일 국가 사이의 협상, 승전국들과 양 독일 국가간의 평화조약, 주둔군의 철수, 군사 교육 대신 평화 교육, 군사 퍼레이드와 민방위 훈련의 폐지 등을 요구하였다. 여기서 평화 문제의 해결은 독일 문제의 해결과 연결되었다. 양 독일 국가가 각각 군사동맹에 결속되어 있고 양 국가의 자결권이 강대국으로부터 존중받지 않는다면 평화란 있을 수 없다는 것이다. 또한 호소문은 최소한의 민주적 자유와 경제적 합리성이 평화 문제와 결합되어 있는 것으로 보았다.[47]

1989년 초여름부터 심화된 통사당의 지배 위기와 더불어 동독에서는 8월 29일 사회민주당(SDP)의 창립 선언을 필두로 하여 9월과 10월에 '노이에스 포룸(Neues Forum)', '민주주의 지금(Demokratie Jetzt)', '민주주의 출발(Demokratischer Aufbruch)' 등 반체제 정당과 단체들이 우후죽순처럼 창립되었다. 콜이 '10개항 계획'을 발표하자 통사당 서기장인 에곤 크렌츠(Egon Krenz)뿐만 아니라 통사당 비판자인 소설가 스테판 하임(Stefan Heym)과 교회 지도자인 귄터 크루세(Günter Krusche) 등도 이 제안을 거부하고 동독의 존속을 지지하였다. 반체제 운동권에서는 즉각 격렬한 논쟁이 벌어졌다. 그들은 수많은 선언서에서 그들의 전통적인 주장을 제기하고, 무제한의 여행의 자유를 지지했으며, 두 독일 국가의 국가연합 혹은 연방을 추구하고, 독일 통일을 비동맹과 결합하고자 했다. 반체제 운동가들은 대부분 미래의 독일 통일을 지지했으며 통일 과정은 정치적으로 유럽적 연관 속에서 전개되어야 한다고 생각했다. 이 과정의 전제는 동독의 민주화였다. 대부분의 시민권 운동조직들이 이러한 관점에서 일정 기간 동독의 존속을 지지했다.

12월 3일 발표된 '독일 문제에 대한 사민당(SDP)의 선언'은 이러한 특징을 전형적으로 보여준다. 즉, "동독의 사회민주주의자들은 독일 민족의 통일을 지지한다." 그러나 뒤이어 "서독으로의 결속이라는 의미에서의 통일(곧 흡수통일 – 역자)"은 사회, 경제, 정치적인 이유에서 거부되었다. "국가연합"이 형성되어야 하며 "우리의 이해관계를 …… 강력히 대변할 수 있도록" "민주적으로 선출된 정부"를 빨리 세워야 한다는 것이다.

후에 서독 기민당의 적극적인 개입하에 동독 기민당과 선거연합을 취한 '민주주의 출발'의 강령위원회는 12월 2일 "먼 미래의 일로 보였던 것이 의사일정에 올라 있다. 그것은 독일 민족의 통일이다"라고 콜의 10개항 계획을 적극 지지했다. "즉각 전독일적 상호 이해를 도모할 형식과 방법들"을 찾아야 하며 "독일 국민의회"를 소집해야 한다는 것이다. 그러나 이 선언에 대해 '민주주의 출발'과 반체제 운동권 내부에서 즉각 비판이 제기되었다. 12월 14일에 또 다른 시민운동 단체인 '민주주의 지금'은 '민족 통일 3단계 계획'을 포함하는 '독일 정책적 테제들'을 발표했다. 이 통일안도 독일의 과오를 회상하고 1945년의 국경을 바꿀 수 없는 것으로 보았으며 "새로운 정치적 통일을" 개혁 과정 속에서 실현하고자 했다.

여기서 첫째로 동독의 민주화 과정은 서독에서의 사회적 및 사회정책적 개혁들과 결합되어야 하며 정치적으로 '독일 국민의회'를 구성하는 쪽으로 나가야 할 것이었다. 두 번째로 경제, 조세 및 재정적 통일이라는 첫 단계 조치들을 거쳐 국가연방(Staatenbund)을 가능케 할 양국 사이의 '민족 계약'이 체결되어야 했다. 셋째로 탈군사화와 주둔군 철수의 틀 내에서 '독일 국가들의 연방'이 창설되어야 했다. 그러나 거리에서 점점 더 단호하게 통일을 요구하며 데모를 벌였던 시민들은 시민운동권의 신중한 태도들이 통일을 위한 건설적인 기여라기보다는 지연 전술이라고 보았다.[48]

6. 맺음말

동독은 건국 초기에 사회주의체제로의 통일이 가능하다는 환상에서 서독보다 훨씬 더 적극적인 통일정책을 폈지만 이는 1953년의 반체제 민중봉기와 함께 전독일적 설득력을 상실했다. 1950년대 후반에 통사당이 내놓은 국가연합을 통한 중립국으로의 통일방안은 서독이 들어줄 수 없는 전제 조건들로 인하여 정치 선전적인 의미를 벗어나지 못했지만 동독은 1960년대까지 이를 견지했다.

서독 아데나워 정부는 민주적 정당성을 결여한 동독 정권을 인정할 수 없었고 반공주의적 입장으로 인하여 서방통합과 힘의 우위를 과시함으로써 소련을 압박하여 통일을 얻어낼 수 있다고 믿었다. 그러나 이러한 또 다른 환상은 늦어도 1955년 동서독이 양대 군사 블록으로 통합되면서 공허한 것으로 드러났다. 그럼에도 불구하고 보수당 정권은 1960년대까지 단독 대표권과 할스타인 독트린을 견지하며 동독 정부와의 모든 대화를 거부하였다. 서독 정부가 그 완고한 단독 대표권 주장을 일찍 포기하고 동독과의 대화에 응했더라면 동서독 관계는 이미 1950년대 말에 정상화되어 통일 여건에도 상당한 변화를 가져왔을지도 모른다.

1960년대 말 이후 통사당 정권은 공식적으로도 통일 목표를 포기하고 2민족 2국가론으로 전환하였다. 그러나 '기본조약' 체결 이후 매년 동서독간의 수백만 명의 인적 교류는 통사당의 차단정책을 무의미하게 만들었다. 동독 시민들은 서독 방송을 시청함으로써 서독 사회를 더욱더 그들의 삶의 질의 비교 준거이자 동경의 대상으로 삼게 되었고, 이것은 1980년대에 서독으로 이주하려는 사람들의 수를 점점 더 늘어나게 만들었다. 동독의 반체제 시민운동의 강화와 함께 이들의 "발을 통한 표결"은 동독의 붕괴를 가져왔다. 동독의 시민운동은 동독 사회의 민주화와 주둔군의 철수 및 군사동맹으로부터의 이탈과 국가연합을 거쳐 두 체제의 단점을 지양한 '제3의 길'로의 단계적 통일을 선호했었다. 그러나 분단으로 인해 강요된 격차를 서독과의 '합병(Anschluss)'을 통해 하루속히 만회하고 서독의 풍요로운 소비사회를 빨리 맛보고자 했던 동독 시민들의 열망은 이제 제어할 수 없었다. 이러한 통일에 대한 과도한 기대가 충족되지 않으면서 심화된 '내적 통일'의 문제는 급속한 통일의 후유증으로서 재통일된 독일 사회에 큰 부담을 안겨주고 있다.

전후 한국과 독일의 분단 상황에 가장 큰 차이를 만든 요인은 무엇보다 한국전쟁과 베를린의 특수한 존재였다. 그밖의 요인으로는 동독에서는 안보에 대한 불안이 상대적으로 적었다는 사실과 동서독간의 경제 협력의 지속성을 들 수 있을 것이다.

한국과 같은 동족간의 내전을 겪지 않음으로써 전후 냉전체제 속에서 동서독간의 불신의 골은 한국에서처럼 깊지는 않았다. 그밖에도 동서독간의 경제력 격차는 건국 초기부터 컸으며 점점 더 벌어졌고 전후 정착된 서방식 민주주의와 사회적 시장경제에 대한 시민들의 높은 만족도로 인하여 서독은 정권의 정당화를 위해 한국에서처럼 '적대적 공생관계'를 이용할 필요가 그리 크지 않았다. 한국에서는 한국전쟁의 기억들이 남북간에 상대방에 대한 적대적 이미지를 만들어내고 '적대적 공생관계'를 재생산하는 데 오랫동안 끊임없이 반복적으로 이용되어왔다.

분단국가 동독 한가운데 섬으로서 존재하는 서베를린의 특수한 상황은 독일이 한국보다 훨씬 더 일찍 냉전적 대립을 극복하고 '조율화된 공존'과 '공생'의 길을 통하여 결국 통일을 실현하는 데 기여하였다. 분단으로 인한 긴장도 베를린에서 더욱 첨예한 양상을 보였으며 그것을 해소하고 서베를린의 생존을 보장하기 위한 긴장완화정책도 이곳에서보다 일찍 그리고 더욱 적극적으로 추진되지 않을 수 없었던 것이다.

동독은 동서 냉전체제에서 소련의 전초기지와 같은 역할을 담당했으며, 그들이 원하는 방식의 독일 통일이 분명히 불가능해진 1950년대 중반 이후 소련은 동독을 결코 포기할 수 없었다. 또한 동독에는 소련군 수십 개 사단이 진주하고 있었다. 소련 공산당과 통사당 지도부는 인권 조항들로 인한 국제적 간섭의 여지를 감수하면서도 전후 질서를 현상 유지하기 위하여 유럽안보협력회의(KSZE)를 적극적으로 지지했다. 따라서 동독은 서독과의 관계 정상화로 인한 교류 확대가 가져올 사회통합의 위험성에도 불구하고 긴장완화정책에 편승하여 그것이 주는 이익을 적극적으로 추구할 수 있었던 것이다. 반면에 북한은 중·소분쟁 이후 군사적 독자 노선을 추구하고 중·소와 등거리 외교를 통해서 한·미·일 안보 공조에 북방 삼각 공조로 대처하고자 노력했다. 그러나 소련 제국의 해체로 북한은 극심한 안보 불안에 빠지게 되었고, 이것이 결국 북핵 문제로 발전하여 남북 관계를 발전시키는 데도 큰 걸림돌이 되고 있다.

1945년 포츠담 선언은 독일을 경제적 통일체로 다룰 것을 규정하였다. 이 약속은 서로의 필요에 의해 전후 45년 동안 거의 중단 없이 지켜져 동서독간의 대화와 타협의 훈련장이 되었다. 동서독간의 무역과 서독과 베를린 간의 통행 수입과 동서독간의 각종 인적 교류 등을 통한 동독의 막대한 재정 수입은 통사당 정권으로 하여금 1970년대 말 이후 이른바 '제2차 냉전'에도 불구하고 서독과의 우호적 관계를 유지하는 데 각별한 노력을 기울이게 한 동인이었다.

서독 정부와 사민당은 1980년대에 동독 시민운동을 소홀히 하고, 충분한 반대급부 없이 지나친 양보를 한다는 국민 여론 속에서도 통사당 정권과의 우호적 관계를 유지하기 위해 공을 들였다. 분단의 고통을 완화하고 민족 내부의 결속을 강화하는 데 그것이 더 유리하다고 그들은 믿었기 때문이다. 우리는 칼 도이치(Karl Deutsch)를 따라 민족을 소통(communication)의 공동체라고 규정할 수도 있을 것이다. 매년 수백만 명의 인적 접촉을 통한 직접적

소통과 매일 저녁 공동의 텔레비전 시청을 통한 간접적 소통은 같은 민족이라는 의식을 보존함으로써 통일을 준비하는 데 지대한 공헌을 하였다.

후발 통일 지향국으로서 우리는 불행히도 이러한 기회를 기대하기 어려울 것이다. 독일은 1969년 이후 긴장완화정책을 일관되게 추구함으로써 예기치 않은 통일의 열매를 거둘 수 있었다. 하지만 우리는 평화와 통일이라는 두 과제를 동시에 끌어안고 나가지 않을 수 없다. 우리 내부의 남남 갈등이나 우리를 둘러싼 주변 정세는 두 과제 모두 풀어가기가 얼마나 어려운지를 재삼재사 확인시켜주고 있다. 다시금 외풍이 거세게 몰아치고 있다. 우리 모두의 역사적 책임감이 어느 때보다 절실한 때이다.

한운석 | 연세대학교 김대중도서관 연구교수

독일 | 정치문화

비동시적인 것의 공존

1. 독일의 분단과 정치문화

'정치문화'라는 용어는 18세기 말 헤르더(Herder)가 처음 사용하였다. 이후 이 용어는 동구유럽 및 서구유럽에서 공통되게 현대 정치과학의 개념으로 사용되었다.[49] 정치문화란 특정 시점에서 한 사회나 지역의 구성원들이 정치적으로 중요한 것에 대해 가지는 감정, 태도, 사고 및 가치 정향 등이 집단적으로 형성된 것을 의미한다.

이러한 정치문화는 규범 등의 형태로 표출되며 개인의 정치적 행동양태에 영향을 미치면서 정치체제를 안정시키거나 변화시키는 데 일정한 역할을 한다. 정치문화는 한편으로 사회적 집단의 정치 성향과 같은 주관적 측면을 내포하기도 하면서, 다른 한편 이미 형성되거나 구조화된 것으로서 개인의 행동양태에 영향을 미치는 객체적 성격도 가진다. 정치문화에서는 현재뿐 아니라 역사적 측면도 중요한 요소로 고려된다. 즉, 집단적 의식이나 가치 정향뿐만 아니라 개인적이고 주관적인 역사·정치의식도 포함되는 것이다.

'프로이센', 두 차례의 세계대전을 일으킨 '전범국', '나치' 등의 용어가 대명사로 쓰였던 1945년 이전의 독일은 어떻든 유럽 국가들 중에서도 드물게 권위주의적이고 국가주의적이며 비민주적인 정치문화의 특징을 가진 것으로 알려져 있다. 그러나 이렇듯 역사적으로 뿌리 깊은 비민주적 정치문화도 1945년 종전 후 서서히 변화하기 시작해 1968년 혁명과 이후 1970년대를 거치면서부터는 여타 유럽 국가들과 차이가 없을 정도로 민주주의가 발전된 것으로 평가된다. 그런가 하면 동독은 종전 후 사회주의체제로 전환하면서 국가주의·전체주의적 정치문화가 첨가되어 이전의 전통적 정치문화에서 크게 탈바꿈할 기회를 갖지 못한 조건에서 통일을 계기로 커다란 변화를 겪게 된 것으로 이해된다.

이 글에서는 이러한 일반적 인식에 더하여 분단국이라는 특수성이 동서독 각국에 미친 영향을 분석함으로써 정치문화의 변화 계기나 내용을 살펴볼 것이다. 동독과 서독은 한편으로 철저히 단절 내지 '배제'하는가 하면, 다른 한편으로는 서로 숙명적인 경쟁 상대자로 인지·현상되고 있었다. 즉, 동독과 서독은 서로 배제하면서도 서로 규정하고 규정되는 관계에 있었던 것이다. 이런 맥락에서 동서독 정치문화의 내용과 그 변화는 상호 관계를 통해서 볼 때 좀더 자세하게 이해할 수 있다. 구체적으로는 큰 역사적 사건을 중심으로 구분하여 살펴볼 수 있겠는데, 즉 1945년 이후 분단에 대한 책임을 서로 떠넘기는 것에서부터 시작하여 서독에서 '민주주의의 수호를 위하여' 독일 공산당에 대해 내린 위헌 판결, 1961년의 '베를린 장벽' 건설, 서독에서 나치 부역자들이 일부 정치 엘리트에 재편되는 것을 비난하여 '파시스트 나치 잔재'의 '갈색 공화국'이라는 동독의 공격에 대해 동독을 '전체주의' '붉은 독재' 국가라는 비방으로 맞섰던 1960, 70년대를 지나는 기간 동안 변화된 동서독의 정치문화를 살펴보고자 한다. 당시에 형성된 정치문화는 통일 이전까지 양국의 정치문화를 일관되게 규정하였기 때문이다.

2. 이념적 분단

1945년 직후부터 서방 3국(미·영·불) 관할 지역인 서독과 소련 관할 지역인 동독 사이의 간극은 더욱 깊어갔다. 서독은 한편으로 동독에 대해 경계를 설정하면서, 다른 한편으로 미국을 위시한 서방국가에서 보호막을 찾으려 했다. 이런 조건 속에서 서독은 짧은 시간 내에 분단에 대한 책임자를 만들어낼 필요가 있었다. 공산주의자들이 바로 그들이었다. 냉전의 비밀스러움 중 하나는 1947년 6월 뮌헨에서 열린 주지사 총회에 독일 동쪽 주를 대표하는 다섯 명이 참석을 거부하고 돌아감으로써 성사되지 못했던 일이다. 서독은 이 사건을 공산주의자들의 의도적 거부로 부각시켰다.

이어 1948년 11개월간 지속된 서베를린 봉쇄는 스탈린에 의해 영도되는 공산주의의 사악함을 입증하는 다른 한 예로 여겨졌다. 몇 개의 서독-서베를린을 잇는 도로가 모두 봉쇄되면서 200여만 명의 고립된 서베를린 시민을 위해 서방 연합군의 공군 전투기로 생활물자를 조달하는 상황이 열한 달 동안이나 지속되었다. 이러한 서방 연합군의 '희생'과 '도움'은 서독인들을 더욱 서방 쪽으로 밀착시킨 반면, 소련 및 동독 집권세력에 대한 적대감은 더욱 강화되었다.

1950년에 발발한 한국전쟁은 서독에서는 공산주의자들에 의해 촉발된 제3차 세계대전의 전초전으로 선전되고 받아들여졌다. 이념적으로 대치되어 분단되었던 상태인지라 남북한에서와 마찬가지로 공산주의자들에 의한 급습이 곧 가능한 것처럼 인식되었던 것이다. 스탈린에 의해 촉발될 제3차 세계대전에 대한 두려움과 공포감은 현실적인 것으로 여겨졌고, 그런 만큼 안보·보호 심리의 강화, 나아가 보호자로서 미국에 대한 기대심리가 더 강해졌다.

갓 들어선 서독 정부는 동독과 공산주의 이데올로기에 대해 제도적 바리케이드를 쳤다. '내부의 안전·안보'를 위한 부처는 호헌법(護憲法)이나 1950년에 설치된 호헌청을 통해 국가의 적을 박멸하고, 혹은 이적 행위를 금하는 것을 가장 중요한 업무로 삼고 있었다. 이들의 업무는 극우와 극좌 양쪽을 겨냥한다고 표방하고 있었으나,[50] 실질적이고 우선적으로는 공산주의자를 경계하는 것이었다. 경계 대상인 공산주의자는 외부적으로 독일 통사당의 형태를 띠고 있는 동독 정부였고, 내부적으로는 서독에서 활동하던 독일 공산당(KPD)이라는 형태를 띠고 있었다. 공산주의자들이 내·외부에서 공동으로 노력하여 서독의 자유민주적 기본 질서를 파괴할 것이라는 주장이 일반의 동의를 얻고 있었던 것이다.

이러한 분위기 속에서 연방내무부는 독일 공산당에 대한 위헌 심의와 활동 금지 소송을 대법원에 제기했다. 이는 논리적으로 당연한 절차였다. 이후 많은 논란 끝에 1956년 8월 독일 공산당은 의회제의 범위 밖에서 활동하였으며, 동독 정부의 지지에 힘입어 서독 정부 전복을 지향한다는 이유로 위헌 판결을 받으면서 마침내 활동이 금지되었다. 그러나 사실 1949년 연방의회 선거에서 5.7%의 지지를 받은 공산당이 1953년 선거에서 2.2% 지지밖에 얻지 못한 데서 확인할 수 있듯이 공산당에 대한 서독 정부의 적대적 선전은 효과를 발하였으며, 대중의 지지도도 그리 위협적이지 않은 수준에 머물러 있었다. 이렇듯 공산당의 실질적 위협이 크지 않았음에도 불구하고 내려진 위헌 판결은 그 활동에 대해서라기보다 공산주의 이념에 대한 판결이었다 하겠다. 그만큼 공산당에 대한 위헌 판결은 정치적으로 논란의 여지가 있는 것이었다.

잠재적인 국가의 적에 대한 혐의는 1956년 판결에서 그치지 않았다. 법무부는 형법을 동원하여 이데올로기적 적대세력의 예방적·사전적 제거 작업에 착수했고, 법정 판결은 검찰·경찰의 영역에도 관철되었다. 이러한 행태는 "국가의 존립을 위협하는 소련 점령지역의 선전·선동문"이 들어오는 것을 막고, 동독으로부터 첩자나 스파이가 잠적해 들어오는 것을 "막고 저해하기 위한 시도"라는 명분으로 진행되었는데, 1956년 판결 이후에는 "비합법 공산당의 진지구축 작업"을 막기 위함으로 그 명분이 바뀌었다.

공산당의 '진지구축 작업'을 차단·배제하기 위한 차원에서의 반공주의 이데올로기 전선의 형성은 그 실질·내용적 차원에서 서독 사회에 영향력을 갖고 있었던바—아이러니라 할 수밖에 없는—'동독만큼 사회적'인 서독의 '사회국가(Social State)' 혹은 '복지국가' 체제가 그것이다.[51] 전국가적인 수준에서 '사회성'을 중심으로 형성된 동독과 경쟁적 관계에 있던 서독은 경제·사회적 수준에서 시장성과 사회성 사이의 균형을 철저히 유지한 체제로 자리 잡아갔다. 일찍이 바이마르공화국 당시 선진적으로 체계화된 사회보장제도는 더 발전하여 대학까지의 교육 그리고 의료보험 등은 철저히 공적 차원에서 보장되고 있다. 또한 노동자의 대중조직인 노동조합은 사회적 대변의 일환으로 제반 단위의 시민사회에서 그 사회적 지위를 법적으로 인정받아 결정에 참여하도록 제도적으로 보장되어 있어 사회·복지국가의 조형 자체에 참여하도록 되어 있다.

3. 물리적 분단 : 베를린 장벽

동독의 정치문화나 대서독 정책도 서독과의 긴밀한 연관성 속에서 규정되었다. 지리적으로 동독 내에 있는 서베를린을 에워싸는 장벽이 세워지기 전까지 동서독 양국은 동서 베를린의 교류를 통해 끊임없이 내왕하고 있었다. 1952년 동독에 의해 서독인의 자유로운 동베를린 여행이 허가제로 바뀌기 전까지 서베를린과 동베를린 사이에는 내왕을 위한 많은 공식 통로가 있었고, 이를 통해 동서 베를린 주민들은 상당히 자유롭게 교류할 수 있었다. 심지어 서베를린의 대학생이 동베를린의 훔볼트 대학에서 수강하는가 하면, 동서 베를린 주민들간에 물자를 교환하여 쓰기도 했다. 서베를린 주민이 동베를린에서 일하기도 하고, 그 반대의 경우도 있었다. 이렇게 동서독을 내왕하며 생활하는 사람들을 '경계인(Grenzgaenger)'이라 칭하였다.

비록 1952년부터 방문 방식이 허가제로 바뀌었음에도 불구하고 동독 체제에 불만을 갖고 있는 동독인들에게 서베를린은 중요한 탈출구로 기능했다. 베를린에서는 동서독인들간에 자유로운 교환이 가능했던 탓이다. 이러한 환경으로 인해 특히 미래에 대한 기대가 큰 젊은이들과 상대적으로 숙련된 동독 노동력의 탈주가 광범하게 발생했다. 베를린 장벽이 건설되기 전까지 이탈자의 수는 약 300만 명에 이르는데, 그 3분의 2는 동서 베를린의 자유로운 내왕의 기회를 이용하여 발생한 것이었다.

숙련된 젊은 노동력의 상실을 더 이상 감내할 수 없었던 동독 정부는 베를린 장벽을 세우기로 결정했다. 베를린 장벽의 건설은 동서독간의 완전 차단이라는 점에서 동독의 입장으로서는 "비밀스러운 사실상의 건국일"이라는 말이 타당하다. 베를린 장벽의 건설은 한편으로 1960년대 동독 사회 전체의 안정화와 현대화를 위한 노력의 전제 조건이었으나, 다른 한편으로 동독 주민들에게 커다란 실망을 안겨주는 충격적 경험이었다. 이를 계기로 동독 주민들은 공적 분야보다 사적 분야에 더 관심을 갖게 되었고, 가시화된 분단을 숙명적 상황으로 받아들이고 이에 적응하게 되었다.

베를린 장벽 건설 이후 동독인들은 분단에 익숙해지는 만큼 더욱더 사적 생활로 도주하였다. 동독 주민들의 공적 분야에 대한 관심은 의무적으로 부과되는 범위 내로 제한되고, 나머지 노력이나 관심은 사적 영역으로 퇴각하였다. 단적인 예로 동독 주민의 서독 TV와 라디오 시청률을 들 수 있다. 동독 당국은 서독의 TV와 라디오 시청취를 금하였으나 서베를린의 존재나 주변국들에 미칠 영향을 우려하여 방해 전파를 송출하지는 못하였다. 이러한 조건에서 동독의 상당 지역은 서독 TV 시청이 가능하였던바, 공적 영역에서는 시청한 서독 TV 내용에 대해 언급하는 것이 불가능하였으나, 집 안에서는 동독 TV보다

〈표-1〉 얼마나 자주 동독 TV를 시청하였나? (분단 상황에서의 시청률)

	서독 TV 가시청 지역	서독 TV 불가시청 지역
거의 매일 혹은 자주	10%	49%
때때로	18%	28%
매우 드물게 혹은 전혀 안 봄	72%	23%

서독 TV를 더 많이 시청하고 있었다. 〈표-1〉에서 보듯이 서독 TV 가시청 지역 주민은 서독 TV를 주로 시청하고, 동독 TV를 아주 드물게 보고 있었다. 전반적으로 동독 주민의 약 70%는 서독 TV를 시청하고 있었던 것으로 나타난다. 즉, 동독 주민은 공식적으로는 사회주의적 가치나 규범을 중심으로 생활하는 반면, 사적 영역에서는 이와 무관한 규범을 흠모하고 있었다.

갈등을 영원히 억누를 수 없는 것이라면 동독의 갈등 통제 양식과 대응 수단은 정권 안정의 지표일 수밖에 없을 것이다. 갈등을 흡수하거나 그것을 해소하는 통로를 제공하는 데 성공할 경우 그 정권은 안정 상태에 있다고 하겠다. 반대로 그것에 실패할수록 내부적 저항이 강해지고 결국 혁명에 의해 정권이 붕괴될 위험 또한 더 커진다. 이런 의미에서 "베를린 장벽이 없을 때는 그 개방된 경계가 동독의 집권당인 통사당의 정치적 지배의 안정 요인이었다. 그러나 1961년 장벽이 세워진 이후 동독 정권은 내부적 계획에 의해 체계적으로 안정된 상태를 대치하지 않으면 안 되었다"라고 파악한 다렌도르프(R. Dahrendorf)의 지적은 타당하다.[52)]

베를린 장벽 건설로 인해 서독 주민들 개개인은 영향을 덜 받았으나, 서독 사회 전체로는 상당한 영향을 받게 되었다. 숙련 노동자의 서독 이주가 돌연 중단되었기 때문이다. 전후 복구에 전념하던 서독 경제는 1950~53년 한국전쟁 특수를 시발로 하여 급격하게 성장하기 시작하면서 노동력에 대한 수요가 급증했는데, 동독 이탈자들을 통해 이를 상당 부분 충족시켰다. 그러나 베를린 장벽 설치로 노동력이 크게 부족해지면서 외국인 노동자에 대한 수요가 폭발적으로 증가했다.

1960년대 후반 서독에서는 교육 붕괴를 둘러싼 논쟁이 광범하게 일었는데, 그 논쟁은 이러한 상황을 배경으로 대두된 것이었다. 베를린 장벽 설치 이전 동독의 숙련 노동자들이 쇄도함으로써 교육제도의 개혁이 지지부진한 상태로 남아 있었다. 동독에서는 경제·사회적인 이유로 처음부터 교육제도가 매우 중요시되었고, 상대적으로 효율 중심으로 발달하였다. 그러나 장벽으로 인해 동독 숙련 노동력의 유입이 중단되자 경제계에서 서독 교육제도의 비효율성에 대한 불만을 본격적으로 터뜨린 것이다. 이러한 상황에 직면하여 서독의 사용자 측은 동독 학제의 효율성과 융통성을 호평하는 한편, 동독과 비교하여 서독 학제의 문제점을 비판했다. 서독이 동독과 체제 경쟁적 관계에 있었다는 점을 고려할 때, 재계의 이러한 행동은 커다란 사회적 함의를 갖는 것이었다. 실용적 사고·행태에 익숙한 재계는 체제 경쟁적 관점의 상궤를 벗어난 담론 구도 속에서 자신의 요구를 주장하고 있었다. 이에서 엿볼 수 있듯이 1960년대 들어 서독에는 정치·사회문화적으로 탈냉전적 패러다임이 대두되었다. 이는 체제 경쟁적 대립에서 이미 확고한 우위에 선 서독의 자신감에 기반한 것이라고도 할 수 있다.

4. 나치 잔재의 '갈색 공화국' 대 전체주의 '붉은 독재'

전후 나치 과거라는 공통된 부담의 처리 문제는 동서독 양국 정치문화에 커다란 영향을 미쳤던 것으로 양자의 상호 배제와 착종의 관계를 가장 잘 드러내준다. '위로부터 지시된 반파시즘'은 동독 정부 정통성 확보의 중핵이었다. 히틀러에 맞서 반파쇼 투쟁의 핵심 주체였던 공산당과 사민당을 통일시킨 통사당에 기반한 동독(과 권력집단)은 '반파쇼 민주주의 혁명' 투쟁의 전사로서 그 출현이 정당화되었다. 1968년 헌법 제6조를 통해 동독은 자국 영토 내에서 "독일 군국주의와 나치즘을 완전히 뿌리 뽑았다"라고 하며 동독 지역을 서독 지역과 차별화했다. 이는 서독 지역에는 나치 시기의 사회경제적 관계들이 잔존할 뿐만 아니라 나치즘의 주역과 그 협력자들이 청산되지 않고 남아 있다는 주장을 전제로 한 것이었다. 즉, 파시즘은 대자본과 대토지 소유 구조에 근거하고 있다는 것이 이 단순화된 해석의 근거였다. 평범한 대중은 나치에 의해 오도되었던 것으로 간주되었다. 이러한 인식에 따라 전체적으로 과거에 대한 책임에서 자유로울 수 있었다. 이처럼 단순화된 파시즘에 대한 이해와 인식에 대해 서독의 벤더(Peter Bender)는 "마치 히틀러가 서독인이었던 것처럼 주장한다"라고 꼬집었다.

반파시즘 투쟁에서 정통성을 가진 동독 통사당체제의 정당화는 기념 장소의 지정, 역사 전시관의 설치, 기념일 제정, 거리 이름이나 교과서 기술 등 다양한 방식으로 반파시즘과 저항 투쟁을 의례화하는 것을 통해 이루어졌다. 극단적 의례화는 나치 당원 복장의 색깔에 빗대어 서독을 '갈색 공화국'이라 칭하여 비난하는 거친 공격과 결합되기도 했다. 역설적으로 이러한 경쟁적 대치 상황에서 이루어진 동독의 비판은 서독 내에서 비판적 논쟁이나 연구 등을 촉진하기보다 오히려 이를 방해했다. 서독은 자신을 향한 비난에 대해 '동독=붉은 독재'로 규정함으로써 전체주의 국가 동독이야말로 히틀러 체제와 차별성이 없다고 공격하기에 바빴다. 즉, '전체주의 국가=동독'과 구분되는 '자유주의 국가=서독'은 탈나치화의 길을 걷고 있다는 논리로 대립한 것이다. 안타깝게도 이러한 대립쌍은 서독으로 하여금 오히려 과거의 부담에서 비껴가게 하는 논리로 작용했다.

서독에 나치 역사의 책임과 죄과를 떠넘기는 것은 동독 주민 개개인에게 물질적 빈곤감을 대리보상하고 자긍심을 지키는 데 기여했다. 동독이 비록 경제적으로는 서독에 비해 열등하지만 도덕·정치적으로는 더 우월한 체제라는 인식을 심어주었던 것이다. 이들의 정치·도덕적 우월성을 방증하기 위한 대표적인 예로는 1953~63년 사이 아데나워 수상의 가까운 심복으로서 수상청 장관을 지낸 글롭케(Hans Globke)가 거론되었다. 나치 국가에 잘 적응하여 국가 관료를 지냈던 글롭케는 뉘른베르크 인종법 제정과 관련해서 유대인에게 적대적인 코멘트를 하는가 하면 나치즘을 반대한 가톨릭 그룹과도 관계를 가진 이중적이고 기회주의적인 인물이었다. 이 사실은 동독으로서는 더없이 좋은 공격 대상이자 선전거리였다. 동독에서 글롭케는 인종주의자의 상징이었고 서독 부르주아 사회의 화신으로 정형화되었으며, 마침내 1963년 동독 최고법정에서는 글롭케의 '전쟁 돌발 및 인권 침해'에 대한 재판을 열어 그를 단죄하는 상징적 행사가 벌어지기도 했다.

이와 대조적으로 하인리히 뤼프케처럼 동독 캠페인의 희생자가 되는 경우도 있었다. 1964년에 그는 '유대인수용소(KZ) 건설 책임자, 즉 게슈타포 조력자였고 전범이었다'는 동독의 비방선전에 빠져들었다. 물론 이는 사실이 아니었다. 뤼프케는 실제로 1934~35년 사이 20개월간 형무소에 갇혀 있었으나, 미리 준비·조작된 '서류'에 의해 혐의가 뒷받침되었고, 그 결과 대통령직을 중도에 그만두어야 했다. 개인적 위신도 추락하였다. 뤼프케에 대한 동독의 비방 캠페인에 서독의 미디어가 합류한 결과였다.

그러나 많은 서독 주민은 동독의 '명망 있는 고위 정치인 죽이기'에 강한 반감을 가졌고,[53] 동독을 계속 불신하게 되었다. '나치 잔재를 여전히 해결하지 못한 자본주의체제 서독보다 도덕적으로 더 앞선 사회주의 국가 동독'이라는 동독의 주장을 서독 주민들은 인정하지 않으려 했다. 그럼에도 불구하고 서독 고위 정치인 명망 훼손 작업이 지속되었던 것은 이러한 선전의 대상이 서독 주민이 아니라 사실은 동독 국민을 향한 것이었기 때문이다. 즉, 동독 주민들로 하여금 '서독=파시즘의 은둔처'라는 인식을 갖도록 만들기 위한 것이었다.

요약하면, 상대방에 대해 갖고 있었던 전형적인 적대적 인식은 냉전시기 동서독 각각의 요구에 따라 1945년 종전 직후부터 형성된 것이었다. 1960년대 전반까지 서독에서는 세미나, 각종 궐기대회, 정치인들의 연설 및 신문사설 등을 통해 공산주의의 위협에 대한 경고와 주장을 하는 것이 책임 있는 지위에 있는 사람들의 중요한 과제 중 하나였고, 그것을 위해 아낌없이 돈과 노력을 투자하였다. 무엇보다 반공주의가 기본적인 기조로 강조되고 제도적으로 정착되었다. 반대로 동독의 정치집회나 대중매체에서 서독은 군국주의, 파시즘 및 제국주의와 같은 모든 악의 화신으로 선전되었고, 서독 주민들은 불평등한 사회에서 착취 대상으로 표현되었다. 또한 동독은 평화 우호적이고 진보적인 데 반해 서독은 반동적이고 공격적이며 군사적인 국가로 상징되었다.

5. 서독의 '경제 기적'과 자유주의 강화 대 동독 정치문화의 아래로부터의 이완

1960년대 들어 서독 시민의 법적 지위는 놀랄 만큼 광범위하게 확립·강화되어갔다. "인간의 존엄성은 침해할 수 없으며, 모든 사람은 자신의 인격을 자유롭게 발전시킬 수 있는 권리를 가지고, 남녀는 평등한 권리를 가진다"라는 서독의 기본법은 단순한 선언에 그치지 않았다. 동독의 '인민동지(Volksgenosse)' 대신에 '국가시민(Staatesbuerger)'이라는 개념이 들어섰다. 경제의 급성장은 시민권 강화와 관련하여 사회적으로 심대한 영향을 미쳤다. 그 영향력은 사회적 갈등 조정 분야에서는 상당히 미약했던 반면, 역학관계에서 자유주의 이념 강화와 엘리트 구성 분야에서는 뚜렷했다. 특히 '라인 강의 경제 기적'에 힘입은 경제 엘리트 집단의 형성 과정이 두드러졌다. 정당 지도자를 제외하면 서독 기업인들만이 서독의 정치계급 중 유일한 상향 이동 집단이라고 할 수 있다.[54]

이 집단 속에는 전후 새로 관직과 재산을 얻은 사람이 많았다. 엘리트 중에서 기업인의 비중이 크게 증가했다. 정치 지도자가 아예 없거나 심히 무력했던 시기에 현대사회의 중요한 제도 권력인 경제계 지도자들은 자신들이 원했든 원치 않았든 간에 높은 지위를 갖게 되었다. 그들은 대체로 독점권을 차지했으나 그 지위를 남용하지는 않았다. 이들은 다른 분야의 지도집단 형성에도 상당한 영향을 미쳤다. 경제계 출신 장관이 많이 배출되었으며, 이들은 장관직을 그만두면 다시 경제계로 돌아갔다. 유사 현상이 고위관직, 판사, 군부 지도층과 교수 등 여러 집단에서도 확인되었다.

재계 출신 인사 중심의 지배집단 충원 구조는 서독 사회에 자유주의와 다원주의적 구조가 정착되는 데 유리하게 작용했다. 사회 상층부의 경제생활에서 고취된 가치가 독일 사회 전반으로 번져갔다. "규율, 질서, 복종, 청결, 근면, 정확성 및 그 외 과거 독일인의 영화에 어울리는 가치라고 여겨졌던 모든 것"이 새로이 형성되는 가치관에 눌려버렸다. "경제적 성공, 고소득, 휴가(여행), 새 자동차 등"이 우위적 가치체계가 되었다.[55] 새로운 가치는 과거의 가치보다 훨씬 더 큰 역할을 했다. 특히 젊은이들은 권위에 대한 존경심을 별로 보이지 않았다. 1968년을 계기로 표출된 것에서 확인되듯, 기존 가치체계에 대한 전반적 회의가 지배했다. 그 대신 개인주의적 가치체계가 출현하여 개인의 행복을 최상의 가치로 간주하고, 집단과 전체를 소중히 여기는 사상은 점점 더 자취를 감추었다. 서독에서는 이런 상태를 일종의 진공상태로 느끼는 사람들도 있었으나, 일반적으로 그 진공상태는 일상생활의 쾌락으로 채워질 수 있었다. 물론 이 과정에서 세대간 가치체계의 충돌이나 냉전적 사고체계, 유연적 사고체계 사이에 충돌은 있었으나, 궁극적으로 이러한 갈등은 유럽적 가치체계 내로 융화되었다.

반면 1960년대 동독 사회는 여전히 집단주의적 이데올로기가 지배적이었고, 사회주의적 가치에 커다란 의미를 부여하고 있었다. 그렇다고 해서 동독을 '1950년대 기질'이 보존될 수 있었던 '더 독일적인' 국가, 즉 국가이상주의나 관료국가사상이 지배적이고, 개인의 공적 영역 참여를 최소화하려 했던 사회체제로 파악하는 것은 너무 단순한 생각이다. 짧은 기간 동안에 집중적으로 진행된 근대화 과정은 1970년대 중반부터 동독 산업사회에서 특히 청소년들의 가치관을 변화시켰다. 그들은 색다른 것을 경험하려는 모험심의 발현, 소규모 개인적 지인 그룹 중심의 행동, 유행 따라 옷 입기, 사랑과 섹스 즐기기, 자동차, 편안한 주거 등의 가치를 중시했다.[56] 이미 서독 젊은이들에게 지배적이었던 개인주의적, 비공식적, 쾌락주의적 가치들이 동독에서도 지배적이 되어갔다. 이전에 서구적 가치나 이데올로기에 대해 폐쇄적이었던 데서 — 젊은 층 중심이긴 하지만 — 변화가 나타났다. 이전의 사회주의적 가치나 이념 지향적 사회통합에서 개인주의적, 쾌락주의적 가치가 지배하는 상황으로 변화해갔다.

요약하면, 동독과 서독은 10여 년의 시차를 두고 변화하고 있었다. 1950년대 서독의 정치문화는 보수적이고 권위주의 모습에서 한 단계 발전한 것은 사실이다. 국민들 대다수가 의회민주주의를 인정했으며 정치와 정부에 대해서도 비교적 많은 정보를 가지고 있었다. 그럼에도 불구하고 다수 국민의 정치 참여는 소극적 수준으로 제한되어 있었다. 정치에 직접 참여하기는커녕 정치에 대한 대화조차 자제했다. 국민들이 주로 관심을 갖는 분야는 경제와 종교였다. 이러한 이중 구조를 가진 서독의 정치문화는 1960년대를 거치면서 커다란 변화를 맞게 되었다.[57] 1960년대 전반까지는 실용주의를 중심으로 하는 대중적 태도와 반공주의를 중심축으로 하는 집권세력 사이에 이중적 관계가 지배적이었다. 정치인들의 연설이나 각종 공식 행사는 반공주의를 핵심 내용으로 하고 있었다. 그러나 경제적으로 체제 경쟁에서 승리한 서독의 자본은 오히려 실용주의적 관점에서 서독 체제의 경직성을 비판하는 정도로 유연해졌고, 실용주의적 가치관이 대중을 지배했다. 냉전적이고 비민주적인 정치문화에 근거한 권위와 현실·실용주의 사이의 갈등에서 비판적·참여적 정치문화가 형성되기 시작했다. 이와 동시에 국제정치의 변화에 의해 주어진 새로운 환경은 개인주의적 가치관의 확산과 함께 새로운 세대들로 하여금 이분법적·냉전적 사고체계에서 벗어나도록 했고, 이는 '68혁명을 계기로 전사회적인 변화를 초래했다.

한편 동독 사회의 국가와 당 중심적 지배체계는 — 1953년 6월 17일 노동자 시위에서 알 수 있듯이 — 아래로부터의 요구를 완전히 수용하지 못했다. 사회의 전체적인 안정과 현대화를 위한 조건으로 세워진 베를린 장벽은 동독 주민들로 하여금 공적 분야에서 후퇴하게 만들었다. 가시화된 분단을 숙명으로 받아들이며 그 상황에 적응하도록 했다. 이는 동시에 사적 규범과 공적 규범 사이의 괴리를 초래했고, 이를 일반화·일상화했다. 제2차 세계대전 이전 나치즘, 즉 독일 '군국주의'에 대한 반대와 전후 서독 제국주의로의 길에 대한 반대가 체제 내적 통합을 위한 공식 가치 규범으로 강화되고 선전되었다. 이러한 이념적 공세는 1960년대와 1970년대 전반기까지 지속되었다. 그러나 동독 인민대중의 일상 의식에서 국가 주도적 이데올로기 투쟁 전선의 영향력은 점점 줄어들었다. 1970년대 동독 사회의 가장 커다란 변화는 대중의 탈이념화 현상이었다. 개인주의적, 비공식적, 쾌락주의적 가치가 서서히 지배적 가치가 되어갔다.

6. 비동시성의 동시성

수십 년에 걸쳐 형성된 상대방에 대한 잘못된 정보는 장기간 영향력을 지니게 된다. 잘못된 정보는 현실과 동떨어진 전형적인 적대상을 심어주었고, 상대적으로 자국에 대한 자긍심을 강화하는 데 기여한다. 통일 10년이 훨씬 지난 현재까지도 동서독의 정치문화는 '비동시성'으로 특징지어진다.[58] 많은 정치적 사안에 대해서는 어렵지 않게 구동독 주민과 구서독 주민 간에 의견 일치를 볼 수 있는 데 반해 정치문화적 차이는 그리 쉽게 극복되지 않은 채 비동시적인 것이 공존하고 있다.

일반적으로 구동독 사회에서는 질서나 업적·성과와 관련해서 평등의식이 집단적으로 인정되는 경향이 지배적이었다. 이러한 의식 성향은 개인별 물질적 조건의 차이와 무관하게 일반적인 것으로 나타났다. 구동독 주민들 사이에서는 연대, 사회적 안정, 공동체적 삶, 성과에 대한 사회적 인정과 평등 등의 관념이 중요한 가치로 인정되는 반면, 구서독 주민들 사이에서는 자결, 자아실현과 자유 등의 가치가 중요한 의미를 가지며, 성과에 대한 사회적 인정보다 개인적 만족이 중요한 것으로 나타난다. 그 결과 구동독 주민들은 치안 안전, 청소년 보호, 남녀평등 혹은 '시민의 보호자로서 국가' 등의 측면에서 동독이 서독보다 나았다고 평가하는 반면, 교육과 직업의 자유로운 선택, 권리 주장, 환경 보호, 의사표현과 여행의 자유 등에서는 서독이 동독보다 더 나았다고 답한다. 이와 배반되면서도 동시에 그 연장선에서 이해할 수 있는 현상으로 구동독에는 타산주의, 정치적 무관심, 갈등 회피, 형식주의, 안전에 대한 욕구 등과 같은 소시민적이고 관료 국가적인 전통에서 이어진 정치문화적 가치관이 나타나고 있다. 동독의 통사당은 '사회주의 민족국가'의 정체성을 강요했지만, 그 주민들은 공적인 삶과 사적인 삶을 구분했고 이러한 정부의 요구로부터 오히려 멀어져갔다.

다렌도르프는 1968년 자신의 저서 『분단 독일의 정치사회학(Gesell-schaft und Demokratie in Deutschland)』에서 이른바 '독일 문제(Deutsche Frage)', 즉 독일 특유의 문제를 이해하기 위한 화두로 "왜 독일에서 자유민주주의 원칙이 발전되지 못했는가?"라는 질문을 던진 바 있다. 독일인들은 잘 발전된 민주주의 정당제도와 높은 선거 참여율 그리고 정치에 관한 지식을 습득하려는 의욕에도 불구하고 정치에 적극적으로 개입하기를 꺼린다고 평가되었다.[59] 독일인의 수동성은 기본적으로 실용적인 성향과 관련이 있는바, 국가를 일차적 시혜자로 보는 경향이 강했다. 따라서 참여란 수동적이며 형식적인 것으로 파악되고, 정치와 관련지어 볼 때 법을 앞세워 이해관계를 가리며 갈등을 회피하는 것으로 나타났다. 즉, 국가 이상주의와 관료국가사상이 항상 지배적이었다는 것이다. 권위주의 정치문화는 1968년부터 활성화된 대중적 정치 참여의 과정을 거치면서 크게 변화했다. 정치제도에 대한 일반 시민들의 신뢰, 정치적 관심의 고양과 적극적인 정치 참여가 자리 잡아갔다.

제2차 세계대전 이후 점령국은 민주적 정치문화의 형성과 정착에 적극적인 역할을 담당했다. 민주적 정치문화의 형성은 초기 정치 엘리트들의 국가전략과 밀접한 관련을 맺고 있으며, 국가 전체의 권력과 이익의 배분, 국민 개개인의 삶에 영향을 미치는 방식으로 작용해왔다. 점령국들의 공동 목표는 독일의 분권화, 비군사화, 탈나치화와 민주화였다. 그러나 동독과 경쟁적으로 대치하고 있는 상황으로 인해 서독에서는 체제 경쟁에서 이기는 것이 우위의 것으로 부각되었으며, 애초의 목표는 형해화했다. 동독에서도 유사한 문제가 발생했다. 동독에서 특히 중시되던 시민의 평등이라는 관점에서 볼 때 시민적 역할의 사회적 조건은 존재했으나, 그것을 실현할 수 있는 법률적·정치적 가능성은 매우 취약했다. 이에 반해 서독에는 시민의 법적 지위는 완전히 인정하고 있으면서도, 그 효과적 실현을 위한 사회적 전제 조건은 결핍되어 있었다.[60] 이는 바로 분단 상황에서 기인하는 것이었다. 분단은 동서독 정치문화의 전향적 발전을 가로막는 원초적 장애였던 것이다.

송태수 | 한국노동교육원 교수

한반도 | 통일정책

무력 통일에서 평화적 공존과 협력의 시대로

분단 60년을 바라보는 지금 남과 북은 새로운 관계의 정립을 시도하고 있다. 비록 자유로운 왕래를 이루지 못하고 있지만 조만간 경의선이 연결되는 등 그 어느 때보다도 실현 가능성은 높아 보인다. 또 매년 수억 달러에 이르는 대북 지원이 이루어지고 있고, 금강산 관광특구와 개성공단에는 매일 휴전선을 넘어 차량과 인력이 드나들고 있다. 분단 60년, 한 생명이 태어나서 노년으로 변할 만큼의 세월이 흘렀고, 남북 관계는 변한 것보다 변하지 않은 것이 더 많은 것 같지만 평화적 공존과 협력은 가장 큰 흐름으로 자리를 잡아가고 있다.

2000년대 현재의 남북 관계 변화에는 커다란 대세의 흐름이 있다. 이 흐름은 소수 권력자의 정치적 의도나 선전의 목적이 아니라 인민대중 다수로부터 분출된 통일과 평화, 번영에 대한 깊은 열망이다. 정치적 목적에서 오가던 선전이나 홍정이 이제 더 이상 대세를 기만할 수 없는 평화적 공존과 통일의 전망이 열리는 시대가 온 것이다.

1. 분단과 북한의 무력 통일 시도 : 1945~53년

해방과 분단은 한국전쟁으로 하나의 매듭이 지어졌다. 한반도에 각각 분리되어 성립된 남북한 정권은 모두 한반도 전체에 대한 통합의 열망을 가지고 있었지만, 해방공간에서 우선적으로 자신들의 정권 기반을 확보하는 데 총력을 기울였다.

정부 수립일은 남한이 조금 빨랐지만, 실질적인 체제 성립 과정을 본다면 북한이 훨씬 일찍부터 정부 수립의 기반을 닦았다고 할 수 있다. 결과를 놓고 본다면 북한의 경우 1946년 2월에 성립된 북조선임시인민위원회 정권이 1948년 조선민주주의인민공화국 수립으로 이어졌기 때문이다. 1948년 9월에 수립된 북한 정권은 사실상 2년 반 가까이 체제 정비와 집권 기반을 갖춰온 정권이었다. 반면에 각 정치세력의 이합집산과 미국의 영향력이 요동하는 가운데 성립된 남한의 이승만 정권은 남한 사회 전반에 대한 장악력과 집권 능력 등에서 문제를 가지고 있었다.

1946년 2월에 성립된 북한 정권은 한반도에서 통일된 정부를 수립하고 정치적 주도권을 장악하고자 했지만, 남북한 정치세력과 미·소의 대립으로 인하여 분단국가 수립을 추진할 수밖에 없었다. 남북한의 단독정부 수립 후 남한에서는 1949년에 미군이 철수하였고, 북한 정권은 무력 통일을 위한 적극적인 준비에 나섰다.

김일성은 소련과 중국을 방문하여 남침에 필요한 지원을 끌어냈고, 마침내 1950년 6월 남한을 침략하였다. 남한 침략은 처음에는 성공적인 것으로 보였지만, 미군을 중심으로 한 유엔군이 참전하면서 전세는 역전되었다. 미군이 38선을 넘어 압록강까지 진격하는 상황이 벌어졌고, 이에 대응하여 중공군이 한반도로 진입하였다. 다시 양측은 38선을 중심으로 공방을 펼쳤고, 3년의 시간을 끌던 전쟁은 마침내 휴전을 하게 된다.

전쟁의 결과는 참혹했다. 한국전쟁은 남북한 인민들 모두에게 무력 통일 전쟁의 추진이 가져올 수 있는 위험성에 대한 지우기 힘든 충격을 안겨주었고, '통일정책' 추진 자체를 부정적으로 인식하는 결과를 초래하였다. 또 전쟁 이후 전세계적인 냉전체제가 고착화됨으로써 남북의 통일은 더 이상 한반도 내부의 문제가 아니게 되었다.

2. 북한의 체제 정비와 통일 선전 공세의 강화 : 1954~60년

참혹한 전쟁의 결과 남한이 파괴된 것에 못지않게 북한도 심한 전쟁 피해를 겪어야 했다. 남한군 약 15만 명, 유엔군 약 6만 명, 북한군 약 29만 명, 중공군 약 18만 명이 사망하였고, 민간인 피해는 남북한이 각각 사망자만 약 24만 명과 41만 명에 달했다. 전쟁으로 인한 물질적 파괴도 막대하였는데, 남한 제조업은 1949년 대비 42%가 파괴되었고, 북한의 경우 1949년 대비 공업의 60%, 광업의 20%, 농업 시설의 78%가 파괴되었다.

그러나 이러한 전쟁 결과에도 불구하고 남북한의 정권은 모두 공고히 유지되었다. 하지만 심각한 전쟁의 피해와 상처로 인하여 남북한 모두 통일에 대한 논의를 적극적으로 진행할 형편이 되지는 못하였다. 정전협정에 따라 1954년 6월 한반도 문제의 평화적 해결을 위하여 개최된 제네바 정치회담에서 남과 북은 각자의 주장을 반복하였다. 남한은 '유엔 감시하의 자유선거'와 '남북한 전 지역에서 대한민국 헌법에 의한 자유선거'안을 제시하였다. 한편 북한은 '자유로운 남북한 총선'을 주장하면서, 그 전제로 외국군의 철수와 군병력의 10만 명 이하 감축을 주장하였다.[61] 이상의 주장들은 남북한 모두 상호 수용이 불가능한 상황에서 제시된 것으로 당연히 회담은 결렬될 수밖에 없었다.

남한에서 이승만 정권이 여러 가지 어려움을 겪으면서 독재를 강화하는 동안, 북한의 김일성 정권도 남로계 등 다른 파벌을 숙청하며 권력 강화를 추진하였다. 이승만 정권과 김일성 정권은 모두 권력 유지에 성공했으며, 이후 북한 정권은 체제의 안정과 경제 복구가 부분적으로 이루어지자 다시 남한에 대한 통일 선전 공세를 퍼부었다.

북한 정권은 남한에 선전 공세를 진행하면서 재일동포들의 입북 작업을 추진하였고, 재중동포들의 입북에 이어 1959년부터 재일동포의 입북을 이루어냈다. 북한은 재일동포 입북이라는 인도적 문제를 제기하고 그들을 입북시킴으로써 북한 체제의 '우월성'을 북한 주민과 남한 사회에 선전하려 하였다. 즉, 한국전쟁 중 북한 주민의 월남으로 인해 받은 정치·경제적 타격을 재일동포의 입북으로 만회하고자 하였던 것이다.[62]

반면에 남한에서는 장기집권으로 인한 사회의 균열이 가시화되었고, 이승만은 독재정권의 유지를 위하여 '평화통일을 주장하며 1956년 3대 대통령 선거에서 유효 투표의 30%인 216만 표를 얻은 조봉암'을 간첩으로 몰아 사형에 처하였다.

이상의 두 개 장면을 통해 남한과 북한의 통일 문제에 대한 정책과 선전의 차이의 일단을 살펴볼 수 있다.

3. 북한의 통일 선전 주도와 '남조선 혁명론' : 1960년대

전후 복구 과정에서 북한 체제가 나름대로 성공적인 모습을 보여가는 것처럼 보였지만, 국내외 정세는 중·소분쟁과 남한의 군사정부 수립 등으로 인해 북한에 유리하게만 돌아가지는 않았다.

소련 공산당이 제20차 당대회를 통해 자본주의 진영과의 평화 공존을 주장하고, 스탈린의 개인숭배를 비판하면서 소련과 중국 양국간의 갈등이 서서히 나타나기 시작하였다. 이 갈등은 1959년 중국과 인도 사이의 무력 충돌 사태 때, 소련 정부가 중립을 표방하면서도 내용적으로는 인도 측을 두둔하면서 두드러지기 시작했다. 그리고 1960년 4월 중국 공산당 기관지 『홍기(紅旗)』가 논설을 통해서 소련의 입장을 '수정주의'라 비판하고, 이에 대해서 소련 공산당은 중국 공산당을 '교조주의'로 비판하면서 갈등이 고조되었다. 이처럼 소련과 중국이 갈등을 빚으면서 북한의 입장이 곤란해졌는데, 북한은 1962년 쿠바 사태 결과를 놓고 소련의 태도를 투항주의적인 것으로 보는 비판적 태도를 취했다.

남한에서는 1960년 4·19혁명을 통해 성립된 민주당 정부가 붕괴하고 이듬해에 군사정권이 등장하였다. 4·19혁명 후에 성립된 민주당 정권은 이승만 정권의 북진통일론을 폐기하는 진전을 이루었지만, 유엔 감시하의 남북한 총선거에 의한 통일방안을 고수하였다.[63] 이에 대응하여 북한의 김일성은 자주적인 남북한 총선거를 주장하면서 과도적으로 남북한이 현재의 정치제도를 그대로 두고 점차 남북한의 경제·문화제도를 통일적으로 조절하여 완전한 통일로 나아가자는 연방제 통일방안을 제시하였다.[64]

그러나 북한은 연방제를 제안하는 이면에서 지하당을 결성하여 남한에서의 혁명을 추진하였기 때문에 실질적인 논의 자체가 의미를 가질 수 없었다. 그리고 민주당 정권을 전복한 박정희 군사정권이 반공을 국시로 삼는 강력한 반공정책을 실시함으로써 통일 논의 자체가 불가능한 상황이 전개되었다. 또 베트남 전쟁이 치열해지면서 남북한이 각자 월남과 월맹에 군사 지원을 하기도 하였고, 여기에 국내외 정세가 얽혀가면서 남북의 대립은 계속되었다.

1961년 제4차 조선노동당대회가 진행된 시점에서 북한 정권은 경제 재건에 성공했다고 평가했다. 하지만 국내외 정세 변화에 대응하면서 국방력 강화에 진력하게 되었고 이것은 이후 북한 경제 전반에 커다란 장애를 초래하였다. 이 시점에 북한 정권은 지속적으로 평화 공세를 펼치면서 남한 내부에서의 혁명을 지원하기 위한 작업을 추진하였다. 북한은 미군이 남한에 주둔하고 있는 상황에서 무력을 동원한 통일은 불가능하기 때문에 한반도 전체의 공산화는 북한 자체의 역량을 강화하면서 '남조선 혁명'이라는 단계를 거쳐 달성해야 한다는 쪽으로 방향을 잡은 것이다. 이러한 정책 방향에서 1960년대 북한의 대남정책은 통일 전 단계를 실현하기 위한 남한 혁명에 초점이 맞추어졌다.

남한 내부에서 혁명세력이 형성되면 이를 바탕으로 남한을 통일하려는 '남조선 혁명론'의 결과로 김종태의 통일혁명당이 남한에 성립되었다. 북한은 남한의 통일혁명당 창당준비위원회의 결성(1964)과 당중앙위원회 창립(1969)에 관여하였다. 그러나 북한의 지원에도 불구하고 통일혁명당은 남한의 정세하에서 뿌리를 내리지 못하고 김종태 등 통일혁명당 관련 핵심 지도 인물들이 1968년 7, 8월에 대거 검거됨으로써 북한의 혁명적 지하당 건설을 통한 남조선 혁명의 실현 구상은 실패하였다.[65]

또, 북한은 남조선 혁명의 지원을 위해 1968년에 북한 무장 게릴라 부대의 청와대 기습 사건이나 울진·삼척지구 침투 사건 등의 국지적인 군사적 도발을 자행하였다. 하지만 이러한 북한의 모험적인 정책은 모두 실패로 돌아갔고, 국제사회와 남한 사회의 북한에 대한 불신만을 확대시켰다. 이를 계기로 북한 내부에서는 허봉학과 김창봉 등 소위 모험주의자들에 대한 숙청이 이루어졌다. 김정일은 1967년 당 제4기 15차 전원회의 이래 직접 숙청 작업에 참여하였으며 이때부터 유일사상체계 확립운동을 주도한 것으로 알려졌다. 이렇게 볼 때 김정일은 숙청 과정을 계기로 당내 권력 구조의 핵심으로 부상했고, 장기적으로는 후계체제를 준비했다고 할 수 있다.

4. 남북한의 공존과 체제 경쟁 : 1970년대

1970년대에 접어들면서 북한의 대남정책은 전환되기 시작하였다. 이미 남한에서 추진했던 공작들이 실패로 끝났고, 국제정세는 미국과 중국이 화해하는 등 크게 변하고 있었기 때문이다. 그와 함께 남한의 국력이 신장되는 반면 북한의 경제가 상당한 어려움에 부닥친 것도 중요한 요인이라고 할 수 있다.

김일성 정권은 이 시점에서 내부의 체제 정비를 우선시할 수밖에 없는 조건을 가지게 되었다. 정체된 경제성장도 새로운 모색이 필요하였고, 후계 문제의 해결을 통해 정권의 안정성을 높일 필요도 있었기 때문이다. 이를 위해 대외적인 안정을 필요로 한 김일성 정권은 남한에 대화의 제스처를 보이기 시작했고, 이것은 매우 중요한 전환의 의미가 있었다. 즉, 미국과 중국의 대화가 이루어지는 시점에서 북한으로서도 이러한 정세 변화에 대응해야 하는 필요성을 느끼고 있었던 것이다.

이러한 다양한 요소가 김일성으로 하여금 대남정책의 전환을 선택하게 하였으며, 대남화의 제의로 이어지게 되었다. 김일성의 대남 접촉으로 이어진 남북한의 밀사 파견은 1972년 7·4남북공동성명의 결실을 이루어냈다.

7·4남북공동성명에서 남북한은 자주, 평화, 민족대단결 3개항의 원칙을 합의하였으며, 이 합의는 현재에도 남한과 북한 사이의 기본적인 원칙으로 인정되고 있다. 그러나 7·4남북공동성명 발표 이후 나타난 실제 모습은 남북관계의 진전보다는 남북한 정권의 권력 강화였다. 이것은 두 체제가 그 성격이 판이하였고, 상대방에 대한 신뢰가 성숙되지 않은 단계에서 벌어진 일이었기에 당연한 결과였다고 할 수 있다.

결과적으로 7·4남북공동성명 이후 남한에서는 박정희 정권의 유신체제가 성립되었으며, 북한에서는 김일성 유일체제의 강화와 권력 세습이 이루어지는 토대가 만들어졌다. 1970년대를 거쳐 남한은 경제성장과 민주화 역량의 성장을 이룩하였고, 북한은 최고 권력의 후계 구축에 성공한 반면 경제성장과 민주화는 진행되지 못하였다. 1970년대에 성립된 7·4남북공동성명 안에는 남북한이 평화적으로 남북 관계를 해결할 수밖에 없다는 전망이 상호간에 공통된 인식으로 자리를 잡았다는 점과 남한에서 통일에 대한 정책적 논의가 시작되었다는 데 큰 의미가 있다.

5. 남한 주도의 통일 공세 전환 : 1980년대

1980년대는 남북한 모두 권력의 교체기라는 특징을 가지고 있다. 남한에서는 박정희 사망 후 정권을 장악한 전두환을 중심으로 한 신군부세력이 등장하였고, 북한에서는 김일성이 내정 실무에서 손을 떼는 시기라고 할 수 있다. 물론 남한의 전두환 정권은 박정희 정권이 가졌던 특성을 그대로 온존하고 있었으며, 1980년 제6차 조선노동당대회를 통해 공식적인 후계자로 등장한 김정일도 김일성의 영향이라는 연속성이 더 강한 측면이 있었다. 그러나 이 시점에서 남한과 북한은 커다란 갈림길에 들어서 있었다. 남한 경제가 1970년대의 고도성장에 이어 상승세를 이어가고 있었던 반면, 북한 경제는 1970년대 초의 경제 회복을 위한 시도가 성과를 거두지 못하였다.

이같이 남북간 경제력의 격차가 커지면서 통일에 대한 정책적 주도권은 차츰 남한으로 이동하였다. 1982년 전두환 정권은 남한 정부로서는 처음으로 '민족화합 민주통일방안'을 제시하였다. 이어서 민족화합을 위한 구체적 시범사업으로 서울－평양 간 도로 연결, 남북 이산가족의 편지 교류 및 상봉 실현, 설악산 이북과 금강산 이남 지역의 자유 관광 공동 지역 개방, 쌍방 정규방송의 자유로운 청취, 민족사의 공동 연구, 남북간 자연 자원의 공동 개발 및 공동 이용 등 20개항을 제의하였다.[66] 또 전두환 정권은 1984년 8월에 북한 측이 동의한다면 북한 동포들의 생활 향상에 실질적으로 기여할 수 있는 기술과 물자를 무상으로 제공할 용의를 밝히는 등 적극적인 공세로 전환하였다.[67] 이것은 한국전쟁 이후 북한 측이 남한에 대해 지속해왔던 '통일 선전 공세'가 완전히 뒤집히는 장면을 연출한 것이라고 할 수 있다.

그러나 남북 관계가 교착상태에 있는 가운데 서울·경기 일원에 내린 폭우로 인한 수해와 관련하여 북한은 1984년 9월 남한에 쌀 5만 석, 천 50만 미터, 시멘트 10만 톤, 기타 의약품의 제공을 제의하였다. 이에 대해 남한이 북측의 제의를 수락하면서 남북간의 접촉이 활발해지고 남한에 북측의 수재 물자가 인도되었다.[68] 이어서 남북간에는 경제회담과 적십자회담, 국회회담, 체육회담이 열리고, 1985년에는 이산가족 고향 방문 및 예술 공연단 교환 방문이 성사되었다. 이러한 인도주의적 협조와 사회문화 교류에도 불구하고 남북한은 상호 선전에 치중하는 목적을 가지고 있었으며, 북한도 마지막 체제 경쟁에 온 힘을 기울이고 있었다. 하지만 이 시기의 남북한 체제 경쟁은 무력적인 것이 아니었다는 점에서 긍정적인 의미를 부여할 수 있다.

1988년에 재야단체와 학생층을 중심으로 통일 논의가 확산되면서 노태우 정부는 북한·중국·소련에 대한 개방정책을 표명하는 6개항의 대북정책(7·7 선언)을 발표하였다.[69] '7·7선언'은 남북 동포간의 상호 교류 및 해외 동포의 자유로운 남북 왕래를 위한 문호 개방, 이산가족의 서신 왕래 및 상호 방문 적극 지원, 남북간 교역을 위한 문호 개방, 비군사물자에 대한 한국의 우방과 북한간의 교역 찬성, 남북간의 소모적인 경쟁 대결 외교 지양 및 남북 대표간의 상호 협력, 북한과 한국 우방과의 관계 개선 및 사회주의 국가와 한국과의 관계 개선을 위한 상호 협조를 밝혔다.

노태우 정부가 통일외교정책의 기본 방향으로 제시한 이 선언은 적극적인 대북 협력 의지를 표명하였다는 점에서 획기적인 조치로 평가되었다. 그리고 '7·7선언'은 이후 남북국회회담 및 남북고위급회담을 위한 예비회담 등 남북

대화의 촉매제가 되었으며, 소련과 중국이 각각 1990년과 1992년 남한과 수교하는 결과로 이어졌다.

반면에 악화되는 북한 경제와 국제정세의 변화로 인해 북한 정권이 느끼는 부담은 더 가중되었다. 소련에서는 고르바초프의 개혁개방정책의 영향으로 동구권의 체제 전환이 진행되었고, 결국에는 동구와 소련 공산주의체제가 붕괴되는 대전환기를 맞게 되었다.

6. 남북기본합의서의 채택과 남한 주도의 '흡수통일론' 제기 : 1990년대

1980년대 말의 동구권과 소련의 붕괴는 북한에게 치명적인 정치경제적 위기로 이어졌다. 북한은 1988년 서울올림픽에 대응하여 1989년에 제13차 세계청년학생축전을 진행하였다. 그런데 경제적 어려움이 계속되는 속에서 진행된 이러한 대내외 과시용 행사와 대형 건축물에 중점 투자하는 경제 운용은 이미 성장 동력이 손상된 북한 경제에 더 큰 부담을 주었다. 여기에 동구와 소련의 붕괴로 안팎의 위기가 더욱 증폭된 것이다.

이러한 상황에서 남북한의 접촉이 이루어졌고, 1989년 2월부터의 남북한 실무 접촉을 통해 1990년 9월 남북고위급회담이 서울에서 개최되었다. 남북고위급회담은 다섯 차례에 걸쳐 진행되었고, 그 결과 1991년 12월에 '남북 사이의 화해와 불가침 및 교류·협력에 관한 합의서'가 채택되었다. 이어서 1992년 2월 제6차 고위급회담에서 '남북 사이의 화해와 불가침 및 교류·협력에 관한 합의서', '한반도 비핵화에 관한 공동선언', '남북고위급회담 분과위원회 구성·운영에 관한 합의서'가 발효되었다.

이후 7차와 8차 회담을 통해 '남북군사위원회 구성·운영에 관한 합의서',

'남북 교류·협력 공동위원회 구성·운영에 관한 합의서', '남북 연락사무소 설치·운영에 관한 합의서', '남북화해공동위원회 구성·운영에 관한 합의서', '남북 화해의 이행과 준수를 위한 부속합의서', '남북 불가침의 이행과 준수를 위한 부속합의서', '남북 교류·협력의 이행과 준수를 위한 부속합의서'를 채택 발효시켰다.

이 기본합의서의 채택으로, 남북한은 상대방의 실체를 인정하고, 군사적 침략이나 파괴·전복 행위를 하지 않으며, 상호 교류 협력을 통해 민족 공동 발전과 점진적·단계적 통일을 실현할 수 있는 기틀을 마련하였다. 그러나 북한 정권의 대내외적 위기에서 시작된 기본합의서의 채택은 북한의 핵무기 의혹이 증폭되고, 북한이 남한의 팀스피리트 훈련을 구실로 1993년 1월에 남북 당국 사이의 대화를 재개할 의사가 없음을 선언함으로써 그 의미가 퇴색하고 말았다.

북한의 핵무기 개발 의혹으로 촉발된 북미관계의 악화는 북한이 핵비확산조약(NPT) 탈퇴를 선언하고 미국의 '대북 공습계획' 추진으로까지 이어졌지만, 1994년 10월 북미간에 제네바 기본합의가 이루어졌다. 북한이 체제의 최대 위기를 맞으면서 벌였던 남북 대화와 북미 대화는 모두 북한 측이 합의의 필요성을 적극적으로 가지고 있었다는 점에서 대단히 중요한 의미가 있다. 즉, 북한은 1990년대 초에 벌어진 국제정세와 경제적 위기로 인하여 남한 및 미국과의 관계 개선을 모두 필요로 하는 상황이었다.[70] 하지만 북한 정권은 외부와 협력적 관계를 가질 수 있는 체제 유연성이 부족하였고, 남한과 미국 등은 북한에 대한 제한된 협력만을 제공하였기 때문에 남북 관계는 크게 진전될 수 없었다.

또 이 시기에 북한이 처한 대내외적인 정치경제적 위기와 1994년 7월 김일성의 사망을 근거로 남한 일부에서는 독일 통일과 같은 '남한 주도의 흡수통일론'을 제기하기도 하였다. 그러나 북한 김정일 정권은 1990년대 중후반의 식량 위기를 동반한 혹독한 경제 위기에도 불구하고 고립적으로 체제를 유지시키는 데 성공하였다.

7. 새로운 공존과 협력의 진행 : 2000년대

1990년대 말 남북한은 모두 경제 위기로 인해 휘청거렸다. 북한은 식량난으로 인해 인민들이 기아에 처하는 위기에 빠져 있었고, 남한은 IMF 외환 위기로 인해 사회경제적인 위기감이 고조되었다. 이런 상황에서 김대중 정부가 출범하면서 남북 관계는 새로운 단계로 접어들었다. 김대중 정부는 북측에 경제적 지원을 거듭 약속하면서 '북한 체제의 인정'을 바탕으로 한 남북 관계의 개선을 추진하였다. 그 결과 김정일 정권은 2000년에 마침내 남북정상회담을 수용하였다. 남북정상회담의 결과 남한과 북한은 6·15남북공동선언을 발표하였고 이후 남북 관계는 완급을 반복하였다.

남북정상회담에서 6·15선언을 통해 발표된 통일방안은 "남과 북은 나라의 통일을 위한 남측의 연합제 안과 북측의 낮은 단계의 연방제 안이 서로 공통성이 있다고 인정하고 앞으로 이 방향에서 통일을 지향시켜나가기"로 한 것이다. 이러한 합의가 가능하게 된 근본적인 이유는 이 합의가 현존하는 남북 두 체제의 존립을 그대로 인정하는 것이기 때문이며, 또한 남북한 정상간의 합의가 단기적으로 실현 담보를 가지지 않는 것이었기 때문이다.

하지만 북한의 연방제에 대한 논의가 점차 변화해왔던 점도 중요한 원인이 되었다고 할 수 있다. 북한은 연방제 통일의 초기 단계에는 잠정적으로 외교·국방권을 두 개의 지역 정부가 보유할 수 있다고 하는 등 기존의 '고려민주연방공화국 통일방안'에 대해서도 부분적인 수정을 해왔기 때문이다.[71] 지금도 북한은 공식적으로는 '고려민주연방공화국 통일방안'을 주창하고 있지만, 그것은 명분을 선전하는 것일 뿐이다. 실제 김정일 정권이 추구하는 바는 오히려 남과 북이 두 개의 주권체로 공존해가는 국가연합의 성격을 띠고 있다고 할 수 있다.

따라서 6·15공동선언에서 남측의 연합 제안과 북측의 낮은 단계의 연방 제안이 서로 공통성이 있다고 인정하고 앞으로 이 방향에서 통일을 지향시켜 나아가기로 하였다는 내용은 북한 정권이 그들의 기존 연방제 안을 실리적으로 수정하기를 원하고 있음을 보여주는 것으로 이해할 수 있다.

남북정상회담을 계기로 남과 북의 통일방안은 공통적인 방향을 인정하였다고 하지만, 실질적으로 북한 정권은 현재 통일을 생각할 수는 없는 단계이다. 북한 정권이 현재 처한 위기는 한 부문에 국한된 것이 아니라 체제 전반의 위기이기 때문이다. 그럼에도 불구하고 북한 정권은 "남과 북은 나라의 통일 문제를 그 주인인 우리 민족끼리 서로 힘을 합쳐 자주적으로 해결해 나아가기"로 합의하였다. 이 조항은 북한 측이 '자주적 통일'을 또 한 번 강조한 것이지만 실제로는 남한에게 적극적인 대북 협력을 요구하는 측면이 담겨 있다.

6·15공동선언은 남북한의 협력을 위해 이산가족의 상호 방문, 경제 협력과 사회문화 등 제반 분야의 협력과 교류의 활성화를 밝히고 있다. 또한 이상과 같은 합의 사항을 조속히 실천에 옮기기 위하여 빠른 시일 안에 당국 사이의 대화를 개최하기로 하였고, 김정일 국방위원장은 적절한 시기에 서울을 방문하기로 약속하였다.

김정일 정권은 정권과 체제를 유지하기 위하여 남북정상회담에 나왔으며, 이를 바탕으로 대내외적인 문제를 해결하고자 시도하고 있다. 김정일 위원장은 남북정상회담을 통해 내부의 불만을 기대감으로 전환시키는 효과를 얻었으며, 남한과 국제사회에서 이미지를 개선하는 효과도 얻어냈다. 그러나 이러한 시도는 근본적으로 체제 내부의 모순과 위기에 대한 타개책이었다는 점이 대단히 중요하다.

북한 정권은 현재 자신들이 처한 위기를 벗어나기 위해서 서방세계와의 적극적인 관계 개선을 추진하고 있다. 특히 미국과 일본은 북한이 직접적인 이해관계를 가지고 있다는 점에서 북한 정권으로서는 반드시 관계를 개선해야 할 대상이다. 2000년 남북정상회담의 개최는 북한 정권이 남한의 지원을 끌어내서 미국, 일본과의 관계 개선에 활용하려는 의도도 있었다. 이 의도대로 남북정상회담 후 김정일 위원장은 미국의 클린턴 행정부와 관계를 개선하고자 추진하였으며, 클린턴의 방북이 논의될 정도로 상당한 진척을 이루기도 했다.

그러나 미국 대통령 선거에서 공화당 정부가 승리하면서 부시 행정부는 북한에 대한 정책을 재검토하였고, 그 결과 북한에 대한 기본적인 '강경정책'이 채택되었다. 또 2002년 10월 초 미국 켈리 특사의 평양 방문에서 북한의 '핵개발 의혹'이 다시 불거짐으로써 남북 관계와 북미 관계, 북일 관계의 정상화가 모두 지체되고 있다.

8. 남북연합시대의 준비

미국 부시 행정부의 대북 강경정책과 '북한 핵문제'의 제기는 노무현 정부의 대북정책에도 상당한 어려움을 초래하고 있다. 특히 '북한 핵문제'가 제기된 이래 김정일 정권은 또다시 여러 면에서 중첩된 어려움에 처해 있다.

2000년 이후 남북 관계는 상당히 개선되었다고 하지만, 남북 사이의 협력은 아직도 제한적인 수준으로 진행되고 있다. 하지만 김정일 정권은 금강산 관광특구와 개성공단 특구에 대해 적극적인 추진 의지를 가지고 있고, 행정특구장관 양빈의 구속으로 인해 지연되고 있는 신의주 특구 개발도 적극 모색되었다. 또 내적으로는 2002년 7월 경제관리 개선조치를 통해 계획경제의 모순을 부분적이나마 시정하기 위한 개혁 조치를 추진하였으며, 경의선 연결 문제도 긍정적으로 진행되고 있다.

하지만 2005년 현재 북한이 처한 상황은 모든 것을 국제사회의 협력적 기준에 맞춰 순리적으로 풀어야 하는 상황이 전개되고 있음을 보여준다. 특히 순리적 문제 해결에는 '북한 핵문제'에 대한 북미간의 원만한 타결이 선행되어야 한다. 현재의 국제관계하에서 '북한 핵문제'는 한반도의 군사적 긴장을 고조시키고, 평화적 공존과 남북한의 협력에 커다란 장애가 될 수밖에 없기 때문이다.

북한 정권이 국제사회와 대립 경쟁을 하는 상황은 한반도의 평화와 번영을 위협할 수밖에 없으며, 이런 상황의 전개하에서는 남북의 협력과 북한 경제의 개발도 상당한 장애를 겪을 수밖에 없다. 한반도의 평화와 번영을 위해서는 북한 정권이 대립이 아니라 국제적 협력의 길을 선택해야 하며, 남한은 북한의 경제 발전을 적극적으로 지원해야 할 필요가 있다. 특히 남북한의 협력은 '고립된 민족 공조'가 아니라 국제사회에 대한 합리적인 개방과 협력의 방향으로 이루어져야 한다. 그러한 점에서 북한이 국제사회의 기본 규칙을 준수하는 과정이 중요하다.

21세기에 치열한 국제사회의 경쟁 속에서 한민족이 번영을 누리며 살아남기 위하여 남북한은 적극적인 협력의 길을 열어나가야 하며, 이 과정에서 북한 정권은 근본적인 문제들을 해결해내야 할 책무가 있다. 사회문화 부문의 비정치적 교류에서 시작된 남북 교류 협력은 경제적 지원과 더불어 군사 부문 등의 정치적 문제에 대한 성과도 이루어내야 한다. 이러한 과정을 거쳐내야만 남북연합의 길이 열리게 될 것이며, 남북한의 상호 번영이 이루어지게 될 것이다. 이러한 남북한의 경제적 번영과 북한 체제의 민주화가 진전됨으로써 남북연합시대를 향한 준비가 이루어지게 될 것이다.

이주철 | KBS 남북교류협력팀 연구원

남북한 군비 경쟁의 이해

1. '긍정적 현실주의'의 시각에서

남북한은 2000년 6월 최초로 역사적인 정상회담을 이루어냈으나, 세계화 및 탈근대라는 추세와 달리 통일, 즉 단일 민족국가의 건설이라는 근대화 작업도 마치지 못한 가운데 21세기를 맞았다. 우리는 민족통일은커녕 아직 안정된 평화체제마저 달성하지 못했다. 계급 갈등, 이념 및 체제 대결, 한국전쟁을 통해 뿌리내린 강력한 적대감과 불신 때문에 남북한 두 분단국가는 각기 가능하다면 군사력의 우위, 또는 적어도 군사력의 균형을 통해 국가 안보를 추구해왔다.

이 상황에서 필연적으로 군비 경쟁이 전개되었고, 군비 경쟁은 다시 상호 불신과 적대감을 재생산해왔다. 그 결과 한반도는 세계에서 가장 군사화되고 긴장이 고조된 지역의 하나가 되었다. 남북한 군비 경쟁과 군사력 균형, 특히 전쟁 억지력 및 방어 능력은 한반도의 안정과 평화를 위해 실로 중요한 일이다. 그러나 이 문제에 대한 논의에는 많은 오해와 혼란이 있다. 이러한 세태는 '진지한 연구자들의 참 논쟁'이라기보다 '미디어를 통한 선전 논쟁'으로 심화되었다.

학술적인 면에서는 첫째, 군사력 균형에 관심이 집중된 까닭에 남북한의 군비 경쟁을 객관적으로 연구하려는 자세와 노력이 부진했다. 둘째, 북한이 국내의 정치·경제적 상황이나 남북한 군사력 균형의 변화에 구애됨 없이 수십 년간 변함없이 무력 통일에 매진해왔다는 불변의 '남침 위협'론은 설득력이 약하다. 한편, 북한의 남침 위협의 근거에 대한 주장은 논리적 일관성이 결여되었다. 1970년대에는 '힘의 균형' 이론이 지배적이었으나, 이후에는 남북한 간 국력 격차가 커지기 전에 남침할 것이라는 '예방전쟁' 혹은 '힘의 전이(power transition)' 이론이 대두했다.72) 또 최근에는 '굶어죽느니 전쟁이나 해보자'는 북한 주민들의 자포자기 심리를 들어 전쟁의 위험성이 강조되기에 이르렀다.

정책적인 면에서도 북한의 군사적 위협을 강조할수록 우리의 안보에 이롭다는 생각은 지양되어야 한다. 즉, 이러한 생각은 북한 지도부의 오판을 유도함으로써 우리가 원하지 않는 결과를 초래할 수 있기 때문이다. 남한의 군사력 증강은 항시 북한의 군사 위협에 대한 방어적 수단으로 합리화되어왔으나, 남측의 군비 증강이 다시 북측의 군비 증강을 자극한다는 사실을 적시해야 한다. 또한 남북한 군비 경쟁의 결과 어느 편의 군비 증강도 안전 보장을 추가적으로 제공하지 않는 이른바 '수확체감의 법칙'이 적용될 정도에 이르렀다. 그리고 남한 측의 재래식 전쟁 수행 능력의 현대화와, 대량살상무기를 중심으로 하는 북한 측의 억지 능력 간에 이른바 '비대칭적 균형'이 이루어지고 있다. '정보화'를 중심으로 하는 남한의 군비 증강이 추가적인 안보 이익을 가져오는 효과는 매우 적다.

요컨대 남북한은 편협한 군사적 접근을 지양함으로써 자국 위주의 '국가 안보'보다 '국제 안보' 혹은 '공동 안보'를 모색해야 한다는 탈냉전기의 시대적 요청에 직면해 있다. 남북한간에도 적대관계를 지양하고 냉전의 청산과 평화체제 구축을 통해 공동 안보의 기반을 모색해야 할 것이다. 그러나 평화와 통일을 지향하는 우리의 자세는 '긍정적 현실주의'에 기반을 두어야 한다. 분단과 첨예한 군사적 대립을 극복하기 위해서, 우리는 남북한의 분단과 군비 경쟁을 보다 냉엄하게 성찰해야 한다. 평화와 군축이라는 이상을 연구함에 앞서 우리는 갈등과 군비 경쟁이라는 현실의 원인이 무엇이고, 어떻게 전개되어왔으며, 왜 군축이 그토록 어려운가를 밝혀내야 한다.

이 글은 이러한 긍정적 현실주의 시각에서 남북한의 군비 경쟁을 고찰한다. 첫째, 남북한 군비 경쟁의 역사를 조망하고 아울러 남북한의 군비 통제 및 군축 조치와 제안들을 살펴본다. 둘째, 이를 위해 본 연구는 가장 믿을 만하고 입수 가능한 군비 경쟁과 군사력 균형의 지표(indicators)를 탐색한 결과 군사비와 병력을 군비 경쟁의 척도로 삼고, 군사 원조와 감가상각을 포함한 '군사자본재(military capital stock)', 즉 '투자비+(장비·부대)유지비 누계'를 군사력의 척도로 삼았다.[73] 셋째, 군비 경쟁을 적대국간의 '경쟁'이라는 대외적 요인과 함께 분단 구조와 군비 경쟁을 재생산하는 대내적 요인을 분석한다. 넷째, 남북한의 군비 경쟁과 동태적 군사력 균형을 보다 객관적인 기준에 의거해서 평가한다. 우리는 향후 군비 경쟁과 군사력 균형의 분석에 의거해서 군비 경쟁을 억제 또는 촉진하는 구조적 요인을 탐색할 수 있을 것이다.

2. 남북한의 군비 경쟁

국제정치학에서 유명한 리처드슨(Lewis Richardson)의 '군비 경쟁 이론'은 상호 갈등 상황에 있는 국가간의 군비 증강에 내재한 '작용과 반작용(action and reaction)'의 연계 과정 모델을 제시한다.[74] 이 이론은 당사자들이 문자 그대로 생사를 건 투쟁을 벌여온 지역인 남북한의 경우 특히 원초적인 호소력을 지닌다.

실제로 남북한 쌍방은 각기 분단 정부를 수립하기 전부터 군대를 양성하는 등 군비 경쟁에 나섰다. 일반 이론의 차원에서 보자면 한국전쟁은 먼저 근대적인 국민국가의 수립과 경제 건설에 성공함으로써 군사력의 우위를 갖게 된 북한이 무력 통일을 시도한 결과였다. 고금을 통해 전쟁은 국가 건설의 가장 중요한 특징이었다.[75] 남북한은 또 전후 반세기 동안 군비 경쟁을 전개했으며, 특히 전후 수년간은 매우 대칭적인 군비 경쟁을 전개했다. 군비 경쟁 모델의 흥미로운 점은 어느 한쪽의 군비 증강이 다른 쪽의 증강을 유도하듯이, 감축 또한 상대방의 감축을 낳게 된다는 점이다. 공교롭게도 1956년 북한의 8만 명 병력 감축조차 1958~59년간 대략 비슷한 수준의 한국군 지상군 감축 — 비록 미국의 강한 압력에 의한 것이기는 하지만 — 에 의해 '화답'을 받았다. 쌍방은 1962년대 초까지 현상 유지를 지속했다.

자주적인 군비 증강에 박차를 가한 것은 역시 전후 경제 재건에 먼저 성공한 북한이었다. 북한은 1962년 말부터 대소관계 악화에 따라 군비 증강 추진과 '국방에서 자위'를 추진하고 1967년부터 '4대 군사노선'을 중심으로 이를 가일층 가속화했다. 그러나 남한 측은 이에 상응한 반응을 보이지 않았고, 오히려 남한은 미국의 압력에 의해 베트남에 병력을 보냈다. 이는 미국의 막대한 군사 원조에 힘입어 남한이 군사력의 우위에 있다는 한·미 측의 인식을 반영한 것이었다. 8군사령관에서부터 백악관 보좌관들까지 미국 측은 전후 1960년대 초까지 남한의 군사력이 북한에 비해 우월하다고 판단했다. 1966~68년간 북한의 침투/게릴라 작전이 고양되는 시기 동안에, 남한의 군사력 증강은 1968년 향토예비군을 편성한 것을 제외하고는 최소한의 수준이었다. 남한이 정규 전력의 균형에 대해 관심을 갖게 된 것은 1970년대의 일이었다. 1976년 이래 미 대외군사판매(FMS) 차관을 제외하고는 남한 스스로가 자금을 조달함으로써, 주한미군을 제외한다면 제한적 의미에서 '자주국방'을 실현하게 되었다.

1960년대 중반부터 상당 기간 북측이 군비 경쟁을 주도해왔다고 말할 수 있으나, 1980년대 초부터는 한·미·일 간의 레이건·나카소네·전두환의 보수 대연합이 결성되고 한·미가 재래식 군비 경쟁을 주도하기 시작했다. 그러나 북한은 경제적 제약을 안고 있으면서도 한·미와의 군비 경쟁에 매우 적극적이었다. 1980년대 후반에는 수십억 루블에 달하는 소련의 막대한 군사 차관을 빌려 공군력(MIG-23, MIG-29 전투기, SU-25 공격기) 및 방공 능력(레이다망, SA-3 및 SA-5 대공 미사일)을 현대화하고자 노력했다.

그러나 북한은 경제적 제약 때문에 결국 대칭적 군비 경쟁을 포기했다. 북한은 이미 1970년대 말부터 신예 장비보다는 병력 및 자체 생산 구식 장비 증강에 많은 노력을 경주했다. 북한은 1970년대 초에 증강 속도를 완만히 했으나, 지상군 병력을 계속 확장해서 결국 1970년대 말경 남한의 병력 규모를 능가하게 되었던 것이다. 그 결과 〈표-1〉에서 보듯 북한의 군비 증강은 더욱 노동집약적인 방향으로 나아가게 되었다.

그럼에도 불구하고 1990년대 들어 북한은 사회주의권의 붕괴와 경제 위기로 인해 더 이상 재래식 혹은 양적 군비 경쟁에 임할 수 없게 되었다. 북한은 '재래식' 전력으로는 남한과 더 이상 경쟁할 수 없게 되었고 보다 저렴한 대안을 찾지 않을 수 없었던바, 비재래식 혹은 질적 군비 경쟁으로 나아가게 되었다. 수도권 타격을 노리는 장거리포대(170mm 자주포 및 240mm 방사포)와 같은 재래식 억지전력은 물론 대량살상무기를 개발함으로써 비재래식 억지 능력도 확보하고자 힘을 기울여왔다.

핵무기 개발 노력은 위기에 처한 북한이 취할 수 있었던 가장 강력한 대응 수단이었다. 이에 비해 정도는 약하지만 유사한 안보 위기 상황에서 1970년대 중반 남한의 박정희 정권도 핵무기(및 장거리 운반 수단) 개발에 적극적이

〈표-1〉 남북한 군비 경쟁 추이

연도	남 한			북 한			남/북 비율(%)		
	병력(만)	군사비(경상 억 불)1 공식자료(수정자료)		병력	군사비(경상 억 불)2 공식자료(수정자료)		병력(만)	군사 공식(수정)	
1950.6	9.5	?		13.5	?		70	-	-
1953	59.1	1.2	(17.7)	27.5+	?		<215	-	-
1955	72.0	1.0	(5.6)	41.0	?	(2.4)	176	-	(238)
1960	60.0	1.5	(3.6)	39.0	1.5	(1.7)	154	102	(217)
1965	60.4	1.1	(3.6)	41.1	2.6	(3.4)	147	44	(103)
1970	64.5	3.0	(6.5)	46.7	6.8	(7.4)	>138	44	(87)
1975	63.0	9.1	(11.0)	56.7	17.1	(15.7)	>111	53	(70)
1980	(63.0)	37.1	(37.9)	70.0	32.5	(23.3)	> 90	114	(163)
1985	(63.0)	45.5	(44.1)	78.4	34.3	(30.4)	> 80	131	(136)
1990	65.5	93.8	(92.1)	99.0	49.6	(31.7)	> 66	189	(290)
1992	65.5	107.7	(104.9)	101.0	55.4	(31.3-36.4)	> 65	194	(280-354)
1994	65.5	125.1	(121.5)	103.0	56.0	(27.7-38.4)	> 64	217	(317-438)
1996	69.0	152.1	(147.8)	105.5	57.8	(26.4-30.1)	65	241	(491-577)
1997	69.0	144.9	(140.3)	114.7	47.8	(25.1-28.6)	60	303	(490-560)
1998	69.0	98.6	(94.5)	116	47.8	?	59	206	?
1999	69.0	115.6	(111.9)	117	47.8	?	59	242	?
2000	69.0	128.0	(124.1)	117	50.0	?	59	256	?

출처 : 『국방백서』; *The Military Balance*; 함택영, 『국가 안보의 정치경제학』.
주 : 1) 수정자료는 미국의 순(純)군원을 포함(방위분담금 및 차관상환금 변제)하고, 한은의 GNP 잠정환율을 적용함. 2) 공식추정자료는 1994년까지 국가 예산의 30~30.9%로 추정하고 상업/무역환율을 적용함. 수정자료는 순(純)군원을 포함한 별도의 추정에 구매력 평가환율(PPP)을 적용함.

었다. 북한은 또한 그 외에도 화학무기 등 대량살상무기나 인공위성/대포동 미사일 등 장거리 운반 수단의 개발·비축에 힘을 쏟아왔다고 한다.[76] 미사일은 또한 1980, 90년대 중동국가에 대한 주요 수출 품목이었다. 북한의 대량살상무기 개발 노력은 이른바 '핵카드'를 통해 미국으로부터 안전 보장과 경제 원조를 받아내려는 방책이기도 하다.

한편, 남한은 미국의 군사 원조 및 주한미군의 감축에 따라 1974년부터 자주국방을 위한 전력증강사업을 전개하기 시작했다. '율곡사업'으로 명명된 제1차 전력증강사업(FIP-Ⅰ)은 특히 1975년 개설된 방위세를 재원으로 했다. 그 결과 남한은 1960년대 후반부터 약 15년간 군사력의 열세를 보였다가, FIP-Ⅰ이 만료된 시점에는 재래식 군사력에 있어서 북한과 어깨를 나란히 할 수 있게 되었다. 그러나 군비 증강은 FIP-Ⅱ, FIP-Ⅲ로 계속 이어졌고, 남한은 적어도 군비 지출 측면에서는 이후 계속 북한과의 격차를 확대해 나갔다. 한국의 군비 부담은 1980년 전후 GNP의 6%대에서 1990년대에는 4% 이하, 2000년대에는 3% 이하 수준으로 감소되었지만, 고도의 경제성장에 힘입어 군비 증강을 계속할 수 있었다. 1990년대 남한의 투자비는 실질적으로 별다른 증가를 보이지 않고 있으나, 그 절대액수는 과거 그 어느 때보다도 많은 것이다. 그러나 남한은 1990년대 북한의 군비 증강의 둔화에 발을 맞추지는 않았다. 비록 김대중 정부가 IMF 위기 이후 군비 지출 증가를 억제했음에도 불구하고 남한이 군비 증강을 게을리 한 것은 아니다. 현재 노무현 정부의 '협력적 자주국방' 정책은 주한 미군 감축·재배치와 맞물려 상당한 한국군의 보완 전력 강화를 목표로 하고 있는 것으로 보인다. 군비 지출이 현재의 2.8% 수준에서 3% 이상으로 증가할 경우, 재정에 상당한 부담을 줄 것으로 보인다.

남한의 군사력 건설 및 증강은 1970년대 전반까지는 전적으로 미국에 의존했다. 1970년대 중반 국력 신장과 미국의 군사 원조 감축 및 중단에 따라 한국군의 증강은 '자주국방'의 이름 아래 남한의 몫이 되었다. 남한의 군비 증강은 경제성장 및 국가 역량(sate capacity)의 성장, 예컨대 조세 부담(조세/GDP)과 같은 국가의 자원 동원·추출 능력에 힘입었다.

3. 남북한 군사력 균형 : 군사자본재 비교

전후 50년간 다양한 형태의 군비 경쟁 결과 남북한의 군사력 균형은 어떻게 변화되어왔는가? 이 문제에 대해서는 많은 논란과 오류가 있다.

군사력 분석의 첫 번째 오류는 전쟁 수행 '잠재력'보다 '현존 무력'에 초점을 두는 것이다. 전쟁 연구는 전쟁의 결과를 결정하는 것이 대부분 '총체적 국력'임을 보여주었다. 『국방백서』도 남한의 우월한 잠재력을 인정하게 되었으나, 한반도의 전쟁이 속전속결로 끝날 것으로 보기 때문에 현존의 상비전력을 강조한다. 둘째, 병력이나 장비의 수를 비교하는 '단순 개수 비교(bean counting)' 방법 또는 여기서 파생한 전력지수도 전력(電力)의 KWH와 같은 '저량(stock)'이 아니라 시간이 포함되지 않은 '유량(flow, 電力의 KW)' 개념이며, 병력·무기·조직의 질적 요소를 포함하지 않고 있다. 셋째, 군사비, 더 정확히 말해 군사자본재 재고(군사비 누계)가 인적·물적·조직적 요소 비용의 총합을 반영하는 가장 우월한 척도이다. 군사(투자)비 누계는 일국의 무장력을 위한 인적·물적·조직적 역량에 투자한 '요소 비용의 총계'로서, 개수 비교나 동태적 분석보다 우월한 군사력의 지표이다.

그러나 공식적인 국방 예산이나 북한 군사비 추정은 신뢰할 만한 '국방비'의 척도가 아니다. 요컨대 군원·감가상각 등을 포함한 보다 객관적인 추정에 의거한 남북한의 국방비(총액 또는 투자비+운영유지비) 누계를 비교하는 것이 바람직하다. 본고에서는 '공식 국방 예산의 50%(또는 총예산의 8.5%)+군사원조'를 북한의 은닉된 국방비로 추정한다. 즉, 먼저 1967~71년의 평균치를 계속 적용한 총예산의 30.9%가 아니라 동일 기준으로 소급 발표된 1960~71년간 평균치(25.4%)에 근거해서 1972년 이래 북한 국방 예산을 추정했다. (공식 예산의 1.5배, 또는 공식 예산+총예산의 8.5%) 그 다음 ACDA 자료에 근거한 북한의 무기 도입 총액을 원조로 추가했다. 또한 상업/무역환율보다 다

〈도표-1〉 남북한의 군사비(국방비+군원)

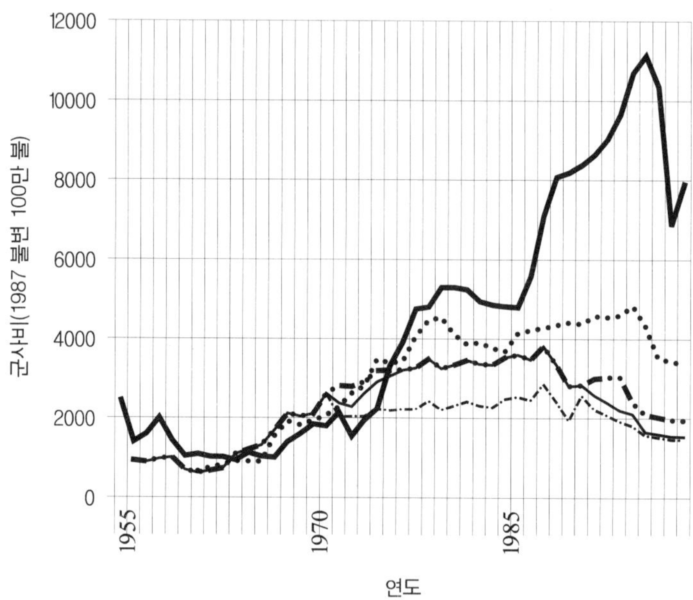

소 북한 원화가치를 높게 평가한 변동 PPP를 이용했다. 그 결과 북한 국방비의 상·하한선을 추정할 수 있다.[77] 이 추정에 따르면 남한이 1976년에 국방비 지출에서 북한을 능가했다.(〈도표-1〉 참조)

또한 군사 원조·감가상각 및 실질환율(PPP)을 고려한 더 객관적인 남북한의 '국방비'와 '투자비+운영유지비 누계'(불변 달러로 계산)를 구할 수 있다.[78] 〈도표-2〉는 투자비+운영유지비 누계를 연도별로 보여주고 있으며, 남한이 1978~82년경에 북한을 앞선 것으로 나타났다. 1980년대 초부터 남한이 북한의 군사력을 능가했고 1980년대에는 그 격차가 현격히 커졌음을 보여준다.

〈도표-2〉 남북한의 투자비+운영유지비 누계

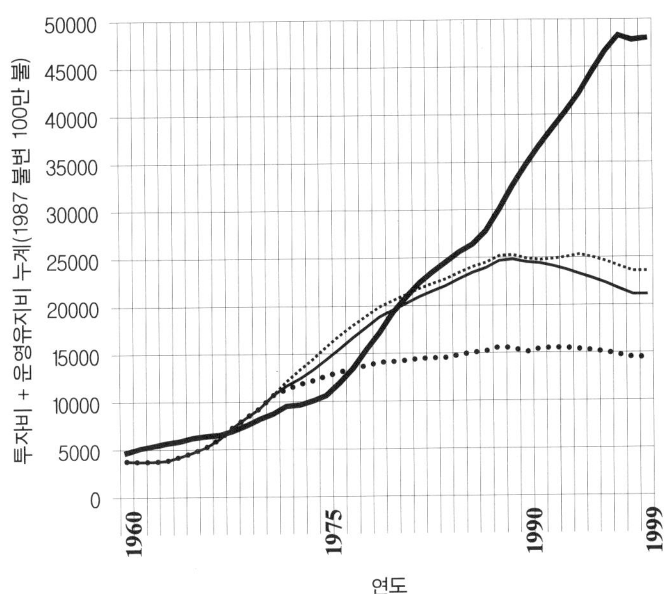

〈표-2〉는 본 연구의 결과를 기존의 분석 결과(국방부, 랜드연구소, 이상우 교수)와 대비한 것이다. 그런데 국방부 자료에 따르면, 1970년대 전반 남한의 군비 재고(투자비 누계)는 북한에 비해 지나치게 낮은 반면(1975년 3.3%, 1976년 10.4%), 전력지수는 50.8% 이상이었다. 이와 같이 설득력 없는 자료가 제시된 이유는 ① 북한의 국방비 특히 전력 증강 투자비를 과장했고, ② 미국이나 소·중의 군사 원조를 배제했으며, ③ 장비의 감가상각을 배제했기 때문이다. 국방부는 또한 1988년 주한미군의 전력지수를 인민군의 5%(한국군 65%의 1/13)로 평가한 반면, 주한미군의 군비 재고는 1990년대경 159~160억 달러(1988년 남한 군비 투자 누계의 약 60%)로 평가한 바 있다.[79] 즉, 주한미군의 정교한 조기 경보·정보 수집 능력을 중시하지만, 이러한 비화력 장비는 전력지수 산출에 포함시키지 않기 때문에 결국 주한미군의 전력을 저평가하는 결과를 낳게 된 것이다.

남북한의 객관적이고 엄격한 군사자본재 비교를 통해서 우리는 기존의 남북한 군사력 평가가 적절하지 못할 뿐 아니라 왜곡되어 있음을 알 수 있다. 〈표-2〉는 정부의 주장과 달리 1980년대부터 남한이 군사력, 특히 전쟁 수행 능력의 우위를 확보하기 시작했고 점차 그 격차가 커지고 있음을 보여준다. 이는 또한 1990년대 북한의 전쟁 수행 능력이 현격히 감소했음을 시사한다. 남한은 단순 개수 비교나 전력지수의 수적 열세를 강조하면서도 실제로는 질적 군비 증강, 특히 정보화 전력을 강화하고 있다.

4. 군비 경쟁의 대외적 및 대내적 원인

남북한의 군비 경쟁을 단순화하자면, 공시적(共時的) 군비 증강과 현상 유지 및 각기 시차를 두고 진행된 일방적인 군비 증강의 시기로 구분할 수 있다. 경쟁적인 군비 증강은 1950년대 중반과 1970~80년대에 발생했다. 또 1960년대와 1980년대 중반 이후의 북한의 군비 증강 계획이나 한국의 율곡사업은 '시소 게임'의 성격을 지니거나 또는 상대방의 군사력 우위에 대한 뒤늦은 반응이라고 해석할 수 있다. 또한 북한은 1970년대 이래 노동집약적 접근과 핵개발 노력이나 화학무기 비축 등 보다 경제적인 억지 능력의 개발을 통해 나름대로 군사력 균형을 유지하려고 노력해왔다. 즉, 1980년대 말부터 남한의 전쟁 수행 능력 대 북한의 억지력이라는 '비대칭적 군비 경쟁(asymmetric arms race)' 혹은 '위협의 균형'이 유지되고 있다.

군비 경쟁이 반드시 공시적인 작용·반작용 과정을 밟을 필요는 없다. 더욱이 군비 경쟁의 대내적 요인으로 지목되는 군부나 군산 복합체의 조직적 압박은 진공상태에서 존재하는 것이 아니라 자원 배분의 갈등에서 주기적으로 국가 안보에 대한 외부의 위협(인식)을 요한다. 군비 경쟁에는 또한 주변국에 대한 잠재적 경쟁의 요인과 동맹국관계라는 요인이 추가된다. 남북한은 근래 주변국의 잠재적 안보 위협에 대처하는 미래 지향적 군비 증강도 도모하고 있다. 남한이 계획 중인 상당수의 첨단무기는 북한의 위협보다는 향후 일본 등 주변 강국의 군사 위협에 대비한 것이다.[80] 북한 역시 남한만이 아니라 미국을 적으로 상대해왔으며, '대포동' 미사일 개발도 일본과 궁극적으로 미국에 대해 억지/위협 능력을 과시하려는 측면이 강하다.

한반도 군비 증강에는 또 다른 외부적 요인, 즉 동맹관계가 있다는 사실이 너무도 자명하다. 전후 상당 기간 동안 남북한의 군비 증강은 대부분 군사 원조에 의해 이루어졌다. 1962년 12월 조선노동당 중앙위 전원회의에서 북한의 군비 증강 결정도 남한의 군비 증강이나 북한의 내부 압력 때문이 아니라 소련의 방위 공약에 대한 신뢰의 약화 및 군사 원조 감축 때문이었다. 1970년대 남한의 '자주국방'정책 결정도 미국의 군사 원조 감축 및 철군에 대한 반응이었다. 또 한 가지 간과할 수 없는 사실은 미국이 북한의 남침을 억제했을 뿐만 아니라 더 나아가 남북한의 핵무장이나 남한 측의 있을 수 있는 '북침'에 대해서도 억지력을 행사해왔다는 것이다. 즉, 미국의 일차적 관심사는 한반도의 갈등을 안정적으로 관리하는 것으로, 남북한의 군사력 균형이나 남한의 군사적 우위란 부차적인 수단일 뿐이었다. 소련 역시 1968~69년 북한의 모험주의적 도발이나 1975년 북한의 적극적 통일 의사 표명에 냉담한 반응을 보였고, 1972~84년 신예 무기 제공을 억제하는 등 유사한 역할을 수행했다.

그러나 남북한의 국방전략·국방비 지출·병력·장비 등을 비교한 결과 군비 경쟁 '이론'은 부분적으로만 맞다는 것을 알 수 있다. 특히 1980년대와 1990

〈표-2〉 남북한의 군사 투자비 누계 비교 (단위 : 남한/북한 %)

	국방부1	이상	랜드 연구소	국방부 수정2	함택영 별도 추정자	별도 추정자
지출 범위 해외 군원 감가상각 (연간)	투자 제외 불계	투자 제외 불계	투자비 제외 계상 8%	총액 포함 계상 10%	총액 포함 계상 10%	투자비+운영유지비 포함 계상 8%
1960	–	46.7	–	133.3	133.3	125.0
1965	–	11.5	–	129.7	123.7	133.9
1970	–	7.3	13	101.2	91.7	89.3
1973	–(50.8)	–	13	90.6	79.7- 84.5- 87.8	72.6- 78.0- 81.8
1975	3.3	13.6	13	82.2	76.2- 81.8- 90.5	67.8- 74.0- 84.1
1976	10.4	19.9	18	85.0	80.6- 86.1- 98.6	70.7- 77.1- 91.4
1978	–	34.4	37	94.8	95.3-100.0-122.0	81.4- 86.9-112.2
1980	35.8	47.4	58	100.4	109.6-113.6-144.8	93.8- 98.6-136.3
1981	–(54.2)	54.3	68	104.5	116.0-119.6-154.9	98.8-103.3-146.7
1983	–	68.0	94	110.9	123.9-126.8-168.2	105.4-109.2-162.4
1984	49.8	74.2	–	113.1	126.4-129.0-173.3	107.7-111.2-169.1
1986	–(60.4)	–	–	115.2	128.3-130.4-177.3	109.7-112.6-175.6
1988	67.2	–	–	123.5	138.8-140.5-191.3	119.2-121.7-192.2
1989	(65)	–	–	131.2	149.9-151.5-206.6	128.7-131.1-210.2
1991	71	–	–	144.2	175.9-177.3-238.9	148.3-150.4-237.8
1992	80	–	–	149.6	187.0-191.0-253.8	154.9-159.7-248.4
1994	82.4	–	–	161.7	210.0-224.3-291.2	168.6-181.2-274.7
1995	(71)	–	–	168.9	229.2-246.0-316.6	177.9-194.9-292.0
1996	82.9	–	–	178.3	251.1-272.6-346.1	189.6-209.1-310.1
1997	–	–	–	188.6	267.0-296.1-371.2	200.8-225.9-327.8
1998	91.9	–	–	189.4	275.7-305.3-378.3	202.9-226.4-330.6
1999	–(75)3	–	–	193.4	285.4-318.9-390.8	203.7-227.3-331.8

출처 : 『국방백서』, Wolf et al., The Changing Balance ; 이상우, 『한국의 안보 환경 2』 ; 함택영, 『국가 안보의 정치경제학』.

주 : 1) 괄호 안의 수치는 남/북의 '전력지수'임.
2) 중앙정보부/국방부 추정자료를 이용하나, 군사 원조 및 10% 감가상각을 포함한 평가임.
3) 1998년 기준.

년대 한국의 일방적 독주는 북한의 군사력에 대한 오판이나 의도적인 과장 등에 의해 정당화되어왔다. 또 이러한 정당화는 우리로 하여금 군사 관료제의 '조직적 관성' 및 기타 국내적 요인에 의한 해석의 여지를 낳는다. 즉, 외부 위협은 특정 국가로 하여금 군비 증강을 본격적으로 착수할 수 있도록 허용하는 초기의 정당화 기제로 작용하나, 일단 군비 증강 계획이 작동을 개시하면 이러한 외부적 위협과는 그다지 큰 관계가 없이 관성적으로 진행된다. 남북한은 오랫동안 보수연합이 주도한 폐쇄 메커니즘에 의해 군비 증강이 이루어졌다.

결국 남북한의 군비 경쟁을 부정할 수는 없으나, 대내적인 동태에도 눈을 돌려야 한다. 그러나 군비의 대내적 근원에 대한 일부 가설들은 남북한의 사례에서 충분히 입증되지 못한다. 군산 복합체나 경기 순환 명제는 이론상 부분적인 설명이며, 실제로도 남북한의 경우에 적실성이 매우 낮다. 남한이 자본주의 국가이기는 하나, 과도한 자본 축적의 위기를 군비 증강을 통해 해소한다는 해석이 적용되지는 않는다. 굳이 남한 군산 복합체의 '산(産)'을 지적하자면, 상당 부분은 미국의 군수산업이다. 또 다른 이론, 즉 관료제·조직 과정의 점증주의(incrementalism)는 일견 강력해 보이나, 이론상 피상적일 뿐 아니라 '변화'를 설명하지 못한다. 즉, 점증주의 모델은 갑작스런 증강이나 감축 등 보다 중요한 변화에 무력하다. 군비 경쟁 모델처럼, 이 이론은 예견에 있어서는 유용할지 몰라도 '설명이 없는 예측'일 뿐이다.

남북한의 군비 증강을 규정하는 대내적 요인은 국가의 자원 기반, 국가 역량 및 자원 배분에 있어서 국가의 상대적 자율성 등 세 가지 변수로 준별할 수 있다. 첫째, 총자원 기반이 군비 규모를 한정한다. 물론 이 한계는 상당한 변동폭을 지니며, 그 상한선은 남북한 당사국의 경제력 격차를 반영해서 북한의 경우 GNP의 약 20%, 남한은 7% 정도였다.(군원 제외) 둘째, 나아가 남북한의 방위 부담은 국가의 추출 능력에 의해 규정된다. 그러나 국가권력과 방위 부담의 관계는 직선적인 단순한 정비례 관계가 아니라 변증법적인 곡선

(역U자형)을 보여준다. 즉, 방위 부담은 추출 능력상의 국가권력이 증대할수록 상승하나, 국가권력이 계속 증대하게 됨에 따라 둔화 및 정체되다가 감소하게 된다. 국가권력의 확장에 따른 한계정치비용의 급증, 또는 국가권력의 구성 분포에 있어서 강제보다 동의/자본의 비중이 증가함으로써 강제력의 상대적 중요성을 감소시키는 경향이 있다. 셋째, 자원 동원에 있어서의 '국가자율성'(혹은 역으로 '대외적 국가 타율성')인 군사 원조를 들 수 있다. 그 덕택에 북한은 1960년대 초까지(그리고 역설적으로 1980년대 후반에), 남한은 1970년 초까지 능력 이상으로 무장할 수 있었다.

결론적으로 말하자면, 남북한의 군비 증강은 군비 경쟁 외에도 대내적 요인, 즉 국력 자원의 기반은 물론 총체적 국가 지배력의 양적·질적 성장에 의해 규정된다는 것이다. 근래 남한의 군비 부담이 계속 감소되어온 사실은 경제 규모뿐만 아니라 체제에 대한 자신감이 커졌음을 반영한다. 한편 북한의 비대칭적 군비 경쟁은 재래식 군비 경쟁을 지속할 경제력이 없기 때문이다. 북한이 대량살상무기 개발을 통해 노리는 것은 한·미에 대한 심리적·정치적 효과를 통한 억지력 및 '협상 카드'이지 군사력의 우위가 아니다.

5. 남북한 군축정책 및 제안

1980년대까지 한반도의 군축을 보다 적극적으로 제의한 것은 북한이었다. 전후 북한은 경제적 필요와 정치 선전의 목적으로 외국 군대(주한미군) 철수, 군비 경쟁 중지와 함께 쌍방의 병력을 10만 명(일부 주장에서는 15만 명 혹은 20만 명)으로 감축하자고 여러 차례에 걸쳐 제의했던 바 있다. 1954년 6월 15일 제네바 정치회의에서 외무상 남일이 병력 감축 및 외국군 철수를 제안한 이래 북측의 군축 제안은 상당한 일관성을 지녀왔다. 북한은 1987년 7월

23일 성명을 통해 연말까지 군병력 10만 명 감축을 일방 발표하고 또한 쌍방의 '단계적' 병력 감축과 주한미군의 '단계적' 철수를 제안했다. 1990년 5월 31일자 '조선반도의 평화를 위한 군축 제안'은 가장 진전된 것으로, 남측의 군비 통제 접근 방식을 일부 수용해서 '북남 신뢰 조성'을 포함하고 있다.

북한이 제시하는 군축 논리의 골격은 오랫동안 주장해온 북미간의 '주한미군 철수·평화협정 체결'과 남북간의 '상호 병력 감축·불가침선언 채택' 공식에 잘 나타나 있다. 북한 군축정책의 실질적 목표는 대남 군사적 우위 확보, 통일 기반의 조성, 대내외 평화 지향적 이미지 고양, 경제적 부담 해소 등으로 분석된다. 북한은 남북한간의 군사적 타협을 정치적 관계의 일부분으로 종속시켜 군축정책을 통일정책의 일환으로 이해해왔으며, 감축 문제에서는 특히 주한미군의 문제와 병력 감축에 가장 역점을 두어왔다.

한편, 남한은 북한의 능력 및 의사를 불신하거나 두려워해 군축 및 군비 통제 문제에 대해 오랫동안 침묵을 지켰다. 남한이 한반도 군축은 '신뢰 구축'이 이루어진 이후의 사안이라는 소극적 자세에서 탈피하고 군사회담에 관심을 갖게 된 것은 동서 냉전의 쇠퇴 등 국제 환경이 변화한 1980년대 후반의 일이다. 또한 민주화투쟁에 따른 국내 정치의 발전, '북방정책'의 성공적 추진, 자주국방 역량의 강화, 그리고 성공적인 올림픽대회 개최 등 남한 측의 자신감 증대가 크게 작용했다. 남한은 특히 1988년 10월 노태우 대통령이 유엔총회 연설에서 북한과 조건 없는 군축 및 군비 통제 협상 용의를 밝힌 이후 보다 실질적인 제안을 내놓게 되었다.

남북한의 군비 통제 및 군축에 대한 시각을 보면, 북측이 보다 적극적이고 공세적인 군축 노선을 택해왔던 반면, 남측의 접근 방법은 현실(주의)적이지만 소극적인 군비 통제 노선을 취해왔다. 북측은 오랫동안 동시적·포괄적 접근에 입각해 '선(先) 군비 감축, 후(後) 신뢰 구축' 방식을 제시해왔다. 이에 비해 남측은 군사적 긴장 완화와 신뢰 구축을 강조함으로써 단계적·점진적 접근을 택해 '선 신뢰 구축, 후 군비 감축' 방식을 제시하고 있는 것이다. 즉, 신뢰 구축→운용적 군비 통제→구조적 군비 통제(혹은 정치적 신뢰 구축→군사적 신뢰 구축→군비 감축)라는 단계적 방안이다. 또한 남측은 북측이 병력 감축을 강조함에 비해 (대량살상)무기의 통제 및 감축에 보다 역점을 둔다.

그럼에도 불구하고 남북한은 남북고위급회담을 통해 상대방의 논리와 용어를 부분적으로 수용하며 1991년 12월 13일 「남북 사이의 화해와 불가침 및 교류·협력에 관한 합의서」를 이루어냈다. 이 합의서 제2장에서는 "남북불가침"을 명시하고 "군사적 신뢰 조성과 군축을 실현하기 위한 문제를 협의 추진"하기 위해 "남북군사공동위원회"를 구성하기로 합의했다. 이어 1992년 1월 20일 남북한은 「한반도의 비핵화에 관한 공동선언」을 채택했고, 나아가 동년 5월 7일에는 「남북군사공동위원회 구성·운영에 관한 합의서」에 서명했다.

그러나 쌍방이 동년 9월 17일 제8차 고위급회담에서 「남북불가침의 이행과 준수를 위한 부속합의서」에 서명한 이후 고위급회담은 현재까지 중단된 실정이다. 1992년부터 의미 있는 한반도 군비 통제 및 군축 문제는 거의 전적으로 북·미회담에서 다루어져왔다. 남북한이 각기 제시한 이상적인 통일방안들이 그러하듯이, 군축 및 군비 통제에 관한 미사여구와 이상론의 이면에는 쌍방간에 강력한 불신과 회의가 도사리고 있다.

물론 북측의 군축 사례와 제안을 보면 선전 목적 외에 경제적 동기도 내재했음을 알 수 있다. 특히 1950년대 전후 복구기의 노동력 부족 사태에 직면한 북한은 1956년 8만 명의 병력 감축을 단행했고, 1958년 중국 인민해방군의 완전 철수에도 불구하고 병력 증강보다는 민병조직인 "로농적위대" 창설 등으로 대응했던 것이다. 그러나 북한은 이후 진지한 군축 노력을 보여주지 않았다. 북한은 1967~71년을 제외하면 군사비를 과도하게 낮게 발표해왔다고 의심받고 있다. 1987년의 10만 명 병력 감축 주장도 병력의 재배치 혹은 인민군과 인민경비대(사회안전부 소속) 간의 편제 변동으로 추정된다.

한편, 남한도 군축에 대해 사실상 단지 형식적인 명분론만을 피력해왔을 뿐이다. 남측은 북측의 군사력 우위를 우려해 기실 군비 통제를 명분으로 군비 증강을 정당화해온 측면이 강하다. 한·미 군사 협력이나 한국군의 전력 증강이 군비 통제 및 군축과 별개의 문제로 취급되어왔다. 남측은 오직 북측과 대등한 군사력을 이룩한 뒤에야 진정한 군축에 임할 수 있다고 주장해왔던 것이다. 1980년대 말부터 남측이 군비 통제에 진지한 관심을 갖게 된 이유는 북측의 핵무기 및 생화학무기 등 대량살상무기(및 운반 수단)의 개발·보유 의혹 때문이다. 주한미군의 철수 문제는 북측에게 가장 중요한 의제이나, 남측 군비 통제 방안에서는 고려의 대상이 아니었다.

6. 군축과 평화통일의 길

남북한은 상호 합의에 의한 것은 아니었지만, 각기 일방적으로 병력 감축을 단행했던 바도 있다. 즉, 양측은 전후 과도하게 팽창한 병력을 1950년대 후반에 상당한 규모로 감축했던 것이다.(북측은 1956년 약 8만 명, 남측은 1958~60년간 11~12만 명)

그러나 전후 쌍방의 군축은 각기 동맹국의 안보 지원과 때로는 압력(특히 미국의 한국에 대한 압력)에 의해 이루어진 것이었다. 한반도 안보·군사 문제에서 미국의 중요성은 결코 과소 평가할 수 없다. 더욱이 1991~92년 남북한간의 해빙기 이후 한반도의 군비 통제 및 군축에 관한 의미 있고 중요한 회담 및 합의는 예컨대 북한의 핵개발 동결에 관해 1994년 기본합의문을 이끌어내기까지 일련의 회담과 위기 상황, 금창리 사찰 문제, 최근의 미사일 실험 중단 회담 등에서 보듯이 북·미간에 이루어져왔다. 또한 남북한이 처한 전략적 환경을 볼 때, 군축 및 군비 통제가 양자간의 문제로 국한되어 처리되기는 어렵다. 따라서 한반도의 비핵화를 실현하는 문제보다 더욱 중요한 것은 북측이 주장하는 평화협정 체결 문제와 주한미군의 문제라고 말할 수 있다.

남북한 당사자간의 상호 불신 자제, 상이한 통일정책과 군비 통제/군축에 대한 시각, 그리고 주한미군을 포함한 동북아의 독특한 지정학적 요소와 안보 환경(예컨대 다자간 안보협력체제의 부재) 등이 군비 경쟁을 부추기는 요인으로 남아 있다. 남북한은 군축 문제 그 자체에 목적을 둔 것이 아니라 대내외 정치 선전용으로 이용해왔다. 한반도 군비 통제 및 군축의 성공 여부는 남북한이 기존의 비현실적인 선전과 정치 공세 차원에서 벗어나 실질적으로 협상에 임하는 정책 변화에 달려 있다. 특히 남북한 정부는 오늘날 한반도의 군비 증강에는 '수확체감의 법칙'이 적용된다는 사실을 적시해야 한다.

한편, 경제 위기에 처한 북한의 '강성대국' 노선은 또 다른 중대한 도전이 되었다. 오늘날 군사력은 북한에게 유일한 존립 기반이자 정책 수단으로 남아 있으며, 이러한 상황은 북한이 대내외로 체제 안정에 성공할 때까지 지속될 것이다. 북한은 특히 미국으로부터의 확고한 안전 보장 공약이 없는 한 군사력, 특히 대량살상 능력의 정책적 효용성을 손상시킬 조치는 쉽게 수용하지 않을 것이다. 또한 현재의 '강성대국' 및 '선군정치' 논리에서 차지하는 군의 정치적 지위를 감안할 때에도 남북한 군축 및 군비 통제가 쉽게 이루어질 것으로 예상하기 어렵다.

그럼에도 불구하고 앞으로 북한이 군축 및 군비 통제에 긍정적 태도를 취할 개연성이 높다. 특히 남한과는 재래식 군비 통제, 대미·대일 관계에서는 비재래식 군비 통제에 적극적으로 임할 개연성이 있다.[81] 첫째, 북한은 미국 및 일본으로부터 상당한 안보 공약과 경제 지원을 획득할 경우 핵개발과 미사일 개발 및 수출을 자제할 것이다. 둘째, 1990년대 후반의 극심한 식량난의 결과 2010년경부터는 병력 충원에 애로를 겪게 될 것인바, 병력 감축의 필요성이 절박해질 것이다. 남한도 '자주국방'의 재원 압박이 있기는 하지만, 'IMF

위기' 이후 눈덩이처럼 불어나는 공적 자금의 부담 및 재정 적자를 보전하기 위해 향후 상당 기간 국방 예산의 내핍을 강요받게 될 것이다. 남북한은 경제 협력과 군비 감축의 적기를 맞은 셈이다.

함택영 | 경남대 정치외교학과 교수

제2부

사회·경제·여성

독일 | 경제정책

사회적 시장경제와 사회주의적 시장경제의 대결

1. 주체 없는 과정만의 세계

자유주의 정치·사회이론가 다렌도르프는 동유럽 사회주의 국가의 몰락 이후 자본주의체제로의 이행을 '눈물의 계곡(Vale of Tears)'을 통과하는 일에 비유한 바 있다. 그처럼 혹독한 체제의 '대전환(The Great Transformation)' 속에서 과거체제가 그 역사적 정당성과 오류, 이상과 배반이 어우러져 굴절된 채 역사 속으로 파묻혀간 반면, 그 이후 화폐의 승리와 시장의 자유만이 구가되고 있는 듯하다.

한편 20세기의 가장 출중한 역사가 중의 한 사람인 홉스봄(E. Hobsbawm)은 1990년대 중반 그러한 체제 전환과 시장 세계화 파고의 한가운데에서 이렇게 외쳤다. "우리는 이제 더 이상 사회주의를 갖고 있지 않다. 하지만 야만을……." 견제가 사라진 시장의 완전한 지배 현상에 대한 그러한 노역사가의 경종은 '더 많은 시장(more market)'을 외치는 신자유주의 시장주의자의 시장에 대한 확신에 비해 큰 대조를 이룬다.

홉스봄이 『극단의 시대』에서 명료하게 서술하고 있듯이 지난 20세기는 세계사적으로 거대한 역사의 장이었을 뿐만 아니라 그 개인의 자서전과도 같은 시기였다. 그러한 파란만장한 인생의 역정을 거치고 난 후 이제 한 걸음 떨어진 거리에서 역사를 관조하듯 뒤돌아보며 던지는 노역사가의 화두는 다시 역사에 대한 보다 깊은 성찰의 길로 이끌고 있다. 홉스봄은 이제 도래한 불확실한 21세기 앞에서 새로운 사회에 대한 희망은 약해진 가운데 더욱 거칠어지는 현실에 대해 여전히 식지 않는 정열로 "미래는 얼마나 많은 과거를 필요로 하는 것인가?"[82]라는 질문을 던지고 있다. 카(E. H. Carr)와 같은 현실주의자도 "역사는 어물전에 죽어 누워 있는 생선이 아니라 저 깊은 심연을 헤엄쳐 다니는 물고기와 같은 것"이라 하지 않았던가?

동서독의 '배제'와 '경쟁'의 역사를 재구성하는 것은 어떤 관념의 역사 서술이 아니라 그처럼 실재했던 역사적 관계와 특성, 그 이상, 이념과 현실 그리고 그 한계를 성찰해보는 계기로서 의미가 있을 것이다. 관료화된 전체주의와 자유에 대한 억압을 대신하여 무정부적인 시장의 세계가 지배하는 현재의 역사 과정 속에 이제 남은 것은 주체 없는 과정으로서의 세계인 듯하다. 동서독에 대한 비교 연구는 역사적 성찰로서, 또 그 역사적, 정치·경제적, 이데올로기적 이유로 여전히 분단과 대립이라는 현실 구조로부터 자유롭지 못한 우리에게 매우 흥미 있는 분석 대상이다.

2. 불균등한 체제 경쟁의 조건 : 배제와 경쟁

먼저 동서독간 발전 모델의 차이는 제2차 세계대전 후 고착화되기 시작한 동서 이데올로기의 대립과 경쟁의 가장 전형적인 축소판이었다고 평가할 수 있다. 그것은 두 개의 진영에서 두 개의 모델이 보다 나은 사회의 실현을 위해 경쟁한 관계였으며 동시에 한편에서 그런 관계에 있어 발전을 규정짓는 외연적 요인이 다른 변수에 앞서 역시 주요한 변수였음을 뜻하는 것이기도 하다. 즉, 그 발전 전략은 내재적 발전 경로를 거쳐 성숙해간 조건이 아니라 외연적으로 주어진 또는 강요된 조건에서 원래 하나이던 체제가 전혀 다른 두 개의 체제로 발전하게 되었다는 것이다. 상호 체제 경쟁으로 지칭할 수 있을 이 두 체제간의 대립과 필승 전략은 그럼에도 한 국가 두 체제간 여러 가지 측면에서 '불균등한 경쟁 조건'에서 시작되었다.

먼저 정치적으로는 동독과 서독 모두 제2차 세계대전 후 패전한 전체주의 파쇼 독일 체제를 무너뜨린 연합군의 점령군적 분할 통치로 시작된 종속적 성격을 강하게 띠고 있었다. 시간이 지나면서 이러한 정치적 종속관계는 서독의 경우 1949년 프랑크푸르트협정, 1950년 베를린협정, 1954년 독일협정, 1972년 동서독간 기본협정 등의 체결 과정을 통해 점차 주권을 회복하며 변화 발전되어갔으며, 동독 역시 상대적으로 높은 경제적 성과를 바탕으로 동유럽 사회주의 국가 중에서는 비교적 높은 정치적 자치를 누렸다. 하지만 동서독 모두 근본적인 정치적 자주권은 냉전기 미국과 소련으로 상징되는 두 초강대국의 전략 구도에 어느 정도 종속되어 있었다. 경제적으로 동서독간의 관계는 출발부터 현저한 차이를 지닌 상대적 불균형으로 특징지을 수 있다. 일단 지리적으로 세 배나 큰 영역을 차지한 서독과, 또 서독 지역으로 주요 산업이 편재됨으로써 낙후한 소련의 지원에 기댄 동독은 우선 그 양적인 면에서 열세에 놓여 있었다. 질적으로 서독은 서방 자본주의 경제체제에 깊숙이 편입되면서 자유주의 경제와 생산, 교역에서 개방된 경쟁관계의 이점을 통해 빠른 전후 복구에 이어 지속적으로 높은 경제성장을 이루어갔다.

반면, 동독은 동구 사회주의체제의 첨병과 보루로서 목적론적으로 계획되고 지도된 경제 노선을 따르며 계획경제에 입각한 현대화를 시도하며, 항상 서독의 발전 수준을 따라잡는 것을 목표로 했다. 이데올로기적으로 서독이 시장경제의 개방성과 자유경쟁, 경제적 효율성을 중시하는 입장을 추종한 데 비해 동독은 정치적으로 계획되고 조종된 경제로서 사회 정의, 균등 분배에 대한 신념과 사회적 정당성을 방패로 사회통합적 전략에 치중한 성장 전략을 선택했다. 그럼에도 체제의 정당성이나 명분과 달리 경제적 효율성에서 초기의 불균등한 관계는 시간이 경과하면서 격차가 좁혀지기보다는 더욱 구조화되고 말았다. 사회문화적으로 서독에서는 개인의 창발성을 신뢰하는 자유주의적, 다원주의적 다양성과 관용, 토론의 문화가 중시되었고, 동독에서는 사회주의 건설을 목표로 한 의식적 과정으로서 항시 전체에 봉사하는 개인을 묵시적으로 상정하며 다양성 대신 집합적이며 통일적인 사회 실현을 목표로 하고 있었다.

이런 두 체제간의 '배제와 경쟁'은 한편에서는 각 체제의 정통성을 강조하며 내재적으로 고착화, 보수화되었고, 다른 한편에서는 체제의 역사적 정당성을 강조하며 더욱 권위주의화된 측면이 있었다. 무엇보다 동서간의 상호 배제는 결국 동독을 고립시켰으며, 그러한 고립의 선택은 특히 동독의 경우 체제 유지의 필요성에 기인한 바가 컸다. 즉, 1961년에 동독이 1950년대부터 유출되기 시작한 고급 숙련 노동자들의 이탈을 방지하고 체제를 수호하기 위해 설치한 베를린 장벽은 바로 그러한 체제 유지의 필요성에서 취한 고립의 선택이었다. 그러나 그 고립은 역설적으로 체제의 권위주의화를 더욱 심화시키는 계기로 작용하기 시작했다. 이처럼 강화된 권위주의화는 체제의 역사적 정통성 — 반파시스트 운동 — 을 '과잉 정치화'한 반면, 경쟁이 배제된 정치적 엘리트의 충원 과정은 결국 정치 과정에서 변화 발전의 내재적 동력을 억제하는 정치적 경직성으로 이어졌다.

동서독의 체제 경쟁에서 전개된 또 하나의 특징은 동독이 처음부터 거대 서독에 대항하여 지속적으로 '정치적 독립'을 향해 투쟁해온 역사였다는 점이다. 이 점은 사뭇 남북한과는 그 체제 대립의 내용과 형태가 다른 점이라 할 수 있다. 즉, 서독은 자신이 독일의 정통성을 잇는 유일한 대표성을 갖는 체제임을 자임하면서 1972년 '기본조약'이 체결될 때까지도 동독을 독립된 주권국가로 인정하지 않았다. 대표적인 서독의 대 동독 고립정책으로 동독과 국교를 체결한 국가와는 국교를 체결하지 않는다는 이른바 '할슈타인 원칙'이 기본조약 체결시까지 유지되었다. 그러다가 1960년대 말부터 '동방정책'에 의해 정치적 현실론에 입각해 동독의 실체를 인정한 역사적 화해와 협력의 해빙 무드에서 1972년 동서독간에 기본조약을 체결하였다. 그러나 두 체제를 대표한 정부간 조약과는 별개로 이후에도 연방재판소는 법률적으로는 동독을 주권국가로 인정하지 않는다는 기존 입장을 견지했다. 동독은 이러한 서독의 대 동독 고립과 불인정 원칙에 맞서 자신의 정체성과 주권을 지속적으로 인정받고자 노력하였다. 이처럼 정치적으로 서독이 지속적으로 유일한 정통 정부임을 표방한 반면, 경제적으로는 서독이 GATT나 EEC 가입시 동독과의 무역 거래가 내독 교역으로 간주되어 동독의 상품이 실질적인 무관세로 제한 없이 서독의 시장과 이를 경유해 서유럽으로 진출할 수 있는 길을 제공하여 동독으로 하여금 경제적 실리를 갖게 함으로써 정치적 명분과 경제적 실리 사이의 균형을 유지했다.

3. 체제 경쟁의 과정과 결과 : '사회적 시장경제'와 '사회주의적 시장경제'의 대결

1) 전후 서독의 '사회적 시장경제' 모델의 발전과 변화

대내적으로 1961년 8월 베를린 장벽의 설치, 대외적으로 쿠바 위기, 중소 냉전의 가속화 등으로 1960년대부터 동서독간의 경제적 '경쟁관계'는 더욱 가속화되었다. 서독은 이미 1950년대부터 전후 경제 복구를 넘어 비약적인 경제성장을 지속하고 있었다. 1947년 마셜플랜과 함께 미국의 대유럽정책은 종래 독일의 분할 점거와 장기적 무력화 전략을 대신하여 신속한 복구 지원을 통해 서독 지역을 서방 진영에 포함시키고 이를 중심으로 대소련 봉쇄 전선의 보루를 구축한다는 전략으로 수정되기 시작했다. 이는 1948년부터 11개월에 걸쳐 전개된 베를린 봉쇄 조치와 함께 더욱 가속화되었다. 1949년 중국의 공산화와 1950년 발발한 한국전쟁은 미국을 중심으로 한 연합국이 독일의 전후 복구를 더욱 적극적으로 지원하는 계기가 되었다.

그러나 서독에서는 마셜플랜에 의한 직접적인 물적 지원 외에 경제성장의 결정적 계기로 평가되는 통화개혁(Waehrungsreform, 1948)과 정부 수립 그리고 베르너 아벨스하우저(Werner Abelshauser)가 지적하듯 도로와 기간 시설을 제외하고 실제보다 크게 파괴되지 않고 남아 있었던 생산 인프라(파괴율 7% 내외)가 빠른 전후 복구와 성장의 중요한 동인이었다고 분석된다. 무엇보다 한국전쟁의 발발은 정치적으로 서방 진영의 결속을 굳게 하는 계기가 되었을 뿐 아니라 소비재와 자본재의 전세계적인 수요를 촉진하며 서독과 일본이 함께 경제적으로 부흥하는 데 결정적인 역할을 한 것으로 평가된다.

에르하르트(Ludwig Erhard)와 뮐러-아르막(Alexander Mueller-Armack)으로 대변되는 서독의 사회적 시장경제(Soziale Marktwirtschaft) 노선은 이 시기 통화개혁과 정부 수립 이후 자유주의 경제 이론에 입각하여 경제정책을 수립하고 시장경제의 자유와 효율을 보장해주는 경제 질서를 창출하고자 했다. 발터 오이켄(Walter Eucken)은 이와 같은 경제 질서를 경쟁 질서라 하고 이 경쟁 질서는 질서의 범주를 설명하는 7개의 구성 원칙(konstituierende Prinzipien)과 경제정책에 대한 개입을 허용해도 좋을지를 결정하는 4개의 규제 원칙(regulierende Prinzipien)이 실현될 때에만 제 기능을 발휘할 수 있는 것으로 인식했다.[83] 이러한 사회적 시장경제의 구성 원칙으로는 ① 기능적인 가격 시스템의 창출 ② 화폐가치의 안정 ③ 시장의 개방 ④ 생산수단의 사적 소유 ⑤ 계약의 자유 ⑥ 법정책무원칙의 준수 ⑦ 경제회계계산의 일관성을 들 수 있으며, 규제 원칙으로는 ① 독점규제의 원칙 ② 소득정책 ③ 비정상적 공급 형태에 대한 최소가격규제 ④ 경제계산의 실시 등이 있다.

극적인 전후 복구 과정을 완료한 후 1958년 독일 마르크화의 태환성(DM-Konvertibilitaet)을 회복하고, 1957년 로마조약과 함께 출범한 유럽경제공동체(EEC)의 핵심 국가로 다시 부상하기 시작한 서독은 1949년부터 1966년까지 기민-기사-자유당이라는 보수자유주의 노선 정당의 집권에도 불구하고 1951년 석탄철강산업 부문의 공동결정권(Montanmitbestimmung)과 1952년의 종업원평의회법(Betriebsverfassungsgesetz) 제정 등 종래에 비해 노동자 친화적이라 할 노동정책을 도입하였다.

또한 1957년 전후 중요한 개혁의 하나인 총액 임금에 연동된 연금과 임금 상승에 이를 연동시키는 연금개혁법(Neuregelung des Rentenversicherungsrechts)을 도입하였고, 1961년에는 연방공공부조에 관한 법(Bundessozialhilfegesetz)을 제정하여 1962년부터 시행했다. 그밖에 사회정책과 주택정책(Miet-und Lastenbeihilfen, zweite Wohngeldgesetz) 등 사회 전반에 걸친 사회적 안전망의 확충을 시도하는 등 전통적 영·미형 시장자유주의 정책과 차별적인 정책을 추진했다.

한편, 경쟁제한방지법(GWB; Gesetz gegen Wettbewerbsbeschraenkung)을 1957년에 도입하여 자본의 독과점 등에 대한 적절한 통제를 시도하는 등 다각적인 방향에서 서독은 이른바 사회적 시장경제 모델을 발전시킨다.[84] 이것은 무엇보다 다음과 같은 배경에 기인한 것으로 보인다. 첫째, 전체주의 나치체제의 붕괴와 패전에 따른 충격은 이제 전 국민적 자성을 촉구하게 되었고, 노사간 대결적 노선보다는 화합과 공동 운명의 정신이 위기와 절망의 시기에 강하게 각인되었다. 둘째, 전체주의의 부활을 경계하는 미국 등 연합국은 자본을 통제하게 되었고 정치, 경제, 시민사회 등 다양한 영역에 걸쳐 시민 의식을 고양하고 다양한 민주적 관계와 사회의 다원주의적 발전을 지원했다. 셋째, 냉전기 체제 대결의 와중에서 경제적 효율성뿐만 아니라 사회적 정의 역시 중요한 발전의 척도가 되었고 이는 사회적 차원에 대한 정책적 배려의 비중을 높이게 되었다. 이런 배경하에 국유화나 거시경제적 조정 등에 대한 정책적 차이를 제외하고는 기민당 등 보수 진영과 사민당 등 야당의 정책적 차이는 상당히 수렴되는 측면이 있었다.

그럼에도 1966~69년 대연정을 통해 정치적 영향력을 확대한 사민당은 대연정 시기인 1967년 쉴러(Karl Schiller)가 경제장관으로서 노사정간 제1차 '협조행동(Konzertierte Aktion)'에서 경제사회정책에 대해 노사와 협의를 통해 조정을 시도하며 경제 안정과 성장을 위한 '안정화법(Stabilitaetgesetz)'을 제정하고 물가(Preisstabilitaet), 경제성장(Wirtschaftswachstum), 완전고용(Vollbeschaeftigung) 그리고 대외무역수지(Aussenhandelsgleichgewicht) 등의 균형을 추구하는 정책을 추구하게 된다. 이후 사민당은 1969년 집권과 동시에 다시 쉴러가 중심이 되어 경제정책과 재정정책 등이 결합된 총량 조정(Globalsteuerung)정책의 강화를 통해 이제 종전보다 진전된 의미에서의 케인즈적 거시경제정책을 지향하게 된다. 이와 같은 사민당의 케인즈적 정책 기조로의 전환에도 불구하고 종래의 사회적 시장경제 모델은 서독의 발전 전략의 기조를 이루고 있었다.[85)]

그럼에도 1970년대는 선진자본주의 경제권 전반뿐만 아니라 동서독에 모두 혹독한 시기였다. 즉, 각기 1945~73년까지 전후 성장의 황금시기(The Golden Age)를 경과한 후 1973년 10월 오일쇼크(Oil Shock)와 함께 도래한 경제 위기는 동독의 자생적 경제 발전 능력을 상실, 약화시키며 더욱 대외의존적으로 만들었으며 서독과의 체제 경쟁에서 더욱 뒤처지는 분기점이 되었다.

반면, 서독의 경우에는 봉착한 에너지 위기, 경제 위기와 함께 사민당 정권하에서부터 전통적인 수요 지향적 케인즈주의로부터 공급 지향적 정책으로 서서히 정책 전환이 일어나게 된다. 자본과 노동의 관계 역시 1976년 2,000명 이상 대기업에 도입된 공동결정권법(Mitbestimmung)에 반대해 자본이 헌법소원을 제기하고 노동이 노사정간 협조행동의 탈퇴를 선언하면서 노사간 협조와 대화는 붕괴되고, 자본은 더욱 공세적으로 변모하게 된다. 그럼에도 1979년 연방 헌법재판소는 이 법에 대한 자본의 헌법소원을 기각함으로써 전후 서독에서 보수와 진보간 일정하게 수렴되어온 공동결정권을 중심으로 한 독일 노사관계와 산업발전 모델의 기조는 유지될 수 있었다.

그러나 이러한 배경 속에서도 서독에서는 실업이 증가하고 성장은 둔화하기 시작하며 사회 계층간 분배 격차가 더욱 벌어지기 시작했고 정부는 탈케인즈주의와 노동시장 유연화 등 시장경제 강화를 통해 위기를 극복하고자 했다. 이런 경향은 1982년 기민–기사–자유당으로의 정권 교체 이후에 더욱 가시화된다. 임금억제정책의 추진과 동시에, 'Operation 82'를 통한 사회적 지출의 증가 동결, 1982년 '노동촉진공고화법(Arbeitsfoederungskonsolidierungsgesetz)'의 도입으로 실업보험을 관할하는 노동청(Bundesanstalt fuer Arbeit) 재정의 안정화와 함께 각종 실업 수당과 보조금, 그리고 장애인의 재활 부문에 대한 지출 삭감 등 긴축정책 추진, 그리고 1983년 연금(Rentenversicherung)과 실업보험법(Arbeitslosenversicherung) 개정을 통해 보험료를 각각 0.5%(18%에서 18.5%로)에서 0.6%(4.0%에서 4.6%로) 인상하는 등 지속적으로 사회보험의 개인 부담이 증가했다.

1985년에는 고용촉진법(Beschaeftigungsfoederungsgesetz) 도입을 통해 유기 근로 계약을 허용하며 비정규 고용의 확산 등 고용 형태의 다변화를 통한 실업 극복 전략을 추진하였다. 또, 노령자의 조기 퇴출을 용이하게 하기 위해 58세로 조기연금연령을 인하시키는 등 사회보험과 노동시장정책을 연계하는 유연화 정책이 다각도로 추진되었다. 또, 물가 상승뿐만 아니라 임금 상승의 억제를 의미하는 반인플레이션 통화주의정책, 그리고 점진적인 민영화의 도입 등 신자유주의 정책의 기조를 밟아가게 되었다.

이런 정책 기조에도 불구하고 서독에서는 이미 1980년대 초에는 실업이 10%를 초과해 200만 명을 돌파하게 되었고 이런 경향은 1980년대 후반 비교적 호조건의 경기 여건에서도 근본적으로 개선되지 않아 사회적 분열과 노동시장의 분화 그리고 분배 격차는 더욱 심화되었다. 그럼에도 보수–자유주의 정권은 신자유주의 정책적 기조에 의해 민영화, 자유화, 탈규제정책을 통해 현대화를 달성한다고 믿으며, 전후 고성장기의 완전고용시대와 달리 평균 3%대의 저성장기에 그와 같은 10% 수준의 실업 존재를 이제 일상적인 것으로 받아들이게 되었다.

1980년대 고르바초프의 등장과 함께 시작된 동구 전체와 동독에 대한 정치적 변화의 영향과 동독이 처한 경제적 곤경은 개선되지 않고 더욱 악화되어갔다. 동서독간의 체제 격차는 더욱 심화된 반면 서독은 우월한 경제력, 그리고 유럽공동체 등을 기반으로 한 정치적 영향력을 강화함으로써 동서독 관계에서 주도권을 확고히 잡아나갔다. 이와 함께 서독은 1989년 8월 이래 1990년으로 이어지는 세계사적 격변기에는 보수 기민당의 콜 수상과 자유당의 겐셔 외상을 중심으로 제2차 세계대전의 4대 전승국과, 특히 소련을 직접 상대하며 궁극적으로 동독 체제의 붕괴와 동서독 통일이라는 세계사적 사건을 주도하게 되었다.

2) '사회주의적 계획경제에서 사회주의적 시장경제'로 — 동독 경제 발전과 한계

1950년대 동독의 경제는 혹독한 노동력 부족 사태를 경험하게 된다. 서독으로 숙련 노동자의 이주와 탈출에 대한 우려는 1961년 8월 베를린 장벽의 설치로 이어지게 되었다. 이때까지 동독은 전통적인 사회주의적 계획경제체제의 건설에 집중하게 된다. 그러나 이후 울브리히트 체제하에서 동독은 '계획과 지도의 신경제제도(NOES; Neue Oekonomische System der Planung und Leitung)'란 것을 1963년부터 공포하고 동독 경제를 '세계적 수준'으로 끌어올리기 위한 작업을 하게 된다. 서독보다 뒤처진 것을 만회하기 위한 목적으로 시도된 이 경제계획에서는 이중 전략을 추구했다. 즉, 한편으로 '성과 동기 부여'와 '효율'을 강화하고자 하는 것이었는데 이는 경제 운용의 탈중앙화, 경제적 기준에 의한 기업 경영 및 이윤, 비용, 매출, 수익성, 보너스, 가격개혁 등과 같은 조처의 도입이었다. 다른 한편으로는 미래 경제 발전을 위해 핵심적인 산업 분야를 우선적으로 중점 육성하려고 했는데 여기서는 여전히 무엇을, 얼마나, 어떻게 생산해야 할지가 중앙화된 계획경제에 의해 조정되었다. 특히 전자산업, 기계제작, 화학산업 부문 등이 이 시기 중점 육성 분야에 속했다. 이러한 자본주의적 이윤 동기를 가미한 사회주의적 계획경제는 '사회주의적 시장경제(sozialistische Marktwirtschaft)'[86]라 불릴 정도로 주목받기도 했다.

그러나 이 '계획과 지도의 신경제제도'는 1967년에 이르러서는 제7차 통사당 전당대회에서 울브리히트가 "동독에서 사회주의를 더 이상 공산주의로의 과도기로 보지 않고 세계적 범위에 걸친 자본주의에서 공산주의로의 역사적 과도기에서 '하나의 비교적 독립적인 사회경제구성체'"로 해석하는 등 '사회주의 경제제도'로 주창되었다.[87] 이것은 당시의 당의 공식적인 소련의 교리에서 벗어나는 것이기도 했다. 그러나 실상에서는 이러한 동독의 '사회주의적 시장경제'는 두 가지 차원에서 문제점에 봉착해 성공을 거두지 못했다. 즉, 탈중앙화와 가격개혁은 접근 방식에 있어 당과 경제조정기구 등의 저항으로 실현되지 못한 채 정체되고 말았다.

또, 이러한 저항 이외에 중점 부문 육성은 여타 부문과 달리 높은 재원 배분이 필요한 것이었는데, 이것은 다시 여타 부문을 보완하지 못하고 중점 부문과의 불균형을 오히려 심화시키는 형태로 발전하게 되어 결국 이 계획은 성공을 보지 못하고 난관에 부딪히고 말았다. 게다가 1965년부터 소련은 동독이 그와 같은 경제개혁을 추진하기 위해 필요로 했던 석유와 압연철강의 공급을 늘려줄 것을 거부했기 때문에 이 계획은 더욱 구조적 어려움에 처하게 되었다. 이는 소련의 입장에서 볼 때 울브리히트의 개혁 조처가 별로 달갑지 않은 '모험'으로 비쳐졌기 때문이다. 즉, 울브리히트의 '세계 수준'으로 동독 경제의 육성이 궁극적으로 소련에 대한 동독의 경제적 관계를 위협할 수도 있는 것으로 소련 측은 평가했다. 1964년 소련에서 흐루시초프가 실각한 이후에도 울브리히트는 동독의 독자적 발전과 소련과 동독의 대등한 경제적 협력관계를 이루고자 했다. 이러한 울브리히트의 노선은 소련과의 긴장관계 속에 급기야 1970년 울브리히트의 모스크바 방문 이후 호네커 체제로 대체되었다.

호네커는 울브리히트 경제정책을 비판하게 되는데, 즉 그는 경제의 단계적 발전은 더 이상 보장될 수 없는 것으로 비판했다. 그러한 권력의 교체와 노선의 수정에도 불구하고 동독 경제는 1970년대 들어 오히려 어려움이 가중되어 더욱 위기에 몰리게 된다. 무엇보다 소련과 서방세계 특히 서독에 대한 대외채무는 높아만 갔는데, 1970년 20억 VE(Vereinigungs Einheit: 동서독간 교역 등 쌍무간 정산에 쓰인 화폐 단위로, 1VE는 1DM에 해당함)에 불과하던 서방 채무는 15년 뒤 이미 그 몇 배로 늘어나게 되었다. 이런 가운데 당이 1971~75년 5개년 경제개발계획에서 밝혔던 사회주의 생산의 높은 발전 속도, 과학 기술 발전의 효율성 제고, 노동생산성 성장 등의 중점 과제는 차질을 빚지 않을 수 없었다.

어쨌거나 당은 이제 사회정책의 혁신 과제로 1963년 이래 강화되어오던 주택 건설 사업과 1972년의 임금 인상, 생활보조금 지급 인상과 직업 안정 처우 개선안 같은 사업을 천명했고, 1976년 당대회에서 호네커의 이러한 '경제정책과 사회정책의 통일' 노선을 확인하게 된다. 이것은 서독 측 에어하르트의 '사회적 시장경제' 노선이 사적 소유와 경쟁에 기반한 자유시장경제를 활성화할 보조적 기능으로서 '사회적' 차원을 동시에 모색한 것이라면, 동독의 '사회주의적 시장경제'는 생산수단의 사회적 소유와 계획경제에 기반한 평등사회 실현을 추구하면서 단지 기능적인 차원에서 시장의 효율성과 자원 배분의 메커니즘을 보조적으로 접목시키고자 했다는 점에서 그 수렴점과 각각의 궁극적 지향점의 차이를 엿볼 수 있다. 그러나 1973년부터 동독 경제의 '비사회주의권 경제(NSW: Nichtsozialistischer Wirtschaftraum)'와의 무역적자는 점차 확대되어갔다. 즉, 1973년부터 1977년까지 이들 NSW 지역에서 전체 467억 VM(Valuta Mark: 바루타 마르크, 동독의 외화 교환용 마르크)이 수입되었던 데 반해 수출은 329억 VM에 불과했다. 그 결과 서방 은행들에 대한 동독의 채무는 증대되었다. 서방 은행에 대한 채무는 1978년 이미 84억 달러에 이르러 동독이 같은 해 서방 공업국으로 수출한 전체 수출액의 거의 두 배에 이르게 되었다.

이와 같은 대서방 무역수지 결손의 원인은 여러 가지였다. 먼저, 오일쇼크로 인하여 1974년 이후 서방 지역의 경기 침체의 결과 동독 상품의 서방 NSW 지역으로의 수출은 더욱 어려워지게 되었다. 반면에 동독의 서방 상품에 대한 수요는 지속적으로 끊이지 않았다. 무엇보다 이 가운데 투자재에 대한 수입 비중이 컸는데, 호네커를 중심으로 한 동독 지도부가 서방으로부터 이러한 투자재와 현대적 생산수단을 적극 도입하려 했기 때문이다. 즉, 지도부는 서방의 현대적 설비를 이용해 뒤처진 동독 경제의 기술력을 제고하여 서방의 공업경제를 따라잡고자 했기 때문이다.

그러나 그에 따른 위험은 이처럼 서방으로부터의 투자재 수입이 서방 은행의 대출에 의해 이루어졌다는 점이다. 현대적 설비의 도입으로 생산 근대화와 수출 매출의 증대를 도모하고자 했던 애초의 목표는, 서방으로의 수출이 더욱 약화되어간 데 비해 채무 부담은 증대됨으로써 점차 서방 자본에 대한 의존과 종속의 위험이 커지게 되었던 것이다. 1977년 일본에서 도입한 설비로 소련산 원유 가공 및 정유산업의 확대를 도모하고자 한 것이 그 구체적인 한 예가 될 수 있겠다. 이처럼 유통까지 긴 시간을 요하는 수출 품목에서뿐만 아니라 단기 유통성 일반 상품 생산에서도 서방 기술의 투입이 중앙 조정계획 사업장에 투입되었음에도 불구하고 서방 자본주의 기업들의 기술 혁신 속도를 따라잡지 못했다. 게다가 중간 납품체계가 원활히 작동되지 못함에 따라 값비싼 서방 경화를 대출받아 구입한 시설재는 종종 효율적으로 사용되지 못했다. 결과적으로 동독 경제가 서독 경제를 벤치마킹하면서 목표로 했던 동독 경제의 효율성과 생산성의 제고는 크게 증대되지 않았던 데 반해 서방에 대한 재정적, 기술적 의존은 더욱 확대되어갔던 것이다.

그럼에도 동독의 서방무역에서 내독 무역 교류는 특별한 지위를 누릴 수 있었다. 이 내독 교역에 대해서는 서독이 1957년 3월 25일 EEC 협약 체결시 '내독 무역 의정서' 체결을 관철시켰던 것처럼, EEC 대외관세가 적용되지 않음에 따라 동독은 이 내독 교역에서 커다란 수혜자가 되었던 것이다. 그러나 서독은 동독 수입품에 대해 일정한 양과 액수를 정해 내독 교역을 관리했다. 동시에 동독 부품을 수입하는 서독 기업들에게 전체 매출세를 통상적인 11%에서 그 절반인 5.5%만을 내게 하는 세제 혜택을 부여함으로써 내독 교역을 장려했다. 그러나 전술한 바와 같이 이러한 내독 교역에는 어떤 현금화할 수 있는 태환 가능한 경화가 직접 거래에 사용되었던 것은 아니었다. 서독 시장 가격 기준에 의해 상정된 이른바 VE가 이 내독 교역에 통용되었는데, 1975년부터 연간 8억 5,000만 달러까지 가능했던 이 스윙(Swing)은 실제 '이자 없는 대출과 같은 것'으로, 서독보다는 경화가 필요했던 동독이 그 정산 잔고 결제를 활용해 서방 물품을 구입하는 데 쓸 수 있게 되어 역시 혜택을 보고 있었다.[88)]

이러한 내독 교역관계에서 혜택과 간접적인 경화의 조달 경로가 존재하지 않았더라면 동독의 대서방 교역 적자는 더욱 심각한 결과를 초래했을 것이다. 또 한편 동독 경제의 대서방 의존의 짐을 덜었던 것으로 서독과의 정치적 타협에 의한 '정치범의 석방'과 '이산가족 재회'에 있어 연방정부의 재정 지원이나 교회 같은 민간기구의 재정 지원은 상당히 긍정적인 역할을 할 수 있게 되었다.[89] 예를 들면 그 비중은 1971년에서 1979년 사이 거의 10억 마르크에 달하는 액수였는데, 이는 연평균 1억 마르크의 순 재정적 지원이 서독과의 인적 교류 명목하에 동독에 지원된 결과를 의미한다. 이와 같은 무관세 또는 조세 감면 수입과 서독의 재정 지원 이전이 없었던들 동독은 이미 1970년대 서방으로의 수출을 더욱 극적으로 감소시키지 않으면 안 될 형편이었다.

반면 대동구권 '동유럽 상호경제협력기구(COMECON)' 국가들과의 교역 역시 그 전망이 점차 낙관적이지 못했다. 예를 들어 1975년 동독의 대외교역은 이들 코메콘 국가들과의 무역이 거의 3분의 2를 차지하고 있었는데 그중 가장 커다란 교역 상대국은 소련이었다. 소련과의 교역은 동독 대외교역의 36%를 차지할 정도로 절대적이었다. 동독은 소련에 무엇보다 투자재와 소비재를 주로 공급했던 데 비해 소련으로부터는 원자재를 공급받았다. 그럼에도 1973/74년 이후 세계시장에서 폭등한 원유 가격 상승은 동독 경제에 결정적인 부담이 되기 시작했다. 소련이 동독에 1975년부터 소련산 공급 원유에 대해 지난 5년간 세계 평균 가격으로 원유 대금을 지급할 것을 요구해왔기 때문이다. 이것은 1976년 기준으로 보았을 때 OPEC 가격의 절반에 불과한 것이었지만 동독 입장에서는 어쨌거나 소련산 공급 원유가 훨씬 비싸졌고 그 가격의 상승은 동독 경제에 점증하는 비용 상승 압박 요인이 되어갔다. 동독은 그것을 상쇄하기 위해 소련에 대한 동독 수출품의 가격을 인상하고자 했으나 이 요구는 관철될 수 없었다. 이처럼 동독 경제의 교역 조건(terms of trade)은 1970년대를 경과하며 차츰 악화되어갔다.

이 시기 동독 경제를 압박해온 요인들을 다시 한 번 정리하면 다음과 같다.

먼저 경제의 확대와 더불어 투자가 확대되어야 했다. 이것은 무엇보다 추가 내용, 즉 가격 인상을 통한 투자 재원의 조달을 필요로 하는 것이었다. 그럼에도 근로자와 일반 대중의 소득 수준 하락을 초래할 가격 인상이나 임금 동결 등의 조처는 정치적인 이유로 취할 수 없었고 정책 선택에서 배제되었다. 동시에 투자 증대는 궁극적으로 보조금의 증대를 초래하는 것이었다. 게다가 주요 자본재와 시설재는 비사회주의 경제권 지역에서 도입된 것으로 이들 지역에 대한 의존은 더욱 증대되고 있었다. 이런 조건에서 1974년 이후 폭등한 원유와 수입 원자재의 가격은 서방 채무의 증가와 함께 투자를 크게 위축시키고 동독 경제의 어려움을 더욱 가중시키게 되었다. 그럼에도 불구하고 주민들은 1970년부터 1980년까지 순소득이 4,652마르크에서 7,222마르크로 오히려 증가했는데 이는 이 시기 투자 감소에 비례해 서방 채무가 증가해갔던 것과 비교해 대조적인 발전이었다고 할 수 있다.

궁극적인 전기는 1980년에 들어서면서부터였다. 누적된 경제와 투자, 생산 부문의 어려움이 가중되는 가운데 여러 방도의 현상 타개와 개선책이 모색되었으나 상황은 개선되지 않았다. 1980년에 들어서면서 당 지도부는 증대하던 서방 채무의 문제를 한편으로는 서구 상품의 수입 제한을 통해, 다른 한편으로는 비교우위가 있던 정유 제품의 수출 촉진에 의해서 해결하고자 주력하게 된다. 1981년 4월 통사당 제10차 전당대회에서 제시된 '경제 전략의 10개항'은 바로 그러한 노력의 하나였다. 이 선언에서 지금껏 선호되어오던 소비재 생산의 비중을 낮추는 동시에 성장이 중시되었고, 노동생산성의 제고와 원자재와 연소재의 활용 개선, 생산 품질 개선, 합리화, 투자의 효율적 투입 등이 우선적으로 강조되었다. 반면에 소비자는 점차 1970년대에 비해 소비재 공급과 상품 공급의 상승률이 하락하는 여건에 적응해야만 했다. 또, 아직 비교적 저렴한 가격으로 공급되던 소련산 석유를 가공 처리한 석유 제품의 수출을 늘리고 국내 에너지 소비 가운데 수입 석유의 의존도를 줄이고 갈탄 등 대체 에너지를 활용하는 등의 방안으로 경화를 벌어들이는 동시에 수출에 주력하고자 했다.

한편, 정유 처리는 1970년대 중반 서방의 기술 지원에 의존하여 설비 확장이 이루어지기 시작했으나 수출에서 석유화학 제품에 대한 의존도는 높아만 갔다. 세계시장에서 석유 제품 가격이 높게 유지되고, 소련 등 코메콘 국가로부터 여전히 상대적으로 저렴한 원유 공급이 가능한 한, 이러한 석유화학 부문의 집중적 투자와 의존은 유지될 수 있었다. 그러나 1981년 소련의 원유 공급 축소 통보는 동독 경제의 이런 상황에 또 다른 타격이 되었다. 동독은 연간 1,900만 톤의 공급 물량을 200만 톤 줄여 1,700만 톤으로 축소시키려는 소련의 계획에 반발했으나 곡물 수입을 위해 경화가 필요했던 소련은 이처럼 비교적 형편이 나은 것으로 보였던 동독에 대한 지원을 삭감했던 것이다.

이러한 여건의 악화 속에 동독은 다시 지불 불능 위험 상태에 빠지게 되었다. 이런 상황을 타개하기 위한 조처로 에너지원으로 엄청난 환경 문제를 야기한 석유의 갈탄으로의 대대적인 대체와 석유화학 제품 중심의 동독의 수출 공세였다. 그 이전 5개년 계획 기간에 1,200만 톤의 수출에 비해 서방으로 이 시기 이래 연 2,700만 톤의 석유 제품 수출이 1981년에서 1985년 사이에 이어졌다. 이처럼 상승한 수출 증가에도 불구하고 그간 증대한 채무는 지불 불능 상황으로 치닫고 있었다. 폴란드 사태에 즈음해서 1982년 내려진 서방국과 서방 은행들의 신규 차관 금지 및 보류 결정으로 동독이 1984년 채무 변제가 불가능할 상황이 전개됨에 따라 동독은 서방 은행에 '지불유예(Moratorium)'를 요청하지 않을 수 없는 처지에 놓이게 되었다.

이러한 여건 속에서 동독은 1983년 특사 샬크 고로드코위스키(Schalck-Golodkowski)와 바이에른 주지사 프란츠 요제프 슈트라우스(Franz Josef Strauss) 간의 그 유명한 협상을 통해 19억 5,000만 마르크의 차관을 서독 은행들로부터 얻을 수 있었다. 서독 정부는 바이에른은행과 독일은행 등 상업은행이 주관이 된 이 컨소시엄에 의한 동독 차관의 보증을 서주었다. 이 차관은 동독의 유동성 위기 타개에 크게 기여했고 1985년 이후 다른 서방 은행들로부터 추가 차관을 얻을 수 있는 계기가 되었다. 그럼에도 1985년부터 다시금 OPEC 유가는 하락했고 동독의 정유 제품 가격도 마찬가지로 큰 폭으로 하락하게 됨에 따라 1987년경부터는 동독의 대 서방 무역은 적자로 기울게 되었다.

한편, 동독은 낙후되어가는 경제를 기술력에 의해 회복시키고자 두 개 부문에서 야심적인 세계적 품질화에 진력하게 되는데 그 하나는 반도체 산업이었고, 다른 하나는 자동차 산업이었다. 전자는 1986년에서 1990년까지의 5개년 계획의 중점 사업 부문으로 1986년 4월 '제11차 통사당의 전당대회'에 제시된 핵심 기술, 그중 특히 반도체 부문 육성계획의 일환으로 계획되었다. 그러나 이 반도체 생산의 자체 수급 계획은 투자 실패의 대표 사례가 되었다. 1988년 에어푸르트에서 64K 디램(D-RAM)이 대량 생산에 들어갔을 때 그 생산가가 93마르크였던 데 비해 세계시장에서 그 반도체의 가격은 불과 1달러에 지나지 않았다. 1989년 대량 생산에 들어간 256K 디램의 경우에도 국내 생산가는 534마르크였으나 세계시장 가격은 2달러에 불과해 비효율적 투자와 생산이 되어버리고 말았다. 그럼에도 반도체 부문의 생산 비용과 공업 납품 가격 사이의 차이를 상쇄하기 위해 1989년 한 해에만 18억 마르크의 국가 보조가 주어졌다. 또, 메가(Mega) 디램의 연구 개발만을 위해서도 110억 마르크가 소요될 것이 추산되었다.

그러나 이러한 수십억 마르크의 투자와 낭비에도 불구하고 서방과의 기술 격차는 줄어들지 않았고 오히려 확대되어갔다. 동독산 반도체가 코메콘 지역으로 수출됨에 따라 부분적인 수익을 얻을 수 있었고 1989년까지 국내 반도체 예상 소요의 3분의 2를 자체 생산할 수는 있었으나 서방에 비해 낙후되고 또 세계시장에서 경쟁력 있는 반도체 생산을 달성할 수 없음으로 해서 이 부문의 기술 투자에 의한 생산성 제고라는 야심찬 계획은 역설적으로 비용만 낭비한 대표적인 투자 실패의 사례가 되었다.

다음으로 자동차 생산 계획. 이 부문 주요 전략은 서독 기업마저 항상적인 경쟁력 유지 압박에 처한 첨단 기술에 관한 문제가 아닌 단지 중하급 기술 발전에 관한 것이었다. 무엇보다 4기통 엔진의 개발은 기술적으로 고난도 어려움과 값비싼 투자를 요하는 것이었다. 결국 당 정치국은 이러한 문제를 서독 폭스바겐사로부터 엔진 생산을 위한 기술 면허(licence) 협약을 통해 해결하고자 했다. 동독은 특히 엔진 몸체와 연료 분사기의 기술을 습득하고자 했다. 라이선스 비용은 동독에서 생산된 엔진의 수출을 통해서 해결하고자 했다. 그럼에도 불구하고 이런 엔진과 연료 분사기는 적기에 완성될 수 없었고, 전체 프로젝트는 애초 목표되었던 40억 마르크를 훨씬 뛰어넘는 100억 마르크의 투자를 요함에 따라 이 역시 성공하지 못한 프로젝트가 되고 말았다. 이렇게 폭스바겐사의 기술 지원 아래 제작 생산된 자동차는 시장 도입 시기에는 이미 세계시장 수출에 적합하지 않은 낡은 기술에 불과했다.

이러한 과정을 통해 동독 경제와 생산 구조는 점점 더 서방국과의 경쟁에서 뒤처져갔고, 서방 채무의 증대는 동독 경제를 구조적으로 발목을 잡는 요인이 됨에 따라 동독은 기술, 생산, 대외경제 부문에서 끝없는 어려움에 직면한 채 점차 자체 관리 능력을 상실해가고 있었다. 그럼에도 인민에게 인기 없는 생활수준을 하락시키는 조처나 물가 인상 등의 조치는 억제되었다.[90] 소련이 동독 경제 미래의 어떠한 대안이 될 수 없음이 1988년경에는 분명해졌다. 이것은 궁극적으로 동독이 세계 노동 분할에 참여하지 않고서는 장기적으로 존속하기 힘들다는 것을 의미하는 것이었고, 동독의 당 지도부는 점차 그러한 현실적인 위기감을 피부로 느껴가고 있었다.

1989년 5월 전환기 직전에 동독의 전체 외채는 1990년까지 474억 마르크로 상승할 것이 예측되었다. 부채는 매월 5억 마르크씩 증가하고 있었고, 이러한 상황이 지속될 경우 1991년까지 동독은 지불 불능 상태가 될 것이 예측되었다. 이런 상황에 즈음하여 당 지도부의 극소수 핵심부에서는 상황을 타개하기 위한 유일한 출구로 서독의 지원을 얻기 위한 조처로 서독과의 과도기적 '연방제' 관계를 수립하는 안이 비공식적으로 거론되기도 했다. 당시의 동독 지도부는 그러한 체제 내적, 외적 도전에 대해 유화정책 이외의 다른 대안이 크게 없었을 것임을 짐작해볼 수 있다. 이런 배경 속에 동서독간의 화해는 동독 서기장 호네커의 1987년 서독 방문을 계기로 절정에 달했으며, 이것은 궁극적으로 동독 국민의 개혁과 서방을 향한 욕구에 더욱 불을 지피게 만들었다.

반면, 동독 인민의 생활수준은 이러한 구조적 동독 경제의 침식에도 불구하고 국민소득이 1980년 대비 1988년에는 9,750마르크에 이르러 실제 3분의 1 이상의 소득 증가가 이루어졌다. 호네커는 생활수준의 하락과 임금 인하 등과 같은 조처를 통해 국면을 타개하려고 하지 않았는데, 그는 1980년대 폴란드에서의 정치적 혼란과 어려움이 바로 그러한 인민의 생활, 소득 수준의 하락에서 직접적으로 발단되었다는 확고한 인식하에 동독에서는 동일한 정치적 실수를 범하지 않고자 하였다.

이런 배경에서 1989년 8월 헝가리의 국경 봉쇄 해제 조처는 동독 주민이 그해 8월 대거 서독으로 탈출하는 계기가 되었다. 1989년 10월 7일 동베를린에서 고르바초프는 동독 지도부에게 자신의 개방정책을 따르지 않을 경우 어떠한 지원도 소련으로부터 얻을 수 없음을 분명히 했다. 10월 9일 드레스덴 대중 집회에 대해 통사당 지도부는 적극적으로 대응하지 않았다. 이후 10월 17일 호네커의 퇴임을 당 정치국이 결의하게 되고, 호네커의 의견을 존중하여 크렌츠(Krenz)가 후임으로 임명되면서 동독은 서서히 정치적으로 종말을 향한 과도기로 들어가고 있었다.

4. 사회적 시장경제의 승리와 도전 : '낡은 것은 죽고 새 것은 보이지 않는다'

이상에서 배제와 경쟁의 동서독간 경제관계와 사회경제구조의 발전을 살펴보면서 몇 가지 시사점을 얻게 된다. 첫째, 동서독간 체제 경쟁과 배제는 무엇보다 외적 여건에 의해 구조화되었던 반면, 대립 속에 경쟁과 때때로의 협조는 지속적이고 장기적이었다. 그러나 이러한 구도 속에서 동독의 자력에 의한 경제구조 개선, 생산·기술 향상의 노력 등은 끝내 동독 경제를 개선시키지 못하고 점차 회복하기 힘든 구조적 어려움만 가중시켰다는 점이다. 시간이 가면서 자본주의 경제권과의 상품, 기술, 자본 그리고 교류와 협력이 없이는 뒤처진 생산성과 경쟁력을 유지하는 것이 점차 불가능해졌으며, 부분적인 개혁 시도에도 불구하고 이것이 체제의 질적인 개선을 야기하지 못한 채 외채 등 자본주의 시장경제권으로의 대외 의존도를 증가시키며 동독의 정치적 선택의 폭을 더욱 제한하게 되었다.

둘째, 통일 이전 동서독의 경제관계는 그 지속성과 일정한 상호 의존에도 불구하고 생산이나 직접 투자의 교류가 아닌 교역이나 라이선스 등과 같은 기술 습득에 그침으로써 직접적인 경제적 교류의 가능성은 오히려 낮게 유지되었다는 점이다. 생산과 투자 부문에서도 베를린과 함부르크 고속도로 건설이나 국경 근접 지역 인프라 개선에 부분적인 서독 자본의 참여는 보장되었으나 그 이상의 어떤 조직적 투자 형태는 많지 않았다. 이런 동서독간 교류는 그 양적인 면에서 상당한 수준이었으면서도 쌍방의 경제체제 유지에 근본적인 변화를 초래함이 없는 질적으로 상이한 체제 내에 철저한 상호 배제하에 부분적인 협력만이 존재했다. 동독이 경제적으로 몰락한 것은 결국 외채 등 대외 의존의 심화와 내부적 생산성 정체와 정치적 변수에 의한 것이었다. 다시 말해 이는 서독 등 자본주의 시장경제로 동독이 실질적으로 편입되는 결과는 아니었다고 할 수 있다. 반면, 동서독의 경제적 관계의 특색은 무엇보다 동독 지도부가 총체적인 사회주의 경제체제의 운영을 유지하면서 체제의 질적 변화를 초래할 서방으로부터의 직접 투자 등을 원하지 않는 대신 단지 선택적인 기술과 교역의 이점만을 보고자 하는 방식으로 이루어졌다.

셋째, 서독 기업의 입장에서 볼 때, 동독의 생산 입지는 임금이나 기타 판매 시장의 측면에서 동독 지역의 투자가 별반 선호 대상이 되지 않았다. 이것이 적극적인 생산과 직접 투자가 활성화되지 못한 또 다른 요인이었다. 즉, 이 시기 서독 자본은 오히려 통합되어가는 유럽공동체 내의 단일 역내 시장의 이점을 활용하며 각종 규제로부터 자유로운 공동체 내 스페인, 포르투갈 같은 상대적으로 안정적인 저임금 지역 등으로 임금 요인을 고려한 직접 투자를 했거나, 프랑스, 베네룩스 국가, 아일랜드 등 시장 근접성과 숙련 기술자 등의 인프라가 존재하고 조세 혜택 또는 다국적 기업의 통신 거점 유지에 유리한 지역에 직접 투자가 집중되었다. 이로써 지리적 여건이나 언어, 문화적 동질성에 기반한 이점에도 불구하고 별반 매력적일 수 없었던 동독 지역으로의 직접 투자는 더욱 부진했던 것으로 평가된다.

넷째, 1989·90년의 대격변기를 거쳐 통일 후 서독 기업들의 대 동독 투자 행태는 크게 변화하지 않았다. 체코나 폴란드, 헝가리 등지로 서독 자본이 진출(금융, 제조, 공공 부문)한 데 비추어 서독 기업과 자본의 동독 지역으로의 진출은 비록 다른 외국 투자자에 비해 주도적 입지를 차지하기는 했으나 예상만큼 적극적이지는 않았다. 이는 산업 입지 조건 외에 신탁관리청(THA; Treuhandanstalt)의 존재에도 불구하고 구동독 소유의 공장, 주택, 토지, 임야의 불분명한 소유권 등 분규의 소지가 다분하여 서독 기업이 투자에 적극적이지 않았던 데 기인한다.

어쨌든, 동서독간의 경제적 관계는 통일 과정에서 근본적인 변모를 겪게 된다. 동서독의 사례로부터 중요한 시사점은 무엇보다 이러한 통일 이후 체제

통합에 따르는 다양한 수준의 문제에 집중될 수밖에 없을 것이다. 즉, 노동계약과 노동법제는 말할 것도 없고 사유화 문제 등에 이르기까지 동독 경제체제의 해체와 서독 자본주의 시장경제체제로의 편입 과정은 그 자체로서 그야말로 두 상이한 체제의 통합 과정이 얼마나 많은 어려움과 노력이 따르는 문제인가를 일깨워주는 산 교과서의 역할을 하고 있다.[91)]

한편, 그처럼 '역사적 일화(historical episode)'에 그쳐버리고 만 동독 등 실존 사회주의 모델의 실패와 그에 반해 자본주의 시장경제의 생존 능력의 상반된 대차대조표에도 불구하고 오늘날 견제가 사라진 벌거벗은 시장이 지배하는 미래에 대해서는 어떠한 낙관적 전망도 갖기 어려워 보인다. 대전환 과정과 오늘날 세계화로 지칭되는 과정에서 보여지듯이 시장경제의 조건 없는 승리보다는 시장은 분배, 환경, 성차별, 불균등한 세계교역체제 등 수많은 문제점을 다시 지속적으로 확대 재생산하고 있다. 동시에 그에 상응한 대안적 운동이나 모델은 그런 다양한 모순의 형태만큼 다양하게 표출되고 있다. 이는 종래와 달리 사회적 갈등 전선의 복합화와 함께 사회적 관계가 단원적 관계에서 다원적 관계로 변모하고 있음을 의미한다. NGO 등의 활발한 역할이 기대되는 이유가 바로 여기에 있다. 동시에, 이는 어떤 중심적 주체세력의 존재가 없음을 의미하는 것이기도 하다. 홉스봄이 그래서 이처럼 "낡은 것은 죽고 새것은 보이지 않는다"라며 지금의 시기를 위기의 시대로 부르는 것[92)]은 동구 사회주의권의 몰락 이후 이제 절제와 자기 규율을 상실할 위험에 처한 시장경제와 민주주의의 미래에 대한 또 다른 경고라 할 수 있다.

이호근 | 노사정위원회 전문위원

독일 | 사회정책

동서독 사회복지정책의 차이

1. 만성적 물자 부족 사회의 욕구

1989년 여름 헝가리로 여름휴가를 간 동독 젊은이들이 서독으로의 집단 망명 의사를 표명하면서 동독의 체제 위기는 빠르게 진행되었다. 11월 동독 지도부의 전격 교체와 연결되어 잇달아 발표된 베를린 장벽의 개방은 동서독 관계의 근본적인 변화뿐만 아니라 지난 1917년 러시아 혁명 이후 70여 년간의 세계사의 큰 변화인 소련의 붕괴와 동유럽 지역에서 사회주의의 붕괴를 유도하였다. 동독을 포함한 구사회주의 지역 시민들이 요구하는 새롭게 건설되는 경제, 국가 및 사회질서의 기본은 '자유', '민주주의', '다양성' 및 '복지국가적 분배'로 표현될 수 있다.[93)]

1971년 세계 10대 산업국가임을 표방한 동독 주민들이 왜 '복지국가적 분배'를 갈망했는가에 대한 의문은 베를린 장벽 개방 이후 서베를린의 무허가판대에서 그 해답을 찾을 수 있다. 1989년 11월 9일 밤에서 10일 새벽 사이에 갑자기 단행된 베를린 장벽의 개방 이후에 나타난 서베를린 시내의 무허가 노점상은 노동자·농민 국가인 동독 시민들의 억눌렸던 소비 욕구를 폭발시켰다.

베를린 장벽의 개방 이후 서독 정부는 서베를린과 서독을 방문하는 동독 주민들에게 서독에서의 물품 구매가 가능하도록 1인당 100독일 마르크(DM)의 '환영 수당(Begruessungsgeld)'을 지급하였다. 서베를린 주민 중 일부는 100DM을 가진 동독 주민의 소비 욕구를 충족시키면서 가장 빠르며 가장 쉬운 방법으로 돈을 벌고자 발 빠르게 시내 중심부에 무허가로 가판대를 설치하고 오렌지, 코카콜라, 바나나와 숫자로 시간을 표시하는 플라스틱 전자시계를 판매했다. 이 상품들은 서독에서는 어디에서나 쉽게 구입할 수 있는 것들이었지만 동독에서는 외화로 외국에서 수입해야 하는 상품이었다. 먹을 것과 수입 상품에 대한 동독 주민들의 소비 욕구는 '만성적 물자 부족 사회'인 동독의 전체적 상황을 보여주는 하나의 예이며, 동시에 동독이 표방한 '사회주의적 복지국가(sozialistischer Wohlfahrtsstaat)'의 허상을 드러내는 것이었다.

외형적으로 모두가 평등하다는 노동자·농민의 사회주의 계획경제 국가의 사회상과 다양한 인구 계층들간에 현실적으로 존재하는 사회적 불평등을 어느 정도 수정하고자 하는 사회적 시장경제 국가의 사회상에 대한 비교는 동독과 서독을 '배제'와 '경쟁'의 역사로 재구성하는 것이다. 이 작업은 서독과 동독의 사회상을 노동정책을 포함한 사회정책을 매개로 재구성하는 것이며, 두 국가에 투영된 이념과 현실 생활간의 상호 작용을 역사적으로 이해하는 작업이다. 이것은 먹고 살기 위해 자신의 주거지를 떠나는 북한 주민들에 대한 남한의 수용 문제가 국제적으로뿐만 아니라 국내적으로도 논란이 되고 있는 현재 우리에게는 아주 중요한 분석이기도 하다.

2. 서독과 동독의 차별적 사회정책의 출발 조건

서독과 동독의 사회 발전은 사회적 시장경제체계와 사회주의적 계획경제체계를 기반으로 한 각기 다른 두 체제가 주민들에게 보다 풍요한 사회를 보장해주기 위한 상호 경쟁이었으며, 동시에 상대방의 존재가 자신들의 사회적 발전을 강제하는 체제 외부적 요소로서 작용한 것이다. 끊임없이 상대방을 의식하면서도 서로 다른 길로 발전하고자 한 서독과 동독의 상호 경쟁은 제2차 세계대전 직후 고착화되기 시작한 자본주의와 사회주의의 이데올로기 대립과 두 체제 내부 사회세력들간의 경쟁이 함께 빚어낸 결과물이었다.

1949년 서독과 동독은 미국·영국·프랑스 및 소련으로 구성된 반(反)히틀러 동맹국들의 분할 점령에 의해 분리된 두 개의 개별 국가로 건국되기 이전에 이미 내부적 조건과 외부적 조건에서 서로 다른 사회상을 체계화하고 있었다. 그 첫 번째 원인은 서독과 동독의 인구·사회·경제적 규모의 차이였다. 자본주의적 시장경제의 발전 상태가 상대적으로 높은 수준인 서독 지역은 이들과 비교해 낮은 수준이었던 동독 지역보다 3배나 큰 영토와 산업화의 주요 원자재인 석탄과 철강을 포괄한 공업 지역 대부분을 포함하였고, 전체 독일 인구의 약 4분의 3을 차지하는 인구 규모에서 기본적으로 유리한 출발점이었다.

두 번째 원인은 토지와 산업의 국유화와 관련된 경제활동 주체의 자발성 보장 여부였다. 1945년 8월의 포츠담회의는 단일 경제 단위로서의 독일 산업시설 가운데 평화적 산업 부문에 해당하지 않는 산업 시설에 대해 파괴와 전쟁 배상금을 위한 해체를 결정하였다. 하지만 전체 독일에 대한 일관된 산업정책은 개별 점령군의 정책에 따라 차별적으로 시행되었다. 동독 지역보다 전쟁 피해가 컸던 서독 지역에서 서방 점령군들은 생필품, 주택, 교통시설 및 일자리 부족 등의 문제가 심각하여 독일의 탈산업화 정책을 포기하고, 경제 재건을 위한 여건을 인정하였다. 하지만 동독 지역에서 소련군은 이미 1945년 7월부터 모든 민간은행과 보험회사의 폐쇄와 함께 산업 시설의 국유화를, 1945년 9월부터는 토지개혁과 농업의 집단화를 시작하였다. 산업 시설의 국유화와 토지개혁·농업의 집단화는 동독 지역에서 시작될 계획경제의 기반을 구축하는 것이었다.

서독과 동독을 경제·사회적으로 분리시킨 세 번째이자 동시에 결정적 원인은 각기 개별적으로 실시된 1948년의 화폐개혁이었다. 1948년 6월 20일에 서독이 먼저 기존 화폐인 '라이히스마르크(RM; Reichsmark)'를 '독일 마르크(DM; Deutsche Mark)'로 전환하는 화폐개혁을 단행하였다. 서독 지역만의 화폐개혁은 그동안 발생한 소련군 점령지역에서의 토지와 산업 시설의 국유화와 상관없이 표면적으로는 독일 전체를 하나의 경제 단위로 설정한다는 1945년 8월 포츠담회의의 결과를 부정하는 사건이었다. 이에 따라 소련군은 6월 23일부터 자신의 점령지역에서 화폐개혁을 단행하여 기존 화폐 대신 '오스트마르크(OM; Ostmark)'를 도입하였다.[94] 서독 지역의 화폐개혁에 대한 보복으로 소련은 1948년 6월 24일부터 베를린과 서방측을 연결하는 모든 육로·철로·수로를 봉쇄하고 식량 수송까지 금지한 '베를린 봉쇄'를 단행했다. 미국·영국·프랑스 연합국은 250만 명의 베를린 시민들의 생존을 위하여 항공기를 이용한 식량·연료·의약품 공수 작전으로 맞대응했다. 이에 소련이 베를린 4개국 공동 관리를 일방적으로 파기하고 베를린의 독점적 지배권을 주장하면서 긴장은 더욱 고조됐다.

소련군에 의한 베를린 봉쇄는 1949년 5월 12일까지 322일 동안 지속되면서, 국제적으로는 동서 진영간 이데올로기에 의한 냉전 심화의 시작을 유도하였으며, 독일 국내적으로는 서베를린과 서독 지역 주민들이 소련군 지배하에 있는 동독 지역과 조속한 통합에 대한 기대를 포기하는 계기가 되었다.

3. 서독의 전국민을 위한 다차원적 사회정책의 발전

동독과의 상호 배제와 경쟁의 관점에서 서독 사회정책의 성공 토대는 1957년 완전고용의 달성으로 표현되는 1950년부터의 경제성장과 정치적 안정을 들 수 있다. 1949년 5월에 통과된 서독 기본법(Grundgesetz) 제20조와 제28조에 따르면 서독은 '복지국가(Sozialstaat)'이다. 이에 따라 서독의 사회정책은 개별 상황에서 발생하는 필요성뿐만 아니라 연방정부를 담당하는 정당의 사회정책적 개념에 의해 실현된다. 따라서 서독의 사회정책은 국민들이 받아들이는 기본 정책뿐만 아니라, 개별 연방정부의 정치적 특성에 따른 사회정책적 중점 사안이 실현되는 것이다.[95]

즉, 서독의 사회정책은 정치적 역학관계에 따라 그 구체적 발전이 달라질 수 있다는 것이다. 하지만 1990년 독일 통일 때까지 동독과의 상호 배제와 경쟁과 경제성장이라는 전체적 틀에서는 서독 사회정책의 전개 과정에서 집권 정당간의 차이는 결정적이지 않았다.

전쟁 직후 독일인의 일상생활은 물품의 가격 고정제, 생필품 배급제, 물가인상, 암시장 등으로 고통받고 있었다. 더구나 인구의 약 40%는 전쟁미망인, 전쟁고아, 폭격 피해자, 피난민, 폴란드와의 국경선인 오데르-나이세 강 동부 지역과 체코 수데텐 지역에서의 이주민이었다. 이와 같은 상황에서 1949년 건국 직후 서독 사회정책의 기본 과제는 전쟁 피해자들에게 생필품과 주택 및 일자리를 제공하는 것이었다.

1) 응급구호법

1949년 건국 직후 서독은 전쟁 결과에 따른 사회 문제, 즉 생존 문제를 해결하고자 8월에 '응급구호법'을 실시하였다. 이 법에 따라 이주민, 탈출자, 전쟁 피해자, 정치적 피해자에 대한 응급구호 제공을 위한 '응급구호기금'이 조성되어 숙박, 직업 교육, 생존 기반 조성, 가계 구성 및 주택 건설에 사용되었다. 전쟁 피해에 대한 손실과 피해의 보상과 상쇄라는 개념에 기초한 '응급구호법'은 1950년 12월의 '연방원호법'으로 발전하였다. '연방원호법'은 전쟁으로 인한 건강상의 피해와 유족에 대한 보건 의료 서비스, 정형외과 진료, 교육, 직업, 주택 등과 같은 급여를 연방 차원에서 체계화하고 통일한 것이다. 연방원호법의 대상자는 초기의 전쟁 피해자에서 연방군, 공무원과 국경수비대, 정치적 피해자, 폭력 피해자와 예방접종 피해자에 대한 원호와 구호로 확대되었다.

서독은 1952년 8월 '부담상쇄법'을 통해 전쟁으로 인한 서독 주민의 손실과 부담을 사회적으로는 정당하게, 경제적으로는 합리적으로 보상하고 상쇄시키고자 다양한 조치를 실시하였다. 부담상쇄법은 특히 국민경제의 가능성 테두리 내에서 전쟁 기간과 전후 기간에 파괴와 강제적으로 이주당한 사람들의 재산상의 피해와 손실을 보상함으로써 이들이 서독으로 편입되는 것을 지원하였다.

2) 주택정책

전쟁 피해를 극복하기 위한 응급구호와 지원이 어느 정도 체계화된 다음의 사회정책 과제는 주택 건설의 촉진과 주택 임대의 활성화를 주요 내용으로 하는 주택정책이었다.[96] 주택 임대의 활성화 정책은 영구임대주택, 이른바 '사회주택(Sozialwohnung)'의 건설을 촉진하기 위한 민간주택 건설회사에 대한 국가보조금의 지급이다. 주택 건설의 촉진정책은 자가 소유 주택(Eigentums-wohnung)의 건설을 촉진하기 위하여 보조금을 지급하고 세제상의 혜택을 제공하는 것이었다. 그밖에도 저소득 계층에게 주택 임대료에 대한 보조금·주택 수당을 지원하고자 한 것이다. 1950년 4월의 '제1차 주택건설법', 1951년 3월의 '주택소유법', 1952년 3월의 '주택건설보조금법' 및 1956년 6월의 '제2

차 주택건설 및 가족주택법'이 서독에서 주택정책을 위하여 제정한 초기의 대표적 법들이다.

전쟁 직후 약 600만 호의 주택이 부족하였던 상황은 초기의 법들과 그후 제정된 법들이 효과를 발휘하면서 1962년까지 약 500만 호가 건설되면서 많이 호전되었다. 그러나 경제성장과 함께 진행된 주택 건설은 전쟁 결과와는 관계가 없는 인구와 가계의 증가 및 소득 수준의 향상에 의한 새로운 주택 수요를 창출했으며 동시에 새로운 주택 문제를 발생시켰다. 도심으로의 인구 이동, 1980년대 동유럽 국가로부터 독일인의 이주, 주거 공간에 대한 질적 수요와 생활 형태의 변화, 1인 가구의 증가는 주택의 수요를 증가시켰다. 이에 따라 1970년대에는 장기적인 새로운 임대주택 건설정책이 실시되었으며, 1980년대에는 저소득층 가구를 위한 개인주택 건설이 장려되었다. 1970년 6월의 임대료 및 부담상쇄수당법, 12월의 주택수당법, 1974년 12월의 임대료 인상 규정에 관한 법 등을 통해 주거 비용의 감소를 위한 다양한 재정 지원이 이루어졌다.

3) 사회보험

전후 주민들의 일상생활 유지를 위한 기본적인 의식주 문제의 해결이 점령군의 도움과 서독 지역 주민들의 자체적 노력으로 가능했다면, 사회보장제도 영역에서 독일의 전통적 사회보험제도의 복원은 점령군의 정책을 반대하면서 이룩한 것이다. 서독 지역의 주민들은 영국의 비버리지(W. Beveridge)가 제안한 바와 같이 기존 제도를 전국민을 대상으로 한 보편적(universal) 사회보장제도로 개혁하는 대신 직종별 사회보험을 기초로 한 전통적 사회보장제도의 유지를 선택했으며, 히틀러에 의해 왜곡된 사회보장제도를 바이마르공화국 시대의 사회보장제도로 환원하고자 하였다. 사회보장제도에 대한 전반적인 개혁은 공감하지만, 그 구체적 방법에 대한 합의가 어려운 상황에서 미국·

영국·프랑스 점령군은 독일인들의 반대와 동서 냉전의 시작으로 사회보장제도의 개혁을 시작도 하지 못하고 포기할 수밖에 없었다.[97)]

그 결과 서독 지역의 사회보험은 바이마르공화국 시대의 규정과 제도로 재건되었다. 1948년 6월의 화폐개혁은 현금의 일반 교환을 10:1로 강제하였지만, 임금·사회보험의 현금 급여 및 주택 임대료는 1:1로 인정함으로써 기존 사회보장제도의 구속력을 인정하였다.

서독 사회보험의 발전과 확대에서 가장 중요한 개혁은 1957년의 노령연금 개혁이다. 1957년의 노령연금개혁은 근로자를 위한 노령연금제도의 개혁과 농민을 위한 노령연금제도의 도입으로 구분할 수 있다. 근로자를 위한 노령연금제도의 개혁은 노령연금이 노후 생활 유지를 위한 소득의 한 부분이라는 기존의 개념을 임금을 대체하는 현금 급여라는 개념으로 대체하고, 근로자의 기존 생활수준을 노후에도 자체적으로 유지할 수 있도록 설계하였다. 노령연금제도에 대한 이러한 인식 전환은 기존 노령연금 급여액의 평균 65% 인상, 근로자의 임금 인상과 연계된 노령연금 급여액의 인상 및 경제성장에 의한 사회적 과실의 분배에서 노인의 참여를 유도하였다. 1957년 노령연금개혁은 또한 '연금의 역동화(Dynamisierung der Renten)'라는 개념을 도입하여 노령연금 급여액의 인상 수준을 근로자의 임금 변동과 연계하도록 유도했다.

1957년 7월 농민노령연금의 도입은 그동안 노후소득보장체계에 편입되지 않았던 농민들에게도 사회보험 방식의 노령연금제도를 도입함으로써 독일 전체 국민들에게 노령연금제도를 적용하게 되었다. 농민노령연금은 연령 때문에 경작을 포기한 자영농민의 노후 보장을 위해 노령연금을 지급하고자 도입된 것이다.

사회보험에서 현금 급여의 개선은 노령연금 분야에서뿐만 아니라 질병시 근로자가 임금을 계속적으로 지급받는 질병 수당의 수준에서도 지속적으로 개선되었다. 1969년 7월에는 공적 의료보험이 지급하던 질병시 임금 계속 지불에서의 생산직 근로자와 사무직 근로자 간의 차별을 폐지하여 생산직 근로자에게 적용되던 규정을 사무직 근로자와 같은 조건으로 상향 조정하여 질병 발생 첫 6주부터 임금을 100% 지급하게 되었다.

사회보험은 급여 개선 이외에도 보호 대상을 확대하였다. 산업재해보상보험의 성격을 갖던 재해보험이 1971년 3월부터 학생, 대학생 및 유치원생에 대한 보호를 실시하여 재해보험을 일반 근로자나 자영자뿐만 아니라 거의 모든 사회적 영역으로 확대하였다. 또한 1972년의 노령연금개혁은 도시 지역 자영자에게도 개방하여 모든 경제활동 인구에게 노후 소득의 보장을 제공하고자 하였다.

4) 노사관계

사회보험을 중심으로 하는 서독 사회정책의 기본 축은 노사관계의 확립과 사회적 인정이다. 서독은 건국 초기부터 노사단체의 이익 대표성과 자율성을 인정하면서 사회적 시장경제체제의 발전을 위한 사회적 통합을 추구하였다. 특히, 노사관계와 임금단체협약의 분야에서는 나치 시대에 폐지된 고용주단체와 노조의 '임금단체협약의 자율성(Tarifautonomie)'을 다시 도입하였다. 서독 기본법 제9조 제3항과 기타 노사관계 법률들, 특히 1949년 4월의 '임금단체협약법'은 산업 부문별 차원에서 노동조합과 고용주단체가 임금을 자유롭게 합의하고 확정할 수 있는 권리를 보장함으로써 임금단체협약의 자율성과 산업별 임금협약을 법적으로 보장하였다.

임금단체협약의 자율성이 보장됨에 따라 노조와 고용주단체가 연속적으로 설립되었다. 1949년 10월에는 민간 부문 생산직 근로자가 중심인 노조들이 전국 단위의 노동조합총연맹인 독일노총(DGB)을 결성하여 노동법과 사회법의 개선 및 근로자의 경영 참여(Mitbestimmung)를 주장하였다. 독일노총에 소속되지 않는 사무직 근로자 노조들은 1949년 4월에는 전국 단위의 노조인 독일사무직근로자노동조합(DAG)을, 공무원들은 1950년 3월에는 독일공무원조합(DBB)을 설립하였다. 전국 단위의 노조 설립에 대하여 고용주들도 전국 단위의 협회를 구성하였다. 먼저 1949년 1월에 개별 산업 부문별 고용주협회들은 전국 단위에서 독일사용자연방연합회(BDA)를 설립하여 임금단체협상은 산하단체인 산업 부문별 고용주협회의 고유권한임을 천명하였다. 10월에는 독일연방산업협회(BDI)가 설립되어 모든 산업 부문을 포괄하는 경제인 단체로 등장하였으며, 같은 시기에 중소기업들의 이익을 대변하고자 독일상공회의소(DIHT)가 재구성되었다.

노사관계의 안정화와 사회세력의 사회 참여를 보장하는 서독의 사회정책은 사회보험의 운영과 근로자의 경영과 인사 참여를 보장하는 정책에 의해 더욱 내실화되었다. 노사단체의 정립 이후 사회보험제도는 1951년 2월에 히틀러에 의해 폐지되었던 사회보험의 관리·운영 원칙인 '자치운영(Selbstverwaltung)' 원칙을 재도입하여 선거를 통해 가입자와 고용주가 사회보험의 관리와 운영에 동수로 참여할 수 있게 하였다. 1951년 5월에는 '광산업 근로자의 경영 참여에 관한 법', 소위 '공동결정권법(Mitbestimmungsgesetz)'을 제정하여 근로자가 1,000명 이상인 철강·석탄산업에서 감사위원회(Aufsichtsrat)를 구성하여 노사가 동수로 감사위원회에 참여하여 기업 운영을 감시할 수 있도록 하였다. 근로자 대표는 산별노조와 직장의 노동조합 역할을 하는 직장협의회가 선임하게 함으로써, 노조와 근로자가 사회적 시장경제에 기초한 서독의 사회·경제 질서에 통합하는 데 기여하였으며, 점차 그 범위를 확대하였다.

'직장노동관계법(Betriebsvefassungsgesetz)'은 1951년 10월에 제정된 근로기준법으로, 선거권을 가진 상시 5인 이상을 고용한 모든 민간기업은 직장협의회를 구성하도록 하였다. 직장협의회는 인사 문제뿐만 아니라 사회적·경제적 관점에서 근로자의 이익을 대변하는 기능을 하며, 5월의 '광산업 근로자의 경영 참여에 관한 법'과 같이 모든 민간기업의 감사위원회에 근로자 대표가 3

분의 1 참여하고, 근로자 대표가 2명 이상일 경우 기업의 외부인, 즉 산별노조의 대표도 구성원이 될 수 있도록 하였다.[98)]

5) 고용정책

서독의 고용정책은 전후 전쟁 피해에 대한 응급구호의 정리와 노사관계의 정립 이후 시작되었다. 1951년 8월의 '해고보호법'은 노동법에서 일반 해고보호규정을 확립하여 고용주의 자의적 해고로부터 근로자를 보호하고자 하며, 1952년 1월의 '모성근로자보호법'은 임신한 여성 근로자에 대한 해고의 보호와 임금 지급을 규정하였다.

1952년 3월에 설립된 '연방노동청(BfA)'은 연방, 주, 지역 차원에서 일자리 창출을 최우선 과제로 설정하였다. '라인 강의 경제 기적'이라는 1960년 중반까지의 서독의 경제성장은 서독인에 대한 완전고용과 외국으로부터 노동력을 수입할 만큼 고용 문제를 해결하였다.

하지만, 1960년 후반부터 시작된 경기 변동과 실업의 증가는 서독 사회정책에서 고용 문제, 즉 적극적인 노동시장정책의 실시를 유도하였다. 1967년 6월의 '안정과 성장 법'은 국가적인 완전고용정책을 표방하였다. 1969년 6월의 '노동촉진법'은 다양한 차원의 직업 교육을 촉진시키는 다양한 수단의 확립을 통해 노동시장정책의 재편을 의도하였다.

1970년 중반의 제1차 석유 위기와 1980년대 초반의 제2차 석유 위기에 따라 실업이 장기화되자 1982년 10월에 집권한 신보수주의·신자유주의 연합정권인 기민당(CDU)/기사당(CSU)·자유당(FDP) 연립정부는 두 가지 고용정책적 조치를 실시하였다. 1984년 4월의 '퇴직완화법'은 고령 근로자에게 재정지원을 통해 조기에 퇴직하게 함으로써 젊은 근로자에게 일자리를 제공하고자 하였다. 1985년 4월의 '고용촉진법'은 실업 극복을 위하여 해고 제한 조치의 완화 등을 통해 근로 계약의 유연화를 유도하고, 추가적인 일자리를 창출하고자 하였다.

1980년대 서독의 사회정책은 고용 문제 이외에도 '보건의료 부문의 비용 폭발'과 '연금 지급액의 지속적이며 엄청난 증가'에 직면하였다. 이 두 가지 문제는 공적 의료보험과 노령연금보험의 문제이지만, 전체 인구의 90% 이상이 공적 의료보험과 노령연금보험의 보호를 받고 있다는 사실을 고려한다면 긴급한 정치적 조정이 필요한 전체 사회보장체계의 문제였다. 몇 차례에 걸친 공적 의료보험의 개혁과 노령연금개혁은 전체적으로 급여 수준을 하향 조정하면서, 사회정책의 다른 분야에서는 급여 조건을 완화하는 체제개편을 단행하여 다양한 사회정책 분야의 연계성을 더욱 공고화하였다.

제2차 세계대전 이후 서독의 사회정책은 기대하지 못했던 성공을 경험하였다. 개인의 자유, 안정적 노사관계, 사회적 시장경제에 기초한 사회정책은 동독과의 상호 '배제와 경쟁'의 관계 속에서 자본주의적 시장경제의 부작용을 완화할 수 있는 전국민을 위한 사회정책으로 재건되었다.

기존 사회보험제도의 부활, 전통적인 사회보장 분야의 지속적 발전, 다양한 인구 계층을 개별적으로 보호하는 다양한 사회정책적 조치,[99] 실업 문제에도 불구하고 고용정책 분야에서의 발전이 1945년 이후 서독 사회정책을 특징짓는 것이라고 할 수 있다. 특히, 건국 직후 확립된 전쟁 피해에 대한 보상과 원호, 1957년 노령연금개혁으로 대표되는 비경제활동 노령 인구에 대한 경제 발전 성과의 분배, 자녀 수당의 지속적 발전 및 연방 차원에서 제공되는 일반 교육과 직업 교육에 대한 다양한 지원 등이 경제성장의 결실을 전체 사회 구성원 모두가 나누어 가질 수 있는 토대를 마련한 것이라 할 수 있다. 물론 1970년대 중반부터 시작된 새로운 경제 환경에 적합한 기존 사회보장제도의 개혁과 실업문제의 극복은 여전히 과제로 남아 있다.

4. 동독의 노동자·농민을 위한 일차원적 사회정책의 발전

동독의 입장에서 사회정책을 둘러싼 동서독간의 '배제와 경쟁'은 자본주의의 사회정책과 구분되며, 노동자·농민의 이익을 지향하는 사회주의적 사회정책을 제시하는 것이었다.[100] 호네커가 집권한 1971년 이후 동독의 사회정책은 '우월한 사회주의 성과의 존재'라는 명제하에 '사회주의적 복지국가(ein sozialistischer Wohlfahrtsstaat)'를 건설하고자 했지만, 계획경제가 가지는 개혁 능력의 부재와 시민의 자유를 담보로 한 정책 실시의 결과 체제자체가 붕괴되면서 서독의 사회정책이 그대로 적용되게 되는 발전 양상을 보여준다.

1) 통합사회보험

근로자 중심의 사회보험체계를 중심으로 한 독일의 전통적 사회정책은 사회주의의 관점에서는 자본주의적 사회질서를 통합하고 유지하는 수단이다.[101] 동독의 사회적 발전을 위한 국가적 중심 과제는 노동 잠재력의 최대한의 동원과 모든 경제활동 인구 계층을 포괄하는 광범위한 강제보험으로 구성된 사회보험체계의 확립을 통한 사회주의 계획경제의 발전이었다. 이에 따라 초기 동독 사회정책의 발전에서 중요한 것은 노동자·농민을 포괄하는 하나의 사회보험제도의 정립과 노동생산성의 향상이었으며, 이것은 1945년부터 이미 시작되었다.

종전 직후인 1945년 7월에 소련 점령군 사령부가 반(反)파시즘적·민주적 정당과 노조 설립을 허용함에 따라 모스크바에서 돌아온 공산주의자들은 정치·행정·사회 영역 전반에서 사회주의 국가 건설에서 주도적 역할을 할 수 있는 여건을 조성하였다. 그 첫 번째 시도로 베를린 시 정부는 기존의 노령연금·의료·실업·재해보험을 하나로 통합한 '통합사회보험(Einheitssozialversicherung)'을 실시하였다. 기존의 비스마르크 방식의 사회보험이 사회보험별로 가입 대상을 한정하여 직종별 사회보험을 운영하는 것과는 달리, 베를린 지역의 통합사회보험은 비버리지 방식과 유사하게 전체 경제활동 인구를 대상으로 노령연금·의료·산업재해에 대한 보호를 위한 하나의 사회보험을 도입한 것이다. 통합사회보험은 1947년 1월에는 전체 소련군 점령지로 확대되고, 1949년 동독 건국 후에는 사회주의적 계획경제체제하의 통합사회보험의 근간이 되었다. 동독의 통합사회보험은 국가의 통제를 받는 전국 단위의 노동조합연맹인 '독일자유노동조합연맹(FDGB)'이 독일의 전통적인 자치운영 원칙이 아닌 사회주의가 주장하는 민주적 중앙집권 원칙으로 관리·운영하였다.[102)]

통합사회보험은 자본주의 국가의 사회보험과는 관리·운영에서뿐만 아니라 재정에서도 차별적이었다. 보험료율은 1949년부터 근로자와 공장이 각각 10%씩 부담하는 20%였지만, 지출 구조는 보험료 수입과 상호 연계되지 않는 구조였다. 동독 건국 직후인 1950년부터 통합사회보험의 지출을 포함하는 동독의 사회보장 예산은 국가 예산의 항목으로 귀속됨에 따라 통합사회보험은 국가의 광범위한 보조금체계의 구성 요소로 전락하였다. 이는 동독의 통합사회보험이 보험 원칙(Versicherungsprinzip)보다는 국가가 국민에 대하여 사회복지 급여를 가부장적으로 제공하는 공급원칙(Versorgungsprinzip)이 적용되기 때문에 시간이 경과함에 따라 사회보험의 재정 문제가 커질 경우 국가는 보조금 지급의 증가를 통해 사회보험의 재정 문제를 해결하고자 함을 의미하는 것이다.

2) 노동생산성 증가 계획

물자가 부족한 계획경제에서 노동생산성 증가는 국가 경제 건설을 위한 중요한 동원 수단이었기 때문에 동독은 노동력 동원을 위한 '노동생산성 증가 계획'을 1947년 10월부터 실시하였다. 그리고 '노동에서 게으름'과 '노동 결과의 평준화'에 대한 극복 방안으로 모든 작업장에서 처벌 규정을 동반한 '노동 규정'과 '작업 규범'을 도입하여 노동생산성 향상을 추진하였다. 동독노총(FDGB)은 기업 단위의 전통적 노조활동 단위인 '직장협의회(Betriebsraete)'의 반대에도 불구하고 사회주의 건설을 지향하는 이와 같은 노동생산성 증가 조치들을 지지함으로써 노동 세계와 정치에서 자신의 영향력을 증가시켰다.

1948년 6월 동독 공산당(SED)이 산업생산량과 노동생산성의 3분의 1 증가를 내용으로 하는 '제1차 2개년계획'을 공표하면서 동독의 사회주의 계획경제는 시작되었다. '제1차 2개년계획'은 전체적으로는 '중앙통제위원회'가 목표 달성을 감독하고, 동독노총이 중앙집권적으로 조정된 계획경제와 인민 소유 부문에서 산업생산과 노동생산성 향상 촉진을 책임지는 경제계획이었다. '제1차 2개년계획'의 목표 달성 과정은 동독 지역의 노동 세계에서 두 가지 중요한 결과를 초래하였다.

먼저, 1950년대 중국의 '대약진운동', 1960년대 북한의 '새벽 별 보기 운동'의 모델인 1930년대의 소련 노동 영웅 알렉세이 스타츠노프의 사례에 따라 동독 지역의 광산 노동자 아돌프 헤넥케는 1948년 10월에 규정 작업량의 387%를 달성한 것이다.[103] 헤넥케의 사례에 따라 노동생산성 향상운동은 동독 지역 전체에서 근로 계층을 '사회주의적 경쟁(sozialistische Wettbewerb)'으로 몰아넣었다.[104] 하지만 노동생산성 향상을 위한 노동자에 대한 지나친 강제는 1953년 6월에 동독 주민의 항거와 이에 대한 소련군의 무력 진압을 초래하였다. 1953년 5월 28일에 공표된 최소 10%의 노동생산성 향상을 위한 작업 규정은 6월 16일에 대도시 지역 근로자들의 파업, 시민들이 참여한 정치적 시위 및 사회적 불안을 야기했다. 노동자와 시민들이 외치던 구호는 초기에는 '작업 규범의 폐지'와 같이 경제적 요구였으나 점차 '자유선거', '공산당 서기장인 울브리히트와 수상인 그로테볼 퇴진', '정부 퇴진', '정치적 반대자의 석방', '민족통일' 등과 같은 정치적 요구로 변화했다. 해결 방안을 제시하지 못해 당황하던 동독 공산당을 대신하여 탱크와 장갑차를 앞세운 소련

주둔군이 6월 17일 오후에 시위를 무력으로 진압하면서 노동자·농민 국가에서의 노동자의 항거는 비극적으로 끝났다. 소련의 영향력이 지배하는 동구권에서 발생한 최초의 민중봉기에 동독 공산당뿐만 아니라 소련도 당황하였으며, 소련군의 무력 진압이 없었다면 동독 자체가 붕괴되었을 것이었다.

두 번째, 작업장 단위에서 노동자의 이익을 경제적으로 대변하던 직장협의회는 제1차 2개년계획 목표 달성 과정에서 전통적인 노조 기능이 무의미해졌으며, 그에 따라 1948년 11월에 개최된 동독노총 회의에서 작업장에서의 단순 행정조직으로 전락한 직장협의회의 폐지를 결정하였다. 이에 따라 동독 지역에서는 근로자의 이익이 경제적으로 대변되기보다는 정치적으로 근로자를 동원하는 사회주의 대중조직인 동독노총만 남게 되었다.

1948년부터 주기적으로 실시된 경제계획이 비록 목표는 달성하지 못했지만, 1960년대 중반까지의 경제성장 덕분에 사회정책을 실시할 수 있는 여건이 조성되었다. 동독은 자본주의의 사회정책과 구분되며 근로자의 이익을 지향하는 사회주의적 사회정책을 제시하면서 노동·고용정책을 사회주의적 사회정책의 최우선 과제로 설정하였다. 1960년 후반 이미 주5일 근무제로의 이행, 최저 임금을 220마르크(M)에서 300마르크로 인상, 자녀 양육 수당과 질병 수당 및 최저 연금액의 인상, 연금 산정 방법의 개선과 임의 추가 노령연금제도의 도입 등을 혁신적인 사회주의적 사회정책으로 실시하였다. 그럼에도 불구하고 1970년대 말까지 사회보장 급여는 최저 생계유지 수준이었으며, 근로소득에 훨씬 미치지 못한 수준이었다. 더구나 임금 인상 수준은 노동생산성 증가 수준보다 지속적으로 낮은 수준이어서, 임금 인상 수준과 노동생산성 증가 수준에서 발생하는 차이는 다른 사회정책적 용도로 사용되어, 노동자·농민 국가인 동독의 임금정책은 근로자에 대한 착취라고 할 수 있다. 왜, 임금정책이 노동자에 대한 착취였을까 하는 의문은 고용정책에서 그 답을 찾을 수 있으며, 고용정책에 대한 동독의 집착은 노동생산성 증가와 노동력 확보라는 절대 절명의 체제 생존을 위한 과제였다.

3) 고용정책

동독의 완전고용 또는 고용보장은 서독과의 상호 배제와 경쟁이라는 특수성을 고려한다면 국내외적으로 사회적 반향을 일으키는 체제 안정화의 중요한 수단이었다. 특히 1974년 제1차 석유 위기 이후 서독에서 실업자가 급격하게 증가할 때, 동독이 주장하는 사회주의 국가에서의 완전고용과 고용보장은 동독 사회보장체계의 우월성을 강조하기 위해 집중적으로 부각되었다. 동독의 경우 헌법 제24조에 모든 시민의 노동에 대한 확고한 권리와 의무를 명시함으로써 노동자의 이익을 대변하는 국가임을 대내외적으로 표방하였다. 하지만 1950년대 중반 이후 동독에서는 노동력 부족 문제 때문에 실업은 사회적으로 의미가 없었다. 1972년에 완전하게 달성한 산업 시설의 국유화는 국가에 의한 고용보장을 실현하기 위하여 경영 비용이나 이윤에 대한 고려 없이 노동력을 고용하였다. 그 결과 1980년대 동독의 여성 취업률은 약 90%로 세계 최고 수준이었다.[105]

동독의 완전고용 또는 고용보장은 또한 노동력 유출에 따른 고육지책이라는 관점에서 살펴볼 수 있다. 동독 건국 직전인 1949년 9월부터 베를린 장벽 설치 직전인 1961년 6월까지 약 269만 명의 동독 주민이 서독으로 탈출하였다.[106] 동독의 체제 안정과 경제 발전이라는 관점에서 서독으로의 노동력 유출은 양과 질 모두에서 문제가 되었다. 1960년 동독 인구가 약 1,720만 명임을 고려한다면, 서독으로 탈출한 동독 주민은 전체 인구의 약 15%에 해당된다. 게다가 탈출한 동독 주민은 대부분 양질의 노동력이었다. 자료가 확실한 1954년부터 동독에서 서독으로 탈출한 사람들 중 의사는 3,371명, 치과의사는 1,329명, 수의사는 291명, 약사는 960명, 판사와 검사가 132명, 변호사가 679명, 대학교 교원이 752명, 교사가 1만 6,724명, 기술자가 1만 7,082

명이었다. 1961년 8월에 설치된 베를린 장벽은 동독의 공식적인 표현대로 "평화보장을 위한 예방조치"가 아니라 실제로는 "만성적인 물자 공급의 위기와 이와 관련된 지속적인 탈출운동"에 대한 동독의 방어정책의 결과이다. 계획경제에서 노동력 조정의 수단은 본질적으로는 '청소년의 직업 선택에 대한 조정'과 '공장의 폐쇄 또는 신축시 노동력의 재배치'에 제한되었기 때문에 동독의 완전고용은 실제로는 시설의 현대화, 노동력의 이동 및 경제적 효율성의 달성이 불가능한 사회주의적 계획경제에서 고용정책의 실패를 반영하는 것이다.

4) 주택정책

동독이 고용정책 다음으로 중요하게 실시한 사회정책 분야는 주택정책이었다. 1971년을 기준으로 1945년 이후 건설된 주택은 전체의 21% 수준이어서 신규 주택의 건설 문제가 중요한 사회적 과제였다. 하지만 더 시급한 것은 전쟁 중 파괴된 주택의 방치, 낡은 주택을 개·보수해야 하는 필요성, 국유화된 임대주택과 서독으로 이주한 사람들의 주택에 대한 지방 당국의 방치 등 기존 주택의 유지·보수·관리 문제였다. 주택 문제에 대한 동독의 입장은 신규 주택 건설에 주력하면서 기존 주택의 현대화는 방치하는 것이었다. 서독과의 관계 설정 문제와 사회주의 국가들 내에서 동독의 독자성·우월성을 과시했던 울브리히트에서 1971년 소련의 지원을 받은 호네커로 동독 지도부가 교체된 후 실시한 주택 조사 결과 '주택 문제'가 동독에서 가장 시급한 사회 문제 중 하나로 재확인되었다. 이에 호네커는 1990년까지 주택 300만 호를 건설하여 주택 문제를 해결할 것이라고 호언하면서 개별주택이나, 임대주택의 건설이 아닌 대규모 단지 위주의 아파트 건설을 내용으로 하는 주택 신축 프로그램을 실시하였다.[107)]

하지만, 동독 내의 자원 부족으로 목표 달성에 실패하여, 1989년까지 약 200만 호의 신규 주택이 건설되었을 뿐이다. 도시 외곽에 대규모로 건설된 신규 주택에 노동자 가족, 자녀가 있는 젊은 가족과 신규 부부가 입주하였다. 그 결과 도심의 낡은 주택 지역에는 노동자와 연금생활자가, 도시 외곽의 대규모 신규 주택 지역에는 젊은 가족이 거주하게 되었다. 이에 따라 학교와 유치원 및 쇼핑센터와 녹지대의 불균형적 배치 문제 등으로 주택 지역에 따라 인구 계층간의 새로운 사회 문제가 발생하여 물량 위주의 신규 주택 건설을 내용으로 하는 동독의 주택정책은 인구 집단간의 사회적 분절화 문제 해결에 실패하였다.

5) 노령연금정책

비경제활동 인구 계층인 노인에 대한 동독의 노령연금정책은 전체 사회정책에서 경제활동 인구 계층이 주 대상이 되는 고용정책, 주택정책, 가족정책과 달리 의붓자식 취급을 받았다. 연금급여액과 노동소득 간의 격차를 줄이기 위하여 최저 노령연금을 포함한 노령연금 급여액을 주기적으로 인상함에도 불구하고 노령연금은 최저 생계 수준을 벗어나지 못하였다.[108] 특히, 최소 15년의 노동 기간 이후 지급되는 노령연금은 겨우 최저 생계 수준의 낮은 '최소 노령연금'을 지급하며, 다양한 종류의 연금들(유족, 장애, 노령연금)을 합치더라도 최저 수준을 겨우 유지할 수 있는 수준이었다. 통합사회보험이 비록 보험 원칙을 근간으로 운영됨에도 불구하고 동독에서 노령연금은 실제적으로는 국가의 기초연금이었다. 이에 따라 동독의 노령연금 세대는 노년기 빈곤에 시달리게 되었다.

동독 사회정책에서 가장 중요한 분야는 사실 생필품에 대한 국가보조금의 지급이었다. 식료품, 주택, 보건의료 서비스, 대중교통 등과 같은 생활필수품에 대하여 계획경제 체계에 기초한 낮은 가격의 설정과 이에 대한 국가보조금 지급체계는 동독 사회정책의 기본 요소였다. 모든 동독 주민을 기본 생활에서 평등하게 대우하는 생필품에 대한 국가보조금 지급체계는 상품과 서비스를 낮은 가격으로 공급하지만, 생산과 수요의 분리, 필수적 재투자의 부족, 잘못된 자원 분배의 조정, 생산품의 질 저하, 자원의 낭비 등을 초래하여 생산 능력·상품·서비스가 지속적으로 부족한 '물자 부족 경제(Mangelwirtschaft)'의 체제 생존 능력을 지속적으로 저하시키는 악순환을 유도하였다.

동독의 '사회주의적 복지국가' 건설을 위한 사회정책은 기본적으로 계획경제와 시민 자유의 제한에 기초하고 있다. 동독의 경제가 혁신 능력이 부재했기 때문에 사회정책은 시민의 욕구를 지향하지 못하였으며, 체제 전체의 생존 능력 유지에 동원되는 모순을 초래하였다. 이러한 이유 때문에 동독의 사회정책은 체제 유지를 위하여 노동력이 동원되는 노동자·농민을 위한 일차원적 사회정책이었다. 통일 과정에서 볼 수 있듯이 사회정책이 '우월한 사회주의 성과의 존재'라는 주장은 전혀 맞지 않는 것이며, 시민의 절대 다수가 기존 체계에서 생존을 거부한 것이 동독 사회정책의 최종 결과였다.

5. 큰 형님이 준 선물과 채찍

서독과 동독이 서로 배제하면서 경쟁하였던 사회정책의 발전을 살펴보면 다음과 같은 몇 가지 특징을 파악할 수 있다.[109] 첫째, 서독과 동독의 사회정책에서의 경쟁과 배제는 국제적 조건에 의해 시작되었지만, 실제적 발전은 독자적인 국가 건설과 경제 발전 과정에서 국내 세력들이 특정 시기에서 가장 적합한 사회정책 분야에 역량을 집중함으로써 구체화되고 구조화되었다. 서독은 전쟁 피해자에 대한 보상과 원호를 시작으로 노사관계의 정착, 기존 사회보험제도의 재정립, 주택 건설, 노령연금제도의 현실화, 적극적 노동시장 정책의 실시 등 자본주의적 시장경제체계의 성과를 분배하고, 부작용을 최소화하기 위한 사회정책을 지속적으로 추진하였다. 반면에 동독은 토지와 산업의 국유화, 농업의 집단화 및 만성적 물자 부족 사회에서 계획경제의 목표를 달성하기 위한 유일한 방안인 노동생산성 증가를 위한 다양한 사회정책을 추진하였으나, 만성적인 물자와 노동력의 부족은 경제성장의 정체와 사회정책의 발전을 저해하였다.

둘째, 사회정책의 분화라는 차원에서 서독과 동독은 큰 차이를 보였다. 서독의 경우 전쟁 피해자, 노동자와 고용주, 기존 사회보험제도의 재확립, 주택건설, 가족정책, 퇴직세대, 장애인과 직업 훈련생, 대학생, 실업자, 공공부조 대상자 등 전국민을 대상으로 다양한 사회 계층에 각기 적합한 사회정책을 체계적으로 실시하였다. 반면, 동독은 현재 근로 계층인 노동자와 농민을 주요 대상으로 사회정책을 실시함으로써 비 근로 계층의 사회적 소외를 초래하였다. 노년층과 공공부조 대상자의 빈곤 등이 그 대표적인 예이다.

셋째, 동독의 노동정책에 대한 평가가 필요하다. 작업장 단위의 직장협의회, 산업 부문별 노조와 전국 단위의 서독노총을 모두 사회적 세력으로 인정하는 서독과 달리 동독의 노사관계는 노동자·농민의 국가를 구성하는 하나의 요소인 중앙집권적인 전국 차원의 동독노총만을 인정하였다. 동독노총이 앞장서 노동생산성을 증가시키고자 한 국가적 노력과, 서독과 비교하여 외형적으로 선진적인 노동정책은 사실 노동자에게는 '채찍과 속 빈 강정'에 불과하였다. 물자와 노동력이 만성적으로 부족한 사회에서 분배할 과실이 없음에도 분배를 실시할 경우 내부인들의 불만은 고조될 수밖에 없다.

동유럽 국가들의 중 · 장기적인 '완만한 이행'과 달리 독일 통일은 단기간 내에 자본주의적인 시장경제의 원리를 강제로 적용하는 '충격요법'이었다. 이 이행방식은 서독이라는 '부유한 형제국가'가 주도하였기 때문에 "큰 형님이 주도한 체제 전환(Big-Brother-Transition-Way)"이었다. 큰 형님에 의한 통일이라는 독일 통일은 결국 동독이라는 사회주의 국가가 서독이라는 자본주의 국가에 서독 헌법에 의거하여 편입되는 '흡수통합'이었다. 이와 같은 통일의 성격은 사회정책 분야에도 그대로 반영되어 정식으로 통일이 이루어지기 전인 1990년 7월 1일자로 발효된 '화폐, 경제 및 사회통합의 실현에 관한 조약'의 결과 화폐 단위, 경제 질서 및 사회보장체계가 서독 기준으로 통일되었다.[110] 동독의 경제 질서, 정치체계뿐만 아니라 사회정책도 통일 과정에서 소멸된 것이다.

통일 이후 구동독 지역 주민들은 만성적 물자 부족 사회에서 개인의 책임과 시장의 힘이 강조되는 지속되는 물자 풍요 사회에 살게 되었다. 사회적 시장경제의 부작용을 완화시키고자 하는 서독 사회정책의 노력이 결코 완전할 수는 없는 자본주의적 현실에서 구동독 지역 주민들은 1989년 11월의 '환영수당'과 같은 선물만을 기대했다. 하지만 산업 부문의 구조 조정에서 필연적으로 발생하는 실업과 주요 생필품에 대한 국가보조금 지급의 폐지와 같은 조치는 막연한 기대만을 가졌던 구동독 지역 주민들에게는 채찍과 같은 것이었다. 구동독 주민들은 과거에는 노동자·농민의 국가에서 노동생산성 향상을 위한 채찍에 대한 선물로 받은 속 빈 강정에의 만족을 강요당했다. 하지만, 그들은 이제 한번쯤은 달콤하지만 그것만으로는 살 수 없는 솜사탕을 제공받으면서 동시에 사회적 시장경제에서 일자리 상실과 개인의 책임 및 경쟁이라는 채찍을 받게 되었다. 통일 과정에서 가졌던 '자본주의적 시장경제에 의한 경제성장의 과실을 사회주의적인 평등 원리에 입각하여 모든 사회 구성원이 함께 나누어 갖는 복지국가적 분배'라는 열망은 '자본주의적 시장경제에 의한 경제성장의 과실을 일차적으로는 개인적 능력주의, 이차적으로는 전체 국민에 대한 사회보장에 입각하여 모든 사회 구성원이 불균등하게 나누어 갖는 자본주의적인 복지국가적 분배'라는 현실을 받아들일 수밖에 없게 되었다.

상호 배제와 경쟁이라는 틀 속에서 상이하게 발전한 서독과 동독의 사회정책은 결국 상대방에 대한 실체 파악의 부재를 초래한 것이었다. 베를린 장벽으로 상징되는 서독과 동독 사이의 물리적인 장벽은 통일 과정에서 붕괴되었지만, 대다수 구동독 지역 주민들은 기대하였던 자본주의적 성과의 사회주의적 분배가 실현될 수 없다는 사실에 대하여 여전히 이해하지 못하고 있다. 자유주의적이든 사회주의적이든 자본주의적 시장경제체계의 성과가 평등주의적으로 분배되는 것은 구동독 지역 주민만의 꿈은 아닐 것이다.

독일 통일의 경험에서 제기한 사회정책적 과제는 '자본주의적 시장경제체계에서는 무엇으로 성과를 평등주의적으로 분배할 수 있을까'에 대한 문제 제기이며, 이것은 자본주의적 시장경제체계가 지속되는 한 많은 사람들이 고민할 수밖에 없는 문제 제기일 것이다.

이용갑 | 한국보건사회연구원 초빙연구위원

독일 | 여성정책

주어진 여성 해방과 쟁취한 여권 신장

1. '다름'과 '닮음'에 대해

독일의 여성학자 게지네 슈피스(Gesine Spiess)는 통일 이후 동서독 지역 여성들의 관계가 변화하는 과정을 다음과 같이 묘사한다.[111]

1. 장벽이 무너진 후 여성들은 감격에 겨워 함께 만나 마음을 열고 돕는다.
2. 서로의 만남에 어려움이 생긴다. 언어의 차이와 남녀평등에 대한 생각의 차이로 인해 서로 낯설게 느낀다.
3. 상대방을 비난한다. 서독 여성들은 동독 여성들에게 "당신들은 진짜로 평등한 게 아니야!"라고, 동독 여성들은 서독 여성들에게 "당신들은 지나치게 남성 적대적이야!"라고 말한다. 각자 자신들의 문화를 높이 평가하고 상대방의 문화에 대해 드러내놓고 부정적으로 평가한다.
4. 서로의 갈등이 오해에서 비롯되었음을 받아들인다.
5. 삶의 방식에 다양한 규칙이 있음을 인정하고 배우며, 상대방의 가치를 긍정적으로 평가하고 이해한다.

동서독 지역의 여성들은 통일된 지 10여 년이 지난 지금도 마지막 단계에 도달하지 못했다. 물론 통일 후 동서독 주민간의 갈등은 여성들만의 문제는 아니었다. 그러나 '여성'이라는 공감대 위에서 훨씬 더 쉽게 다가갈 수 있으리라고 기대하며 누구보다 먼저 원탁에 둘러앉았던 동서독의 여성들에게 40년이란 세월의 힘은 더욱 크게 느껴졌다. 사회주의체제를 살아온 진보적 여성들과 함께 여성 해방 운동에 박차를 가하기 위해 기대에 차 있던 서독의 페미니스트들은, 생존에 골몰하며 일상생활과 가족에 매달려 있는 동독 여성들에게 실망했다. 한편 급격한 사회변동의 회오리 속에서 혼란과 무기력감에 빠져 있던 동독 여성들은 자신들의 구체적인 문제에 대해서는 무관심하고 낯선 이론을 들이대며 '진짜 여성 해방'이 무엇인지 가르쳐주겠다는 서독 여성들의 오만한 태도에 자존심 상하고 분노했다.[112)]

그렇다면 이들을 이토록 낯설게 만든 것은 무엇일까? 시민의 힘으로 장벽을 무너뜨리며 이루어진 독일의 통일이 한편으로 사회구조를 변화로 이끄는 인간 의지의 힘을 보여주었다면, 동서독 지역 주민들이 통일 후 겪는 사회문화적, 심리적 갈등은 사회구조가 인간의 가치관, 규범, 사고방식, 행동방식에 미치는 영향력에 대해 다시 한 번 깨닫게 한다. 동서독 여성들 사이의 불신, 불화, 낯설음의 뒤에는 40년의 결코 짧지 않은 시간 동안 그들이 살아온 사회적 삶이 있고, 이러한 삶을 규정짓는 각 사회의 이데올로기와 정치·경제체제, 그리고 다양한 사회정책과 제도가 있다.[113)]

그러므로 이 글에서 여성들의 삶에 직접적으로 영향을 미친 두 사회의 여성정책에 대해 알아보는 일은 단순히 학문적인 정책 비교의 차원을 넘어서 분단 사회가 통일 후 겪을 수밖에 없는 사회적 갈등의 원인을 찾아내고 화합과 연대의 길을 모색하는 데 도움이 될 것이다.

이 글은 제2차 세계대전 이후 동서독이 분단의 길을 걸으며 각 사회가 시행했던 여성정책의 과정을 시대순으로 서술하며 비교하는 방법을 사용할 것이며, 이를 통해 분단이 두 사회에 만들어낸 단절의 상황과 아울러 단절 속에서 두 사회가 주고받은 적지 않은 영향이 여성정책에도 투영되었음을 알게 될 것이다. 또한 이러한 서술 과정은 서로 다른 사회체제와 이데올로기가 만들어낸 두 사회 여성정책의 확연한 차이와 함께 '다르지만 닮은 부분'에 대해 드러내줄 것이다.

2. 종전 직후 독일 여성들의 상황

보수적인 이념과 전통적 가치를 지향하는 사회라도 전쟁이라는 특수한 상황은 전통적인 성별 노동 분업의 유지를 힘들게 만든다. 독일의 나치 정권은 여성의 모성과 가정에 대한 헌신을 강조하고 여성의 직업 활동을 반대하는 전통적 이데올로기를 강하게 표방했음에도 불구하고 전쟁 수행으로 남성 노동력이 부족해지자 여성들을 경제활동에 참여하도록 요구하는 모순에 빠질 수밖에 없었다.

종전 직후에도 이러한 상황은 계속되었다. 전쟁에서 독일 남성 400만 명이 전사했으며, 1,200만 명이 포로로 잡혔고, 수십만 명이 부상으로 노동 불능 상태에 있었다. 따라서 주택의 4분의 1이 붕괴될 정도로 폐허가 된 도시를 복구하는 일과 생존을 위한 노동은 모두 여성의 몫이었다. 전후 부족한 노동력을 보충하기 위해 연합군 감독위원회는 점령지역에서 15~50세의 여성과 14~65세의 남성에게 노동 의무를 부과하고, 여성들을 건물 잔해 제거와 복구에 동원했다. 여성들은 남성의 40%에 해당하는 낮은 임금을 받으면서도 생활필수품 구입에서 혜택을 받기 위해 공장이나 건설 현장에서 중노동을 하였다. 중노동을 하는 여성들은 가정주부들에 비해 두 배의 빵과 다섯 배의 고기와 기름을 살 수 있는 생활필수품 구입권을 받았기 때문이다.[114]

이와 같이 종전 직후에는 독일 전역에서 여성의 생산노동 참여를 장려하는 정책적 조치들이 실시되었지만, 좀더 자세히 살펴보면 서방 점령지역과 소련 점령지역의 정책은 출발부터 다른 입장에 기초하고 있었다.

서방 점령국들은 독일에 급격한 사회·경제적 변화가 일어나는 것을 원하지 않았고, 궁극적으로 자본주의 시장경제체제를 확립하는 일에 주요 관심이 있었다. 그러므로 서부 독일에서 여성의 생산노동 편입은 일시적인 경제적 필요에 의한 것이었을 뿐 특정한 이념이나 여성정책적 전망에 기초한 것은 아니었다. 반면에 소련 점령군은 '사회 모든 영역의 탈나치화'라는 목표를 갖고 있었으며, 여성노동에 대한 장려책도 나치의 보수적 여성정책으로부터 사회주의 여성정책으로의 전환이라는 분명한 관점을 갖고 진행하였다. 물론 소련 점령지역인 동부 독일도 심각한 노동력 부족으로 여성 노동력이 절대적으로 필요한 상황이었던 것은 서부 독일과 마찬가지지만, 소련 점령군의 여성노동정책은 '여성의 노동 참여를 통해 남녀평등을 실현한다'는 사회주의 이념에 바탕을 두고 있었기 때문에 훨씬 더 체계적이었고 제도적 개혁에 의해 뒷받침되었다. 소련군정청(SMAD)은 성별 임금 차이를 줄이기 위해 '성과 연령에 관계없이 동일 노동에 대한 동일 임금'의 원칙을 선포하고 여성 노동자를 저임금 집단으로 규정한 성차별적 임금제도를 폐지했다. 또한 낙태법을 시행하여 의학적·윤리적 사유가 있는 경우에는 제한적으로 낙태를 허용했으며, 소유 및 상속에 있어서 남녀에게 평등한 권리를 부여하도록 했다.

여성의 생산노동 편입에 대한 서방 점령지역과 소련 점령지역의 이와 같은 관점의 차이는 서독과 동독 정부가 수립되어 분단이 고착되고 전후의 특수한 상황이 어느 정도 해결된 이후에는 더욱 커졌다. 그럼에도 불구하고 종전 후 여성들의 노동 참여는 두 지역에서 모두 여성의 독립성과 자의식을 높이는 역할을 했으며, 남성들의 권위주의를 다소 축소시키는 데 기여했다.[115]

3. 대립과 경쟁의 시대 : 분단 이후부터 1960년대까지

1949년 서독과 동독에 각기 다른 이념에 기초한 정부가 수립된 이후 1960년대 중반까지는 두 지역의 정치적·이데올로기적 대립과 경쟁이 첨예했던 시기이다. 기민당의 아데나워가 이끄는 서독의 보수주의 정권과 통사당의 울브리히트가 이끄는 동독의 사회주의 정권은 정치, 사회, 경제, 사상에서 전혀 다른 지향점을 가졌기 때문에 두 정부의 여성정책 또한 목표나 내용 면에서 매우 달랐으며, 이러한 동서독의 대립과 경쟁의 관계는 여성정책에도 투영되었다.

1) 서독

서독 정부는 여성을 전후 복구 과정에 투입하기 위해 여성들이 독일 사회재건에 중요한 역할을 수행해야 한다고 강조했다. 하지만 남녀평등을 실현하기 위한 법적·제도적·정치적 변화는 매우 느린 속도로 진행되었으며, 전후복구가 어느 정도 마무리된 이후에는 여성들을 다시 전통적인 역할로 돌아가게 하기 위해 애썼다.

1949년 독일연방공화국(서독)의 헌법인 '기본법'이 제정되면서 남녀평등 조항의 삽입을 둘러싼 한바탕의 회오리가 몰아쳤다. 남녀평등 원칙이 '기본법'에 명시되는 것을 거부하는 상원과 이에 대한 여성단체 및 언론의 저항으로 격렬한 논쟁이 벌어졌다. 결국 서명운동, 시위 등 여성들의 집단적 움직임과 '헌법의 어머니들'이라 불리는 4명의 여성 지도자들의 활약에 힘입어 '기본법' 제3조 2항에 "남성과 여성은 평등하다"라는 조항이 들어갈 수 있었다. 그러나 '기본법'의 남녀평등 원칙에 어긋나는 기존 법률의 개정은 1953년까지 이행기간을 두기로 결정했기 때문에 실질적인 법개정은 매우 느리게 진행되었다. 1957년이 되어서야 '민법 분야의 남녀평등에 관한 법'(이하 남녀평등법)이 제정됨으로써 남녀평등 원칙에 위배되는 모든 법률의 내용을 '기본법'과 일치시키는 긴 과정이 시작되었으며, 이 과정은 반세기 가까이 지난 지금도 계속되고 있다.

1950년대 들어 포로에서 풀려난 남성들이 돌아오고 동독에서 넘어오는 이주민들이 늘자 서독 사회는 여성 노동력을 시장에서 몰아내기 시작했다. 예를 들어 여성이 건설직과 교통운수직에 종사하는 것을 금하는 나치 시대의 법이 다시 등장했고, 부부가 모두 공무원인 경우에 여성을 해고하는 것이 허용되는 등 반여성적인 정책이 시행되었다. 이러한 사회적 분위기 속에서 1953년 서독 정부 내에 처음으로 가족부가 생겼다. 첫 번째 가족부장관이던 뷔르멜링은 10년의 재직 기간 동안 전통적 가족 구조와 성 역할을 유지하는 데 전력을 투구했다. 그는 '다자녀 가족, 가정에 머무는 아내, 희생할 준비가 되어 있는 부모, 절약하는 가족'을 이상적인 가족상으로 제시했고, "어머니의 역할을 완전히 대신할 수 있는 방법은 전혀 없다"라며 어머니의 직업 활동이 자녀와 가족에게 미치는 부정적 영향을 강조함으로써 취업 여성들에게 심리적 압박을 가했다. 특히 뷔르멜링은 여성의 직업 활동이 확산되는 것은 공산주의 사상의 영향이라고 못 박고, 동독과의 대립 상황을 여성의 전통적 성 역할을 유지시키는 데 이데올로기적으로 이용했다. 그는 취업 여성의 자녀 양육을 돕는 공공보육기관의 설치에 부정적이었고, 그 대신 어머니들이 경제적인 이유로 취업하는 것을 막기 위해 다양한 가족지원책을 시행했다. 예를 들어 다자녀 가족의 경우 세 번째 자녀부터 아동 수당을 지급하고, 주택 부조, 세액 공제, 기차 요금 할인 등의 혜택을 제공했다. 이는 다자녀 가족의 빈곤을 방지해 가족의 복지를 보장한다는 긍정적 의미를 갖고 있기는 하나, 여성을 개별적 권리 주체로 보기보다는 가족 내 어머니로서의 정체성만을 강조하며 '남성=생계부양자, 여성=피부양자'로 보는 전형적인 '생계부양자 모델'에 근거한 성차별적 가족정책이라고 할 수 있다.

그러나 경제의 급속한 성장으로 1960년대 들어 다시 노동력이 부족해지자 서독 정부는 '가족노동과 직업노동의 조화'라는 기치를 내걸고 여성의 반일제 노동을 장려했다. 뷔르멜링의 뒤를 이어 1962년 가족부장관이 된 브루노 헥은 전통적인 가족상을 지지하면서도 변화하는 현실을 가족정책에 반영할 필요가 있다고 보았다. 그는 1968년에 발표한 「독일연방공화국의 가족 상황에 대한 보고서」에서 산업화와 민주국가의 발전, 여성의 직업 활동 증가로 부부와 가족관계가 동반자적 형태로 변했다고 발표함으로써 새로운 가족상의 윤곽을 제시하기도 했다.[116]

2) 동독

1950·60년대 동독의 여성정책은 크게 두 시기로 나눌 수 있는데, 1960년대 초까지는 '여성의 생산노동 통합 단계', 그 이후는 '여성 교육 중심 단계'로 구분된다.[117]

1949년 수립된 동독 정부 또한 '여성의 노동 참여를 통한 남녀평등의 실현'이라는 사회주의 이념을 지향했기 때문에 소련 군정하의 여성정책적 기조는 그대로 유지되었다. 1949년 10월 정부 수립과 함께 선포된 동독 헌법 제7조 1항에는 '남녀평등 원칙'이 명시되었으며, 서독과는 달리 헌법의 남녀평등 원칙에 어긋나는 기존 법률 조항에 대해서 이행 기간을 두지 않고 즉각적인 효력 상실을 선포했다. 이밖에도 동독의 헌법에는 여성의 노동 참여 보장과 모성 보호 등 여성에 관련한 조항이 서독 기본법에 비해 상당히 많이 포함되어 있었다. 예를 들어 '동일 노동에 대한 동일 임금의 권리'나 '여성이 시민으로서의 임무와 아내와 어머니로서의 의무를 조화시킬 수 있도록 사회의 지원을 요청'하는 조항 등이 그것이다.[118]

1950년에는 '노동법'과 '모성 및 아동보호법'을 제정해서 모든 기업소와 행정기관은 여성들에게 일자리를 많이 제공하도록 의무화하였으며, 여성이 직장생활 때문에 다른 가족과 별거가 불가피하게 되더라도 직업 활동을 지속할 수 있는 권리와 직장 여성의 출산 휴가(산전 5주 및 산후 6주) 등을 법적으로 규정하였다.

또한 국유기업소에 직장여성위원회를 만들어 기업소와 노동조합 내에서 여성의 권익을 대변할 기구를 설치했다. 하지만 이 위원회는 여성의 자발적인 참여에 의한 것이 아니라 당에 의해 위로부터 조직된 것이었기 때문에 실질적인 여성의 권익을 위해 일하기보다는 주로 당의 정책과 이데올로기를 전달하는 통로 역할을 했다.

이와 같이 동독은 정부 수립 초기부터 서독과 달리 '여성의 노동 통합'이라는 확고한 목표를 갖고 체계적으로 여성정책을 시행했다. 이는 평등이라는 사회주의 이데올로기의 실현을 통해 체제 정당성을 확보하고 서독의 여성 차별적인 정책과 차별화하려는 의도도 있었지만, 동서독 분단 이후 늘어나는 노동력 부족을 해결하기 위한 고육책이기도 했다. 전쟁포로들이 귀환하면서 종전 직후보다 남성 인구 비율이 늘어나긴 했어도 여성 인구의 과잉 상태는 변하지 않았을 뿐 아니라 서독으로의 거대한 탈출 물결로 인해 심각한 노동력 부족 현상이 나타났기 때문이다. 1949년부터 1961년 베를린 장벽이 설치되기 이전까지 동독에서 서독으로 탈출한 이주민만 해도 약 300만 명에 이르렀다.

서독으로의 주민 탈출이 점점 증가하자 동독 정부는 주부나 연금생활 여성의 노동력을 동원하기 위해 노력했다. 1958년 생필품 카드제를 폐지하여 생필품 가격이 인상되자 남성 혼자 가족을 부양하던 사람들은 생활의 어려움을 겪게 되었는데, 이는 결국 주부들을 취업으로 유인하는 역할을 했다. 또한 기혼 여성의 취업을 장려하기 위해 미취업 배우자에게 소득 공제 혜택을 부여하지 않았으며, 주부작업단을 창설하여 주부들을 생산 현장과 사회 서비스 분야에 투입했다.

동시에 1950년대 말부터는 여성정책에서 가족의 문제가 고려되기 시작했는데, 이는 가사노동에 대한 부담 때문에 여성 노동력이 늘어나는 데 한계가 있다는 인식에 바탕을 두고 있다. 따라서 아동 보육 시설(소위 탁아소)을 확충하고 가사노동을 지원하는 사회 서비스 체계를 구축하기 위해 힘썼다. 1961년 신노동법에는 직장 여성 대상의 월 1회 가사노동일의 지정, 유급 자녀 간병 휴가 등에 관한 규정이 마련되었다. 동독 정부는 이러한 정책이 '잠정적인' 조치에 불과하며 사회주의 사회가 완전히 실현되면 가사노동으로 인한 여성의 다중 부담 문제도 자연히 사라질 것으로 보았다. 하지만 시간이 지나면서 가족 관련 여성정책은 오히려 늘어났고, 이들 정책으로 인해 가족노동에 대한 여성의 의무가 더욱 강화되었다는 것은 아이러니가 아닐 수 없다. 1950년대 말부터 아동 보육 시설이 급격히 늘어나면서 당시 취업 여성들은 시설 보육에 대한 불안감을 표출했고, 대중매체에서는 자녀들을 보육 시설에서 양육하는 것과 가정에서 부모가 양육하는 것이 가진 장단점에 대해 광범위한 토론이 진행되었다. 동독 정부는 가정 양육에 비해 시설 보육이 우수하다는 기존의 입장을 유지하면서 보육 시설의 교육적 질을 향상시키고 보육 교사에 대한 교육을 강화하기 위해 노력할 것을 약속하기도 했다.

1960년대 중반부터는 여성정책의 중점이 여성 취업과 모성 보호에서 여성 교육으로 변했는데, 이런 변화 뒤에는 경제·사회·정치적 고려가 작용했다. 동독은 1961년 베를린 장벽 설치 이후 비교적 체제 내 안정을 이루었으며, 점차 경제 분야에서 노동집약적 생산방식의 한계가 나타나자 1963년 '과학과 기술 혁명'을 핵심으로 하는 '신경제체제'를 표방하고 과학 기술 집약적인 생산방식으로의 변화를 꾀했다. 신경제체제의 성공적인 운영을 위해서는 노동력의 질적 수준 향상이 필수적이었으나, 동독 주민의 서독 탈출로 특히 고학력의 젊은 노동 계층이 줄어들어 고급 인력이 부족했다. 한편 지속적인 여성노동정책의 결과 여성 노동자 수는 증가했으나, 이들 대부분이 직업 교육을 받지 못했기 때문에 저임금과 미숙련 직종 및 보조직에 종사했다. 이에 따라 신경제체제를 실행하기 위한 여성 노동력의 고급화를 시도하는데, 1963년 제

6차 당대회에서는 여성 직업 교육 강화를 표명하고 기존의 단기교육 대신 체계적인 전문 직업 교육 프로그램의 도입을 추진했으며 무엇보다도 여성의 기술 교육에 심혈을 기울였다. 직업전문학교, 전문대학, 대학에 여성 특별교육 과정을 만들어 교육 기회를 놓친 여성들이 늦게라도 이를 보충할 수 있도록 했고, 고등교육을 받은 여성들을 대상으로 신진학자 양성을 위한 특별 과정이나 여성 지도자 양성 과정을 운영했다. 즉, 1960년대 동독 여성정책의 중점은 직업 교육, 기술 교육의 강화, 그리고 여성 지도자 양성 등으로 요약될 수 있다.[119] 이러한 정책의 결과 1970년 여성 경제활동 인구 중 취업률은 75%에 달했으며, 직업전문학교 졸업생 중 여성 비율은 42%, 대학 졸업생 중 여성 비율은 30%에 이르렀다.

1950, 60년대 동독의 여성정책은 서독의 '생계부양자 모델'과 비교할 때 여성을 개별 소득자로 본 '개인적 모델'에 가깝다. 물론 여성을 임금 노동자이자 어머니로 규정하며 여성에게 사회적 노동과 자녀 양육의 책임을 이중적으로 부과하는 관점이 일부 — 예를 들어 앞에 언급한 기본법의 '여성이 시민으로서의 임무와 아내와 어머니로의 의무를 조화시킬 수 있도록 사회의 지원을 요청'하도록 하는 조항 등에서 — 드러나긴 하지만, 서독이나 1970, 80년대의 동독 여성정책과 비교해볼 때 이 시기 동독 정부는 여성들이 전통적 성 역할로부터 벗어나 개별적 권리를 가진 시민으로서 생산노동세계에 참여하는 데 보다 더 중점을 두었다고 보인다.

4. 공존과 협력의 시대 : 1970~80년대

1970~80년대는 동서독간 공존과 협력의 시대였으며, 이 시기 여성정책의 방향 또한 두 사회가 점점 유사한 모습으로 변했다.

1) 서독

1969년 9월 연방의회 선거에서 진보정당인 사민당이 승리하여 자유민주당(이하 자민당)과 연립정부를 구성하고 사민당 당수인 브란트가 수상이 되면서 독일의 국내외 정책은 상당한 변화를 겪었다. 대내적으로는 사회제도를 개혁했고, 대외적으로는 동방정책을 펴서 사회주의 국가와의 관계 개선을 시도한 결과 1972년 동서독간에 기본조약이 체결되었다. 이러한 정치 상황의 변화와 노동력에 대한 수요 증가, 그리고 여성운동의 강력한 요구에 힘입어 서독 사회의 이상적인 여성상과 여성 및 가족정책에도 변화가 생겼다. 우선 여성의 바람직한 성 역할로 가정에서의 역할에 더해 직업 역할이 추가되었으며, 이러한 이중 역할을 조화롭게(?) 결합시키기 위해 '3단계 모델'이 강조되었다. 3단계 모델이란, 첫 자녀 출산 이전까지 여성들은 직업노동에 종사하다가 자녀 출산 이후부터 유아기까지 직업 활동을 중단하고 가사노동과 자녀 양육에 전념하며, 그 이후에 다시 직업으로 복귀한다는 내용이다.[120] 이러한 정책은 아동복지를 강조하는 측면이 있지만, 아동복지에 대한 사회적 책임은 무시된 채 여성에게만 자녀 양육의 부담을 지우는 정책이라고 할 수 있다. 아무튼 3단계 모델에 따라 만 3세 이상의 아동 보육 시설이 확충되었고 여성들의 교육을 장려했으며 여성들을 직업세계에 재통합하는 사회정책이 시행되었다.

1977년에는 부부 및 가족법에 대한 광범위한 개혁이 이루어졌으며 연방헌법재판소의 권고에 따라 '아내=주부, 남편=부양자 모델'이 포기되었다. 개정된 부부법은 가사 운영을 배우자 상호간 협의에 따르도록 했고, 배우자 양쪽이 모두 직업 활동의 권리를 가지며, 직업 선택과 직업 활동에서 각각 상대 배우자와 가족의 요구를 참조해야 한다고 명시했다. 1957년과 1977년 부부법의 차이를 비교하면 다음의 표와 같다.[121]

1979년 7월부터 여성 피고용인은 모성 보호 조항에 따라 출산 전 6주, 출산 후 8주 동안 4개월에 걸친 출산 휴가가 허용되었으며, 이 기간 동안 국가

1957년 부부법	1977년 부부법
• 가사는 아내의 책임. • 아내의 직업 활동 권리는 부부와 가족 내 의무와 조화 가능할 경우에만 가짐. • 배우자 양방은 노동과 재산을 통해 가족을 부양할 상호간의 의무를 지님. 아내는 가사 수행을 통해 의무를 이행하며, 직업노동 의무는 남편의 소득이 충분치 않은 경우에만 해당됨.	• 가사 운영은 배우자 상호간 합의에 따름. • 양 배우자는 직업 활동의 권리를 가짐. • 배우자 양방은 노동과 재산을 통해 가족을 부양할 상호간의 의무를 지님. 배우자 중 가사를 위임받은 자는 가사 수행을 통해 부양 의무를 이행함.

는 최대 월 750마르크의 임금 대체금을 지불하도록 했다. 또한 출산 휴가 기간에 여성들은 해고로부터 보호되었다. 당시 해당 대상 여성의 95%가 이 조치를 이용했으나 그중 절반에 해당하는 여성들은 모성 보호 기간이 끝난 직후 퇴직한 것으로 나타났다. 모성보호정책과 관련해 당시 사민당과 자민당의 연립정부는 야당인 기민/기사당과 논쟁을 벌였으며, 기민/기사당은 여성 노동자에 대한 출산 휴가 및 출산 수당이 전업주부에 대한 차별을 담고 있다고 비판했다.

1982년에는 기민/기사당이 자민당과 연립정부를 이루어 집권했으며 기민당의 콜이 수상이 되면서 서독의 여성정책은 보수화의 길을 걷게 되었다. 정책의 중점이 부부 평등에서 가족정책으로 바뀌었고, 특히 가족의 자녀 양육 기능이 더욱 강조되었다. 여성 실업률이 증가하자 노동시장의 부담을 덜기 위해 '새로운 모성'에 대한 관점이 등장했으며, 1986년 육아 휴가와 육아 수당이 도입되었다. 이 법은 '자녀 양육에 대한 사회적 가치평가'라는 취지로 도입되었지만 현실적으로는 전통적 성 역할을 유지하는 데 기여했다. 육아 휴가 및 수당은 출산 전 취업 여부와 관계없이 부모 중 주로 자녀 양육을 담당하는 사람에게 지급하는 것으로 임금 대체 형태가 아니었기 때문에 일반적으로 소득이 높은 남성들은 육아 휴가를 이용하지 않았다. 그리고 육아 휴가를 이용한 여성들은 휴가 기간이 끝난 후 다시 직장으로 복귀하는 데 어려움이 많았다. 오랜 동안의 휴가 기간으로 업무 복귀가 쉽지 않았으며 새롭게 변화된 직장 환경에 적응하는 일도 어려웠기 때문이다. 또한 보육 시설의 부족으로 자녀를 맡길 곳이 없었기 때문에 여성들은 육아 휴가가 끝나면서 퇴직하는 경우가 많았다. 이러한 결과 1990년 서독에서는 6세 이하 자녀를 가진 여성의 33%, 18세 이하 자녀를 가진 여성의 43%만 취업했다. 특히 종일제 보육 시설이 부족하고 학교 수업이 일찍 끝나기 때문에 여성들은 반일제 일자리를 선호했으며, 이는 여성들의 직업 통합을 어렵게 하였고 저소득으로 인한 경제능력의 저하를 가져왔다.

1970, 80년대 서독은 변화하는 사회 환경과 가족 구조에 발맞추기 위해 전형적인 생계부양자 모델을 포기하긴 했지만 여성정책의 초점은 개인으로서 여성의 권익보다는 어머니로서의 여성 보호, 즉 모성 보호에 중점을 두면서 여성과 가족에 대한 국가의 개입이 증가한 시기였다.

2) 동독

울브리히트 정권이 막을 내리고 1971년 등장한 호네커는 '동독에서 남녀 성평등은 실현되었다'고 선언하고 여성정책의 전환을 예고했다.[122] 1971년에 열린 제8차 당대회에서는 여성정책과 가족정책의 단일화를 표방했으며, 기존의 '일하는 여성'에서 나아가 '일하는 어머니'가 이상적 여성상으로 등장했다. 여성은 직업 활동을 통한 경제적 의무뿐 아니라 자녀 출산을 통한 인구 재생산의 의무를 지니며 어느 한쪽에 치우치는 것은 바람직하지 못한 것으로 여겨졌다. 따라서 여성정책의 내용에서 인구 및 가족정책의 요소가 중심을 이루게 되었다.

여성정책의 전환이 필요하게 된 이유는 1960년대 중반부터 지속적으로 결혼과 출산율이 줄어들고 이혼과 청소년 범죄가 증가하는 등 가족 및 인구 문제가 심각한 사회 문제로 등장했기 때문이다. 따라서 여성 취업과 출산율 증가라는 '두 마리 토끼'를 쫓기 위해 여성정책과 가족정책의 결합이 추진되었다. 지금까지 여성 노동력 활용을 위해 보육 시설 확충에 중점을 두던 사업에서 벗어나 다양한 가족 중심적 여성정책이 시행되었다. 특히 젊은 여성, 한부모 가족, 다자녀 가족을 대상으로 폭넓은 가족 장려책이 마련되었다.

일찍 결혼해서 자녀를 많이 출산하도록 조혼을 장려했는데, 동독 정부는 20~25세가 이상적 임신 연령이고 자녀간 터울도 2~3년이 좋다고 선전했다. 그리고 자녀를 출산하지 않거나 한 명의 자녀만을 출산하는 여성들은 '소시민적'이라는 비난을 들어야 했다. 조혼을 장려하기 위해 26세 이전 초혼 부부를 대상으로 무이자 결혼 융자금을 지급했으며, 자녀를 출산하면 출산 보조금과 함께 결혼 융자금에 대한 일정 비율의 변제 혜택을 받도록 했고, 출산 전후 휴가를 18주로 연장했다. 3명 이상의 자녀를 양육하는 취업 여성에게는 임금 인하 없이 노동시간을 줄여주고 휴가 기간을 연장해주었다. 다자녀 가족과 한부모 가족은 주택 분배와 아동 보육 시설 입소에 우선권을 주었다.

이와 같이 1970년대 중반까지 경제적 지원 위주의 정책이 시행되었지만 출산율이 기대만큼 늘지 않자, 이후에는 자녀를 양육하는 여성들에 대한 시간적 지원을 더욱 확대했다. 출산 전후 휴가를 26주로 연장하고 출산 후 1년간 유급 육아 휴가(Babyjahr)를 주었으며, 두 자녀 이상 양육하는 여성은 노동시간을 줄여주었고, 한 부모의 자녀나 다자녀 가족의 자녀에게는 아동 수당을 지급했다.[123)]

1970·80년대에 '직업과 가족의 조화'라는 모토를 걸고 진행된 동독의 여성 및 가족정책은 정책 입안자의 입장에서는 어느 정도 목표를 달성했다고 볼 수 있다. 1960년대 중반부터 계속 줄어들던 출산율은 1970년대 중반 이후 증가했고 여성의 취업률도 꾸준히 늘었으며, 동독의 여성 및 가족정책이 서독에 비해 우월하다는 점을 외부에 홍보함으로써 체제 선전에 도움이 되었다.

그러나 이러한 정책을 지속적으로 시행하기에는 우선 재정적인 면에서 많은 부담이 따랐기 때문에 다양한 사회적 문제점이 노출되었다. 동독은 서독과 체제 경쟁을 하면서 사회정책 분야나 국민 생활수준에서 동구권 중 가장 앞설 수 있었지만, 과도한 체제 경쟁적 사업으로 서독에 대한 경제 협력 의존도와 차관율이 높아져 경제의 어려움이 가중되었고, 이는 동독이 무너지는 하나의 요인이 되었다. 그리고 가족 중심적 여성정책은 남녀평등이라는 사회주의적 이념의 실현과도 거리가 멀었다. 여성정책과 가족정책의 결합이 취업 여성들의 시간 부족과 이중 부담을 부분적으로 해결해주었지만, 여성의 전통적인 성 역할의 변화나 가정 내 평등한 노동 분담은 실현되지 않았기 때문에 진정한 여성 해방과는 거리가 멀었다. 이들 정책은 남녀의 평등한 노동 분담에 대한 고려가 거의 이루어지지 않았고, 부부 중 한 사람이 선택해서 이용할 수 있도록 하기보다는 여성만을 대상으로 했기 때문에, 다양한 모성 보호 조항들은 오히려 가족노동을 여성만의 몫으로 고정시켰고, 이로 인해 여성들은 전통적인 가사노동에다 취업노동의 부담까지 짊어져야 했다. 또한 여성 노동력에 대한 평가절하를 가져왔다. 자녀를 양육하는 직장 여성들은 동료나 작업장에 시간적·경제적 부담을 주는 위험 요소로 간주되었고, 자녀가 없는 미혼 여성 또한 '미래의 어머니'로서 똑같이 '위험 요소'로 여겨졌다. 이로 인해 직장에선 여성들에게 중요한 과제를 맡기길 기피했고, 여성노동과 남성노동의 영역이 더욱 뚜렷이 구분되었다. 현대사회에서 직업생활과 가족생활을 만족스럽게 병행하기 위해서는 완벽한 사회 서비스제도가 뒷받침되는 동시에 자녀 양육과 가사노동에 대한 여성과 남성의 분담이 균형 있게 이루어져야 한다. 동독은 전자, 즉 사회 서비스제도의 마련을 위해서 많은 노력을 기울였다. 그러나 여성만을 대상으로 한 가족정책은 모순적이게도 직업과 가족의 조화를 여성 홀로 부담해야 하는 과제로 만들었으며, 남성들은 전통적 역할에 머물게 하는 신전통주의적 성별 분업을 만들었다.[124)]

5. 진정한 남녀평등정책으로

글을 맺기 전에 우선 이 책의 전체 문제의식에 맞추어 동서독의 분리된 역사 과정에서 두 사회가 상호간 영향을 주고받으며 간섭하는 과정을 여성정책을 통해 정리하고자 하며, 두 사회의 여성정책에 나타난 국가와 여성의 관계에 대해 논의하는 것으로 글을 마무리하고자 한다.

앞서 살펴보았듯이 분단 직후부터 1960년대까지는 동서독의 체제 경쟁이 치열했던 시기여서 여성정책의 결정 과정에도 분리, 대립, 경쟁의 요소가 비교적 강하게 영향을 미쳤으며, 두 사회의 여성정책은 내용 면에서도 뚜렷이 차이를 보였다. 동독은 사회주의 평등 이데올로기가 가진 강점들을 선전하고 이를 통해 체제 정당성을 확보하며 서독의 보수적 정책과 차별화하려는 목적 아래 여성정책을 적극적으로 시행했고 또한 이를 이용하고자 했다. 여기에 서독으로의 주민 탈출로 인한 노동력 부족이 겹치면서 여성의 노동 참여와 직업교육을 더욱 강화할 수밖에 없었다. 그 결과 동독 여성들은 어느 사회에도 뒤지지 않을 만큼 높은 취업률을 기록했으며, 동독 정부는 이를 근거로 "동독 사회에서 남녀평등은 실현되었다"라고 선언했다. 이와 같이 동서독의 분단과 대립 상황이 동독에서 여성의 사회 참여를 확대하고 적극적인 여성정책을 발전시키는 원동력이 되었다면, 서독에서는 반대로 분단이 진보적 여성정책의 발전에 걸림돌로 작용했다. 동독이 여성의 노동 참여와 탁아정책을 강화하자 서독은 남녀평등이나 탁아 시설에 대한 요구를 사회주의적인 것으로 몰아세우고, 반공이라는 이데올로기 하에 전통적인 여성차별주의를 정당화했다.

그러나 1970년대에 들어서면서 동서독의 긴장 완화와 함께 여성정책의 결정에도 체제 대립적 요소보다는 각 사회의 내적 상황이 더욱 중요한 영향을 미쳤다. 서독의 경우에는 1960년대 말, 1970년대 초부터 좀더 진보적인 이념을 가진 사민당 정권이 등장하고, 노동력에 대한 수요 증가와 여성운동의 강력한 요구가 어우러지면서 여성의 취업권이 신장되고 직장 여성을 위한 모성보호정책이 발전되는 모습을 보였다. 그러다 1980년대 들어 다시 기민당 정권이 들어서자 여성정책의 내용 또한 보수화되는데, 여성을 위한 정책보다는 가족의 자녀 양육 기능을 보호하기 위한 정책이 중심에 서게 되었다. 동독 또한 1970년대부터 여성정책에서 가족과 관련한 내용들이 강조되기 시작했기 때문에 1980년대에는 동서독 모두 여성정책이 가족정책의 성격을 많이 띠게 되었고, '가족과 직업의 조화'가 여성정책의 모토로 등장했다. 이와 같이 1980년대 들어 동서독의 여성정책에서 공통된 흐름이 나타난 것은 특별히 동서독 관계가 영향을 미친 결과라기보다는 두 사회 모두 출산율 저하로 인한 인구 문제를 겪고 있었기 때문으로 생각된다. 여기에서 다시 한 번 강조하고 싶은 것은 1970·80년대에 동서독에서 국가의 적극적인 개입하에 시행된 모성보호정책이 여성에게 미친 이중적 영향이다. 서독의 육아 휴가제나 동독의 유급 자녀 간병 휴가, 노동시간 단축, 가사노동일 등이 자녀를 양육하는 여성의 신체적, 시간적 부담을 덜어준 여성의 복지를 '위한' 정책이었음에도 불구하고 이것이 다른 한편으로 가족과 사회 내 남녀평등 실현에 오히려 걸림돌이 되었다는 것이다. 물론 이러한 사실이, '여성에 대한 복지정책적 개입이 필요치 않다'는 자유주의적 관점을 정당화시킬 수는 없으나, 여성만을 대상으로 하는 모성보호정책의 위험성에 대해 지적하고 경계하는 것은 매우 중요한 일이다. 여성정책이 이러한 딜레마에 빠지지 않기 위해서는 지금까지 여성정책으로 추진된 '모성보호'정책을 앞으로 남녀평등정책의 테두리 안에서 가족노동과 자녀 양육의 책임을 사회와 남녀 가족 구성원이 함께 분담하는 '부모 보호'제도로 변화시키는 일이 필요하다.

다음으로 동서독의 여성정책 발전 과정에서 나타난 국가와 여성의 관계에 초점을 맞추고 그 '다름'과 '닮음'에 대해 살펴보겠다.

동독에서 국가는 분단 초기부터 여성의 삶에 적극적으로 관여했다. 전통적 여성상을 해체하고, 남녀평등 원칙을 법제화하고, 여성의 노동권과 동일 임금을 보장하는 모든 일을 여성들이 요구하기 전에 국가가 나서서 해결해주었다. 심지어 여성 권익을 위해 일할 여성단체까지 국가가 조직해주었다. 그러나 서독의 국가는 약간의 예외적인 시기를 빼놓고는 될 수 있으면 여성의 일에 관여하지 않음으로써 전통적인 여성의 삶이 해체되지 않도록 하는 소극적(?) 방법을 사용했다. 정부 수립 초기 기본법에 '남녀평등' 조항이 삽입되는 과정이나 이후 대부분 여성평등정책이 제도화되는 과정은 여성운동의 요구를 국가가 할 수 없이 수용한 결과였다. 서독 여성은 작은 조각의 평등을 얻기 위해 목소리를 높이고 몸을 부딪치며 싸우는 힘겨운 과정을 겪어야만 했다.[125)]

이러한 차이로 인해 동서독 여성의 삶도 다른 모습을 보였다. 통일 직전 동독 여성의 91%는 직업 활동에 참여했고, 87%가 직업 교육을 마쳤으며, 남성과 동등한 교육 수준을 갖추고 있었다. 여성 소득이 가족 소득의 40%를 차지할 정도로 여성의 경제적 자립도도 높았다. 이에 비해 서독 여성의 취업률은 54%에 불과했고, 서독 여성의 수입이 가족 소득에서 차지하는 비율은 18%에 불과했다. 서독에서 여성은 자녀 출산 후 자녀를 양육해줄 사회 시설을 찾지 못해 전전긍긍하다 직장을 포기할 수밖에 없었다.

그렇다고 해서 동독의 여성이 서독의 여성보다 해방되고 평등한 삶을 살았다고 바로 결론을 내리기는 힘든 면이 있다. 주어진 평등과 힘겹게 쟁취한 평등의 값어치는 양으로만 평가할 수 없기 때문이다. 조그마한 평등을 이루기 위해서도 힘겨운 싸움이 필요했던 서독의 여성들은 남녀평등의 이념을 실현시키는 것이 얼마나 힘든 일인지, 여성들이 힘을 모으는 일이 얼마나 필요한지를 깨달을 수 있었다. 또한 투쟁하는 과정에서 여성들이 함께 연대하고 정책을 관철시키는 소중한 경험을 할 수 있었다. 그러나 동독의 여성은 남녀불평등에 대한 문제의식을 가질 기회조차 거의 없었기 때문에 정책을 비판하고 대안을 제시하는 능력을 키우기 힘들었다. 남녀평등, 여성의 노동권, 동일 임금 등이 이미 요구하기 전에 주어졌을 뿐 아니라 집단행동을 허용하지 않는 경직된 사회구조로 인해 동독 여성은 주어진 해방을 받아들이는 소극적인 위치에 있었다. 서독에서는 여성이 목표로 하는 정책을 실현시키기 위해 자발적으로 여성조직을 결성했으나, 동독에서는 국가에 의해 여성 권익을 위한 활동기구가 설치되었다. 동독의 여성들은 여성정책의 소극적 참여자, 수혜자 및 소비자의 역할에 머물렀다. 서독 여성들이 실질적으로 남녀평등을 실현해낸 부분은 적었으나 지속적인 운동 과정을 통해 여성의식의 변화라는 중요한 결실을 맺었다면, 동독 여성들은 서독 여성들이 요구하는 여성정책 중 많은 부분이 이미 사회적으로 실현된 가운데 살면서도 이에 걸맞은 여성의식은 갖추지 못했다. 불필요한 오해를 피하기 위해 덧붙이자면, 여성정책에 대한 동독 여성의 소극적인 자세를 지적한다고 해서, 동독의 여성이 국가에 대한 전반적인 비판에서 수동적이었다는 의미는 아니라는 점이다. 동독 여성이 1980년대의 '민주화운동'과 '평화운동' 등에 적극적으로 참여하면서 동독 사회의 붕괴에 중요한 역할을 했다는 점은 결코 간과되어서는 안 된다. 그러나 바로 이러한 사회적 특수성 때문에 동독 여성들은 남녀평등보다는 '사회민주화' 같은 다른 사회적 이슈에 더 민감했으며, 남성과의 '대립'보다는 남성과 '함께' 싸우는 일에 더 관심이 있었던 것으로 여겨진다.

이와 같이 두 사회에서 여성이 국가와 맺는 관계의 다름에 의해 여성의 삶의 형태·의식이 달라졌지만, 또 다른 측면에서 확인할 수 있는 것은 국가가 여성을 바라보는 방식이나 여성정책의 본질은 동서독이 매우 닮았다는 사실이다.

분단 이후 두 사회의 여성정책은 그 내용과 겉모습이 어떠했든 관계없이 진정한 여성의 정책, 즉 여성이 주체가 된 정책이 아니었으며, 국가와 여성의 관계는 가부장적 관계로 맺어져 있었다. 비록 동독의 여성정책이 여성의 경제적 자립도와 자의식을 높여 가족 내에서 남성에 대한 종속성을 약화시키긴 했지만 — 이는 동독의 높은 이혼율에서도 나타난다 — 여성은 강력한 후견자인 국가의 보호 대상자였을 뿐 국가에 대한 여성의 권력이 강화된 것은 아니었기 때문에 국가 가부장적 구조는 존속되었다. 서독에서 역시 국가는 자신의 가부장적 권력을 사용해 처음에는 가족 내 가부장제를 유지시키기 위한 전략을 사용했고, 후에는 여성운동의 요구와 변화하는 가족 구조에 적당히 대처하면서 가족과 여성에 대한 국가의 개입을 강화했다는 점에서 국가 가부장제의 면모를 보였다. 동서독의 국가는 자신의 지배체제를 유지하고 체제 경쟁에서 유리한 고지를 차지하기 위해 때로는 기존의 상태를 '내버려두는' 방법을, 때로는 적극적으로 나서서 '변화시키는' 방법을 사용했을 뿐이며, 여성을 보호 대상자 혹은 정책의 대상과 수단으로 여겼다는 점에서 공통점을 지녔다. 그렇기 때문에 아주 다른 모습이었던 동서독의 여성정책은 결국 1980년대 들어서 '가족과 직업의 조화'라는 공통분모를 갖게 되었으며, 이 속에서 여성은 가족과 직업 사이에서 우왕좌왕하면서 슈퍼우먼 콤플렉스와 '이중적 사회화(doppelte Vergesellschaftung)'[126)]로 고통받는 분열적 존재로 만들어졌다. 또한 두 사회의 여성정책은 남녀평등 실현을 위한 독립적인 정책으로 실행되었다기보다 경제, 노동, 인구정책의 목표를 위한 수단에 불과했다는 점도 동서독 사회의 공통된 문제점으로 지적할 수 있다.

통일 직후 동서독 여성들은 아쉽게도 여성정책을 한 발 더 전진시킬 수 있는 기회를 놓쳤다. 그러나 지금까지 살펴본 동서독 여성의 사회적 삶이 보여주는 '다름'과 '닮음'의 모습은 새로운 연대의 가능성을 보여준다. 상호간 다른 경험세계를 갖고 있다는 것은 오해와 갈등의 소지가 되기도 하지만, 서로를 보완하는 풍부한 삶의 자원을 축적하고 있음을 말해주기도 한다. 이제 필요한 것은 동서독 여성이 왜 다를 수밖에 없는가를 이해하고, 지난 세월 동안 각기 쌓아온 경험의 가치를 인정해주며, 서로 닮은 모습을 찾으려는 노력이다. 동서독 여성이 함께 겪어온 가부장적 국가의 모순을 연대의 불씨로 만들고, 동독 여성의 경제적 자립에 대한 강한 의지와 자의식, 그리고 서독 여성의 적극적인 여성운동과 정책 참여의 경험을 값진 자원으로 활용한다면 통일 독일의 여성정책은 여성이 참여해서 여성이 만들어가는 진정한 남녀평등정책이 될 수 있을 것이다.

김은영 | 연세대 강사

독일 | 과거극복

나치 과거극복을 둘러싼 동서독 대결의 동학 : 1945~90년

1. 나치 과거극복 연구의 새로운 시각

최근 독일 현대사를 연구하는 국내 학자들이 늘어나면서 독일의 과거극복(Vergangenheitsbewaeltigung) 관련 문제를 소개하는 글들이 나오고 있는데, 이것은 학문적 측면에서뿐만 아니라 한국의 현실 문제 해결이라는 측면에서 매우 고무적이다. 독일 과거극복의 역사는 자신의 침략적 과거를 은폐하고 미화하는 일본에 대한 비판의 준거로서, 그리고 최근 한국의 친일 문제에 대한 하나의 준거로서 좋은 예가 되기 때문이다.

그런데 통일 이후 나치 독재 극복의 문제를 다루는 독일인들의 연구시각에 몇 가지 새로운 경향이 확인된다. 20세기 두 번째의 독일 독재의 극복 문제를 첫 번째 독재인 나치 독재 극복에 비추어 연구하는 것, 그리고 동서독의 나치 과거극복 노력이 분단 상황에 의해 어떻게 영향받았는지를 탐구하는 것이 그 새로운 경향이다. 특히 후자는 분단시대의 독일사를 각 진영의 상황과 성격에 영향을 미친 양독의 대결, 배제, 연관이라는 중층적 관계의 시각에서 연구하는 최근의 분단 독일사 연구 방향의 한 부분이기도 하다. 분단 상황과 이에 따른 체제 경쟁이 각 진영의 과거극복 노력에 일정하게 영향을 미쳤다는 점이 점점 강조되고 있다. 필자는 이러한 시각에서 연구된 최근의 성과를 소개하고자 한다. 먼저 연합군 점령시기 미국 점령 당국과 소련 점령 당국이 각각 주도한 점령시기 탈나치화 조치를 살펴보고, 다음으로 서독과 동독의 과거극복 노력을 양독 관계의 시각에서 고찰하겠다.

2. 연합군 공동의 탈나치화 조치

연합국들은 독일 문제 해결을 위해 개최된 1945년 2월 얄타회담 공동선언문에서 다음과 같이 명시했다. "군국주의와 국가사회주의를 제거하고 독일이 결코 다시는 세계 평화를 깨뜨릴 수 없도록 안전장치를 만드는 것, …… 모든 전범을 정당하고 신속하게 처벌하고 …… 모든 국가사회주의적이고 군국주의적인 영향을 독일의 공공기관 및 문화, 경제 영역에서 제거"해야 한다. 이에 기초해서 1945년 11월부터 1946년 10월까지 뉘른베르크에서 전범 재판이 진행되었다. 뉘른베르크 재판은 주요 전범 재판과 후속 재판으로 구성되었다. 연합군이 이를 통해 달성하고자 한 점령정책의 목적인 탈나치화를 실현하기 위한 구체적 수단은 탈군국주의화와 카르텔 해체, 그리고 민주화였다. 그런데 뉘른베르크 재판에서 특히 주목해야 할 것은 전범 항목 중 '비인도적 범죄(crimes against humanity)'가 들어 있다는 점이다. 연합군의 탈나치화의 기본 전제는 독일인들 전부가 나치 범죄에 책임이 있다는 '집단책임'론이었다. 연합군 측은 독일인들이 반나치 저항운동에 미미했던 것을 독일 국민들이 히틀러 지배에 기꺼이 동조한 것으로 보았던 것이다.

'주요 전범'으로 기소된 내각 각료, 나치당 지도부, 친위대, 돌격대, 비밀경찰, 국가정보국원들, 군 참모부 등 24명 가운데 12명은 사형선고를 받았으며 사형은 신속히 집행되었다. 나치 단체들과 관련자들에 대한 후속 재판이 이어졌지만, 이는 미온적으로 추진되었다. 12개 후속 재판에서는 총 185명이 기소되는 데 그쳤으며, 그 가운데 24명 사형, 20명 무기형, 98명은 기타 징역형을 언도받았으나 35명은 무죄로 석방되었다. 이와 같이 철저하지 못한 점이 있지만, 뉘른베르크 재판은 국제적 차원에서 공적 정의를 실현할 수 있는 장을 마련했다는 점에서 국제연합의 창설과 더불어 국제 질서의 획기적인 발전을 도모한 것으로 긍정적 평가를 받는다.[127)] 이와 별도로 탈나치화는 각 점령지역에 따라 각각 진행되었다.

3. 미국 점령지역의 탈나치화

초기 미국 점령 당국은 소련 점령지역에 뒤지지 않을 정도로 철저하게 탈나치화를 단행하려고 했다. 1933년 4월 1일 이전 나치당에 입당한 자, 나치당과 각종 나치 조직의 간부, 각급 국가기관의 고위직 간부, 시장, 군수산업체, 경제단체의 고위직 간부, 이외에 전범 혐의자, 인종학살 참여자, 유대인 등을 밀고한 자 등이 '적극적 나치'로 판정되었으며, 이들은 전원 해고되어야 했다.

그러나 여기에는 문제가 많았다. 미국 내 여론의 압력에 밀려 탈나치화 작업에 가속도가 붙어 숙청 대상의 규모가 너무 급격하게 늘어났다는 점이다. 예컨대 숙청 대상이 재계에까지도 광범위하게 확산되었던 것이다. 이에 따라 미 점령 당국의 '특별위원회' 판정은 점점 더 도식적이고 자의적으로 되어갔고, 이 때문에 독일인 사이에서는 많은 불만이 싹트게 되었다. 1946년 초에는 나치와 무관하다고 여겨졌던 일반 독일인들과 나치세력 사이에 '기묘한 연대'가 형성되기까지 했다. 이와 함께 미 점령 당국은 행정과 경제의 기능 마비라는 커다란 문제에 봉착했고, 어쩔 수 없이 결국 탈나치화 업무를 독일인에게 대폭 위임하는 전격적인 정책 변경을 단행해야 했다.

1946년 3월 5일에 공포된 '나치청산법'과 함께 미군 점령지역에서 최고 감독권을 유보한 나머지 모든 탈나치화 권한이 독일인의 손으로 넘어갔다. 이에 따라 새롭게 설치된 '나치심사청(Spruchkammer)'에서 18세 이상 전체 독일인에게 의무적으로 '신상조사서'를 작성하게 한 다음, 이를 근거로 나치 관련 여부 심사에 착수했다. 신상조사서를 제출한 독일인은 정당 및 사회단체 대표로 구성된 심사위원들에 의해 '주요 책임자', '책임자', '하급 책임자', '단순 추종자', '무관련자'의 다섯 개 부류로 분류되었으며, 당사자들에게는 자신들의 책임 등급을 구체적으로 입증할 의무가 주어졌다. 그리고 최종 판정 결과에 따라 직업 활동 금지, 재산 몰수, 노동수용소 수용 등 각각 상이한 처벌 조치가 뒤따랐다.

그러나 '나치청산법'은 증거 제출 의무를 피고에게 부여했다는 점과 도식적 분류법이라는 본질적인 한계를 지니고 있었다. 더군다나 대개 독일인들이 이 업무를 달가워하지 않았기 때문에 2만여 명에 달하는 '심사청' 일꾼들을 독일인 가운데서 선발하는 것도 쉽지 않았다. 이런 이유들 때문에 '심사청'은 '단순 추종자 양성소(Mitlaeuferfabrik)'로 변질되는 경향을 보였는데, 이는 다음과 같은 최종 결과에서 확인된다. 1949년 말까지 1,300만여 명이 신상조사서를 제출했으나, 그 가운데 4분의 3이 '나치청산법'에 따르는 심사 대상에 해당되지 않았으며 단지 344만 명 정도가 심사 대상이 되었다. 이들 가운데 다시 4분의 3은 1946년 말 청소년 사면 조치를 비롯한 일련의 사면 조치로 사면되었거나 고소 없이 심사가 중단되었다. 결국 총 95만 건이 실제로 심사되었는데, 이 가운데 절반 이상이 단순 가담자 판정을 받아 가벼운 벌금형의 처벌만을 받았다. 총 심사 건수의 0.17%(1,654명)가 '주요 책임자'로, 2.33%(2만 2,122명)가 '책임자'로, 11.2%(10만 6,422명)가 '하급 책임자'로 분류되었다. 게다가 실질적 처벌 대상이었던 이들조차 1947년부터 시작되는 냉전으로 인해 한 단계씩 하위 그룹으로 재조정되거나 사면되었고, 기업인들이 이러한 혜택을 많이 누렸다. 서방 점령지역을 공산주의에 대한 방파제로 삼기로 한 미국은 독일을 서유럽 집단안보체제와 경제통합체를 구축하는 핵심으로 삼았고, 이때부터 탈나치화 조치는 실제적으로 종결되었다.[128]

4. 소련 점령지역의 탈나치화

소련 점령 당국의 탈나치화는 크게 인적 청산과 사회경제적 청산으로 나뉘는데, 후자가 전자보다 더 중요하게 다루어졌다. 왜냐하면 소련 점령세력의 공식 이데올로기인 반파시즘에 의할 때, 파시즘은 독점자본이 위기에 직면하여 선택한 가장 반동적인 형태이므로 우선적으로 독점자본주의의 기반을 해체하고 사회주의적 변혁의 토대를 마련해야 했기 때문이다. 이는 나치세력의 토대인 토지 귀족(융커)과 독점자본가의 재산을 몰수하여 사회화하는 것이었다. 이 측면이 미국 점령지역의 탈나치화와는 다른 중요한 요소이다. 그러나 이 글에서는 미국 점령지역의 탈나치화와 대비하기 위해 소련 점령지역의 인적 청산만을 상세히 살펴보기로 하겠다.

인적 청산에서도 소련 점령지역의 탈나치화 조치는 미국 점령지역과는 달랐다. 먼저 모스크바에서 망명생활을 했던 울브리히트 공산주의 그룹이 소련 점령지역의 나치 인적 청산 프로그램을 구상하고 이를 적극적으로 추진했다는 점이다. 그러나 소련 점령지역의 독일인들은 소련 지배에 대한 적대감과 패전의 파괴적 결과로 인해 나치 당원까지도 동일한 운명공동체로 인식했기 때문에 나치 인적 청산에 불만 내지 소극적인 태도를 표명했다. 예상하지 못한 독일인들의 침묵의 저항에 직면한 소련 점령 당국은 1945년 7월 미국보다 더 빨리 독일인들 손에 청산 작업의 책임을 넘기고 자신들 책임으로는 단지 감독권만을 남겨두었다.[129] 물론 이는 미국 점령지역에 비해 나치 청산을 담당할 준비가 되어 있는 공산주의 그룹이 소련 점령지역에 존재했다는 사실과 무관하지 않다.

그러나 청산 작업을 위임받은 일단의 공산주의 그룹도 일거에 청산 작업을 수행할 수는 없었다. 왜냐하면 수백만 명에 달하는 나치 관련 혐의자를 동시에 처벌할 경우 사회경제적 혼란을 야기할 것이라는 우려가 있었기 때문이다. 그래서 나치 당원의 경우 책임의 경중에 따라 구분하여 '주요 책임자'는 축출하되, 명의상의 당원에 해당하는 자는 일단 유보했다. 이에 따라 전문 기술 인력은 대부분 숙청 대상에서 제외되었으나, 행정·교육·법조계의 주요 책임자만은 당장 축출되었다. 비교적 온건하게 추진되던 탈나치화의 인적 청산은 1946년 겨울을 기점으로 철저하게 시행되기 시작했다. 1947년 3월에 개최 예정인 연합국 외상회담에서 소련 점령지역의 나치 인적 청산이 너무 온건하다는 비판의 실마리를 제공하지 않기 위해서였다.

이에 인적 청산 작업은 가속도가 붙었지만, 이번에도 역시 독일인들의 반발과 불만을 자아냈다. 청산 대상의 선정 기준이 나치 지배체제에 대한 실제 역할이나 책임의 유무가 아니라 형식적 기준, 즉 당과 그 산하 단체 소속 여부 등이었기 때문이다. 1947년 여름, 소련 군정이 새로운 탈나치화 방침을 발표함으로써 획일적 숙청은 중단되었다. 이 새로운 방침의 핵심 내용은 구나치 당원을 열성분자와 명의상의 당원으로 구분하여 전자는 철저히 축출하되 후자에게는 사회 복귀의 기회를 부여하고, 이를 통해 탈나치화를 신속히 종결하겠다는 것이었다. 그리고 실제로 1948년 2월 26일 소련 군정은 탈나치화의 종결을 공식 선언했다.

그럼에도 그 결과로 볼 때 미국 점령지역에서 축출된 나치 관련 혐의자의 수보다 소련 점령지역에서 축출된 수가 훨씬 많았다. 더군다나 소련 점령지역에 남아 있던 나치 관련 혐의자가 미국 점령지역에 비해 훨씬 적었을 것이라는 근거 있는 정황 판단에 의거하면, 이 비교우위는 더욱 놀라운 것이다. 축출 대상이 특히 집중된 분야는 행정부서(특히 인사 분야), 교육계, 법조계였다. 이 분야에서 인적 청산이 집중된 이유는 자본주의적 토대를 유지시켜준 부르주아 상부구조의 핵심이라고 판단되었기 때문이다. 그 가운데 사법계 청산에 대해 좀더 상세히 살펴보자.

소련 점령 당국은 축출된 나치 연루 판사들의 공백을 메우기 위해 1946년 초 인민판사 속성 교육과정을 시행했다. 이 과정은 대략 6개월에서 1년 기간이었는데, 이 과정의 1·2기 졸업생 가운데 약 80%는 통사당 소속이었다. 소련 점령 당국과 통사당은 이 교체 과정을 통해 소련과 통사당 노선을 지지할 준비가 되어 있는 자들을 확보하고 그들로 하여금 중요 직책을 차지하게 했던 것이다. 1950년 말 동독의 판검사 60% 정도는 인민판사 출신이었다. 이는 1948년 중엽 미국 점령지역의 판사들 중 구나치 당원이 대략 80%를 차지한 것과 매우 대조되는 측면이다.

그러나 통사당의 정권 장악에 밀접하게 관련이 없는 영역에서는 탈나치화가 강도 높게 시행되지 않았다. 오히려 이 분야에서 책임이 가벼운 나치 평당원들의 사회 복귀는 대단히 신속히 이루어졌다. 이것은 나치에 의해 탄압받았던 공산당원들의 반발을 야기했다. 하지만 통사당의 지지기반 확보를 위해서 이들의 충성을 확보하는 것이 자신에게는 매우 중요했기 때문에 소련 점령 당국과 통사당은 내부의 이러한 항의를 감수하고 나치 평당원들의 신속한 사회 복귀를 이루고 난 후 과거 인적 청산의 종결을 1948년 공식적으로 선언했던 것이다.[130)]

5. 미·소 점령 당국의 탈나치화 조치 비교

양 점령지역의 탈나치화를 서로 비교해보자. 먼저, 전반적으로 소련 점령 당국이 더 철저한 탈나치화를 단행했는데, 이것은 일단 나치체제의 자본주의적 성격에 기인한다고 할 수 있다. 하지만, 이 사실 자체가 인권이라는 차원을 그 본질적 요소로 삼고 있는 과거극복을 공산 정권이 미국보다 더 모범적으로 했다는 것을 의미하지는 않는다. 이에 대해서는 뒤에 더 알아보자. 또한 이 사실을 근거로 미국 점령지역의 탈나치화가 실패했다고 평가하는 것은 조금 섣부른 속단이다. 왜냐하면 그곳에서도 나치 핵심세력이 곧바로 전후 독일 사회에 복귀하는 것을 막는 데는 부분적으로 성공했기 때문이다.[131] 다음으로, 양 점령 당국의 주안점의 차이이다. 미국 점령지역에서는 인적 청산에 초점이 맞추어졌다면, 소련 점령지역에서는 인적 청산을 당연히 포함하는 제도적, 사회경제적 청산에 역점을 두었다. 이러한 차이도 양 체제의 차이에 기인한다.

여기서 필자는 양 점령지역이 동일하게 너무 일찍 나치 청산 작업을 종결한 사실 또한 주목하고 싶다. 양 점령지역에서 각기 탈나치화 조치가 공식적으로 종결된 것은 1948년이었지만, 실제로는 냉전이 시작된 1947년이라고 볼 수 있다. 철저한 탈나치화를 다짐했던 종전 직후의 상황이 불과 2년 정도 지난 시점에서 중단된 사실을 어떻게 설명해야 할까?

양 점령세력이 탈나치화를 각 체제의 지지기반을 확립하기 위한 도구로 활용했기 때문에, 이 목적이 달성된 시점에서 탈나치화 조치는 종결되었다는 점, 그리고 1947년부터 본격화된 냉전으로 인해 미국과 소련은 처단 대상을 자기 진영으로 끌어들이기 위해 노력했다는 점 등은 일반적으로 잘 알려진 원인들이다. 그런데 탈나치화에 내재된 한계 또한 생각보다 이른 종결의 한 원인이었다는 점이다. 반나치 연합군의 '집단책임'론은 충분히 근거가 있었지만,

이를 기반으로 탈나치화, 즉 나치 범죄에 책임이 있거나 나치 지배체제 확립에 역할을 한 모든 독일인을 발본색원하여 처단한다는 것은 처음부터 불가능했다는 사실을 기억해야 할 것이다. 모든 관련자를 처단한다면 독일은 정상적으로 유지될 수 없고, 따라서 민주주의 사회로의 전환도 어려울 것이었다. 그러므로 탈나치화는 처음부터 일정하게 한계를 안고 있었다고 할 것이다. 어디까지 청산할 것이며, 어디까지 용인하고 재교육할 것인가 하는 것이 관건이었는데, 소련 점령 당국이 이 점에서 미국 점령 당국보다 좀더 철저했다.

6. '갈색 연방공화국' 대 '붉은 독재' : 동독의 '과거' 공세와 서독의 수구적 대응(1950~60년대)

1949년 양 점령지역에서 각각의 정부를 구성한 후 동서독의 각 의회에서는 탈나치화 조치에서 처단되었던 많은 인사에 대한 사면법을 제정했다. 이제 동서독에서 공히 탈나치화 문제는 종결되었기 때문에 더 이상 이 문제로 사회를 시끄럽게 하지 말고 사회를 통합하여 미래를 건설하자는 주장이 지배적이었다. 특히 많은 서독인은 스스로를 연합군 법정에 의해 희생당한 희생자이며, 나치군은 조국을 방위하기 위해 헌신한 자들이라는 희생자 인식이 확산되었다. 그 결과 예컨대 나치 희생자들을 위한 어떤 기념보다 먼저 전몰장병 기념을 위한 제반 조치가 취해졌다. 이러한 희생자 인식은 "일반 독일인들은 나치 범죄에 대해 아무것도 몰랐다" 또는 "범죄에 연루되었지만, 사실 나치에 의해 이용되었고 원치 않게 말려들었다" 등의 자기방어 논리와 함께 대다수 서독 국민들의 의식을 장기간 지배했는데,[132] 이것은 동독 국민들에게도 예외는 아니었다.

이러한 외형상의 유사성에도 불구하고 양자 사이에는 내용 면에서 차이가 존재한다. 동독은 명목상의 나치주의자들만을 사면한 데 반해, 서독은 철저한 나치주의자들도 이전의 공직에 복귀시켰다. 또한 동독의 사법부가 원칙적으로 연합군 법정의 탈나치화 관련 명령들을 계속 인정한 반면, 서독의 공적 영역 중에서 제일 청산되지 않은 부분인 사법부는 그 명령의 실질적 효력뿐 아니라 도덕적 가치도 더 이상 인정하지 않았다. 그래서 동독의 탈나치화 논리는 내부 신질서의 적을 처단하는 논리로 활용되었을 뿐 아니라 적대관계에 있는 서독을 공격하는 논리로 용도가 변경되었다. 통사당 정부는 서독의 정치·경제구조가 나치 정권 시기와 유사하다는 점을 강조하면서 동시에 고위공직으로 복귀된 나치주의자들의 전력을 대서독 선전의 중심에 두었다. 그들에게 "히틀러는 마치 서독인인 것처럼 여겨졌"고 서독은 일종의 "갈색 연방공화국"이었다.[133] 서독은 동독의 공격에 대해 해명하기보다 역공으로 나왔다. 서독은 한참 유행하고 있던 정치학 이론인 전체주의론에 근거하여 동독을 과거 나치 독재와 유사한 "붉은 독재"라고 비난하였다.

결과적으로 볼 때 동독의 공세는 서독 내에서 비판적 논쟁이나 분석을 촉진시켰다기보다는 오히려 방해했다. 예컨대, 동독 역사가들은 나치 독일의 동유럽 진출과 홀로코스트 기획에 조력했던 '동유럽 연구자들'이 여전히 서독 대학과 연구기관에서 중추적인 역할을 하고 있다고 비난하였다. 서독 역사학계에서 가장 많은 제자를 배출한 쉬더(Theodor Schieder)나 콘체(Werner Conze)가 그 예이다. 이 문제는 통일 이후에나 그 전모가 드러나 공개적으로 논의될 수 있었다.

또 다른 예는 서독 판사들에 대한 동독의 공격에서 찾아볼 수 있다. 특히 통사당은 나치 정권 시기 반나치 관련 혐의자들에게 사형선고를 내린 전력이 있는 판검사들의 목록을 작성하여 대서독 선전용으로, 그리고 체제의 우월성을 입증하는 선전용으로 활용했다. 아데나워 정부는 처음에 이를 완전히 무시했다가, 사태의 중차대함 때문에 1956/57년 각 주 정부 차원에서 동독의 리스트에 올라 있는 판검사들에 대한 심사를 실시했다. 물론 이 조치는 '공산주의자들의 비난'에 대해 합법적 면책을 주기 위한 형식적 행위에 불과했지만, 이러한 상황에서 서서히 과거극복에 대한 계기가 마련되었다는 점이 '동유럽 연구자' 비판의 경우와 다른 측면이다. 동독뿐 아니라 서유럽 우방국들에서도 서독의 과거극복 노력이 미흡하다는 우려의 목소리가 커지자, 외무부장관 브렌타노(Heinrich von Brentano)는 법무부장관 쉐퍼(Fritz Schaeffer)와 내무부장관 슈뢰더에게 진지한 노력을 촉구할 것을 주문하였다. 또한 바덴-뷔르템베르크 주 사법 당국과 일부 언론에서도 비판이 일기 시작했고, 서베를린 시의회가 자체 조사하여 1,000명에 가까운 현직 판검사가 나치체제에 협조한 전력을 갖고 있었다고 발표하기도 하였다. 이는 동독이 작성한 것보다 높은 수치였다.

이러한 변화에 떠밀려 서독 아데나워 연방정부는 그동안 주 단위에서 실시하였던 미진한 과거 전력 조사를 중앙 기관이 일괄 처리하도록 방침을 정했다. 그 결과 1958년 11월 루드빅스부르크 중앙심사국(Ludwigsburger Zentrale Stelle)이 설립되었다. 이후 나치 전력 협의자에 대한 조사가 활발히 진행되었다. 이 특별기구의 설립으로 서독의 과거극복 역사에 새로운 단계가 시작되었다. 즉, 그동안 스스로 연합국 법정의 희생자라고 생각했던 서독 국민들은 자신도 역시 가해자라는 자각을 갖게 되었고, 비록 외부의 압력으로 촉발되긴 했지만 서독인 스스로 자신의 과거극복을 주도적으로 추진하기 시작하였다.[134)]

1961년의 아이히만 재판과 1963년의 프랑크푸르트 아우슈비츠 재판도 이러한 인식 전환에 한몫을 했다. 유대인 대학살을 주도했던 아이히만은 종전 후 아르헨티나로 도피하여 생활하다가 이스라엘 비밀경찰에 의해 체포되었다. 그는 이스라엘로 이송되어 재판을 받았는데, 이때 국제 여론은 뜨거운 관심을 보였다. 재판 과정에서 서독인들은 이제 다 청산되었다고 믿었던 어두운 과거가 아직도 청산되지 않은 채 가까이 남아 있다는 사실을 점차 깨닫기 시작했던 것이다. 이러한 인식 전환에 기여한 것 중 또한 언급해야 할 것이 자기비판적인 소설들과 비판서들의 등장이다. 예컨대, 하인리히 뵐(Heinrich Boell)의 『아담아, 네가 어디 있었는가』와 귄터 그라스(Guenther Grass)의 『양철북』, 미철리히 부부(Alexander Mitcherlich와 Margarete Mitcherlich)의 『애도하지 않는 독일인』이 바로 그것이다. 이러한 자기 성찰의 발전은 결국 서독 시민사회의 역동성의 결과라고 평가할 수 있겠다.

그러나 루드빅스부르크 중앙심사국의 활동은 그다지 원활하게 진행되지 않았다. 가장 중요한 나치 전력 입증자료는 동독이나 폴란드 등 공산국가에 있었는데, 이것을 열람하기가 쉽지 않았다는 점이 제일 큰 장애였다. 왜냐하면 1960년대 중반까지 서독은 독일의 단독 대표권이 서독에게만 있다는 할슈타인 독트린을 고집하면서 법무부에서 폴란드 등 동구 국가들과의 접촉을 승인해주지 않았기 때문이다. 더구나 나치 전력 혐의자들과 이들을 비호하는 세력은 반공주의와 동독과의 대립을 강조하며 루드빅스부르크 심사국의 활동이 서독 사회에 분열과 혼란을 조장하고 있다는 논리를 내세웠는데, 이것 자체도 루드빅스부르크 중앙심사국의 활동을 방해했던 것이다.

동독은 한편으로 서독의 위와 같은 노력이 자신의 체제 우월성과 선전 전략의 성공을 입증하는 것이라고 생각했고, 서독의 진보세력과 연합전선을 형성하여 보수적인 아데나워 정권을 붕괴시키는 전략을 구사하기도 했다. 그러나 다른 한편으로 나치 과거극복의 주도권이 서독으로 넘어갈 수 있다는 우려를 갖기 시작했다. 이에 동독은 더 정확한 자료를 구비하기 위하여 폴란드 등 동구 우방국가에서 나치 관련 자료를 조사, 입수하기 시작했고, 그 결과 새롭게 드러난 나치 전력 혐의를 받게 된 동독인들에 대해 엄격한 처벌을 단행했다.

7. 발전하는 자기 성찰 대 경색된 '반파시즘론' : 서독의 적극적 과거극복 노력과 동독의 방어적 공세(1970~80년대)

그동안 여러 가지 지장으로 충분한 결과를 내지 못했던 서독의 루드빅스부르크 중앙심사국의 활동에 1964년 후반기 새로운 전기가 마련되었다. 1964년 자민당(FDP) 소속 법무부장관 부허(Ewald Bucher)가 사회 안정과 법적 안정을 이유로 나치 관련 혐의자 기소 기간을 1965년 5월로 종결할 것을 제안했던 것이다. 이때 동독뿐 아니라 서방 우방국들에서 서독이 나치 범죄 문제를 완전히 종결하려고 한다는 비판이 가해졌고, 서독인들 가운데 더 철저한 과거 청산을 원하는 사람들은 이전보다 더 단합하게 되었다. 그 결과 1964년 12월 사민당(SPD) 의원들과 기독민주당(CDU/CSU) 일부 의원들은 루드빅스부르크 중앙심사국원들이 동유럽 국가들에 존재하는 자료를 자유롭게 조회할 수 있도록 그 국가들에 대한 여행 규제를 풀 것을 국회에서 공동 발의하였고, 이를 연방정부에 요구했다. 그리고 연방정부는 예정된 1965년 5월까지로 기소 기간을 종결하자면 최소한 루드빅스부르크 심사국의 활발한 활동 여건은 조성해주어야 했기 때문에 여행 규제를 풀었다.

하지만 서독 정부의 기대와 달리 동유럽 국가들에서 자료 조사를 한 결과, 단 몇 개월 내로는 처리할 수 없을 정도로 방대한 자료가 존재하고, 또 독일인들의 범죄 연루 정도와 범위가 예상보다 크고 복잡하다는 것이 확인되었다. 이에 사민당 의원들과 기민당 일부 의원들은 다시 1965년 3월 나치 관련 범죄 기소 기간을 4년 더 연장하는 법을 발의한바, 격렬한 논쟁이 이어졌다. 결국 의회는 연장법을 통과시켰는데, 우리는 이 논쟁 과정에서 명확해지기 시작한 변화를 주목해야 한다. 즉, 나치 범죄의 실상을 밝혀내고 처단하는 문제는 이제 더 이상 냉전이나 동독과의 대립 또는 내부 통합이나 사회 안정이라는 현실적이며 당리당략적 이유에 따라 좌우되어서는 안 될 것이라는 의식이 서독 사회 전반에 자리 잡기 시작했다는 점이다.

이제 서독은 자료 수집을 위해 동독과 동구 국가들과의 협력관계를 제도화하고자 했다. 그러나 이러한 요구에 대해 동독은 기대보다 덜 협조적이었으며, 때로 방해하기까지 했다. 예컨대 서독 정부에서 요청한 모든 자료를 건네주기보다 서독 정부 노력의 허점을 드러낼 수 있는 자료를 미리 공개하여 "서독 정부가 진정한 의미에서 과거를 극복하고자 하기보다 단지 알리바이를 만들기 위한 형식을 갖추고자 할 뿐"이라고 비판한 다음 해당 자료를 넘겨주곤 했다. 또한 여러 가지 이유로 처단되지 않은 나치 전력 혐의가 있는 동독인에 관한 자료 등 동독에 불리한 자료는 건네주지 않았다.

이러한 태도에는 여러 가지 이유가 있었는데, 첫째 서독에게 과거극복의 주도권을 빼앗길 것에 대한 우려가 강하게 작용했다. 둘째, 서독이 동독을 거치지 않고 직접 동구 국가들과 접촉하여 관련 자료를 입수하면 할수록 나치 문제의 외교적 가치가 감소될 것이기 때문이었다. 그래서 동독 정부는 동베를린을 통하지 않고 직접 서독에 관련 정보를 제공하지 말 것을 폴란드와 협약했다. 셋째, 서독의 활발한 나치 전력자 조사로 동독이 모르고 있었거나 의도적으로 처벌하지 않았던 나치 전력 동독인이 드러나는 것을 극히 두려워했다. 이런 사실이 드러날 경우 동독의 반파시즘적 이미지에 크게 손상을 입기 때문이었다. 이러한 이유들 때문에 1960년대 중반 이전까지 서독의 나치 과거극복 노력에 자극을 주었던 동독은 이제 그 반대 역할을 하기 시작했고, 서독의 자본주의 질서와 나치즘을 동일시하는 상투적인 "반파시즘론에 근거한 비판"만을 강조했다.[135)]

점점 경색되어가는 동독과 달리 서독에서는 1968년 학생운동이 과거극복 노력을 더욱 촉진하는 한 계기를 마련해주었다. 학생운동세력은 망명에서 돌아온 지식인들을 중심으로 이루어진 비판적 사회 분석 작업을 통해 서독이 보수적이며 권위주의적인 사회 풍토가 갖게 된 이론적 근거의 하나를 나치주의

자들이 여전히 사회의 주요 직책에서 활동하고 있다는 사실에서 찾았다. 그들에게 나치 과거는 부모 세대가 느꼈던 바와 같은 기억에서 지우고 싶은 과거가 아니라 현실 문제의 뿌리였다. 따라서 철저히 청산되어야 할 대상이었다. 또한 1960년대 서독의 과거극복 노력에 결정적 역할을 했던 사민당이 1960년대 말에 정권을 잡은 것도 서독 사회의 역사의식 변화에 중요한 기회를 제공했다. 바르샤바 게토(유대인 거주 구역)에 있는 유대인 추모비 앞에 무릎을 꿇은 브란트 수상을 통해 상징되는 정치·도덕적 과거 청산의 자세가 1982년까지 이어진 사민당 집권 시기 동안 사회 곳곳에 뿌리내렸다.

또한 특히 소장 역사학자들의 비판적 역사학 이론은 현재까지 지속되고 있는 역사 문화의 토대를 형성하는 데 크게 기여했다. 1960~70년대에 걸쳐 과거 독일의 어두운 진상은 역사가들에 의해 많이 밝혀졌지만, 전통적인 정치사적 접근이나 사회경제구조를 중요시 여기는 사회사적 접근으로는 나치 범죄에 대한 일반인들의 관련성을 분명히 파악할 수 없었다. 1968년 학생운동의 학문적 지향은 사회경제구조를 중요시하는 파시즘 이론에 바탕을 두었기 때문에 이것도 역시 사회경제사적 접근과 동일한 한계를 갖고 있었다. 1970년대 후반부터 나치 연구에 일상사(Alltagsgeschichte)의 방법이 본격적으로 활용되었는데, 이것은 제도나 사회경제구조 외에 사회심리적, 문화적 조건, 특히 노동자나 소시민층에 해당하는 보통 독일인들의 태도와 대응 방식 등을 중점적으로 다루었다. 뤼트케(A. Luedtke)와 포이케르트(J. K. D. Peukert) 같은 일상사가는, 유대인 학살과 같은 비정상적 현상은 일상생활에 안주하고 체제의 압력에 순응한 대다수 국민이 부지불식한 가운데 일어난 일이라는 주장이 자기 변호에 지나지 않는다고 보았다. 대다수 국민은 자기 주변에서 일상으로 벌어지고 있던 정권의 반인륜적 행위들을 직·간접적으로 알고 있거나, 적어도 관심만 가진다면 누구나 확인할 수 있음에도 대부분의 경우 타인의 고통과 희생을 외면하거나 침묵함으로써 나치집단의 범행을 방조했다는 것이다. 이런 의

미에서 이들은 나치 범죄의 '공범자(Mittaeter)'들이라는 것이다.[136)]

이러한 방법론은 동부전선에 투입된 일반 군장병들의 전쟁에 대한 집단적 태도, 즉 조국을 지키기 위해 전선에서 죽어간 일반 군장병의 나치 범죄 행위와의 관련성을 분석하는 데도 사용되었다. 이 작업은 정책 결정에 직접 참여하지 않은 이들 군장병의 편지, 일기, 구두 진술들 그리고 사진들에 대한 분석을 통해 수행되었다. 군 엘리트에 대한 분석에서 일반 장병에게까지 연구 대상을 확장한 바르토프(Omer Bartov)나 베테(Wolfram Wette) 같은 역사가에 따르면, 방위군은 전반적으로 나치 인종 이데올로기에 물들었으며, 점령 지역의 범죄적 군사작전은 군 엘리트가 아니라 상당 부분 직접 집행자들인 하급장교와 사병들에 의해 자발적으로 또는 무관심 속에서 수행되었다고 한다.[137)] 이들의 노력으로 인해 나치 엘리트에 국한된 과거극복은 나치 시기를 살았던 보통 독일인의 자기 성찰로까지 확대되었다. 이제 "일반 독일인들은 나치 범죄에 대해 아무것도 몰랐다" 또는 "범죄에 연루되었지만 사실 나치에 의해 이용되었고 원치 않게 말려들었다" 등의 자기방어 논리가 설득력을 점점 잃게 되었다. 이러한 상대적으로 건실한 과거극복 노력은 1982년 보수당인 기민당이 집권한 이후 약간 후퇴하는 듯했지만, 통일 이후에도 크게 흔들리지 않고 지속되고 있다.

8. 동독 과거극복의 한계

그러면 1960년대 후반 이후 동독의 과거극복 상황은 어떠했나 살펴보자. 서독의 진전된 모습과 달리 동독에서는 1960년대 후반 이후 별반 새로운 모습을 나타나지 않았다. 1990년 통독 이후 동독 지역에서 신나치주의자들이 대거 등장하고 외국인에 대한 테러가 자행된 예를 통해 우리는 동독의 나치 과거극복에 심각한 문제가 있었음을 추론할 수 있다. 이 문제는 1945년까지 거슬러 올라간다. 1945년 6월 나치 희생자를 지원하기 위해 베를린에서 조직된 파시즘의 희생자중앙위원회(Hauptausschuss der Opfer des Faschismus) 모임의 핵심 안건은 파시즘 희생자의 개념 정의 문제였는데, 여기서 유대인은 희생자로 분류되지 않았다. 유대인은 나름대로 희생을 당했지만 나치에 저항하다 희생당한 것이 아니라는 이유 때문이었다. 1945년 10월 중앙위원회는 '반파시즘 투사 희생자'와 '단순 희생자'로 분류하여 유대인을 후자에 귀속시킴으로써 유대인의 지위는 약간 상승했지만, 유대인들에게 주어진 혜택은 아주 보잘것없었다. 이후 동독에서는 반유대주의에 대한 철저한 반성이 없었고, 이러한 양상은 동독 시절 내내 지속되었다.[138)]

서독의 과거극복 진전과 대비되는 이러한 동독의 면모는 어디에 기인하는가? 첫째, 전쟁 기간 동안 동유럽 지역, 특히 소련에서 수많은 사람들이 사망했다는 사실에 기인한다. 유대인 희생자보다 소련 희생자 수가 더 많았기 때문에 반파시스트 희생자가 양적 측면에서 더 중요시되었다. 둘째, 1950년대 동독에 생존해 있던 유대인이 고작 1,500여 명에 불과했다는 사실과 미국, 영국, 프랑스 등 서유럽 국가들과 달리 소련이 유대인 문제 해결을 동독에 강제하지 않았다는 사실도 통사당의 입장에 영향을 주었다. 셋째, 유대인 문제가 부각되는 것은 통사당의 정치 노선에 위배되기도 했다. 동독 건국 주도세력은 파시즘을 오로지 자본주의체제의 문제로 축소하고 경제적 변혁을 파시즘의 근본적 해결책으로 강조했다. 따라서 반유대주의와 유대인 학살 문제가 중요한 이슈로 논의될 경우 통사당의 계급투쟁적 관점의 탈나치화 노선과 위배될 수 있었다. 넷째, 셋째 문제와 관계있는 것으로 반파시즘론에 근거한 동독의 사회경제적 청산과 엘리트 중심의 인적 청산이 반유대주의 청산에 역부족이었다는 점이다. 1970년대 이후 서독이 보통 독일인들의 일상에 감추어졌던 반유대주의를 문제 삼은 것은, 학문적으로는 일상사적 접근을 통해, 정치문화적으로는 인권과 민주주의 가치의 내면화와 심화를 통해 가능했다. 반파시즘론만으로는 그리고 인권을 무시하는 독재적 체제에서는 서독이 달성한 정도의 과거극복은 불가능했던 것이다.

9. 독일의 예를 어떻게 소화할 것인가

이상의 논의에서 우리는 몇 가지 새로운 시각을 얻을 수 있다.

첫째, 소련 점령지역의 탈나치화와 동독의 과거극복은 서부 점령지역과 서독에 비해 철저했다는 인상을 갖고 있었는데, 최근의 연구를 통해 이러한 역사상이 부분적으로 수정되었다는 점이다. 즉, 초기에는 동독이 서독보다 더 철저하게 나치 과거를 청산했지만, 과거정책이 체제 구축의 도구로 전락하면서, 그리고 반유대주의의 심성적 측면에 대한 자기 성찰을 게을리 한 결과 후기로 갈수록 동독의 과거극복은 서독에 비해 더 많은 문제를 노출하게 되었다.

둘째, 분단과 경쟁체제는 동서독 양국가의 과거극복 과정에 서로 큰 영향을 미쳤다는 점이다. 동독(그리고 소련 점령 당국)이 서독(그리고 미국 점령 당국)과의 나치 과거 청산 경쟁에서 우위를 점하기 위해 철저한 청산을 시도했던 측면도 있지만, 이것은 초기 국면에 국한된 것이었다. 반면, 서독의 과거극복에 있어서는 동독의 영향이 현저하였다. 동독이 서독의 부진한 과거극복에 대한 비판을 중요한 외교적 무기로 활용하였고, 서독 정부는 1950년대 이것을 단순히 냉전 논리로 무시했지만, 차츰 그 비판을 자기 발전의 계기로 받아들였다. 여기서 체제 경쟁이 반드시 과거극복에 긍정적 역할을 하지는 않는다는 점을 기억할 필요가 있다. 남한의 경우에서 확인되는 바와 같이 냉전 논리가 확대될 가능성을 제공할 수도 있었던 동독의 과거 공세를 서독이 긍정적으로 받아들일 수 있었던 것은 서독 시민사회의 성장이라는 요소가 매우 중요한 역할을 했기 때문이다. 시민사회의 발전은 인권과 민주주의의 심화와 확대 없이는 불가능하며, 인간학적 연구와 실천이 인권의식과 민주의식의 성장에 크게 기여한다는 점을 필자는 강조하고 싶다.

셋째, 독일의 사례 연구를 어떻게 소화해야 할 것인가이다. 물론 독일의 사례는 일본의 과거 반성을 평가하기 위한 준거로, 그리고 우리의 '친일파' 과거 청산을 평가하기 위한 준거로서 매우 유용하다. 그런데 일본과 독일의 비교와 한국과 독일의 비교에는 기준점이 필요하다. 전자에서는 인권과 민주주의에 근거하여 국가주의와 민족주의를 극복한다는 문제와 이웃 민족(국민)에 대한 사죄의 문제가 필요하고, 후자에서는 미국과 소련에 의한 분할 점령 상황과 과거극복 문제가 중첩되어 있었다는 점을 주목해야 한다. 즉, 동독과 북한은 사회주의적 방식의 과거 청산을, 서독과 남한은 자본주의적 방식으로 과거 청산을 추진했다. 그러나 독일에서 그것이 민족주의를 극복하는 문제였다면, 우리에게는 민족주의를 세우는 것이 문제였다는 점에서 독일과 우리의 사례는 커다란 차이를 보인다. 이런 이유 때문에 우리는 프랑스와 더 자주 비교된다. 이 점은 '친일파' 청산 문제에 관심 있는 사람들이 특히 주목해야 할 부분이다. 즉, 과거 청산을 인권과 민주주의에 기초해서 할 것인가 민족의 정기를 바로잡기 위해서 할 것인가, 이 둘은 서로를 배제하는가 아니면 상보적일 수 있는가 하는 점들을 좀더 고민해야 할 것이다.

김승렬 | 경상대 사학과 교수

한반도 | 경제정책

대립에서 협력으로

1. 남북한, 두 개의 추격 발전 전략

남북한은 한국전쟁의 폐허 속에서도 산업화를 추진했다. 남한은 후발 자본주의적 전략을, 북한은 후발 사회주의적 전략을 추격 발전의 방식으로 채택했다. 경제체제는 달라도 발전국가들을 '따라잡고 앞지르자'라는 추격의 구호는 같았다. 1960년대 초반 서구 좌파 경제학자들은 북한을 아시아에서 일본 다음가는 공업국으로 평가한 적이 있다. 남한이 1970년대 이후 이룩한 급속한 경제성장은 아시아의 다섯 마리 용의 하나로 세계적 관심을 끌기도 했다. 하지만 21세기 현재의 시점에서 북한은 국제사회의 지원으로 연명하는 기아국이 되었다. 남한은 한국전쟁 이후 최대의 국란으로 일컬어지고 있는 외환위기를 겪었다. 남북한의 급속한 추격 발전 전략의 한계가 드러나고 있는 것이다.

시장과 계획이라는 상이한 경제적 환경에도 불구하고 추격 발전 전략의 정치·사회적 비용은 공통적이었다. 정치적으로는 남북한의 상이한 제도적 기반을 고려해야 하겠지만, 경성 권위주의를 가져왔음을 부인할 수 없다. 즉, 남한은 유신체제를, 북한은 수령제를 급속한 산업화의 비용으로 치러야만 했다.

두 개의 발전 전략은 공통 조건 속의 상이한 선택으로 볼 수 있다. 공통의 조건으로는 한반도의 냉전 환경을 들 수 있다. 대외적으로 남북한의 산업화는 냉전적 동북아 질서의 바탕 위에서 이루어졌다. 남한의 수출 주도형 발전 전략의 배경에는 한·미·일 남방삼각체제의 분업 구조가 있다. 냉전 상황에서 남한은 '반공의 보루'로 미국과 일본의 다양한 지원을 받았다. 이에 비해 북한의 자력갱생 모델은 북·중·소 북방삼각체제의 불안정한 환경에서 형성되었다. 1950년대 후반 북한의 자립적 발전 전략은 중·소분쟁이라는 사회주의권의 분열 속에서 강요된 것이었다.

내적으로도 분단과 냉전 질서는 남북한에서 국가주의 이데올로기와 전체주의적 가치관, 권위주의적 문화를 확산시켰다. 특히 냉전은 자원 배분의 왜곡으로 나타나기도 했다. 남북한은 냉전적 대결과 체제 경쟁에서 승리하기 위해 지금까지 막대한 군사비를 투입하고 있다. 북한의 군사비 지출은 통상 GNP의 30%가량을 차지하고 있으며, 군수 부문인 제2경제위원회 중심의 자원 배분 구조가 정착되어 있다. 남한 역시 세계적인 탈냉전에도 불구하고 막대한 방위비를 지출하고 있다.

남북한의 새로운 발전 전략은 냉전형 발전 모델로부터의 탈피에서 시작해야 한다. 남북한 각자의 경제시스템 개혁과 남북 관계의 냉전적 패러다임의 전환이 이루어져야 한다. 사실 '1989년 혁명' 이후 진행된 세계적 수준의 냉전 종식은 한반도에서 아직 반영되지 않고 있다. 이제 남북한은 냉전시대의 경쟁에서 탈냉전시대의 협력정책으로 전환해야 한다. 이 글에서는 남북한의 거시경제적 구조, 대중 동원 운동, 그리고 국제경제와의 관계 등을 중심으로 상호 영향력을 살펴보고, 결론적으로 탈냉전적 협력 방향을 제시하고자 한다.

2. 상이한 거시경제 환경 : 시장과 계획

통일시대를 앞둔 현재의 시점에서 남북한의 상이한 경제 발전 전략에 대한 반성과 개혁, 그리고 바람직한 수렴은 시대사적 과제가 아닐 수 없다. 우선적인 관심은 남북한 경제 원리의 가장 큰 차이인 계획과 시장의 관계이다. 물론 후발 발전국가로서의 남북한은 모두 국가 주도형 산업화를 추진해왔기 때문에 계획과 시장의 논리 역시 국가 주도형 시장과 국가 주도형 계획의 의미를 가진다.

국가 주도형 시장경제에서 중요한 문제는 국가와 시장의 관계이다. 남한의 급속한 산업화 과정에서 재정·금융정책을 비롯한 경제정책 전반에서 국가 개입에 대한 공과는 논란이 분분하다. 국가 개입은 급속한 성장의 신화를 낳은 동력이었지만, 동시에 시장 왜곡을 가져온 원인으로 지목된다. 1997년 외환위기를 겪으면서 정실 자본주의 혹은 정경유착은 대표적인 한국 경제의 병폐로 비판의 대상이 되었다. 국가 주도형 경제 발전 전략의 결과가 아닐 수 없다. 이후 남한의 경제는 국가 주도에서 민주적 시장경제체제로 이행하고 있다. 기업의 성공과 실패가 금융 지원을 받을 수 있는 정경유착의 정도에 따라 결정되던 시대는 이미 지났다.

이에 비해 북한은 계획경제를 채택해왔다. 이 체제에서 유일한 경제 주체는 바로 계획 당국(당-내각-국가계획위원회), 즉 국가 그 자체다. 계획경제의 특징은 '연성예산제약(Soft-Budget-Constraint) 현상'을 통해 설명될 수 있다. 사회주의에서 기업의 지출이 수입보다 초과할 경우라도, 그 기업은 파산하지 않고 국가의 보조금을 통해 계속 생존한다. 다시 말해서 기업의 생존과 확장은 관료적 결정에 달려 있다. 상급 기관으로부터 얼마나 많은 자재와 노동력, 재정적 보조금을 확보하느냐가 중요한 것이다.

남한식의 자본주의에서 기업의 운명이 기술 혁신에 의한 원가와 비용의 절감, 이를 통한 생산성 향상에 달려 있다면, 계획경제에서 기업의 운명은 계획의 초과 달성을 위해 노동력과 자본을 얼마나 많이 확보하느냐에 달려 있다. 그러나 계획경제에서 계획 당국은 정보 부족과 하부 단위의 정보 왜곡으로 모든 것을 계획할 수 없고, 하부 경제 주체들은 양적 목표 달성에만 주력한다. 계획경제를 연구하는 많은 연구자들이 이러한 내부적 무정부성을 보면서, 과연 '계획경제'라고 부를 수 있는지 의문을 제기하는 것도 이 때문이다.

물론 북한 경제는 경제 위기가 심화되면서 계획이 약화되고 시장이 부상하는 '왜곡된 이중 경제체제'가 형성되고 있다. 암시장이 계획 기능을 대체하는 현상은 향후 더욱 확대될 것이다. 북한이 앞으로 개혁개방을 본격적으로 추진할 경우, 보다 공식화된 계획과 시장의 결합 형태가 나타날 것이다. 여기서 문제는 거시적 계획과 미시적 시장의 바람직한 결합 형태를 찾는 것이다. 물론 사회주의 경제학에서 논의되던 '계획 위주의 시장 사회주의'는 이미 역사적으로 실패한 대안이었음이 드러났다. 따라서 국가의 민주적인 거시적 조정 기능을 유지하면서 시장경제를 확대할 필요가 있다.

남한에서 과도한 시장 논리의 부정적 측면이 부각된다면, 북한에서는 엄격한 계획경제가 문제다. 결국 공적 역할을 통한 사회적 계획과 경쟁력을 높일 수 있는 시장의 결합이 필요하다는 점에서 남북한의 상이한 경제체제는 서로에게 교훈을 줄 수 있다. 긍정적인 상호 수렴 과정은 동시에 바람직한 통일 경제체제를 모색하는 과정이 될 것이다.

3. 대중 동원 모델 : 새마을운동과 천리마운동

대중 동원 운동은 남북한 발전 모델의 중요한 공통성 가운데 하나다. 특히 남북한의 대표적인 대중 동원 모델인 새마을운동과 천리마운동은 남북한 역사에서 경쟁과 반면교사의 상징이었다. 그중 천리마운동이 먼저 시작되었다. 1956년부터 시작된 천리마운동은 북한의 경제사에서 가장 비약적인 도약 시기인 1차 5개년 계획의 성공 요인으로 평가되고 있다. 1950년대 북한의 비약적 발전은 남한에 발전 경쟁의 계기로 작용하였다. 천리마운동은 그런 측면에서 새마을운동의 자극제가 되기도 했다. 그렇지만 1980년대 후반 이후 북한의 경제 위기가 심각해지고 남북한의 경제력 격차가 벌어지면서 이번에는 반대로 새마을운동이 북한의 농촌 복구 모델이 되고 있다. 김정일 국방위원장은 정주영 현대 회장에게 새마을운동에 대한 관심을 표명했으며, 국제농업기구 전문가들은 새마을운동 사례를 북한의 농촌 개발 및 농가 소득 제고의 기본 틀로 인식하고 있다.

두 개의 대중 동원 모델은 미시적인 차이에도 불구하고 몇 가지 공통성이 있다. 첫째는 대중 참여를 극대화하기 위해 경쟁의 원리를 도입한 것이다. 둘째는 단순히 경제적인 차원에 머물지 않고 의식 혁명의 형태를 띠었다. 셋째는 자원 제약 상황에서 자원 동원의 형태를 띠었다.

1) 천리마운동 : 북한식 대중 동원 모델

천리마운동은 1956년 12월의 당 전원회의에서 김일성이 「사회주의 건설에서 혁명적 대고조를 일으키기 위하여」라는 제목의 연설을 하면서 시작되었다. 이 연설의 내용은 설비와 노동력의 증가 없이 현존 설비 이용률을 높이고, 노동생산의 능률을 올리며, 내부적인 자원을 최대한 동원하라는 것이다. 곧이어 김일성은 북한의 대표적인 기업인 강선제강소를 현지 지도하였다. 이때 김일성은 자재 부족과 노후화된 설비에도 불구하고 노동자들의 자발적 참여로 생산 목표를 초과 달성하자는 연설을 했다. 천리마운동이 시작된 것이다.

이 과정에서 놀라운 '속도'들이 모범으로 강조되고 널리 선전되었다. 그중에서 대표적인 '기적'으로는 철도 노동자들이 3~4년 걸려야 할 해주-하성

간의 광궤 철도 부설 공사를 75일 만에 완수한 사실이다. 이 철도는 1958년 8월 개통되었다. 다양한 경쟁운동이 제기되었는데, 예를 들어 '1인 두 따찌까 운동', '천 삽 뜨고 허리 쉬기 운동' 등이다. 또한 평양시 건설 과정 역시 당시 '놀라운 속도'로 널리 선전되었다. 북한의 공식 설명에 따르면, 1957년 10월 전원회의 이후 평양시 건설자들은 7,000세대분의 자금, 자재, 노력으로 2만 세대의 주택을 짓는 '기적'을 창조하였다고 한다. 이 '기적'은 이후 '평양 속도'라고 이름 붙여지기도 했다.

천리마운동에는 몇 가지 특징이 있다. 첫째는 수령의 현지 지도이다. 처음 시작된 것도 김일성의 연설에서부터였고, 천리마 작업반 운동이 처음으로 시작된 계기 역시 김일성의 강선제강소 방문이었다. 북한에서 현지 지도란 행정적이고 형식적인 지도와 구분되는 개념으로, 지도자가 '현지에 내려가 실지로 지도하는 방법'을 일컫는다. 현지 지도는 지도 방식에 있어서 하나의 모범을 창출하는 과정이었다. 공장 내부에서 모범을 만들고 그 모범을 따르는 운동이 벌어지듯, 김일성이라는 최고 지도자나 당 중앙 자체가 지도의 모범이 되었다. 둘째, 천리마운동은 새로운 '정치'를 재생산하는 과정이었다. 즉, 북한은 이러한 대중 동원 운동을 통해 근로자들을 새로운 공산주의적 인간으로 변화시켰다. 예를 들어 천리마운동의 구체적인 표현인 천리마 작업반 운동에서 작업반은 생산 단위이면서 동시에 북한 지도부의 정책적 의지를 대중적 차원에서 관철하기 위한 '정치적 단위'였다. 작업반 평가에서 생산 계획 완수 정도와 더불어 당 정책 이해 정도나 혁명 전통의 학습 정도가 주요 기준으로 제시되기도 했다. 천리마 작업반으로 선정되기 위해서는 생산 실적도 중요하지만 당의 정책이나 혁명 전통을 학습해야 한다는 뜻이다.

북한에서 천리마운동은 자본과 기술이 부족한 상황에서 노동력을 최대한 동원하기 위한 발전 전략이었다. 1950년부터 시작된 대중 동원 운동은 명칭을 달리하면서 지속되고 있다. 각종 속도전이나 모범 따라 배우기 운동은 상업 분야, 지방 공업, 농업 분야 등 다양한 분야로 확산되었다. 그렇지만 노동력 투입 증가에 의존하는 이러한 외연적 성장 방식은 발전 초기에 어느 정도의 성과를 가져올 수는 있지만 지속적인 효과를 발휘하지 못한다. 북한 경제가 내포적 단계로 전환해야 할 시점인 1970년대부터 이른바 대중 동원 모델은 성장의 한계를 드러냈다고 평가할 수 있다.

2) 새마을운동 : 남한식 농촌 개발 모델

새마을운동이 시작되는 과정은 천리마운동과 비슷하다. 새마을운동 역시 박정희 대통령의 주도로 시작되었다. 1970년 4월 22일 지방장관회의에서 박정희 대통령은 새마을운동의 방향을 제시하였다. 이후 새마을운동은 기반 조성 단계(1971~73) 자조 발전 단계(1974~76) 자립 완성 단계(1977~79) 자율 성숙 단계(1980~86) 등으로 발전하였다.

천리마운동이 주로 공업 발전 전략의 일환으로 추진되었다면, 새마을운동은 '통합적 농촌 개발 사업'으로 추진되었다. 범정부적인 참여와 지원이 동력으로 작용하였지만, 무엇보다 중요한 것은 농촌의 노동력과 자원의 동원이었다. 정부가 농촌 마을에 지원해준 직접 지원은 시멘트와 철근뿐이며, 한정된 예산 범위 내에서 각 부처가 간접 지원을 한 것이다. 도로, 다리, 제방 등 공동 시설의 건설과 생활환경 개선 사업에 주민들이 노동력을 투입했으며, 또 무상으로 토지를 제공하였다.

산업화는 도시화를 의미하고, 이 과정에서 농촌은 자원 배분의 우선순위에서 밀린다. 한정된 예산은 주로 수출 산업의 육성이나 공단 조성에 투입된다. 농업 투자가 제한될 수밖에 없는 상황에서, 농촌 자체의 자발적인 참여를 유도하기 위해서는 의식 개혁, 지방간 경쟁, 최고 지도자의 민중주의적 관심이 필요했다. 특히 새마을운동 과정에서 사용된 경쟁의 방법은 북한의 동원 양식과 비슷한 형태를 띠었다. 모범 마을 및 새마을 지도자 선정 과정은 지방간 경쟁으로 이어졌다. 모든 대중 동원 모델은 경쟁을 통해 확산되고 발전한다. 동시에 운동 확산의 주체도 필요하다. 새마을운동에서도 농협조직을 활용해 마을당 남녀 1인씩 새마을 지도자를 교육시켜 이들을 통해 운동을 확산시켰다.

새마을운동은 1980년대 들어 농촌 개발 모델에서 정권 차원의 의식 개혁 운동으로 변화되기도 했지만, 산업화의 진전과 민주화의 이행으로 운동의 동력은 급속히 약화되었다.

3) 북한에 주는 새마을운동의 현재적 의미

새마을운동은 1990년대 중반 이후 위기를 겪은 북한의 농촌 상황에서 중요한 발전 모델이 되고 있다. 북한이 최근 들어 농촌 정비 사업에 '새마을'의 개념을 사용하고 있는 점도 주목할 만하다. 북한의 월간 화보집 『조선』은 1999년 12월호에 '낭림의 새마을'이라는 제목으로 자강도 낭림군 및 협동농장의 기사와 사진을 곁들여 실었다. 특히 지붕 및 부엌 개량, 마을길 및 담장 정리, 상하수도 조성 등 북한이 규정한 '새마을'이 남한의 1970년대 '새마을' 운동의 개념과 유사하다고 볼 수 있다.

다른 한편, 북한은 최근 유엔개발계획(UNDP)의 지원으로 주민 자력형 농촌 복구 개발 사업을 추진하고 있다. 주민 자력형 사업 방식은 새마을운동의 기본 특징이 아닐 수 없다. 이 사업 방식은 정부가 사업 개요와 지원 물자의 범위를 작성하여 전국 농촌에 전달하고 지도자를 교육하며, 마을 주민들은 정부의 계획 범주 내에서 자기 마을의 농촌 복구 개발 계획을 수립하여 소요 기자재를 요청하고, 정부가 소요 기자재를 공급하면 지도자의 지도하에 마을 주민들이 복구 및 개발 사업을 추진하는 것이다. 물론 현재 북한 농자재 산업의 침체를 고려할 때, 필요한 장비 및 설비를 국제사회에 의존해야 할 것이다. 그중에서도 남북한 협력이 중요한 비중을 차지할 수 있다는 점에서 새마을운동은 북한의 농촌 복구 발전에 중요한 영향을 미칠 수 있다.

4. 대외경제 : 경제특구정책과 수출 지향 산업화 정책

남한이 대외 지향적 수출 주도 전략을 채택했다면, 북한은 내부 동원적 수입 대체 전략을 지속해왔다. 그동안 남한의 종속적 발전과 북한의 자립적 저발전이라는 역설적 대비가 관심을 끌기도 했다. 하지만 탈냉전 이후 '단일세계시장체제'인 현재의 지구촌 시대에 남북한은 국제경제체제에 어떻게든 참여할 수밖에 없다. 그동안 자립적 발전 전략을 지속해온 북한 역시 예외가 아니다. 북한이 1950년대부터 자력갱생을 주장해왔지만 실제적으로는 북한은 원유, 식량, 각종 산업 기술에 이르기까지 소련을 비롯한 사회주의권 국가에 의존해 발전 전략을 추진해왔다.

1989년 사회주의권의 붕괴는 코메콘이라는 동구 유럽 중심의 사회주의 무역체제를 사라지게 했다. 북한은 동유럽 국가에 비해 코메콘에 대한 무역 의존도가 낮았지만, 무역 환경의 변화가 가져온 파급 효과는 컸다. 북한은 국제경제체제에 적극적으로 참여할 수밖에 없었다. 북한 역시 남한이 그동안 걸어왔던 개방 경제로 변화해야 한다. 북한의 경제개방은 몇 가지 점에서 남한의 개방 초기와 유사하다. 내부적으로 성장 동력이 고갈된 상황에서 국제사회로부터 자본과 기술의 도입이 불가피하고, 세계경제에 참여하기 위해 수출 지향형 산업화로 발전 전략을 변화시켜야 한다. 북한이 앞으로 걸어가야 할 길은 남한이 지금까지 걸어온 길이 될 것이다. 후발자의 이익을 고려한다면, 남한의 대외 지향적 발전 전략은 다양한 교훈을 줄 수 있다.

1) 북한 : 자립에서 개방으로의 전환

북한이 공식적으로 자립적 경제 발전 전략을 주장하고 있지만, 그들 역시 국제경제체제에 참여하기 위한 노력을 하지 않은 것은 아니다. 북한이 기울인 개방 노력은 세 국면으로 구분된다. 첫째 국면은 1972년부터 1980년대 후반까지로, 무역 확대와 제한적 외자 유치 단계였다. 북한은 1972년부터 미·중 관계 개선 및 일·중 경제 협력이라는 국제 환경의 변화와 경제성장에 따른 기계·설비의 수요 때문에 유럽(프랑스 등)과 일본 등으로부터 기계·설비를 적극 도입했다. 그러나 1973년 오일쇼크와 북한의 비철금속 가격 하락으로 무역 대금을 결제하지 못함으로써 무역 확대 정책은 실패했다. 그 결과로 북한은 모라토리엄(지불유예) 선언을 했다. 이후 북한은 1984년 합영법을 채택하여, 조총련과의 조조 합영이 추진되었으나, 만족할 만한 성과를 얻지는 못했다.

두 번째 국면은 제한적 경제특구 단계이다. 북한은 1991년 12월 나진·선봉 지역의 621㎢(1993년 9월 746㎢로 확대)를 '자유경제무역지대'로 설정(정무원 결정 제74호)한 이래 이 지대를 동북아시아 지역의 중계 무역 요충지, 수출 가공 기지, 국제 금융·관광 기지로 발전시킨다는 계획을 세웠다. 또 1997년 6월에는 이 지대의 개발을 촉진시키기 위해 이 지역 내의 화폐개혁, 자유시장 개설, 자영업 허용 등 경제개혁 조치를 취한 바 있다. 그러나 나진·선봉 경제무역지대에 대한 외국인 투자는 1997년 말까지 실행 기준 77건, 5,792만 달러에 불과하여 2010년까지의 목표치인 47억 3,300만 달러에 크게 미달되고 있는 실정으로, 제조업 부문의 투자 유치는 인프라 정비 지연으로 극히 부진한 상태에 있다.

북한의 개방 과정은 개방 시도 → 성공 → 개방 확산의 방식이 아니라 개방 시도 → 실패 → 개방 시도 등으로 단절적이며, 제한적으로 추진되었다. 이런 의미에서 중국의 경제개방 노력이 개방 지역과 투자 환경을 단계적으로 확산하는 누적적 확산 전략이라면, 북한은 개방 시도가 지속적이지 않고 체제 위협을 최소화할 수 있는 제한된 공간 내에서 추진된다는 의미에서 단속적 제한 전략이라 부를 수 있다. 중국의 경제특구가 시장경제개혁을 이루기 위한 자본주의의 실험 공간으로서의 매개적 의미를 가진다면, 북한의 경제특구는 내부 체제와 격리되는 방식으로 진행되어왔다.

2기까지의 개방 시도가 결과적으로 실패한 이유는 무엇일까? 첫째, 냉전적 산업정책에서 벗어나지 못했다는 데서 그 원인을 찾을 수 있다. 군수 경제 위주의 중공업 발전 전략은 국제경제체제로의 편입에 불리하다. 남북경협을 포함한 외자 유치는 북한과 주요 투자자의 분업 구조를 고려할 때, 당분간 노동 집약 산업 위주로 이루어질 수밖에 없다. 북한이 경공업 위주의 수출 산업 중심으로 개편해야 됨을 의미한다. 특히 공정 분업의 경우 북한 내 관련 부품 산업이 발달하지 않으면 투자 기업들은 부품 조달에 애로를 겪게 되고, 원부자재 일체를 제공하는 과정에서 물류비 부담이 높아질 수밖에 없다. 다시 말해 수익성이 없다는 뜻이다. 따라서 위탁 가공이나 직접 투자가 수익성을 가질 수 있도록 하기 위해서는 수출 산업 육성으로의 산업정책 재편이 필요하다. 물론 냉전적 자립경제 모델에서 탈냉전적 수출 지향 산업화로의 변화는 한반도의 냉전체제 극복과 군비 경쟁의 악순환이 중단되어야만 가능하다.

둘째, 계획경제 고수로 북한의 비교우위 생산 요소인 노동 부문의 경쟁력이 발휘될 수 없었다. 시장가치를 반영하지 않은 환율정책으로 저임금의 매력이 없고, 노동시장이 존재하지 않은 상황에서 투자 기업이 노동자를 선택할 수 없으며, 동시에 개인 인센티브를 허용하지 않기 때문에 노동생산성을 올릴 수 있는 방법도 없다. 현재 남북한 경제 협력이 단순 조립을 주요 내용으로 하는 위탁 가공 단계에서 벗어나지 못하고, 유일하게 직접 투자 방식이 적용되고 있는 경수로 건설 현장에서 북한 인력을 축소한 이유도 이 때문이다. 생산성과 연계되지 않은 지대당국 차원의 임금 책정이나, 임금의 간접 지급 방식은 북측 노동자에게 혜택이 돌아가지 않아 인센티브 효과가 없다.

세 번째 국면은 2002년 신의주 특별행정구 선포, 개성 및 금강산 지역의 경제특구 선포로 시작되었다. 그렇지만 북한의 개방은 한반도 국제 환경의 개선을 전제로 하고 있다. 핵문제를 포함한 한반도의 현안 문제가 해결될 때까지 북한의 개방은 제한적일 수밖에 없다.

2) 남한의 수출 지향형 경제 발전 전략의 교훈

남한의 수출 지향 산업화는 북한과의 상이한 발전의 길을 의미하지만, 동시에 앞으로 북한이 가야 할 길을 보여주고 있다. 특히 수출정책, 특구정책, 대일청구권 자금의 사용 등은 북한이 경제개방 노선을 모색하면서, 반면교사의 역할을 하고 있다.

먼저 수출정책부터 살펴보자. 1960년대 들어 미국의 대한 원조가 격감하자 남한은 수출제일주의를 당면 시책으로 하여 무역, 재정, 금융, 관세정책 등 모든 분야에서 수출 신장을 위한 지원을 시행했다. 1960~70년대 정부의 수출지원정책은 수출 기반 조성 단계(1960~66)와 수출지원체제의 확충 및 질적 전환 단계(1967~79)로 구분된다. 수출 기반 조성기에는 다양한 수출 유인책이 시행되었다. 상공부는 1964년부터 매년 수출실적종합시책을 수립하여 추진하였으며, 외화 획득 기업의 수출 소득과 수출활동에 대한 사업소득세 및 법인세의 50% 감면 조치 등을 유인책으로 활용하였다. 수출지원정책의 시행 결과 1964년에 수출 1억 불을 달성했고, 1966년에는 2억 불을 달성했다. 수출의 급격한 증가로 GNP와 세계 수출에서의 수출 비중이 1962년 2.4%, 0.0%에서 각각 6.8%, 0.13%로 높아지기도 했다. 이 당시 수출이 얼마나 중요했는지는 '수출은 국력의 총화', '수출제일주의' 등의 구호에서도 찾아볼 수 있다. 기업의 수출활동을 지원하기 위해 해외 시장 개척을 전담하는 대한무역진흥공사를 발족(1962. 6)했고, 수출 우수 기업에는 다양한 포상이 이루어졌다.

1965년 단일변동환율제 실시와 1967년 GATT 가입으로 수출 장려금제도를 더 이상 존속시키기 어려워지자 정부는 질적인 수출 진흥 시책으로의 전환을 모색했다. 수출 기반을 확충했으며, 수출공업단지 및 수출자유지역을 조성하기도 했다. 특히 마산 수출자유지역의 역사적 경험은 2002년 북한의 경제시찰단이 남한을 방문했을 때, 가장 관심을 갖고 주목한 부분이다. 마산 수출

자유지역을 만든 목적은 외국인의 투자 유치에 의한 수출 진흥, 고용 확대, 기술 향상에 있었다. 마산 수출자유지역은 외국인 투자 기업체 또는 합작 투자 기업체가 원료 또는 반제품을 관세 없이 수입하여 제조, 조립, 가공한 제품을 수출하는 방식으로 이루어졌다. 정부는 단지 및 시설을 조성하여 공장 대지나 건물을 매각 또는 임대하였고, 입주 업체에 대해서는 세제 혜택 등 특전을 부여하였다. 세제의 경우에는 관세, 물품세, 영업세, 외국인 근로소득세를 완전 면세했으며, 취득세, 법인세 등은 최초 5년 100% 면세, 그후 3년 50% 면세 등의 조치를 취했다. 마산 수출자유지역은 1971년에 본격적으로 수출을 시작한 이래 전국보다 높은 수출 증가율을 기록했다. 마산 수출자유지역의 전국 수출입 비중은 1979년 수출 3.9%, 수입 1.4%를 차지하였다. 그러나 마산 수출자유지역은 수출 확대에 중요한 역할을 했지만 복지 수준 및 노동 환경은 열악했다. 고용 인원은 1979년 말 3만 1,153명이고, 임금 수준은 1979년 전국 생산직 근로자 임금의 76.4%에 불과했다. 동시에 정부 개입으로 노사 분규가 원천적으로 봉쇄되기도 했다.

한편, 남한의 경제성장 과정에서 외국 자본이 매우 중요한 역할을 했다. 해방 후 1950년대 말까지 정부는 27억 달러 원조를 도입하여 주로 국제수지 적자를 보전하고 기타 농업, 공장, 인프라 복구 등에 사용했다. 경제개발이 시작되면서 수동적 원조에서 능동적 외자 유치로 전환했다. 이 과정에서 특히 중요한 것은 한일 국교 정상화와 이에 따른 1966년의 대일청구권 자금이었다. 2002년 9월 고이즈미 일본 수상의 방북으로 북일 수교 교섭이 본격화되는 상황에서 북한 역시 향후 일본의 경제협력자금을 받는다는 점에서 이 부분은 북한에도 상당한 시사를 주고 있다. 남한이 일본으로부터 받은 당시 자금은 무상 3억, 유상 2억 달러였다. 무상 3억 달러는 10년간 지불하는 조건으로, 차관 2억 달러는 연리 3.5%, 7년 거치 20년 상환으로 10년간 제공되었다. 대일청구권 자금은 1966년부터 10년에 걸쳐 연차적으로 자금 도입 계획에 따라 실시되었고, 제2차 경제개발계획의 주요 재원으로 사용되었다.

3) 남북 경제 협력의 과제

북한의 경제개방 노력이 시작되면서, 남북한은 냉전시대의 경쟁이 아니라, 탈냉전시대의 협력을 확대하고 있다. 북한의 개방 전략은 현재 4개의 개방 거점 지역의 선정으로 나타나고 있다. 서부에서는 신의주, 남부에서는 개성, 동부에서는 금강산, 북부에서는 나진·선봉이 그것이다. 2002년 9월 신의주 특별행정구가 선포되었고, 11월에는 개성공업지구법이 발표되었으며, 2005년 10월경 경의선과 동해선의 철도와 도로가 연결될 예정이다. 향후 북한의 경제개방에서 핵심 역할은 남한이 담당할 예정이다.

1989년 노태우 정부의 7·7선언으로 시작된 남북 경제 협력은 상호 호혜적 남북 관계의 미래상을 제시하고 있다. 첫째, 남북의 경제 협력은 남북한의 대결적 상호 인식을 불식시킬 수 있다. 북한의 체제 위협감을 완화시키기 위해서는 경제적 상호 의존성이 확대될 필요가 있다. 경제 협력은 남북한의 경제적 공영을 목표로 하고 있다는 점에서 상호 호혜적이다.

둘째, 교류 협력을 통한 남북한 화해 협력은 변화된 시대의 새로운 통일 개념이다. 21세기의 국제 환경 속에서 경제 협력을 통해 남북한의 발전 격차를 해소하고, 북한의 경제 현대화를 통해 통일 비용을 축소하며, 남북한의 상호 호혜적 분업을 통해 새로운 한반도 경제권을 구축하자는 것이다. 남북 경제 협력의 규모는 2002년 11월 현재 5억 6,000만 달러로 증가했다. 1998년부터 2002년 11월까지 약 5년간 남북간 물자 교역액은 18억 2,450만 달러(연평균 3억 6,490만 달러)에 달한다.

경의선과 동해선 등 철도와 도로의 연결은 군사분계선과 비무장지대라는 냉전의 경계선이 무너진다는 것을 의미한다. 나아가 남북한 철도의 연결은 시베리아 횡단철도(TSR)나 중국 횡단철도(TCR)와 연결되면서 아시아와 유럽

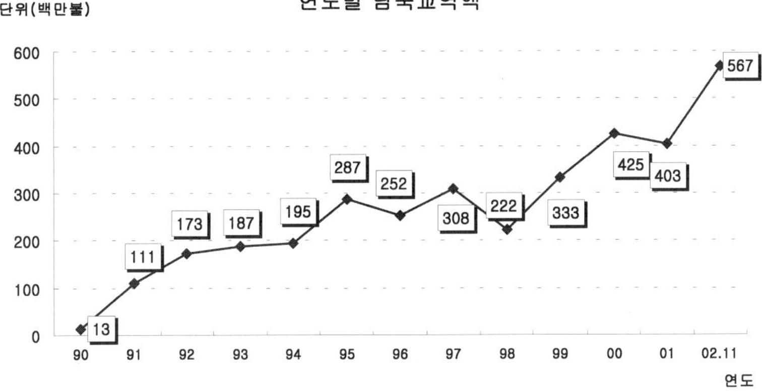

을 잇는 육상 교통망이 가능하게 되었다. 북한 측 철도의 현대화를 위해 비용(24억 달러 추산)과 시간이 필요하지만, 한반도의 새로운 발전 기회인 것만은 틀림없다. 남북한 경제 협력 분야에서도 개성공단은 질적 도약의 계기다. 그렇지만 개성공단이 본격화되기 위해서는 다양한 과제를 해결해야 한다. 첫째, 미국의 대북 경제제재로 수출 기지로서의 효과가 당분간 발휘되기 어렵고 둘째, 북한의 개혁 확대에도 불구하고 직접 투자 환경(특히 노동시장)이 어느 수준까지 제시될지 분명치 않고 셋째, 공단의 경제 효과를 명확히 예측하기 어려운 불투명한 상황에서 인프라 투자의 경제성에 대한 논란이 발생할 가능성이 크기 때문이다.

따라서 초기 투자를 최소화하고 수도권에 오염 유발 산업을 억제하며 북한의 정책 변화 한계 및 국제 환경을 고려한 실용주의적 개성 개발 전략이 요구되고 있다. 우선적으로 경의선 연결 이후 개성 지역에 관광 인프라 확충을 위한 지원(문화재 개보수를 위한 공동 조사 및 개선) 및 관광 편의사업(숙박 등)을 중심으로 협력 방안을 모색하고, 환경 친화적 산업을 중심으로 소규모 공동 연구 단지 및 위탁 가공 협력을 추진하며 북한의 IT 인력 양성을 위한 교육 단지 등을 적극적으로 추진할 필요가 있다.

5. 탈냉전시대, 협력적 분업을 위하여

남북한은 상호 호혜적 분업을 통해 경제력 격차를 줄이고 경제적 이질감을 완화시킬 필요가 있다. 냉전시대의 전형적인 대립적 발전 전략을 보여온 남북한이 탈냉전시대의 새로운 협력적 발전 전략을 모색해야 할 시점이 아닐 수 없다.

북한의 개방정책 추진에서 남한의 역할은 매우 중요하다. 우선적으로 남한은 공적 투자를 통해 투자 환경을 조성해야 한다. 현재의 시점에서 공적 투자가 왜 중요한가? 중장기적으로 한반도에서 평화적 환경을 정착시키고, 북한 경제의 현대화를 유도하며, 통일 비용을 축소하기 위해서다. 단기적으로는 북한 내수시장의 한계, 지정학적 불리, 중국 투자 활성화로 북한이 갖고 있는 생산 기지의 상대적 가치하락 등으로 향후 단기간에 민간기업의 경협이 큰 비중을 차지하기 어렵기 때문에 공적 투자의 비중이 그만큼 중요할 수밖에 없다. 결국 안정적인 투자 환경을 조성하기 위해서는 전력, 도로, 통신, 용수 등 사회간접자본 환경이 조성되어야 한다. 따라서 남북협력기금을 확충하고 공적 투자의 비중을 더욱 높여 초기 국면의 불안정성을 최소화하는 것이 남북경협 분야의 우선적 과제다.

북한 역시 북한 경제의 지속 가능한 성장 전략을 모색해야 한다. 북한이 단지 남한 기업의 생산 하청관계로 전락하지 않기 위해서는 북한의 산업구조 및 기술력 제고가 필요하다. 그러기 위해서는 북한 실정에 맞는 경제개혁을 확대 추진해야 한다. 중국이나 베트남의 20여 년에 걸친 (시장에 기반을 둔) 구조조정은 말할 것도 없고, 1990년대 중반 이후 쿠바 경제의 회복은 북한의 정책 변화에 상당한 시사를 주고 있다. 지구상에 남아 있는 점진적 체제 전환국가(중국, 베트남, 쿠바, 북한)에서 시장화와 거시적 경제 조정과의 관계는 훨씬 복잡한 설명을 필요로 한다. 북한에서의 경제정책의 변화 여건은 분단 변수를 고려할 때 다른 사회주의 국가들과 차이가 난다. 미국을 비롯한 주변 국가들은 북한이 경제정책을 변화시킬 수 있는 기회를 주어야 한다.

남북한의 미래 지향적 경제 협력 활성화 방안도 필요하다. 첫째, 남북한 경제 협력을 북한의 개혁 확대와 연계할 필요가 있다. 남측의 공급 확대로 북한의 불안정성을 최소화해야 하며, 북한이 대외 개방에 나설 수 있는 인센티브를 준비해야 한다. 다시 말해서 북한으로 하여금 경제정책의 변화만이 남북의 경제 협력을 활성화시킬 수 있음을 주지시킬 필요가 있다.

둘째, 북한의 지속 가능한 경제체제 전환을 위한 남북경협의 방향을 정립할 필요가 있다. 지금까지 남북경협 활성화에 대한 보조정책은 주로 북한산 제품의 반입 과정에 집중(무관세 조치 등이 대표적)되었으나, 지금부터는 반출을 확대하기 위한 방안도 모색할 필요가 있다. 또한 남북경협의 경제성을 제고하기 위해 북한 내 부품산업을 육성해야 하며, 북한의 중계 거점의 특성을 고려한 중·러와의 경제 협력을 확대할 필요가 있다. 장기적으로는 남북한 경제 공동체 형성의 구체적인 청사진을 마련해야 할 시점이다. 북한의 경제개혁이 성과를 거두기 위해서는 외부 공급이 필수적으로 필요하나, 대미관계가 개선되지 않은 이상 대남 의존도는 높아질 수밖에 없다. 이에 따라 경협의 제도적 장치 마련과 통상·통행·통신과 관련된 남북한의 협력이 요구된다.

셋째, 북한의 개방과 남북경협의 활성화를 위해 국제사회의 참여를 적극적으로 유도해야 한다. 먼저 EU가 현재 추진하고 있는 경제학 교육 프로그램에 대한 공동 협력을 강화하고, EU 등이 주도하는 '북한 경제 재건을 위한 신탁기금(trust fund)' 등의 조성을 유도하는 전략도 필요하다. 또한 북일 수교 교섭을 계기로 남북한과 일본의 삼각경제 협력 방안을 모색해야 한다. 일본은 대북 배상금을 1965년 한일협정 당시의 청구권 자금을 준용하여 지급할 계획이다. 대부분의 자금은 인프라 개선을 위한 프로젝트 형식으로 지원될 것으로 보이며, 이 과정에서 남한 기업이 참여할 수 있는 방안이 필요하다.

북한의 지속 가능한 경제체제로의 전환을 위해서는 남북경협의 활성화가 대단히 중요하다. 남한 역시 새로운 발전의 기회를 중국, 러시아를 포함한 동북아 경제 협력의 확대에서 찾아야 한다. 당연히 북한의 중계 거점 역할이 필요하다. 유라시아 철도 연결이나 러시아의 가스관 연결은 북한을 거쳐야 한다. 냉전시대의 소모적인 경쟁체제에서 상호 호혜적인 경제협력체제로의 전환이 필요한 시점이다.

김연철 | 통일부 연구원

한반도 | 사회정책

분단으로 왜곡된 남북의 사회체제

1. 분단이 남북한 사회체제에 미친 영향

분단은 외면적으로 남북한 두 개의 서로 다른 체제가 성립된 것이라고 할 수 있다. 즉, 1945년도 제2차 세계대전 종전 이후 우리 민족은 근대화된 독립국가를 형성하는 데 실패했고, 그 결과 1948년을 기점으로 남쪽에는 자본주의체제가, 북쪽에는 사회주의체제가 성립되었다. 그러나 분단이 단순히 오랜 기간 하나의 국가로 유지되었던 한 민족이 두 개의 독립된 국가로 나뉘었다는 것을 의미하는 것은 아니다. 역사적 관점에서 본다면 단일국가를 형성해 발전해왔던 우리 민족이 근대화로 넘어가는 과정에서 제국주의 세력에게 침략을 받아 좌절되었던 근대국가 건설이 다시 실패했다는 것을 의미한다고 볼 수 있다. 이러한 관점에서 본다면 분단을 극복하고 있지 못한 우리 민족은 여전히 단일 근대국가 건설에 실패하고 있다는 점에서 결손국가(broken state) 상태에 있는 것이다. 어쨌든 현상적으로 본다면 현재 남북한은 실질적으로 독립적인 두 개의 국가로 분리되어 있으면서도 서로 합쳐지기를 지향하는 특이한 형태로 존재하고 있다.

기본적으로 지향하는 체제의 성격은 달랐지만 남북은 산업화라는 사회 변화의 방향에서는 공통점을 가졌다고 할 수 있다. 즉, 남한은 자본주의 산업화를, 북한은 사회주의 산업화를 추구했다는 것이다. 이와 같은 차원에서 본다면 이념적 차이에도 불구하고 남북한 사회체제에서 유사점을 찾는 것이 그다지 어려운 일이 아니다. 더구나 산업화 이전 시대에 오랫동안 공유했던 문화적·역사적 경험을 고려한다면 남북한이 공유하고 있는 사회적 특징은 더욱 많다고 볼 수 있다.

그러나 문제는 사회주의와 자본주의는 단순히 산업화 혹은 근대국가 건설의 다른 통로만이 아니었다는 점이다. 자본주의를 반대하면서 사회주의가 출발했기 때문에 자본주의와 사회주의는 태생적으로 공존하기 어려운 관계라고 할 수 있다. 더욱이 남북한의 경우는 전쟁이라는 중요한 경험을 겪은 까닭에 상호 체제에 대한 근본적인 적대감을 갖게 되었다. 그리고 이와 같은 상호 적대감은 때로는 세계사적인 냉전 구조에 힘을 얻어서 때로는 남북한 지배집단의 권력 유지를 위해서 확대 재생산되어왔다. 따라서 분단은 단순히 1948년을 기점으로 남북한이 두 개의 독립된 체제로 나뉘었다는 것을 의미하는 것이 아니라 오늘날까지 남북한 두 체제의 사회구조 형성에 분단이 지속적으로 영향을 미쳐왔다는 것을 의미한다.[139]

분단이 미친 영향을 구체적으로 살펴보면 다음과 같다.

첫째, 적대적 관계를 유지함에 따라 상대 체제의 강점에 대해서는 의도적으로 비판적이었다. 예를 들어 남은 북의 평등을 극단적으로 비판했고, 북은 남의 자유민주주의를 무시했다. 심지어 상대편이 평가하는 것들은 그 자체가 문제가 있는 것으로 인식되기도 했는데, 한 예로 출판 초기에 별 문제가 없었던 남한의 소설이 북에서 언급되었다는 이유로 제재 대상이 된 적도 있었다.

둘째, 정통성을 강조하면서 민족에 대해서 경쟁적으로 집착했다. 식민지를 경험한 국가로서 당연한 일이겠으나, 체제 경쟁 과정에서 민족적 정통성을 대단히 강조했고, 남북한에서 민족은 가장 중요한 가치의 하나가 되었다고 할 수 있다. 그러나 강조하는 방향은 남북한이 달랐다. 북한은 반제를 주장하면서 공간적인 차원의 민족을 강조한 반면, 남한은 시간적 차원에서 역사적 전통을 강조했다.[140)]

셋째, 상대편을 무시하고 비판하면서도 항상 상대를 의식했다고 볼 수 있다. 특히 정치와 외교무대에서 이러한 현상이 두드러졌는데, 1970년대 들어 남한의 유신체제와 북한의 신헌법체제 성립이 맞물린 것이나 경쟁적으로 외교공관을 늘리는 데 급급했던 것이 그 대표적인 예가 된다. 또한 냉전시기에 남북한간 운동 경기를 '사생결단'의 태도로 대했던 것도 마찬가지 이유에서였다.

넷째, 상대편을 비판하면서도 의식함에 따라 때로는 서로를 흉내내기도 했다. 북한이 민족문화를 강조함에 따라 남한은 전통문화를 강조하기 시작했고, 1985년 이산가족 상봉단과 더불어 예술단을 교환한 후 북한이 탈춤이나 상고를 돌리기 시작한 것이 하나의 예가 된다. 그러나 이러한 경우에도 남북한은 항상 '독자적'이었다고 주장했다.

분단 이후 남북한이 서로의 존재를 애써 부정하면서도 체제 경쟁을 했다는 것 자체가 논리적 모순이라고 할 수 있다. 이와 같은 논리적 모순관계는 분단 이후 오늘날까지 지속되고 있다. 문제는 상대 체제의 장점을 수용하기보다는 장점을 평가절하하는 데 급급했고, 자신의 단점을 극복하기보다는 감추는 데 급급했다는 것이다. 분야별로 그리고 정도의 차이는 있으나 이러한 현상은 남이나 북이나 마찬가지였다. 분단 구조로 남북한의 인권이 모두 억압받았다는 사실이 상징하듯 분단은 남북한 사회체제를 왜곡시키는 주요한 원인이었다.[141)]

사회체제의 다양한 차원 가운데 남북의 복지체제가 분단으로 어떻게 구조화되어왔는가를 살펴보는 것이 이 글의 목적이다. 다른 하위체제들과 마찬가지로 사회복지체제도 분단으로부터 자유롭지 않았고, 특히 복지라는 점은 체제 이념과 밀접하게 연결되어 있는 까닭에 다른 하위체제보다 더욱 큰 영향을 받았다고 볼 수 있다.

2. 남북한 사회복지제도의 발전 과정

기본적으로 남북한의 사회복지제도는 남북한의 근대 국민국가 형성 전략, 즉 사회경제체제의 목표와 근대화 추진 방법에 따라 달라졌다. 남한의 경우에는 자유자본주의를 경제체제의 원리로 채택함으로써, 국가가 부분적으로 복지를 담당하면서 점차적으로 사회복지제도를 발전시켜나갔다.[142] 이런 점에서 남한의 사회복지제도는 사회보험을 기본 틀로 해서, 공적 부조와 사회복지 서비스를 포함하는 형태로 형성되었다. 반면에 북한은 헌법에서 "조선민주주의인민공화국은 인민들의 물질문화생활을 끊임없이 높이는 것을 활동의 최고 원칙으로 삼는다"라고 규정하고 있다. 따라서 북한 사회는 사회복지 실현을 존재 이유로 하는 사회체제라고 할 수 있으며, 사회복지는 북한 사회에서 일종의 체제 이념적 기능을 하고 있다.[143]

사회주의체제 원리에 의해서 규정되는 북한의 사회복지제도는 흔히 자본주의 사회에서 사용되는 사회보험·공적 부조·사회복지 서비스를 포함한 사회복지제도를 넘어서는 광의의 사회복지체계라고 할 수 있다. 즉, 북한에는 자본주의 국가에서 실행되고 있는 사회보험과 그 형식에서 거의 유사한 사회보험과 함께 국가사회보장이 존재한다. 사회보험의 경우 재원은 노동자·사무원(피보험자) 및 고용주(국가, 사회단체, 소비조합, 기업소, 사무소 및 개인)에 의해 조달되며, 국가사회보장의 경우에는 국가에 의해 재원이 조달된다. 국가사회보장은 내용에 있어 남한의 공적 부조 및 사회복지 서비스에 유사하나, 국가가 대상 개인의 생활을 완전 보장하는 것을 목적으로 한다는 데서 차이가 발생한다.

남한 사회복지제도의 발전 과정은 대략 4단계로 구분해볼 수 있다. 제1단계는 해방 후부터 한국전쟁을 거쳐 1960년에 이르기까지의 시기이다. 이 시기는 임시구빈적 성격을 띤 민간의 사회복지 서비스가 사회복지의 주를 이루는 시기였다. 특히, 한국전쟁을 거치면서 전쟁고아와 난민에 대한 구호사업이 민간에 의해 자선적이고 비전문적인 형태로 이루어졌다. 제1공화국은 국가와 특수한 관계를 갖는 집단에게만 복지 혜택을 주고 국민 복지에 대해서는 최소한의 구호활동만 수행한 복지 빈곤국이었다.

제2단계는 경제개발계획과 함께 산업화와 도시화가 급격히 진행되던 1961년부터 1972년에 이르는 시기로 사회복지제도의 형식적 기초가 법령 제정을 통해 이루어지던 시기이다. 1970년대까지 한국 사회복지의 근간을 이룬 '생활보호법'(1961)과 '아동복리법'(1961)이 제정되고, '재해구호법'(1962), '사회보장에 관한 법률'(1963), '의료보험법'(1963), '사회복지사업법'(1970) 등이 제정되었다. 한편, 소득 보장을 목적으로 하면서 사회보험적 성격을 띤 연금제도가 1961년 공무원, 1963년 군인을 대상으로 실시되고, 산업재해보상보험제도가 1964년부터 실시되었다. 이러한 법률 제정과 부분적인 사회보험의 실시에도 불구하고 이 시기는 산업화와 도시화에 따라 발생한 도시 빈민층과 노동계급에 대한 실효성 있는 복지 제공이 이루어지지 않았던 시기이다.

제3단계는 1973년 이후 1985년에 이르는 시기로, 사회복지제도의 실질적 발전이 억제되면서도, 국가가 경제성장 과정에서 나타난 사회적 불평등과 상대적 빈곤 및 아직도 해결되지 못한 절대적 빈곤에 대해 관심을 갖고 사회 개발 전략에 따라 대처해나가기 시작한 시기이다. 이 기간 동안 소득 보장, 의료 보장 및 사회복지 서비스에서 적용 대상의 범위가 점차 확대되었다.

한국 사회에서의 사회복지제도의 본격적인 발전은 1986년 이후 제4단계에 이르러 실현되었다. 정치적 민주화와 노동운동의 폭발적 발생에 따라 다음과 같은 중요한 사회복지제도의 확대가 이루어졌다. 먼저, '최저임금법'과 '국민연금법'이 1986년 제정되고, 1988년 1월 1일부터 실시되었다. 그후, '의료보험법'(1987)과 '산업재해보상보험'(1989)이 확대 개정되고, '장애인 고용 촉진 등에 관한 법률'(1990)과 노동자에 대한 기업의 복지 진출을 촉진하기 위한 '사내복지기금법'(1991)과 '고용보험법'(1993)이 제정되었다. 그리고 1995년부터 농어민연금과 고용보험이 도입되었다. 또한 국민연금제도가 1988년 10인 이상의 사업장을 대상으로 시행되었고, 1992년 5인 이상의 사업장으로 확대되었으며, 1995년 7월 농어촌에도 연금제도가 도입되었고, 1999년 4월부터 도시의 자영업자도 연금 적용 대상으로 확대되었다. 이러한 점에서 1990년대 이후 비로소 4대보험(산업재해, 의료보험, 연금보험, 고용보험)이 완성됨에 따라 한국 사회는 본격적으로 복지 중진국 단계로 진입하게 된 것이다.[144)]

한편, 사회주의 국가 건설이라는 목표하에 수립된 북한의 경우 사회복지제도의 발전은 대략 3단계로 나누어볼 수 있다. 제1단계는 북조선임시인민위원회가 설립된 1946년부터 한국전쟁을 거쳐 전후 복구가 완성되는 1960년까지로 설정할 수 있다. 북한은 1946년 3월에 공포된 '20개조 정강'에 기초해 누진적 소득 세제, 최저 임금 설정, 생명보험 실시, 기업소 보험제도 실시, 전반적 의무교육화, 전염병 예방, 빈민 무료 치료, 여성복지사업 등과 같은 사회보장제도를 추진한다. 이 시기는 아직 사회보험적 성격을 띤 사회복지제도가 주를 이루었으나 그후 한국전쟁을 거치면서 국가사회보장을 본격적으로 실시하기 시작한다. 전후 복구기 동안 북한은 전사자의 유가족, 전상자, 전재민에 대한 보장과 전후 복구를 위한 국민 보건의 확충을 위한 국가사회보장제도를 확대 실시한다. 제1단계 기간 동안 대부분의 사회복지 관련 법령들이 제정되었다.

제2단계는 1960년대로 북한이 사회주의 공업화의 추진에 따라 사회주의 사회복지제도를 확충해간 시기이다. 특히, 자립적 민족경제 건설과 경제·국방 병진정책 추진에 따라 요구되는 노동력의 효율적 동원을 위해 각종 사회보장제도가 확대 실시되었다. 그리고 여성 노동력의 경제활동 참가율이 증가함에 따라 탁아소가 급속도로 확대되고, 여성과 아동에 대한 복지사업이 확대 개선되었다. 취학 이전의 아동들은 탁아소에서 양육을 담당하고 있으며, 높은반과 낮은반의 2년 과정의 유치원에서 2년차부터 의무교육으로 간주됨으로써 양육과 아동에 대한 국가의 몫이 커졌다고 할 수 있다. 여성 취업의 가장 큰 걸림돌이라고 할 수 있는 육아를 국가가 담당함으로써 여성 노동력의 활용이 극대화될 수 있었다. 동시에 이것은 전통적으로 사회화의 중심을 차지하였던 가정의 역할 축소로 이어졌고, 이를 대신한 국가 영역의 확대는 사회주의를 중심으로 하는 정치사회화가 강화되는 것으로 귀결되었다고 할 수 있다.[145]

북한의 경제성장이 둔화되기 시작한 1970년대부터 현재에 이르는 제3단계는 사회주의 사회복지의 형태적 완성과 함께 사회복지의 질적 하락이 서서히 나타나기 시작하는 시기로 규정할 수 있다. 1972년 사회주의 헌법에서는 국가사회보험 및 국가사회보장에 따라 생활보장을 인민의 권리로서 확인하고 있다. 그러나 주체사상 발전에 따른 김일성 유일사상의 정착과 권력 세습체계의 구축에 따라, 북한의 사회복지 급여는 인민의 권리에서 수령의 은혜로 점차 변질되어가기 시작했다. 그뿐만 아니라 이 단계 후반부터 나타나기 시작한 북한 경제의 침체는 사회주의 사회복지체계의 형식을 실질적으로 채울 수 있는 재원을 공급하지 못함으로써, 사회복지의 질이 하락한 것으로 판단된다.[146]

남북한 사회복지제도의 발전 과정을 비교할 때, 다음과 같은 특징이 나타난다. 첫째, 사회복지 관련 입법의 성립 시기와 관련해, 북한의 경우는 사회주의 국가 성립 초기에 대부분의 법률이 제정되었으며, 남한의 경우는 국가가 사회개발계획에 관심을 가지기 시작한 1972년을 시작으로 특히 정치적 민주화가 추진된 1980년대 중반에 사회정책 입법이 활발하게 이루어졌다. 둘째, 사회복지제도의 적용 대상의 수도 북한의 경우에는 초기에 급속히 확대되었으나, 남한의 경우에는 1980년대 후반에 이르러 사회 전반에 걸쳐 확대되기 시작했다. 남북한 사회복지제도의 형성 과정에서 나타난 차이점은 주로 남북한의 사회·경제체제 차이에 의한 것으로 판단해야 할 것이다.

분단 이후 체제 경쟁을 벌여온 남북한은 제도 전반에서 상대편을 의식하였다. 그러나 태도는 달랐다고 볼 수 있는데, 비교 산업화에 성공하였던 북한은 상대적인 자신감을 갖고 있었던 반면, 남한은 1980년대 이후에서 상대적인 자신감을 갖게 되었다. 따라서 분단 이후 국가 건설 과정에서 남한은 북한의 모든 것을 무시하는 경향을 보였으나 북한은 남한의 사회체제나 문화 요소에서 수용할 수 있는 것은 받아들이는 등 상대적으로 개방적인 태도를 보였다.[147] 이러한 측면에서 본다면 체제 이념과 부합하는 사회복지는 북한이 자신감을 갖고 있는 동시에 자신들의 우위를 증명할 수 있는 요소로서 더욱 강화시켰다고 할 수 있으며, 남한은 일정 수준의 경제적 토대가 이루어지기까지 이를 아예 도외시하였다고 할 수 있다.

3. 남북한 사회복지제도에 대한 평가

제도적인 차원에서 본다면 북한의 사회복지제도가 남한보다 다소 우월하다고 볼 수 있다. 복지제도가 포괄하는 정도가 광범위하고 복지 수혜자도 많으며, 남한에 비해서 비교적 일찍 복지제도가 완비되었기 때문이다. 그러나 1990년대 이후에는 남한도 복지제도의 골격을 갖추었기 때문에 과거에 비해서 제도적 차이는 상당히 줄어들었다고 볼 수 있다. 제도적 차원에서 남북한이 차이가 나는 것은 기본적으로 북한이 국가와 사회가 인민의 생활을 책임지는 사회주의체제인 반면, 남한은 국가가 개인의 생활에 최소한으로 개입하는 자본주의체제이기 때문이다.[148)]

사회복지제도 운영 자원 조달의 경우도 북한은 전적으로 국가가 책임을 지는 반면 남한은 국가와 시민이 분담하는 형태로 운영되고 있다는 점에서 재원의 안정성은 북한 쪽이 상대적으로 높은 편이다. 사회복지 전달체계의 경우도 북한은 국가가 책임지는 반면 남한은 상당 부분 시장에 의존한다는 점에서 차이가 있다. 시장에 의존하는 남한의 사회복지 전달체제는 구매력의 차이에서 복지의 차별로 이어질 수 있다는 점에서 또 다른 불평등을 야기할 수 있다. 이것은 경제적 여유가 있는 사람들이 사적 보험을 통해 노후연금을 대비한다면 은퇴 후에도 불평등은 더욱 심화될 수 있다는 것을 의미한다. 반면에 국가가 전적으로 재정을 담당하는 북한의 사회복지제도는 국가의 결정에 따라 확대되거나 축소될 수 있다는 점에서 문제의 소지를 안고 있다. 이와는 달리 민간 부분이 상당 부분 책임을 지고 있는 남한은 국가의 자의적 판단에 의해 복지제도가 좌우될 가능성이 상대적으로 낮다.

사회복지제도가 담당하는 범위에서도 북한이 상대적으로 남한보다 넓다고 할 수 있다. 탁아소부터 국가가 책임지는 북한의 11년제 무상의무교육체제는 최근 9년으로 확장된 남한의 무상교육체제보다 범위가 넓다. 의료체제에서도 북한은 국가가 책임지는 반면 남한의 경우 개인이 담당해야 할 부분이 적지 않다.[149)] 고용보장의 경우에도 북한과 남한은 차이가 있다. 북한은 취업을 전적으로 국가가 책임을 지고 있으나 남한은 고용보험을 통하여 실업자에 대하여 일정 기간 생계를 보존하고 있으며, 취업 훈련을 보조하는 제도를 운용하면서 간접적으로 고용을 지원하고 있다.

사회복지제도가 사회적 불평등을 완화하는 기제가 될 수 있다는 점에서는 남북한의 사회복지제도는 모두 문제를 갖고 있다. 특히 남한의 경우는 의료보험이나 연금 등에서 개인 부담이 적지 않으며, 보험비 납부 등에서 소득 격차가 엄격하게 구현되고 있는가에 대해서도 의문의 여지가 많다. 또한 실제로 운영 과정에서 사적 보험의 영역이 크다는 점에서 사회복지제도 자체가 소득 재분배의 역할을 충분하게 수행하고 있지 못하다. 북한의 경우 상대적으로 이러한 문제는 적지만 출신 성분 등에 따른 차별적인 수혜제도, 지도자의 시혜적 복지 운영은 새로운 불평등을 초래할 수 있다.

그러나 제도적 수준에서 북한의 사회복지가 포괄적이라고 할지라도 실제 운영이 그러한가에 대해서는 의문의 여지가 있다. 그것은 다음 두 가지 이유 때문이다. 첫째, 북한에서는 국가 유공자 등에 대해서 차별적인 보상제도를 운영하고 있는데, 혁명유자녀학원이 그 대표적인 예가 된다. 국가 유공자 가족들은 별도로 운영되는 특수학교를 통해 양육되고 있으며, 그밖에도 각종 영웅 칭호를 부여받은 사람들도 차별적인 복지 혜택을 받고 있다. 둘째, 제도적 차원을 뒷받침할 수 있는 물적 토대가 갖추어져 있는가의 문제이다. 사회주의 산업화에 성공적이었던 1970년대 초반까지는 복지제도를 뒷받침할 수 있는 물적 토대가 작동하고 있었다고 볼 수 있지만 경제적 위기가 심화됨에 따라 복지제도의 실질적 효과는 반감되어왔다고 볼 수 있다.

특히 현재 북한의 열악한 경제 상황은 복지제도 운영에 치명적인 약점으로 작용하고 있다. 심각한 식량 부족은 배급제도를 무의미하게 만들었으며, 기초적인 의약품이 부족한 현실에서 무상치료제도는 의미를 잃게 되었다. 마찬가지로 교과서 부족으로 11년제 무상교육체제는 효과를 거두고 있지 못하다. 가동되지 못하는 공장은 고용제도를 근본적으로 무용지물로 만들었다. 1990년대 후반에 급증했던 탈북 행렬은 북한이 자랑하는 복지제도가 유명무실하게 되었음을 단적으로 보여주는 증거이다.

남한의 복지제도는 앞에서 이야기해왔듯이 점차로 발전되어왔다고 볼 수 있다. 발전해왔다는 점에서 긍정적이라고 볼 수 있으나 동시에 이것은 다음 두 가지 의미를 내포하고 있다. 첫째, 지난 반세기 동안 복지제도에서 벗어나 있었던, 다시 말해서 국가와 사회로부터 팽개쳐진 사회집단이 적지 않게 있었다는 점이다. 그리고 여전히 제도적인 차원에서 복지제도로부터 소외된 집단이 있다는 것이다. 특히 성장을 명분으로 경시되어왔던 사회복지가 채 완비되지 않은 현실에서 1990년대부터 확산되고 있는 세계화와 신자유주의적 경향은 도리어 복지제도의 발전을 저해하는 요인이 되고 있다. 더욱이 1990년대 후반에 맞이한 소위 'IMF체제'는 사회적 취약 계층을 확대시킨 반면 경제에 대한 국가의 개입을 제한하도록 강요함으로써 소외 집단에 대한 국가와 사회의 방기를 정당화하는 경향도 없지 않았다.

둘째, 그동안 남한 복지제도의 확충 과정을 살펴보면 국가의 정책 전환이나 지배층의 인식 전환에 의해서라기보다는 시민사회의 성장에 힘입은 바가 크다는 것이다. 불균형 성장론을 바탕으로 경제성장을 추진해왔던 국가의 '선성장 후 분배'에 편승해서 정치경제적 능력을 확충한 지배집단은 복지제도를 일종의 불필요한 비용으로 생각하는 경향이 많았다.

전두환 정권과 같이 정당성이 부족했던 정부에서는 이를 만회하기 위한 방편으로 복지사회를 구호로 내세웠지만, 복지제도가 가시적으로 작동하기 시작한 것은 1987년 시민사회가 정치적 공간을 확보한 이후부터라고 보는 것이 적절하다. 최근에 전면적으로 실시된 주5일 근무제 문제 역시 노조의 신장과 무관하지 않다. 이러한 점에서 본다면 남한 복지제도의 발전과 완성 과정은 남한 내 사회 갈등의 또 다른 표현이라고 할 수 있다. 또한 IMF와 같은 환경의 변화, 그리고 남한 내 권력관계의 변화에 따라 복지제도가 위축될 수 있다는 것도 의미한다.

남북한이 분단 이후 체제 경쟁을 경험하는 가운데 심화된 분단 구조는 남북한의 복지제도에도 적지 않은 영향을 미쳤다. 특히 사회주의 국가 북한은 체제 이념에 부합하는 복지 문제를 지속적으로 강조했고, 이에 따라 제도적인 차원에 복지사회 구현이 상대적으로 일찍 이루어졌다. 더욱이 초기 사회주의 산업화의 성공은 무상치료 및 11년제 무상의무교육 실시 등을 가능하게 만드는 또 다른 요인이 되었다. 이를 바탕으로 북한은 남한의 불평등한 체제를 지속적으로 비판해왔으며, 북한 주민들에게 체제의 정당성을 인식하도록 하고 결과적으로 높은 사회적 통합을 유지하게 하는 동력이 되었다.

반면에 남한의 경우는 분단 구조가 사회복지제도 구현에 걸림돌이 되었다. 북한과 대립적인 관계를 유지함에 따라 평등의 가치는 필요 이상으로 억압받아왔으며, 때로는 사회복지제도를 강조하는 것이 사회주의적 경향으로 매도되기도 했다. 특히 북한과의 체제 경쟁을 경제성장과 같은 것으로 생각한 1960년대 이후에는 체제 경쟁 자체가 사회복지제도 발전에 걸림돌이 되었다. 남한 복지제도의 성장이 사회의 민주화 진전과 더불어 진행되었다는 역사적 경험을 생각한다면 분단을 명분으로 한 권위주의 정부의 지속이 복지제도 완성에 커다란 걸림돌이 되었다는 사실도 생각해볼 수 있을 것이다.[150)]

권위주의체제는 남한만의 문제가 아니었다는 점에서 북한의 사회복지제도도 분단으로부터 부정적인 영향을 받았다고 볼 수 있다. 앞에서 이야기한 바와 같은 북한의 출신 성분에 따른 차별적인 복지 혜택이 대표적인 예가 될 수 있다. 이러한 경향은 특히 동구 및 소련의 국가사회주의가 붕괴한 1980년대 후반부터 체제 위기감이 심화됨에 따라 더욱 두드러졌고, 식량난 이후 차별적인 복지제도 운영은 일상적인 문제가 되었다.

그러나 무엇보다도 분단이 남북한의 사회복지제도에 미친 결정적인 영향은 경제적인 문제라고 할 수 있다. 전쟁을 경험하고 적대적인 대치 상태를 유지한 남북한은 막대한 군사비를 지출할 수밖에 없었다.[151)] 남북한 양측이 200만여 명에 달하는 병력을 유지하고, 첨단 무기를 마련하는 것은 분단 구조하에서 피할 수 없는 문제였다. IMF로 실업자가 양산되고 노숙자가 생겨난 남한이나 굶어죽는 사람이 나올 정도의 식량난을 경험한 북한에게 국방비는 일종의 신성불가침 영역이었던 것이다. 이러한 환경에서 사회복지 관련 예산은 항상 배정의 우선순위에서 뒤로 처질 수밖에 없었다. 문제는 이러한 현상이 오늘날에도 지속되고 있다는 데 있다. 즉, 현재의 분단 구조가 지속되는 한 남북한의 사회복지제도는 제도적 완결성과 상관없이 실질적인 운용에서 한계를 지닐 수밖에 없다.

4. 이상적인 사회복지체제 구축을 위하여

다른 분야와 마찬가지로 남북한의 사회복지제도도 분단으로부터 자유롭지 못했다. 기본적으로 남북한이 자본주의와 사회주의라는 서로 다른 이념을 사회 발전 전략으로 채택함으로써 사회복지제도에 차이가 있게 된 것은 당연하다. 그리고 이러한 차이는 체제 경쟁 과정에서 더욱 확대되어온 경향이 없지 않다. 그러나 남북한 사회복지체제의 제도적 차이가 항상 일정한 것은 아니었다. 초기 산업화에 성공한 북한과 달리 1970년대 이후 비약적인 경제성장을 이룩한 남한은 점차 복지제도를 확충해왔으며, 민주화가 진전됨에 따라 사회복지제도의 수준이 점차 높아졌다. 더욱이 사회복지제도라는 것이 체제 이념뿐만 아니라 사회적 가치관과 밀접하게 관련되어 있다는 점에서 현 단계의 남북한 사회복지제도의 우열을 정확히 이야기하기는 어렵다.

문제는 이념과 제도적 수준에서 사회복지체제를 자랑했던 북한이나 실질적인 혜택을 강조하고 있는 남한 모두 분단 구조에서 부정적인 영향을 받고 있다는 점이다. 권위적 정권의 지속, 과도한 국방비 지출과 같은 요인은 남북한 사회복지체제 모두를 위축시키고 있다. 또한 적대적인 체제 경쟁이 지속됨에 따라 상대 사회복지체제의 장점을 고려하기보다는 문제점을 부각시키는 데 급급했던 까닭에 상호 보완적인 사회복지제도의 발전은 전혀 이루어지지 않았다. 심지어 상대편의 우월한 복지제도를 피하는 경향도 없지 않았다. 남한의 경우 이러한 경향이 더욱 두드러지고 있는데, 북한이 자랑하는 11년제 무상의무교육체제[152]를 사회주의의 산물로 간주하면서 의무교육 확대에 소극적이었다.[153] 또한 북한의 무상의료체제도 유명무실하다고 비판하여왔다. 물론 북한이 최근의 경제 침체로 기초적인 의약품조차 부족한 실정에서 무상의료체제가 제대로 작동되지 못하고 있다고 할 수 있지만, 제도 자체가 문제가 있는 것은 아니다. 통일을 지향한다는 점에서 본다면 지금이라도 상대편 사회복지체제의 장단점을 충분히 고찰해 장점을 적극적으로 수용해야 할 것이다. 남한은 북한 사회복지제도의 포괄적 성격을 참고해야 할 것이고, 북한은 사회복지체제의 실질적 효과를 남한으로부터 참고할 필요가 있다.[154]

그러나 무엇보다도 중요한 것은 현재의 분단 구조를 변화시키는 것이다. 현재와 같이 군사비가 과도하게 소모되는 상황에서 남북한 모두 사회복지체제의 향상을 기대하기 어렵다. 또한 분단을 명분으로 권력을 집중하는 북한이나 체제 경쟁을 이유로 경제성장의 효율성을 강조하는 남한 모두 사회복지체제의 불평등성이 해소되기는 어려울 것이다. 이러한 맥락에서 최소한 분단 구조를 완화시키려는 노력이 전제되어야 사회복제체제의 질적 발전이 가능해질 것이다.[155] 특히 사회복지체제가 기본적으로 국가나 사회가 아닌 사회 구성원의 삶의 질 향상을 추구한다는 점을 고려한다면 체제 경쟁 자체가 사회복지체제 향상에 걸림돌이 된다는 점을 명심할 필요가 있다.

장기적으로 통일을 이룩한다면 제도적 차원에서 남북한 사회복지제도도 동일한 형태를 띠는 것이 불가피할 것이다. 그러나 이 과정에서 사회복지제도 자체가 통일국가의 체제 이념에 전적으로 귀속될 필요는 없다. 물론 체제 이념과 사회복지제도가 밀접한 관련을 갖고 있는 것은 사실이나 이러한 관련성은 절대적인 것이 아니다. 동서독의 경우 자본주의를 지향했던 서독이 질과 양에서 동독의 사회복지제도를 압도했다는 점을 기억할 필요가 있다.[156] 이것은 체제 이념과 상관없이 현실에 부합하면서도 가장 이상적인 사회복지제도를 추구할 필요가 있다는 것을 말한다. 이런 맥락에서 본다면 통일 이후가 아니라 현 단계에서부터 보다 이상적인 사회복지체제를 구축하려는 노력이 필요하다. 이것이 통일을 대비한 것인 동시에 체제에 상관없이 더 나은 삶의 조건을 마련하는 일이기도 하다.

이우영 | 경남대 북한대학원 교수

국가와 여성정책 : 남북한의 선택과 대응

1. 국가와 여성정책

남북한은 분단시대를 관통하는 냉전하에서 사회주의와 자본주의라는 각기 다른 체제 속에서 반세기를 보냈다. 그 과정에서 남북한은 각기 다른 빠르고 폭넓은 사회, 경제, 문화적 변동을 겪어왔다. 따라서 남북한은 반세기라는 시간 동안 각기 살아온 삶의 역사적 맥락이 다르고 이러한 삶의 맥락을 규정해 온 정치, 경제, 사회, 이데올로기 등이 다르다. 아마도 그것은 남북한 여성들의 삶의 맥락에도 그대로 투영되어 있을 것이다. 이 글은 현재 남북한 여성들이 놓여 있는 역사적 이질성과 동질성의 문제를 국가와 여성정책을 중심으로 풀어보려고 한다. 왜냐하면 정책은 체제 이데올로기를 담은 국가의 구체적이고 현실적인 행동 지침이라고 할 수 있기 때문에 이를 분석함으로써 남북 여성들의 가치관, 규범, 사고방식, 행동방식의 다름과 같음의 역사적 이해가 가능하기 때문이다. 해방 이후 남과 북에서 각기 시행했던 여성정책의 역사적 맥락을 시대순으로 비교 서술하고 그 과정에서 서로 다른 체제와 이데올로기가 만들어낸 여성정책의 다름과 닮음을 통해 오늘날 남북 여성들이 처한 현실적 상황을 알아보고자 한다.

2. 제1시기 : 1950년대 남북 분단과 여성정책

1950년대는 1948년 남과 북에 서로 다른 이념에 기초한 정부가 수립됨에 따라 국가의 기초를 세우는 법적, 정치적, 이데올로기적 측면에서 첨예한 차이가 드러난 시기였다.

1) 남한 : 국가의 비개입과 여성 방임

1948년에 제정된 남한의 헌법 제8조는 "모든 국민은 법 앞에 평등하다. 누구든지 성별, 종교 또는 사회적 신분에 의하여 정치적, 경제적, 사회적, 문화적 생활의 모든 영역에 있어서 차별받지 아니한다"라고 규정함으로써 성차별을 금지하는 법적 규정을 마련하였다.

그러나 실제 여성의 현실은 법에 규정된 평등권과 거리가 멀었다. 법과 현실의 괴리가 큰 것은 말할 것도 없고 헌법에 보장된 남녀평등 원칙에 어긋나는 하위 법률의 개정은 매우 느리게 진행되었다. 1958년 2월이 되어서야 '새민법'(이하 가족법)이 제정되었지만 여전히 전통적인 가족 이데올로기와 부계혈통주의를 고수함으로써 법의 제정과 동시에 여성들의 기나긴 법개정운동을 불러일으켰다.

전쟁과 빈곤의 시대였던 이 시기에 추진된 여성정책은 외국 원조에 의존해 뿌리내린 원호, 구호, 보호 및 선도 사회사업을 국가의 관리와 감독 중심으로 편성한 것이 대부분이었다. 전후 50만 명이 넘는 미망인이 발생했고 부양가족 중 절반가량이 요구호 대상자였기 때문에 부양자가 없는 불우 여성들에 대한 구호와 통제가 매우 절실했다. 그러나 공적 구호가 매우 취약했기 때문에 전쟁미망인들은 가사노동, 자녀 양육, 노부모 봉양뿐 아니라 가족의 생계를 책임지는 남성의 몫까지 이중, 삼중의 역할을 해내야 했다. 이들을 위해 1953년 국립모자원(전쟁미망인 수용소)이 설치되었으나 기본적으로 응급구호 시설의 성격을 넘지 못했다. 그러므로 전쟁미망인들은 국가와 사회로부터 어떠한 지원도 받지 못하고 오히려 멸시와 천대를 받으며 자기를 희생하는 삶에 내몰렸다. 이 과정에서 억척스럽고 희생하는 어머니 모델이 형성되었다고 할 수 있다.

이 시기 국가가 취한 적극적인 여성정책이라고 한다면 출산장려책을 들 수 있다. 이것은 "공산주의와 대처하고 있는 특수 상황에서 국가의 안보를 책임질 수 있는 근거는 인력"이므로 인구 감소는 문제라는 논리에서 비롯된 것이었다. 그러나 국가는 다자녀로 인해 발생할 탁아, 교육, 생활보장 등을 위한 어떤 복지정책도 실행하지 않았다. 모든 책임은 개인에게 지워졌다. 그러므로 다산정책이 실효를 거두기는 어려웠다.

1953년 제정된 근로기준법은 "사용자는 근로자에 대하여 남녀의 차별적 대우를 하지 못하며"라는 남녀균등처우 원칙을 규정하였으나 그 조항은 헌법의 남녀평등 조항과 마찬가지로 외국의 선진제도를 본받아 설치한 형식적이고 선언적인 법률에 불과했다.

여성 문제를 전담하는 국가기구나 여성단체 역시 거의 부재했다. 반민반관의 성격을 띠고 있던 '대한부인회'가 있었지만 이들의 활동은 여성보다는 부녀행정 차원의 미망인 구호사업 등 전재민 구호 및 봉사사업에 역량이 집중되었다. 그러므로 1950년대 남한에서의 여성정책이란 자유주의적인 법적 규정을 명문화했을 뿐 법의 실질적 집행을 위한 어떤 국가의 노력도 부재하였으며 사회복지 차원의 여성보호정책조차 제대로 실시되지 못했다고 할 수 있다.

2) 북한 : 국가의 개입과 여성의 사회화

북한 정권의 초기 통치 이데올로기는 마르크스-레닌주의였다. 마르크스-레닌주의는 여성에게 특별한 의미가 있는데, 왜냐하면 사회주의의 건설 이념 자체에 여성 해방 이념이 내재해 있기 때문이다. 즉, 가족과 사적 활동보다는 사회·경제적인 공적 활동에 여성들이 참여함으로써 여성의 사회적 지위가 달라질 수 있다고 기대했고 여성의 사회 참여가 사회주의 건설에 필수적이라고 보고 있다.

1946년 공포된 북한 헌법 제22조 1항에는 "녀자는 국가, 정치, 사회, 문화생활의 모든 부분에 있어서 남자와 동등하다"라고 명시되어 있다. 동 헌법은 남녀평등권에 관한 한 1946년 법령의 내용을 그대로 담았다. 즉, 해방 직후 1946년 7월 30일 제정된 북한의 남녀평등권에 대한 법령 제1조에도 "국가, 경제, 사회, 문화, 정치적 생활의 모든 영역에 있어서 녀성들은 남자와 같은 평등권을 가진다"라는 포괄 규정으로 정치, 사회경제적 측면에서 여성평등권을 부여하고 있다. 이러한 남녀평등법령을 통해 북한 여성들은 가사노동, 강제혼·매매혼·축첩과 같은 혼인관계와 봉건적 관행의 강제로부터 해방될 수 있었다. 곧이어 여성의 생산 활동에 대한 동일 노동 동일 임금을 규정하고, 출산 육아와 관련된 모성 보호를 보장하였다.[157] 여성에게도 동등한 재산 권리가 규정되고 기본적인 교육의 기회가 제공됨으로써 제도적으로 여성의 지위가 강화되었다.[158]

그리고 법적 규정을 실행하고 여성의 권익을 대변할 기구로 "조선민주녀성동맹"(이하 여맹)이 1945년 결성되었다. 이 조직은 초기에 만 31세에서 60세까지의 여성이라면 무조건 가입하도록 되어 있었다. 여맹은 여성의 자발적 참여와 의견 수렴에 의한 것이 아니라 당에 의해 조직된 것이었기 때문에 그 역할이 당의 정책과 이데올로기를 전달하는 통로였다는 한계가 있었지만 전국 단일조직으로서 여성을 계몽하는 선도적 역할을 충실히 담당했다.

이렇게 북한은 남한과 비교할 때 1950년대 이미 '반제반봉건하 여성 해방'과 '사회주의 여성화'라는 확고한 이념을 갖고 여성정책을 시행했다. 이는 평등이라는 사회주의 이데올로기의 실현을 통해 체제 정당성과 우월성을 확보하려는 북한의 사회주의 건설 과정의 일환이기는 하였지만 결과적으로 북한 여성들이 공적 영역의 떳떳한 공민으로서 사회에 참여하는 데 실질적 기능을 했다. 물론 법적 제도적 장치가 마련되었다고 해서 전통적인 여성의 역할이 당장 부정되거나 바뀐 것이 아니었다. 하지만 이를 통해 북한 여성들이 세대를 불문하고 문맹, 봉건적 잔재들 그리고 여성을 얽매는 사적 영역으로부터 해방되었으며 원하는 교육을 받을 수 있게 되었고 개인이 성장하는 데 필요한 적절한 사회적 보장을 지원받을 수 있게 되었다.

3. 제2기 : 1960~70년대 국가 동원형 산업화와 여성정책

1960~70년대는 남과 북이 서로 치열한 산업화 경쟁 속에서 일시적인 남북 관계 개선을 모색하는 시기였다. 이러한 모색과 경쟁의 관계를 통해 두 사회는 적대적이면서도 대쌍적(interface)관계에서 유사한 동원 국가의 모습을 띠었다. 그러므로 1960~70년대 남북의 여성정책은 국가－발전－여성을 연결하는 폭넓은 이해를 필요로 한다. 남북한의 유사한 발전 동원 국가의 성격으로 말미암아 서로 다른 이념과 제도에도 불구하고 여성정책에서는 매우 유사한 형태와 내용이 나타나고 있다.

1) 남한 : 여성의 산업 노동자화와 현모양처형 여성 강화

1960년대 남한의 근대화 전략은 사실상 북한에 비해 뒤처진 남한 경제를 끌어올리기 위한 '따라잡기' 경쟁의 의미가 컸다. 거기에 박정희와 김일성의

‘생사를 건’ 경쟁까지 중첩되어 1960년대부터 남북한 경쟁은 속도전적 양상으로 변모했다.

사실상 이때까지만 해도 북한에서 발달된 여성 관련 근대적인 법들과 정책들은 남한에 거의 영향을 미치지 못했다. 그러나 박정희 정권은 달랐다. 박정희 정권은 ‘조국의 근대화’ 없이 여성의 삶도 개선될 수 없다는 모토를 내걸고 여성에 대한 정책을 정비해나갔다. 그 구체적인 내용[159]은 첫째, 개발계획의 중심적인 경제, 산업으로 여성을 끌어들이는 것이었다. 여성의 노동력을 경공업 노동에 싼값으로 동원하거나 새마을운동 같은 국가사업에 대규모로 동원하고 조직하는 것이 여기에 해당된다. 그런데 여성의 경제활동은 특정한 부문, 특정한 직종에 집중되었는데, 특히 제조업 생산직 여성 노동자의 실태에서 이런 현상이 뚜렷하게 나타났다. 결과적으로 여성은 산업정책의 수혜자가 아니라 저임금의 대상이자 수출 상품의 도구로서 활용된 것이다. 그리고 지역 개발이나 사회 개발 혹은 새마을운동과 같은 다른 국가사업을 위해 동원했던 여성은 대부분 부녀들이었다. 가장의 아내이자 딸의 위치를 가리키는 ‘부녀(婦女)’라는 용어는 국가가 대상으로 삼는 여성 주체의 위치를 잘 드러낸다. 가족의 삶 속에서 규정받는 부녀 곧 아내이자 어머니 혹은 딸이라는 여성의 정체성을 바탕으로 한 부녀 행정의 목적은 ‘과학과 윤리가 조화되는’ 가정으로 표현되었고, 이때의 윤리는 남성 가장 중심의 가부장적 규범을 의미했다.

둘째, 중심적인 경제적, 생산적 정책 범주 밖의 여성에 대해서는 부차적인 정책 영역으로 주변화하는 방식이었다. 매춘 여성, 미혼모, 가출 부녀, 빈곤한 모자 가정 등은 곧 위험한 존재, 도덕적으로 타락할 가능성이 많으므로 박정희 정권하에서 강력하게 통제되고 규율을 잡아야 할 존재로 인식되었다. 당시 국가에 의해 요보호 여성으로 분류될 수밖에 없던 여성들은 사실상 전쟁이라는 역사적 상황이 몰려준 빈곤의 심화, 가족 해체 등 급속한 사회변동이 몰고 온 전쟁미망인과 그 부양가족들, 가출 여성, 부랑 여성들이 대부분이었다.

이들에 대해 국가는 사회적 안전 보호 조치는커녕 근거도 없이 '일탈' 여성들로 낙인찍고 '윤락행위방지법' 제정(1961)으로 통제하는 한편 부분적으로는 기생 관광이라는 일탈적 경제 행위로 활용하는 등 이중적인 모습을 보여주었다.

이렇듯 발전 동원 국가는 적극적으로 미혼 여성을 동원하고 부녀자를 계몽과 지도를 통해 경제 발전의 동력으로 활용했지만 그렇다고 해서 여성의 모성 역할을 적극적으로 지원하지도 않았다. 개발과 성장에 모든 자원을 투입해야 하는 상황에서 모성을 공적으로 지원하는 복지주의적 관점[160]의 여성정책은 고려될 수 없었다. 여성은 현모양처의 역할을 수행해야 한다고 전제되었고 자녀 양육은 언제나 가정의 몫이었다. 5·16 직후 사회복지와 관련된 많은 법률 중 '생활보호법'이나 '아동복리법'은 모성에 대한 인식이 매우 불충분하고 비체계적이며 불안정하였고, '요보호' 아동과 임산부만을 대상으로 하는 한계를 갖고 있었다. 경제성장을 위해 산아 제한[161]이 필수적인 상황에서 모성을 적극적으로 가치 평가하고 지원하는 정책은 성립될 수 없었던 것이다.

정책적으로 직접 거론되지는 않았지만 부녀정책과 때를 같이하여 주부클럽연합회에서는 1969년부터 신사임당의 날 기념행사를 개최하기 시작했다. 어머니이면서 본능적 모성을 뛰어넘는 학식과 인격을 갖춘 인물, 그렇다고 가정을 뛰쳐나오기보다는 자녀를 훌륭하게 키워냄으로써 나라의 발전에 기여하는 이상적 '부녀'의 모습을 바로 신사임당에서 발견하였던 것이다.

남한에서 북한의 여성동맹에 견줄 대표적인 여성조직으로는 1959년 12월에 조직된 한국여성단체협의회(이하 여협)를 들 수 있다. 당시 여협은 25개 단체가 연합하여 발족한 단체로서 1970년 현재 전국적으로 200여 개의 지부와 200만여 명의 회원을 확보하고 있었다. 여협은 1980년대 초반까지 한국 여성운동을 대표하여 법적, 제도적 측면에서 여성의 권익 신장을 도모해왔다. 이들 여성단체가 단결하여 전개하기 시작한 '가족법개정운동'이 여성들이 스스로 역량을 결집하고 평등권을 획득하기 위한 주체적 활동의 기원이 되었다는 점에서 주목하지 않을 수 없다. 당시 가족법개정운동은 법개정에 참여하는 여성이 전국적으로 조직화되었고 여성 해방 이념과 관계없이 모든 여성단체들이 전근대적·가부장적인 가족법에 도전하여 법개정을 요구하여 많은 내용을 변경시킬 수 있었다. 비록 여성계의 요구가 모두 관철되지는 못했으나 국가권력이 경시해왔던 법적 평등을 여성 스스로 이루어낸 것이다.

2) 북한 : 일하는 여성상의 강조와 여성의 이중 부담 증가

산업화를 위한 여성 노동력 동원은 남한보다 북한에서 먼저 이루어졌다. 1958년 발표된 내각 결정 84호는 「인민경제 각 부문에 여성들을 더욱 인입시킬 데 대하여」라는 제목으로 1961년까지 전 종업원에 대한 여성 노동력 비율을 교육, 보건 부문에 60% 이상, 기타 평균 30% 이상까지 제고시킬 것을 결정하였다. 이를 위해 교육과 고용의 평등화에 기여하도록 각종 기회와 권리를 제공할 수 있는 제도적 시도가 이어졌다. 여성 노동력의 고급화와 체계적인 직업 교육을 위해 대학, 전문학교 등 각종 기관의 여성 비율을 점차 높이도록 규정하고 각 기업과 학교에 강제적으로 여성을 수용하도록 하였다. 이 결정은 1956년 12월 노동당 중앙위 전원회의에서 결정된 '사회주의 경쟁운동'이라는 명목으로 노동력 강화를 통한 생산 증대 및 1957년부터 전개된 천리마운동에 여성의 참여를 제도적으로 뒷받침하기 위해 내려진 것이다.[162)]

그 결과 여성들은 인민 경제 각 부문에 광범위하게 진출하였고, 여성들이 일할 수 있는 경공업 부문에 배치된 청장년들을 여성 노동력으로 교체하여 중노동 부문에 진출시키기 위한 남녀 노동력 교체사업이 진행되었다. 중공업과 경공업의 성별 재배치 기준은 '감수성이 예민하고 감정이 풍부하며 체질적으로 연약한 여성들'의 적성이었다. 그러므로 북한 당국이 주장하는 동일 노동 동일 임금, 동등한 대우가 실제로 지나치게 왜곡된 선전은 아니지만 여성들은 정책적으로 연공서열의 혜택이 적은 저임금 직종에 배치되어 있으며 급수가 높은 작업반장과 같은 간부직은 거의 남자들이다.

특히 북한 여성 노동력 중에는 부녀자들의 사회 참여가 큰 비중을 차지하고 있는데 1970년대에 이르면 50%를 상회하게 된다. 따라서 여성들의 사회 참여를 지원하는 적극적인 제도들이 모색되었다. 일하는 여성을 위해 1946년부터 국가탁아소(3·8탁아소)제를 실시한 북한에는 1978년 현재 6만여 개의 탁아소와 유치원에서 모든 어린이가 국가와 사회의 부담으로 양육되었다. 그리고 어린이를 가진 어머니에 대한 보호와 혜택도 법에 의해 규정되어 1969년부터 모성 노동자의 노동시간을 1일 6시간, 주 5일로 제한할 뿐 아니라 수유 시간을 보장하고, 1970년 제5차 조선노동당대회부터 가정의 일로부터의 해방을 내걸고 탁아소, 유치원 시설 등의 확충과 부엌살림의 간편화 제도를 마련하였다.

여성들이 가사노동에서 점차 벗어나면서 이 시기 북한 여성들은 대부분 직장생활이나 여맹을 통하여 사회활동에 적극 참여하였다.[163] 물론 그렇다고 해서 가사노동에 대한 여성의 의무가 약화된 것은 아니었다. 어머니대회 결의나 여맹의 여성 교양 등에서는 공산주의적 가정 개조를 여성의 전통적 부덕과 유사한 것에서 시작하도록 함으로써 여성을 '가정'의 담당자로 재차 규정하였다. 따라서 육아와 가사에 대한 사회적 책임이 제도화되고 지원되더라도 일차적인 육아와 가사의 책임은 어머니의 몫이었기 때문에 여성은 사회적 노동과 함께 이중 역할을 요구받게 되었다.

이러한 정책의 결과, 사회적으로 좋은 여성보다는 좋은 아내, 좋은 어머니가 강조되고 좋은 어머니의 기준은 사회활동을 잘하는 어머니였고, 노는 어머니보다는 일하는 어머니를 더 좋아하고 긍지로 여기게 되는 '일하는 어머니'가 이상적인 여성상으로 등장했다.[164] 그 모범으로 "조선의 어머니이시며 조선녀성해방운동의 탁월한 지도자이신 강반석 녀사" 따라 배우기 운동이 대대적으로 선전되었다.

전체적으로 1기 여성정책과 비교할 때 이 시기 남북한의 여성정책은 여성들을 적극적으로 경제활동에 참여하도록 동원하고 부녀자들의 계몽과 지도를 통해 사회 참여를 독려하려 한 점에서 매우 유사한 성격을 보여주고 있다. 이 시기 북한은 남한과 비교해볼 때 여성들의 사회적 동원에 따른 이중 노동 부담을 완화하기 위한 제도적 장치 및 모성의 사회화 조치를 실시했다는 점에서 높이 평가할 만하다. 그러나 남녀평등의 실제적 결과는 남과 북에서 크게 달라지지 않았는데 왜냐하면 북한의 경우 남성들로 하여금 마땅히 가사노동을 분담하도록 하는 압력과 교육, 시행 과정이 없었기 때문에 가사와 양육은 남한과 마찬가지로 여성의 책임으로 남게 되었다.

4. 제3기 : 1980~90년대 남북 사회의 변화와 여성정책

1980년대에 들어서면서 남북의 국가정책은 그 결정에 있어서 상호 대쌍적 영향보다는 남북 각자가 처한 내적 상황이 더욱 중요한 요인으로 등장하게 되었다.

남한의 경우 1980년대 초부터 국가정책에 비판적인 관점을 가진 다양한 여성운동이 활발해지고 여성의 교육과 사회 참여가 신장되면서 새로운 여성정책에 대한 요구가 밑으로부터 대두되었다.

북한에서는 1970년대 후반 이후 사회주의 경제성장이 한계에 직면하면서 물질적 토대의 강화(가사노동의 사회화, 탁아 확대 등)보다는 사상혁명에 여성정책의 무게가 주어졌다. 특히 1990년대 경제 악화 이후에는 사회주의 이념에 기초한 여성정책이 크게 후퇴하는 대신 가부장제 혹은 대가족주의가 빠른 속도로 부활하고 있다.

1) 남한 : 능동적 여성과 여성정책의 성장

1960~70년대 급속한 산업화와 지속적인 교육 기회의 확대 결과 고학력 여성 인력이 증가하고 여성들의 사회 참여가 활발해졌으나 여성들의 노동 조건 및 사회적 지위와 역할은 크게 나아지지 않았다. 남한에서 국가는 여전히 여성 문제를 부차적으로 취급할 뿐 북한의 남녀평등법과 같은 여성의 권익 보호를 위한 법률을 제정하거나 기존의 법제도 중 성차별적 규정들을 개정하는 조치를 취하려 하지 않았다. 더구나 모성의 사회화 논의조차 금기시되다시피 했는데 거기에는 성장을 앞세우는 국가의 발전 전략과 더불어 모성의 사회화에 대한 주장이 '사회주의적 지향=친북한적 지향'을 담고 있다는 낙인을 받을 위험이 있었기 때문이다.

이에 여성들은 열악한 조건에 저항하며 국가의 정책적 개입을 요구하기 시작했고, 이것이 여성정책 발전의 원동력으로 작용하였다. 그 결과 '남녀평등고용법'(1987), '가족법 개정'(1990), '여성발전기본법'(1995), '부모양계혈통주의를 채택한 국적법'(1998), '남녀차별금지 및 구제에 관한 법률'(1999), '남녀고용평등법 개정'(1999) 등과 같은 여성과 관련된 법들이 비로소 다양한 여성단체들의 독자적인 여성운동을 통해 남한에서 이루어졌다. 또 2001년 11월부터 근로 여성의 모성 보호가 강화되어 여성 근로자의 산전, 산후 휴가 기간이 1953년 근로기준법 제정 이후 처음으로 90일로 확대되었다. 급여의 60일분은 사용주가 부담하고 연장된 30일분은 고용보험과 정부 재정에서 분담하기로 함으로써 지금까지 개인 또는 기업 책임으로 되어 있던 모성 보호 문제가 사회적 책임이 추가되는 방향으로 전환된 계기가 되었다.

그러나 북한의 경우에서 볼 수 있듯이 법적인 평등의 확보는 남녀평등을 확보하기 위한 기초일 뿐이지 그 자체가 실질적인 남녀평등을 보장해주는 것은 아니었다. 많은 여성정책이 법률적으로 제도화되었지만 현실적으로 남한 여성들이 피부로 느낄 수 있을 만큼의 여성의 지위 상승이나 권익 향상은 이루어지지 않고 있다. 국가 예산의 부족, 남성주의적 관행에서 벗어나지 못하는 공공기관의 의식, 평등권과 상치되는 다양한 경쟁의 논리, 법 절차상 개별 여성이 당하는 불이익 등 남한에서는 여전히 많은 남녀평등 저해 요인들이 자리 잡고 있다. 더구나 1997년 IMF 금융 위기에서 겪었듯이, 국가적 위기 상황에서 여성 문제는 늘 부차적 문제라는 것이다. 당시 외쳐진 구호는 '가족을 살리자'였으며 그중에서도 '가장을 살리자'였다. 이 때문에 노동 현장에서 1차적으로 퇴출당한 것은 여성 중에서도 가족이 있는 기혼 여성이었다. 즉, 경제가 어려워지자 여성정책이 다시 여성 주체보다는 '가족' 중심으로 바뀌고 노동시장의 부담을 덜기 위해 '신 모성'에 대한 관점이 등장했던 것은 국가의 여성정책은 언제라도 반여성적으로 바뀔 수 있음을 보여준 실례라고 할 수 있다. 또 IMF 금융 위기 이후 악화되고 있는 서민들의 경제적 어려움과 자녀의 사교육비 문제, 다른 한편으로는 1990년대 이후 고양된 여성들의 출산에 대한 태도 변화로 인해 급격하게 출산율이 떨어지고 있다. 이에 대해 국가에서는 다자녀 가족에 대한 각종 세제 혜택과 제도 개선 등 이른바 물질적 유인으로 출산을 장려하는 쪽으로 나아가고 있지만 그 실효성에서 의문의 여지가 많다.

무엇보다도 최근 남한의 여성계는 기본적인 법적 동등권의 획득이 여성 문제를 해결하는 데 역부족임을 인식하고 있으며, 따라서 가부장제적 편견과 성별 분업 이데올로기의 철폐와 사회 내의 모든 불평등을 극복하고자 하는 의식의 전환과 구조의 개혁을 위해 다양한 형태의 여성운동과 함께 여성의 정치세력화를 적극적으로 전개하고 있다.

2) 북한 : 수동적 여성과 여성정책의 후퇴

1980년대 북한은 경제성장이 현저히 둔화되고 경제 침체에 따른 노동력 수요가 줄어듦에 따라 여성을 반강제적으로 취업시키던 사회적 동원 지향의 정책을 지양하고 있다. 그 결과 결혼한 여성의 경우 "가두녀성"[165]이라 칭하는

'부양가족'으로 가정에 머무르는 경우가 많아졌다. 이렇게 북한이 사회주의 개혁에서 후퇴하고 있는 것은 경제적 위기에서 기인하였다. 경제 침체가 장기화되면서 남성들의 일자리도 보장되지 못하자 더 이상 여성들을 일터로 동원하는 것이 무의미해졌다. 오히려 가두여성들을 모아 가내작업반을 꾸리는 것이 생필품 생산에 도움이 될 뿐 아니라, 그렇게 되면 최소한 국가가 여성에 대한 배급을 비롯한 복지 생계를 보장해주지 않아도 되었기 때문이다.

자동적으로 여맹의 조직과 역할도 대폭 축소되었다. 18~55세의 모든 여성을 대상으로 했던 것에서 1983년에는 타 단체에 가입되지 않은 여성만을 가입 대상으로 하면서 300만 맹원이 20만 명으로 격감하였다. 그 결과 당 사업을 적극 지원하는 준 국가기구로서의 여맹의 역할과 위상이 격하되었다. 그 대신 여맹 내부의 교양 강화를 강조하고, '강반석 여사 따라 배우기', '8·3인민소비품 생산'[166]과 가내작업반 운영에 참여, 탁아소·유치원 보육원·교양원의 자질 향상 등 전통적으로 '여성의 일', '여성의 영역'으로 간주되어온 역할을 지원하게 되었다. 국가정책이 지금까지 여성 노동력 활용을 위해 보육 시설 확충, 가사노동의 사회화 등에 중점을 두던 사업에서 후퇴하여 가족 중심적 가부장제 질서로 회귀하기 시작한 것이다. 북한이 즐겨 사용하고 있는 어버이수령, 어머니당, 사회주의 대가정이란 의미도 가부장제를 국가로 확대한 일종의 가족 국가론이라고 할 수 있다. 예컨대 1991년 민법에 대한 특별법으로 제정된 '사회주의가족법'은 법적인 측면에서 과거 '남녀평등권법령'의 진보성을 상실하고 우리 전통 관습과 국가의 간섭을 뒤섞은 혼합적인 모습을 나타내고 있다.

> 부부는 서로를 부양해야 하고 자녀를 교육시킬 의무가 있다.(제27조) 이러한 부모의 교육에 답하여 자녀는 노동력이 없는 부모를 부양해야 한다.(제28조) 부모가 다 사망한 경우 조부모는 그 고아들을 부양해야 하고(제35조), 손자녀는 늙은

조부모를 부양해야 한다.(제38조) 형제간에도 서로 부양해야 한다.(제36조) –'사회주의가족법' 중에서

또 1998년 '고난의 행군' 시기에 개정한 북한 헌법 제77조에서는 "국가는 녀성들이 사회에 진출할 온갖 조건을 지어준다"라고만 포괄 규정하여 여성의 사회 참여를 보장하기 위해 시행되었던 육아, 탁아 시설 및 지원, 동일 임금 동일 노동, 임신 및 출산, 수유 보장 등 이전의 정책을 제한하고 있다.

이 모든 조치는 사회주의 국가조차 경제 위기 상황에서는 가장 먼저 '여성과 가족정책'이 축소되고 여성들이 얼마든지 공적 영역에서 배제될 수 있음을 보여주는 단적인 예라고 할 수 있다.

무엇보다도 북한에서 여성정책이 이토록 후퇴하게 된 가장 큰 이유는 식량난 등 경제 위기와 그로 인해 이혼[167]과 청소년 범죄 등 가족 및 인구 문제가 심각한 사회 문제로 등장했기 때문으로 보인다. 이런 상황에서 여성 주체화, 자립화의 문제는 중요한 정책으로 유지될 수 없을 뿐 아니라 국가가 부양을 책임지지 못하는 상황에서 여성과 가족을 경제난 해결을 위한 방편으로 이용하려는 방향으로 이데올로기가 강화되었다고 볼 수 있다. 또 '고난의 행군' 시기에 발생한 '인구 타격'[168]을 개선하기 위해 다시 다산장려정책이 나오고 있다. 즉, 혼인 연령이 하향화되어 평균 결혼 나이가 남자는 27.3세, 여자는 24.8세로 낮아졌고, 2001년에는 김정일의 지시로 '모성 영웅(자녀를 많이 낳아 기르고 남의 자녀까지 길러주는 여성 영웅)'의 칭호까지 수여하고 있다.

결론적으로 말해서 북한에서는 지난 50년 동안 사회주의화라는 역사적 맥락에도 불구하고 대내외적 요인으로 말미암아 물적 생산력이 타격을 받자 제일 먼저 여성정책을 포기하였다. 그 결과 여성들은 가사노동으로 회귀할 뿐 아니라 고난의 행군기에 가족 부양까지 책임지는 이중 역할을 요구받으면서 '신전통주의적' 성별 분업이 고착화되었다. 남녀평등이 법적·이념적으로뿐만

아니라 실질적으로 구현되었다고 주장하는 북한 사회에서 이렇게 성별 분업이 다시 쉽게 고착화되고 있는 것은 남성으로 이루어진 북한 지도부의 성차별적 통념의 결과이며, 여성 스스로가 자발적 투쟁을 통해 자신들의 지위와 역할을 지켜내지 않는 한 사회주의에서조차 결코 여성 문제는 자연스럽게 해결되지 않는다는 사실을 보여주는 중요한 역사적 결과라고 할 수 있다.

5. 남북의 국가와 여성 : 부(負)의 동질성

이 글은 남과 북이 서로 분리된 역사 과정에서 상호간 영향을 주고받는 과정에서 여성정책이 어떻게 변화되어왔는지 시기별로 나누어 살펴보고 남북한의 여성정책 발전 과정에서 나타난 국가와 여성의 관계에 초점을 맞추어 그 다름과 닮음에 대해 정리해보고자 했다.

두 사회에서 확인할 수 있는 것은 국가가 여성을 바라보는 방식이나 여성정책의 본질이 남북한에 있어서 매우 닮았다는 것이다. 분단 이후 남북한의 여성정책은 그 제도적 내용과 결과의 차이와 관계없이 여성을 능동적 주체로 세우는 정책(북한에서 국가 형성 초기를 제외하고는)이 아니었으며 국가와 여성의 관계는 가부장적 관계로 맺어져 있다는 점이다. 특히 산업화를 위한 동원시기에 남북의 여성은 강력한 국가의 동원과 보호의 대상이었고, 여성과 가족에 대한 국가의 개입이 강화되었다는 점에서 국가 가부장제의 모습을 띠었다. 그 결과 서로 다른 이념과 체제를 가지고 있음에도 불구하고 남북한의 여성은 가족과 직업 사이를 오가며 '어머니이자 일하는 여성'이라는 이중 사회화의 고통받는 희생자가 되었다. 또 남북한의 여성정책은 남녀평등을 목적으로 하는 독자적인 정책으로 실행되었다기보다는 경제, 노동, 인구, 가족 등 다른 국가정책의 목표를 위한 수단으로 실행되었다는 점도 남북한 사회의 공통된 모습으로 지적할 수 있다. 체제와 이데올로기라는 차이가 서로의 발전적 경쟁으로 나아가기보다는 여성정책에 관한 한 결과적으로 남북한이 서로 부정적 측면에서 강화해온 이 현상을 우리는 '부(負)의 동질성'이라고 부를 수 있다.

그러나 이러한 동질성에도 불구하고 현재 남북한 여성들의 정체성과 결과적 삶의 형태는 큰 차이가 있다. 이는 북한이 국가에 의해 주도적으로 여성정책이 결정되고 여성의 지위가 보장되어왔다면, 남한은 여성주의자들이 투쟁을 통해 여성의 지위를 획득해온 결과의 차이라고 말할 수 있다.

사실 남한의 여성은 북한 여성과 비교하여 법적, 제도적 차원뿐 아니라 실질적인 여성의 지위에서 아주 오랫동안 뒤떨어져 있었다. 경제활동 참여만 보더라도 북한의 20대 미혼 여성들과 50~60대 여성들 90% 이상이 직업 활동을 했고, 현재 출산과 양육을 담당하고 있는 30~40대에서는 그 비율이 약간 떨어지기는 하지만 가두여성 활동이라는 간접 형태로 사회 참여에 동원되었기 때문에 북한 여성은 전체적으로 사회 참여율이 매우 높았다. 반면에 남한 여성은 취업률이 북한에 비해 떨어질 뿐 아니라 자녀 출산 이후 자녀를 양육해줄 사회 시설을 찾지 못해 고학력 여성일수록 직장을 포기하고 가정에 안주하는 경우가 많았다. 또 북한 여성들이 세대를 불문하고 정규 교육을 받았으며 남성들과 거의 동등한 교육 수준을 갖추고 있는 데 비해 남한 여성들은 세대간 교육 수준이 클 뿐 아니라 고령층으로 갈수록 학력도 남성에 비해 월등히 떨어진다. 그러나 그렇다고 해서 북한 여성들이 남한 여성보다 더 해방되고 평등한 삶을 살았다고 말하기는 어렵다. 남한 여성들은 북한 여성들이 이미 획득한 권리를 스스로 쟁취하기 위하여 국가를 상대로 힘겹게 싸우면서 높은 여성주의 의식을 키워왔다. 또 다양한 목표를 갖고 정책을 실현시키기 위해 수많은 자발적 여성조직 결성과 연대의 경험을 갖고 있다. 이것은 앞으로도 자생적인 여성운동의 소중한 자산이 될 것이다. 반면에 북한 여성의 경우 평등을 요구하기 전에 국가이며 동시에 인격체인 김일성 수령으로부터 평등이

〈표〉 남북한의 여성·가족정책의 변화 : 법과 제도

남한	남한 의 시기 구분 과 주요 사건	북한 의 시기 구분과 주요 사건	북한
• 부녀자의 매매 및 매매 계약의 금지(1946) • 공창 폐지령(1947) • 부녀국 설치 • 대한부인회 발족(1948)	1945~48년 : 미군정기	1945~46 : 사회주의 정비기	• 여성동맹 조직 (1945) • 남녀평등법(1946) • 3·8탁아소 설립 (1946)
• 국립전쟁미망인수용소 → 국립모자원 설치(1954)	1953~60년 : 이승만 정권 시기	1953~60년 : 전후 복구기 사회주의 공업국가 기초 확립, 업집단화 천리마운동	• 협의 이혼 폐지, 재판 이혼 규정(1956) • 5호담당제 실시(1958) • 여성동맹 통합 개칭(1959)
		1960년대 : 사회주의 공업화 시기	• 어머니학교 설립(1961) • 내각에 유치원 지도국 신설(1967) • 가정의 혁명화(1968)
• 모자복지법(1962), 윤락 행위 등 방지법(1961) • 생활보호법(1963) • 부녀아동국 설치, 국립여성회관(1963) • 부녀교실(1967) • 가족계획어머니회(1968) • 한국여성의 해 선포(1975) • 새마을부녀회(1977)	1961~79년 : 박정희 시기, 개발독재 시기, 새마을운동	1970~80년대 : 사회주의체제 고착기, 3대기술혁명, 3대혁명소조운동, 공업근대화, 인민경제주체화, 현대화, 과학화	• 사회주의헌법(1972) • 전 여성 가정으로부터 해방(1970) • 어린이보육교양법 (1976) • 노동법 개정(1978)
• 부녀복지과, 여성개발원 설립(1983) • 여성정책심의위원회 설치(1983) • 유엔여성차별철폐협약 비준(1984) • 여성 발전 기본 계획 수립(1985) • 개정 헌법에 남녀평등 조항 삽입 (1987) • 남녀고용평등법(1987) • 모지복지법(1989) • 성폭력특별법(1994) • 여성발전기본법(1995) • 가정폭력방지법(1997) • 남녀차별금지법(1999)	1987년 민주화 이후 : IMF 위기	1990~현재 : 김일성사망, 북한 경제 위기, 김정일 세습체제, 1990년대 속도전 창조운동(1990)	• 사회주의가족법 제27, 28, 35, 36, 38조 남녀평등권 제한(1990) • 사회주의 헌법 개정(1992) • 사회주의 헌법 개정 제77조 남녀평등권 제한(1998)

출처 : 이온죽·장지연, 『여성·가족·사회』, 세영사, 1999 ; 윤미랑, 『북한 여성정책』, 한울, 1991. : 미래인력센터, 『여성이 만드는 통일 한국의 미래』, 생각의 나무, 2001 등 참조 및 보완 작성.

시혜적으로 주어졌을 뿐 아니라 남녀불평등에 대한 문제의식을 가질 기회조차 없었기 때문에 내부적으로 정책을 비판하고 대안을 제시하는 능력과 연대를 키우기 힘들었다. 또, 국가에 의해 '위로부터' 조직된 여맹 이외의 다른 자율적인 여성조직 활동이 허용되지 않는 전체주의 사회이기 때문에 주어진 평등을 소극적으로 받아들이는 위치에 서고 말았다.

그렇기 때문에 북한 여성들은 오래전부터 평등이 보장된 가운데 살아왔지만 이에 걸맞은 여성의식을 갖추지 못하고 있다. 물론 북한 여성의 수혜자적인 수동성을 지적한다는 것이 곧 북한 여성들이 매사에 '수동적'이라고 받아들여져서는 곤란하다. 상대적으로 남한보다 높은 교육 수준과 지속적으로 사회참여를 해온 북한 여성들이기 때문에 지금보다 나은 물적 조건과 개방 조건이 북한에 주어진다면 얼마든지 중요한 역할을 할 수 있을 것이라고 예측해볼 수 있다. 북에서 당원이거나 여맹 등 조직 활동을 열심히 했다고 밝힌 북한 이탈 여성일수록 통일 과정에서 남한 여성 못지않게 북한 여성의 역할을 적극적으로 강조하는 점을 보더라도 북한 여성들이 단지 수동적이고 의무적이며 순종적이지만은 않다는 점, 그리고 적극적인 조직(단체) 생활의 경험과 자신감이 통일 과정에서부터 남북한 여성의 연대 사업에 중요한 영향을 미치리라고 예상할 수 있다. 이 점을 지적하는 것은 매우 중요하다. 왜냐하면 북한에서의 적극적인 사회 참여와 조직 생활의 경험은 통일 사회에서도 그대로 발현될 수 있어야 하기 때문이다.

이제 필요한 것은 남북한 여성이 함께 겪어온 국가 가부장제에 대한 저항을 연대의 틀로 삼고 북한 여성의 강한 자의식과 남한 여성의 자발적인 여성운동의 경험을 값진 자원으로 활용하여 실질적인 남녀평등이 보장되는 여성이 중심이 되는 '통일운동'을 만들어가는 것이다.

오유석 | 성공회대 사회문화연구원 연구교수

해방 직후 남북한의 친일파 청산

1. 친일파 청산 작업의 당위

해방이 된 지 반세기가 지났지만, 친일파 청산에 대한 전국민적 갈증은 여전히 해소되지 않고 있다. 이러한 가운데 '친일진상규명법'이 국회에서 통과되어 친일 문제에 대한 논의도 구체화되고 있다. 문제는 정치권이 1948년 반민특위 조직 당시와 같은 논리로 대립하는 경향마저 보이고 있다는 사실이다. 최소한 친일 문제에 있어서는 1948년 반민특위 조직 당시의 상황과 크게 달라지지 않은 듯하다.

우리의 친일파 청산의 역사를 뒤돌아볼 때, 친일파 청산 문제는 친일파 개개인의 보복적 차원에서 제기된 경우는 없었다. 현재도 친일파 개개인의 처벌 문제는 논의의 대상이 아니다. 현시점에서 친일파를 다시 재판에 회부할 수도 없고, 설령 재판에 회부한다고 해도 그다지 의미가 있지 않기 때문이다. 현재 우리에게 필요한 것은 친일파를 청산할 수 없었던 사회구조적 조건을 객관적으로 평가하고, 친일파와 그 비호세력에 의해 구축된 기형적 사회구조의 고리를 하나씩 끊어내어 건강하고 상식이 통하는 시민사회를 만드는 것이다.

익히 알려진 바와 같이 해방 이후 한국 사회 왜곡의 첫 출발은 친일파와 직·간접적으로 연관되어 있다. 그럼에도 해방 후 60여 년이 지난 현재까지 친일파에 대해 이렇다 할 역사적 심판을 내리지 못하는 이유는 무엇일까? 왜 친일파들은 청산되지 못하고 오히려 한국 사회의 핵심으로 자리했을까? 21세기 미래에 대한 전망을 제시하기도 버거운 현시점에서 왜 친일파 청산 문제를 다시 논의하고 있을까? 현시점에서 친일파를 조사할 경우 어떤 문제가 발생할 것이고, 그러한 문제점을 차단할 법적·제도적 장치는 무엇인가? 이러한 문제에 대한 접근은 제2차 세계대전 이후 세계 각국의 과거사 청산 사례에 대한 검토, 우리 민족 내부의 친일파 청산의 역사적 경험에 대한 객관적 진단과 반성을 전제로 하고 있다. 독일의 탈나치화와 과거 청산이 제2차 세계대전 이후 수십 년 동안 독일 시민사회의 성장과 그 궤를 같이했다면, 우리의 경우 이승만 정권을 필두로 국가권력 자체가 친일파 청산을 방해했고, 몇 해 전까지만 해도 친일파 청산 문제는 한국 사회에서 잊힌 기억이었다. 그러나 우리 역사에서도 처음부터 친일파 문제가 왜곡된 것은 아니었다. 해방 직후만 하더라도 남북한의 모든 민족세력은 친일파 청산을 요구했고, 남과 북은 서로 영향을 받으면서 친일파 청산 논의를 발전시켰다. 그러다가 남북한, 좌우익의 정치적 분열과 대립이 심화되면서 친일파 문제는 급속히 왜곡되어갔다.

이 글에서는 해방 직후 남북한에서 전개된 친일파 청산 문제를 남북한의 배제와 경쟁이라는 관점에서 살펴보고자 한다. 한국 현대사에서 친일파 문제는 단순히 과거사 청산의 문제가 아니다. 남과 북의 이데올로기적 대립과 갈등이 중첩되어 있기 때문에 그 과정에서 친일파 문제는 오히려 부차적 문제로 전락하였다. 따라서 남북한의 친일파 청산의 역사에 대한 객관적 진단은 남북한 관계사만이 아니라 친일파 청산에 대한 현재적 접근 방향을 모색하기 위해서도 필요한 작업이다.

2. 해방 직후 남한의 친일파 청산 논의

친일파 청산은 해방 이후 역사적 과제였고, 신국가 건설을 위한 민족적 요구였다. 좌우익을 막론하고 민족세력은 친일파 청산을 통해 근대적 민족국가를 수립하려 했다. 그러나 해방은 곧 근대민족국가 건설로 이어지지 못했다. 민족해방운동세력이 해방과 동시에 독립정부를 수립하지 못한 상황에서 남한에서는 미군정이 실시되었다. 미군정의 실시는 단지 독립정부 수립이 지연되었다는 시간상의 문제가 아니었다. 남한을 점령한 미군정은 해방 직후 우리 민족의 당면 과제에 대해 처음부터 고려하지 않았다. 미군정은 반소반공기지 건설이라는 대한정책을 수용하는 세력을 활용했으며, 미군정의 정책에 위배되면 어떤 세력이든 배제했다. 이 과정에서 김구의 임시정부와 여운형의 건국준비위원회가 배제되었으며, 반면 친일파와 그들의 비호집단으로 지목되었던 한국민주당은 미군정의 핵심세력이 되었다.[169)]

미군정이 친일파를 활용한 공식적 이유는 친일파들의 기술 능력과 행정 경험이었지만, 실상 친일파들이 일본을 위해 훌륭히 업무를 수행했다면 미국을 위해서도 그럴 수 있으리라는 판단에 따른 것이었다.[170)] 이에 따라 미군정은 행정 관료, 군·경찰 등 사회 각 영역에 친일파를 등용했고, 친일파들은 미군정기 국가권력의 주요 요직을 장악해갔다. 일제시기 관료가 여전히 미군정의 관료였고 민족해방운동세력을 체포하던 일본제국주의 경찰이 여전히 미군정의 경찰이 되었다.

이러한 배경 속에서 해방 직후 남한의 친일파 청산 논의가 전개되었다. 해방 직후 남한의 친일파 청산 논의는 1946년 초 찬·반탁 문제를 계기로 크게 두 시기로 나누어 이해할 수 있다. 첫 시기는 1945년 말까지로, 친일파 청산 문제가 민족통일전선의 원칙으로 작동한 시기이다. 1945년 9월 5일 이극로를 중심으로 전개된 정치단체 통합운동, 1945년 10월 5일부터 전개된 조선공산당·한국국민당·건국동맹 등 국내 주요 정당들의 정당통합운동 과정에서 친일파 배제는 정당 통합의 기본 원칙으로 작동했다. 이 시기만 해도 친일파 청산은 어느 누구도 부정하지 않았고, 친일파로 지목되는 인물들은 비록 미군정에 재등용되기는 했지만 그렇다고 마음 놓고 활보하기는 힘든 시기였다. 친일파들이 스스로 애국자임을 자처하기는 더욱 어려웠다. 이러한 가운데 친일파 청산 논의는 친일파의 정치적 배제, 일제시기 사회구조의 개혁, 그리고 이를 통한 신국가 건설이라는 방향에서 전개되었다. 미군정도 "모든 (한인)단체들은 일본 재산의 압류, 한국 땅에서 일본인 추방, 즉시 독립의 성취라는 공통된 생각"을 하고 있다고 판단했다.

그런데 해방 직후 신국가건설운동의 일환으로 여겨졌던 친일파 청산 문제는 찬·반탁 논쟁을 계기로 왜곡되어갔다. 1945년 말의 찬·반탁 정국은 친일파·민족반역자 문제를 대혼란의 정국으로 몰아갔다. 모스크바3상회의가 한창 진행 중이던 1945년 12월 19일부터 한국민주당 기관지인 『동아일보』는 공산주의 세력이 신탁관리를 주장한다고 보도했다. 소련이 원산과 청진에 특별 이권을 요구하고 있다는 보도도 내보냈으며, 1945년 12월 27일자에서는 모스크바3상회의 결과라고 하면서 '소련=신탁 주장', '미국=즉시 독립'을 주장했다고 보도했다.

물론 이것은 사실을 왜곡한 보도였다. 그러나 그 파장은 엄청났다. 이후 일련의 준비된 계획처럼 반공 이데올로기가 작동되었다. 조선공산당 등 좌익세력이 1946년 1월 2일부터 3상회의 결정안을 총체적으로 지지하자 극우반공세력들은 '미국=즉시 독립 주장=우익=애국'이고, '소련=신탁통치 주장=좌익=매국'이라는 이념적 도식을 만들었다. 친일 행위 여부로 애국자와 매국노를 구분하던 상황에서 이제는 반탁운동·반공운동 여부로 애국과 매국을 구분하는 사상의 혼란 상태가 시작되었다. 실제로 건국청년회는 공산분자에 속지 말자는 담화를 발표하고, 반탁전국학생총연맹과 조선애국부녀동맹은 조선인민당과 조선공산당을 매국노 집단으로 규정하면서 이념 공세를 늦추지 않았다.

찬·반탁 정국을 계기로 해서 친일 여부로 애국과 매국을 규정하던 시기는 반공운동 여부와 반탁운동 여부로 바뀌어갔다. 이런 상황에서 1945년과 같이 친일파·민족반역자를 제외한 민족통일전선의 구축, 일제 잔재 청산을 통한 신국가 건설이라는 정국 구도는 성립되기 힘들었다. 그런데 1946년 이후 친일파의 범주는 오히려 구체화되었다. 친일파 규정이 구체화되었다는 것은 친일파 청산을 위한 노력이 구체화된 것으로도 볼 수 있지만, 반대로 친일파의 범위를 명확히 규정하고 사회적으로 합의하지 않으면 안 되는 변화된 상황이 반영된 결과이기도 했다. 사실 1945년까지만 해도 구체적인 친일파 범주는 논의 대상이 되지 않았고, 별도의 친일파 규정이 필요하지도 않았다. 각 사회 분야별, 지역별로 친일파·민족반역자가 누구였는지 객관적으로 판명난 상황에서 친일파의 범위를 별도로 논의할 이유가 없었다. 그러나 찬·반탁 논쟁을 거치면서 친일파의 범위가 논의된 것은 친일파의 범위에 대해 사회적 합의가 필요할 정도로 친일파 세력이 정치적 영향력을 확대한 변화된 상황이 반영된 것이었다. 친일파들은 찬·반탁운동 과정 속에서 권력뿐만 아니라 정치적·이데올로기적 명분까지 확보했기 때문이다.

이러한 가운데 1946년 2월 민주주의민족전선을 중심으로 친일파에 대한 규정이 구체화되었다. 그리고 친일파의 처벌 방법과 구체적인 조사 작업이 추진되었다. 민주주의민족전선은 '친일파·민족반역자 심사위원회', 고정휘는 '친일파·민족반역자 실정조사회', 조경환 등 임시정부 계열은 '신한정의사'를 각각 조직하여 친일파 조사 작업을 착수했다. 특히 백범 김구가 이끌고 있던 임시정부의 국무위원 출신인 김승학은 『친일파 군상』·『참고건제일』 등 구체적인 친일파 '명부'를 작성했다.[171] 이러한 해방 직후 친일파 청산 논의를 제도적으로 구현하고자 한 첫 번째 시도가 남조선과도입법의원의 '부일협력자·민족반역자·전범·간상배에 대한 특별법률조례'(이하 친일파청산법)의 제정이었다. 1947년 7월에 발표된 남조선과도입법의원의 '친일파청산법'은 해방 직후 친일파 청산 논의를 계승하여 친일파의 범위와 특별조사위원회·특별재판부의 조직 등을 구체화시켰다. 특히 친일파의 범위에 대해 행정 관리의 경우 주임관 이상, 군(軍)의 경우 판임관 이상, 경찰의 경우 고등계에 재직한 자 모두를 대상으로 했다. 당시 주임관은 사무관에서 서기관·부윤까지 포함되며, 판임관은 주사·경부 등을 의미했다. 이러한 입법 의원의 친일파청산법은 미군정의 인준 거부로 구현되지 못했고, 남한 단정수립이 구체화되는 상황에서 더 이상 논의되지 못하고 사문화되었다.

3. 북한의 일제 잔재 청산 작업

해방 직후 북한도 일제 잔재 청산을 당면 과제로 규정했다. 친일파 청산이 사회주의 국가 건설의 필수 과제로 인식되었기 때문이다. 다만 북한이 남한과 같이 친일파청산법을 별도로 만들거나 특별위원회를 구성한 사례는 확인되지 않는다. 해방 직후 북에 진주한 소군정은 반일적 인민·반일적 정당과 단체가 중심이 된 민주주의 정부 수립을 지원하고 있었고, 친일파에 대해서도 철저한 소탕을 기본 방침으로 정하였다. 소군정의 친일파 배제 원칙은 미소공동위원회에서 새로 수립될 임시정부의 각료 기준이 되었다.[172] 북한은 이러한 소군정의 지원 속에서 특별법이나 반민 재판을 별도로 두지 않고 사회주의 국가 건설 과정에서 친일파 청산을 추진했다.

북한에서는 해방과 동시에 민족반역자에 대한 청산이 자발적으로 이루어졌다. 1945년 9월 강원도 고성에서는 민족반역자 11명에 대해 인민재판으로 사형 언도를 내려 이를 집행하려 했고, 양양에서도 민족반역자 3명을 인민재판에 회부하여 5년과 3년의 교화형을 내리기도 했다. 여기서 말하는 민족반역자는 일본인과 조선인이 모두 포함되었고, 당시 민족반역자라는 용어에는 '반농민적' 인물도 포함되는 등 광범하게 사용되어 두 지역의 사례만을 친일파 청산 사례로 단정할 수는 없지만, 친일파에 대해 밑으로부터 자발적 청산이 있었다는 사실은 충분히 짐작할 수 있다.

이러한 가운데 1945년 10월부터 사회구조 개혁, 일제 잔재 청산이라는 관점에서 친일파 청산 문제는 조직적으로 추진되었다. 1945년 10월 10~13일 북조선5도당대회가 열려 조선공산당 북조선 분국의 설치와 친일 반동분자의 철저한 청산을 실시할 확고한 인민정권의 수립을 결정했다. 무엇보다 친일파의 재산 몰수, 반동 지주의 토지 몰수 등 사회구조적 개혁을 명확히 하였다. 남한의 각 정치세력도 친일파의 물적 조건에 대한 청산을 규정했지만, 북한은 1946년 초 '민주개혁' 과정에서 실질적으로 구현했다는 점에서 남한과 비교된다. 아울러 경찰조직에 대한 친일 청산을 단행했다. 1945년 말까지 보안대에서 보안원 3,600여 명이 친일 경력 등 각종 이유로 면직되었으며, 그 수는 전체 보안원의 41.5%에 해당되었다. 경찰조직은 친일 경찰의 주체였기 때문에 조직 내부의 정화에는 그만큼 철저했다.[173)]

북한의 친일파 청산은 1946년 2월 북조선임시인민위원회 수립을 전후하여 민주개혁의 일환으로 자리 잡아갔다. 1946년 2월 8일에 열린 북조선임시인민위원회 창건대회의 명칭은 '반일민주주의적 당 및 각 사회단체대표회의'였고, 이날 채택된 11개항의 정책 결정 사항에서도 친일파 문제가 채택되었다. 이는 북한 최고 권력기구인 북조선임시인민위원회의 결정이라는 점에서 대단히 영향이 컸다. 이로써 친일파 청산 문제는 토지개혁·민주개혁의 일환으로 공식화되었고, 이 과정에서 친일파들이 대대적으로 월남하는 계기가 되었다. 실제 1946년 3월 7일 북조선임시인민위원회는 '친일파·민족반역자에 대한 규정'을 채택하면서 친일파 청산을 본격적으로 착수했다. 이 조치는 북한을 정치·경제적으로 강화시키려는 민주기지론 방침을 실행에 옮기는 과정과 맥락을 같이하고 있었다. 이후 북한의 친일파 청산은 사회 각 분야의 일제 잔재 청산으로 확대되어, 조선임시정부 수립을 위한 '20개조 정강'에는 '법률과 재판기관' 등 일본 통치기구의 청산을 명문화했다.

1946년 북조선 시·도인민위원회 위원 선거에서 친일분자의 선거권을 박탈할 것을 규정했고, 실제로 11월 3일 선거 과정에서 575명의 선거권을 박탈했다. 그리고 1947년과 1948년에 279명과 182명이 각각 '일본인과의 적극적인 협조 행위'로 적발되어 유죄 판결을 받았다.[174] 북한 정권 수립 이후에도 친일파 청산의 기본 원칙은 지속적으로 규정되었다. 1948년 9월 5일에 채택된 조선민주주의인민공화국 헌법 제1장 '근본원칙'에서 일본국가와 일본인 또는 친일분자의 일체 소유는 국가의 소유로 규정하였고, 1948년 9월 10일 최고인민위원회 주석 김일성은 일본 제국주의에 적극적으로 협력한 친일파·민족반역자들을 공화국의 법령으로써 처벌할 것, 조선을 민주주의적 독립국가로 건설하기 위해 인민정부는 일제시대의 노예적, 식민지적 경제체제를 청산하고 민족적 인민경제체제를 구축할 것 등을 재차 지시했다. 이러한 과정을 통해 북한에서는 1948년 9월 9일 제헌국회에서 '반민족행위자처벌법' 제정을 제안한 김웅진 의원이 발언한 것처럼 "38 이북은 (친일파가) 엄연하게 처단되었다."

4. 친일파 청산을 위한 남북간 경쟁

해방 직후 남한과 북한은 서로 다른 성격의 군정이 점령한 상태에서 친일파 청산 논의 역시 서로 다른 길을 걷는 양상을 보이고 있었다. 그럼에도 구체적인 내면을 살펴보면 남북한의 친일파 청산 논의, 친일파 청산 방향 등은 긍정적이든 부정적이든 서로 영향을 받으면서 진행되었다. 실제 남북한, 좌우익의 이념 대립이 확대되면서 원하든 원치 않든 간에 남북한에서 진행된 각 정치세력의 친일파 청산 논의는 각각의 정치적 이해관계와 결합되면서 전개되었다. 남한의 우익은 남한의 좌익과 북한을 매국노·민족반역자 집단으로 매도했고, 북한도 1945년 10월 북조선5도당대회에서 채택된 '결정서'를 통해 국내적 통일전선을 방해하는 자는 친일분자와 영합한 것으로 규정했다. 특히 남한의 경우 이승만을 필두로 한 극우세력들은 친일파 청산 논의가 본격화되자 좌익 혹은 소련과 결탁한 세력을 '해방 이후 민족반역자'로 규정하고 이들에 대한 선(先) 청산을 강조하는 등 친일파 청산의 방향을 왜곡했다. 이러한 반공 이데올로기를 악용한 '해방 이후 민족반역자' 주장은 반민법 제정 당시, 그리고 현재에도 재차 강조되고 있다.

남북한의 친일파 범위 규정도 서로 영향을 받으면서 전개되었다. 일례로 소극적 친일파에 대해 남한의 민주주의민족전선은 "과거의 죄과를 엄정하게 자기비판하고 근신하는 태도로써 청산의 과정을 실천하며 나아가서 민주주의 건국을 위하여 자신의 학식·기술 능력을 모두 바친다면, 우리는 이것을 환영할 아량을 가지고 이러한 부류까지도 신건설의 일요소로 활용시켜야 할 것"이라면서 그들을 배제시켰다. 남조선과도입법의원도 친일파청산법을 제정할 당시 정이형 등을 중심으로 '가감형' 조항을 포함시켰고, 제헌국회에서 반민법을 제정할 때도 이 조항이 그대로 반영되었다. 그런데 '가감형' 주장은 북한에서 먼저 나왔다. 1945년 9월 조선공산당 평남지구확대위원회의 '반역 지주에 대한 규정'에서 부득이한 친일 행위자는 인근 주민 또는 소작인의 증명 과정을 거쳐 제외시킨 것이다. 이는 남한의 '가감형'과 비슷한 내용으로, 남한이 '개전의 정이 현저한 자'라는 추상적 개념으로 '가감형'을 두었다면 북한에서는 인근 주민 또는 소작인의 증명 과정을 거치게 했다. 이는 사회주의 국가 건설을 위해 가급적 필요 인력을 흡수하겠다는 방침이었다. 실제 북한에서 일제시기 광산 지배인 출신인 정준택은 전문성을 인정받아 행정10국의 산업국장에 임명되었고, 북한 정권 수립시 국가계획위원장을 맡기도 했다. 즉, '가감형'에 대한 남북한의 인식은 질적 차이가 없었다.

친일파 청산 문제에 대한 남북한의 영향은 구체적인 친일파 범위를 규정하는 과정에서도 확인된다. 북한은 1947년 1월 면·동 인민위원회 위원 선거 때까지만 해도 친일파의 범위를 행정 관료의 경우 조선총독부 및 도(道)의 책임자로 규정하고, 경찰·검사국·판결소의 경우 책임자만을 대상으로 했다. 그런데 1947년 7월 미소공위에 대한 답변 과정에서 친일파의 범위를 "조선총독부 및 도·부(府)·군(郡)의 책임적 지위에 복역하던 자"로 확대했다. 친일파의 범위를 행정 관료의 경우 도지사에서 군수 이상으로 확대시킨 것이다. 이러한 북조선노동당의 친일파 규정은 남조선노동당의 친일파 규정과 거의 유사하고, 내용에서도 전혀 차이가 없다. 1947년 7월을 전후하여 북조선노동당이 왜 친일파의 범위를 확대시켰는지 그 이유를 단정할 수는 없으나, 남조선과도입법의원의 친일파청산법 제정과 관련이 있을 것으로 이해된다. 남조선과도입법의원은 1947년 3월 친일파청산법 초안을 제출하면서 친일파의 범위를 행정 부문의 경우 관공리 모두, 사법부의 경우 판검사와 서기집달리 및 형무관리 그리고 '언론·예술·학교·종교 등 각종 문화기관' 심지어 '은행·회사·조합·농장·산림·어장·공장·광산' 관계자까지 모두 포함시켰다. 이 '초안'에 대해 우익은 물론 민주주의민족전선도 너무 가혹하다는 평가 속에서 본 규정은 재차 협의 과정을 거쳐 1947년 7월 3일 상당히 축소된 '최종안'이 발표되었다.

그런데 타협안·축소안이라고 평가받던 '최종안'에서도 행정 관리의 경우 주임관 이상의 관리, 군의 경우 판임관 이상, 경찰의 경우 경부 이상 혹은 고등계 경찰 모두를 친일파의 범위로 규정하였다. 이렇게 1947년 3월부터 7월 사이 남한의 친일파 청산 범위가 북한에 비해 상대적으로 광의적으로 논의되자, 북한에서도 1947년 7월 행정 관료의 경우 사무관·서기관을 포함한 주임관 이상으로 친일파의 범위를 확대시킨 것으로 이해된다. 사실 1946년 민주개혁 과정에서 자연스럽게 친일파 청산이 단행된 북한의 처지에서 친일파의 범위는 그리 중요한 현안은 아니었다. 그럼에도 친일파의 범위를 주임관 이상으로 재차 확대한 것은 남한의 친일파 범위에 대한 적극적 논의에 영향을 받은 것으로 이해된다.

반면 북한의 실질적인 친일파 청산 경향은 남한의 친일파청산법 제정에 중요한 요인으로 작동하였다. 정이형에 따르면, 남조선과도입법의원의 친일파 청산법은 "일본에서 실행된 전범 추방, 중국에서 단행한 한간징치(漢奸懲治), 프랑스의 나치 협력자 처단", 특히 "북한에서 단행한 친일파 청산의 사례"를 참고해서 작성했다고 한다.[175] 북한에서 해방 직후부터 친일파 청산이 본격적으로 단행된 사실이 남한 정치세력에게 경쟁을 유발시키기에 충분했고, 그것이 남조선과도입법의원의 친일파청산법 제정에 반영된 것으로 이해된다.

이러한 경향은 1948년 제헌국회에서 반민법이 제정될 당시까지도 계속되었다. 1948년 5·10선거로 구성된 제헌국회는 1948년 8월 9일 중앙청 회의실에서 반민법 제정을 위한 첫 회의를 갖고, "해방 이후 각 단체에서 만든 초안", "일본의 공직자 추방령", "중국 장개석의 전범 처리" 그리고 "38선 이북의 인민위원회에서 만든 법안" 등을 참고하여 8월 16일 반민법 초안을 작성했다. 1948년 9월 9일 반민법 제정을 제안한 김웅진 의원은 "38 이북은 (친일파가) 엄연하게 처단되었다"라고 하면서 반민법 제정의 필요성을 역설하는 등 제헌국회에서 반민법을 제정할 당시까지 북한의 친일파 청산 사례는 상당한 영향을 미치고 있었다. 북한에서 친일파 청산이 단행되었다는 사실이 남한 정치세력에게 경쟁 요인으로 작용한 것은 명백하다.

5. 반공 이데올로기의 확산과 친일 청산 왜곡

해방 직후 남북한의 친일파 청산 논의는 다른 조건에서 전개되었지만, 그럼에도 서로 영향을 받으면서 논의 수준을 발전시켰다. 그러나 남북한 단독정권 수립이 현실화되면서 친일파 청산 문제는 오히려 왜곡되는 과정으로 전개되었다. 남한에서 친일파 청산 문제는 집권층의 이해관계 속에서 반공 이데올로기로 포장되었고, 필요한 경우 국가기구를 동원한 공작 정치도 작동되었다.

대표적인 사례가 친일파 청산 문제를 이념 문제로 바꾸려는 경향이었다. 일례로 반민법이 공포된 1948년 9월 23일 서울운동장에서 개최된 반민법 반대 국민대회장에는 "국회에서 통과한 반민법은 반장이나 통장까지 잡아넣을 수 있도록 되어 있어 이것은 온 국민을 그물로 옭아매는 망민법이다", "이런 민족 분열의 법률을 만든 것은 국회 안에 있는 공산당 프락치의 소행이다", "국회 내의 김일성 앞잡이를 청산해야 한다"라는 내용의 삐라가 뿌려졌다. 본 대회에서 이승만 대통령의 축사가 낭독되었으며, 이범석 국무총리를 비롯하여 반민피의자 이종형(일제시기 밀정)과 그의 처 이취성(여자국민당 총무부장), 여자국민당을 이끌고 있던 임영신(일제시기 조선임전보국단 위원) 상공부장관 등도 참여했다. 윤치영(일제시기 임전대책협의회 위원) 내무부장관은 9월 24일 이 대회를 두고 "반공대회는 해방 이후 처음 보는 애국적 대회"라고 극구 찬양하는 방송까지 했다. 또한 이 대회의 준비에도 참여한 일제시기 밀정이었던 이종형은 자신이 경영하는 『대한일보』를 통해 대회 10여 일 전부터 반민법을 '망민법'이라고 비판해왔다.

그런데 9월 23일 국민대회는 경관과 동회장들이 집집마다 돌아다니면서 오늘은 국기를 꽂아라, 오늘 (서울)운동장에 나오지 않으면 빨갱이다, 좌익이다, 공산당이다, 혹은 배급통장을 빼앗는다는 협박과 반공 논리로 시민들을 강제 동원한 대회였다. 이러한 시민 동원에 대해 김웅진 의원은 "마치 일정 때 36년 동안 한 것과 똑같은 방법으로 시민들을 징발"하여 "정부에서 어떤 음모와 호흡하는 듯한 의혹을 금할 바 없다"라고 평가했다.[176] 조헌영 의원은 일제 때 매월 8일에 있었던 '대조봉대일(大詔奉戴日)'의 재판이라고 비난했다.

더욱 심각한 것은 국가권력의 공작 정치였다. 대표적 사례가 1949년 2월에 발생한 '반민특위 요인 암살 음모 사건'이다. 1950년 4월 18일 대법원 '판결문'에 따르면, 이 사건은 노덕술(일제시기 보안과장 출신의 수도경찰청 총감, 52세), 최난수(서울시경 수사과장, 41세), 홍택희(서울시경 수사부 과장, 36세), 박경림(중부경찰서장, 39세) 등 네 명이 반민법 실시에 대해 '반감'을 갖고 있던 테러 전문가 백민태를 고용하여 1948년 11월 중순경 국회에서 반민법 실시에 강경한 발언을 한 김웅진·김장열 등의 의원과 내무장관 윤치영을 욕설한 노일환 등을 납치, 감금한 후 강제로 "나는 이남에서 국회의원 노릇하는 것보다 이북에 가서 살기를 원한다"라는 취지의 성명서 세 부를 자필로 작성하게 한 후, 대통령·국회·신문사에 각각 송부하여 발표하게 하고, 38선 가는 길에서 애국 청년이 공산주의자를 살해한 것처럼 위장한다는 계획이었다. 즉, 공산주의자·월북자를 저격한 것처럼 꾸민 것이다.

암살 대상자는 이들 외에 반민특위 관계자 등 총 18명이 더 있었다. 특위 요인 암살 음모 사건은 서울시경의 대부 격인 노덕술이 중심인물이었고, 이 사건의 모든 암살 비용은 반민특위 제1호로 체포된 박흥식이 제공했다.[177] 그럼에도 법원은 테러리스트 백민태의 증언을 채택하지 않고, "백민태가 범죄 행위를 하지 않았으니 피고인들의 교사죄는 성립되지 않는다"라고 판결했다. 당시 주한미대사는 특위 요인 암살 음모 사건을 정부와 국회의 첫 번째 갈등으로 이해하면서 암살 음모의 "교사자는 노덕술"이며 이승만 정부는 "관록 있는 음모자" 노덕술을 해고하지 않고 오히려 법집행자를 저지하려 했다고 지적하여 이 사건이 이승만 정권과 무관하지 않다는 분위기를 내비치고 있다.[178] 실제 이 사건의 처리 과정을 보면 이승만 정권이 깊이 개입되었음을 알 수 있다. 즉, 구체적 범행은 내무부(경찰)가 계획했으며, 서울고등법원은 백민태의 증언을 채택하지 않고 사건을 최난수와 홍택희의 선에서 축소·은폐시킨 것이다.

이후 남한 정부는 '반정부=반국가적 행위'라는 인식하에 친일파 청산을 요구하는 세력을 공산주의자, 심지어 남로당의 프락치로 매도하였다. 국회 프락치 사건을 담당했던 김호익은 반민특위 활동을 반국가적 행위로 규정하고, 반민특위 습격 사건을 지휘한 내무차관 장경근은 반민특위 습격 후 연행한 특경대원, 사무직원 등에게 "반민특위는 빨갱이의 소굴이다", "너희들은 언제 남로당에 가입했느냐"며 추궁했다. 이러한 공포 분위기 속에서 1949년 7월 2일 서용길 특별검찰관은 "국회 프락치 사건에 왜 이름이 거론되었는지 모르겠다", "국법에 의한 민족정기를 재생키 위하여 민족의 이름으로 반민자를 처벌하는 데 한 담당자로서 이만하면 본 의원으로서는 민족적 사명을 했다고 자신한다. …… 더 감래할 수 없다"라며 특별검찰직을 사임했다.

친일파는 공산주의자와 싸운 애국자이고, 친일파 청산을 주장하는 세력은 공산주의자로 매도되는 공포 분위기 속에서 반민특위는 와해되었다. 반민특위가 와해된 후 반민특위에서 논의된 친일파들은 오히려 정치·경제·사회·문화 등 남한 사회의 각 영역을 장악해갔다.[179] 이들 중 상당수는 정계로 진출했다.(오의관·김영호·임홍순 등) 정계에 진출한 반민피의자들은 대부분 한국민주당과 이승만 계열의 대한국민당·민주국민당에 결집하여 한국 정치의 권력 지향성을 여실히 보여주었다.(김동환·오명진·정인익 등) 일제시기 조선총독부 관료와 경찰 출신도 여전히 이승만 정권의 관료(양주삼·민영찬·김경진 등)와 군·경찰계(최운하·노덕술·전봉덕 등)의 핵심으로 진출했다. 조선총독부의 통치도구에서 이승만 정권의 수족으로 위치를 바꾼 것이다. 경제계의 주역도 역시 1940, 50년대 남한 경제를 이끌었다.(박흥식·김연수 등) 부와 권력을 위해 일제에 결탁한 경제계 인물들이 이제 국가권력과 결탁해 한국 경제를 이끌고 가게 된 것이다. 사회단체에도 일제시기 밀정이나 경찰 출신이 참여하거나 직접 조직하여 이승만 정권의 수족 역할을 했다.(이성근·성원경·장인달 등) 이렇게 태동한 사회단체들은 사회에 대한 비판적 기능을 하기보다 집권층의 외곽단체로 존재하면서 그들의 이익을 대변하는 보수적 경향을 지니게 되었다. 정치자금을 모금했던 단체들도 반민피의자들 중심으로(정인익·오긍선·이정 등) 구성됨으로써 돈과 권력의 결탁이 애국금·건국자금이라는 명목으로 합법적으로 제공되었다.

이와 같이 반민피의자들은 남한 사회 각 분야의 첫 출발에서 일제시기와 다를 바 없이 주도적 위치를 차지했다. 실제 1948~52년 행정부처 국장·과장급의 경우 55.2%가 일제 관료 출신이고, 장관 중 4명, 차관 중 15명이 일제 관료 출신이었다.[180] 또 1960년 전국 경찰 총경의 70%, 경감의 40%, 경위의 15%가 일제시기 경찰 출신이었고,[181] 한국군의 주요 요직은 일본 육사 출신과 만주군 출신 그리고 지원병 등에 의해 장악되었다.[182] 그리고 이들은 5·16쿠데타의 주역이 되었다.

6. 친일파 청산의 좌절 원인과 청산의 방향

1949년 이후 1960년대까지 남한 사회에서 친일파 문제는 잊힌 기억이 되었다. 1949년 반민특위 습격 사건 이후 1960년대까지 친일파 문제에 대한 간단한 소개조차 없었다는 사실은 남한 사회의 경직성을 여실히 보여주는 단적인 사례이다. 그러다가 1960년대 한일회담을 계기로 친일파·반민특위 문제가 다시 주목을 받게 되었다.[183] 한일회담은 일본 신군국주의와 친일세력의 악수로 비쳐졌고, 이는 조선을 식민지로 전락시킨 강화도조약과 같은 모습으로 이해되었다.

이러한 배경하에서 1970년대부터 한국 현대사에서 친일파·반민특위 문제의 중요성을 설명하기 시작했고, 1980년대 이후 박정희 정권의 붕괴, 광주민주화운동, 6월 민주항쟁 등 사회민주화운동과 함께 친일파·반민특위 문제에 대한 인식이 다시금 급증했다. 그리고 최근 들어 시민단체와 국회를 중심으로 친일·반민족행위진상규명특별법이 제정되어 친일파 문제에 대한 인식이 급속히 확장되었다.

문제는 친일파 청산 분위기가 확산되자 잠재되었던 친일적 경향이 그에 비례하여 사회 각 영역에서 대두되고 있다는 사실이다. 처음에는 국제화시대에 친일파·과거 청산 문제를 논의하는 것은 시대착오적 발상이자 국수주의적 편견이라고 비판하더니, 이제는 '친일파 범위의 모호성', '전국민의 친일화', '민족 분열·사회 혼란' 등을 이유로 친일파 청산을 반대하거나, 심지어 친일파 청산 문제를 이념 문제로 바꾸어 좌익=민족반역자라는 도식하에 소위 좌익세력에 대한 우선적 제거를 역설하는 등 60여 년 전 친일파 청산을 반대한 핵심 논리가 다시 부활하고 있다. 시계가 거꾸로 돌아가는 듯하다. 냉전체제는 지나갔다고 하지만 1948년 반민법 제정 당시와 같은 논리로 친일파 청산 작업에 제동을 걸고 있다. 해방 직후 반민특위 해체 당시와 같이 다시 친일파 청산이 좌절되지나 않을까 우려되는 대목이다.

과거 역사를 뒤돌아보면 친일파 청산의 목소리가 높으면 높을수록 그에 비례하여 그 반대 논리도 '다양한' 방식으로 전개되었다. 이것은 친일파 문제가 특정 친일파 개인의 문제가 아니라 한국 사회구조의 문제로 이미 정착되었기 때문이다. 그렇다면 친일파 청산 작업은 어떻게 이해해야 하고, 어떤 방향으로 나아가야 할 것인가? 우리는 친일 청산의 역사에 대한 검토를 통해 무엇을 얻을 수 있을까? 이와 관련해서 남한 정부 수립 직후 전국민적 기대 속에서 출범한 반민특위가 왜 와해되었는지 그 원인을 살펴봄으로써 간접적으로 해결 방향을 시사받을 수 있을 것이다.

반민특위는 조사권뿐만 아니라 특별검찰부와 특별재판부, 심지어 특별경찰대까지 모두 갖춘 기구로 조직되었다. 그럼에도 불구하고 실질적으로 단 6개월 만에(1949년 1월 5일 조사활동을 개시한 후 6월 6일 반민특위 습격 사건이 발생했을 때까지) 와해되었다. 그 배경은 첫째, 이미 남한 사회가 친일파와 그 비호세력에 의해 구조화되어 있었다는 사실과 무관하지 않다. 이승만 정권의 장·차관, 고위 관리, 국회의원, 정치·사회단체 인사, 대학 총장, 지역 유지 등 사회 핵심 인물들이 반민재판 과정에서 반민자들의 증인 또는 탄원이라는 명목으로 그들을 비호했다. 지방도 예외가 아니었다. 가령 전라북도의 경우 중추원참의 출신 홍종철의 석방을 위해 전북 출신 백관수 의원, 전북 남원군 농회장, 전북 농무국장, 전북 고창인쇄소장, 전북 고창병원장, 전북 고창여중 교장 등 지역 유지들이 동원되었다. 또 '거물' 면장 출신 소진문의 석방을 위해 민주국민당 이리시당부 최고위원, 대한국민당 이리시당부 최고위원, 국민회 이리시지부 위원장, 전북 수리조합장, 원불교 이사장, 대한경찰협회 이리지부장, 『동아일보』 이리지국장, 유도회 이리지부 부위원장, 대한예수교 노장회 목사, 이리시 병원장 등 지역 유지들이 반민피의자를 비호하거나 석방시키는 데 앞장섰다. 이들은 일제시기부터 학연·지연 등으로 결합되어 있었다.[184] 이는 친일 청산 작업이 단순히 친일파 개개인의 문제가 아니라 사회구조의 문제임을 명백히 보여준다.

둘째, 이승만 정권의 통치 논리인 반공 이데올로기의 공세 속에서, 애국과 매국사상은 왜곡되었고 결국 반민특위가 고립되었다는 사실이다. 앞에서 살펴본 바와 같이 해방 직후만 하더라도 애국과 매국의 구분은 그리 복잡한 문제가 아니었다. 독립운동가는 애국자였고 친일파는 민족반역자였다. 그런데 찬·반탁 논쟁을 계기로 반탁운동=우익=애국, 찬탁운동=좌익=매국이라는 왜곡된 반공 이데올로기가 만들어졌다. 이 과정에서 친일파와 친일파 비호세력은 반탁운동과 반공운동을 통해 애국자로 둔갑했다. 단독정부 수립 이후 반공 이데올로기는 더욱 강화되었다. 여기에 1949년 6월 반민특위 습격 사건을 전후하여 조성된 일련의 반공정국이 반민특위의 활동 자체를 급속히 위축시켰다. 결국 친일파 청산을 위해서는 반공 이데올로기의 실체를 일반에게 알리고, 반공 이데올로기에 대한 역공세를 방어할 수 있는 논리의 개발이 병행되어야 한다.

셋째, 특위만이 아니라 반민특위 지원세력도 점차 고립되었다는 사실이다. 친일파와 친일파 비호세력은 국가권력과 통치 이념인 반공을 무기로 반민특위 추진세력을 압박했으나, 반면 반민특위 추진세력은 조소앙·안재홍·김병로 등 조직적 기반이 상대적으로 약한 인물들이었다. 광의적 지원세력인 김규식과 김구는 이미 상당 세력이 이탈해 조직적 기반이 취약했고, 그나마 통일운동의 추진도 적극적인 지원을 받지 못하는 요인으로 작용했다. 그리고 남조선노동당은 무장투쟁 노선으로 치닫고 있었다. 결국 친일파 청산을 매개로 한 대립전선은 친일파·국가권력 대 반민특위 추진세력이었다. 그럼에도 1949년 5월까지 반민특위가 남한 정국을 이끌 수 있었던 것은 민족적 명분과 비조직화된 국민적 요망이 아직 살아 있었기 때문이다. 그러나 1949년 6월 반민특위 습격 사건, 국회 프락치 사건, 김구 암살 등으로 이어지는 사회 전반의 반공정국 속에서 민족적 명분은 혼선되었고 상당수 국민이 이탈함으로써 반민특위 추진세력은 고립되어갔다. 이러한 현상은 지금도 그리 다르지 않다. 과거사 청산의 필요성은 확산되었지만, 지원세력은 여전히 빈약한 실정이다.

넷째, 반민특위 내부적 요인으로 운영 원칙의 부재 등 반민특위 운영이 미흡했다. 비록 반민법은 제정되었지만 그 운영의 원칙이 없는 상태여서 반민피의자들은 일반 형사소송법으로 재판이 이루어졌다. 형사소송법이라는 울타리 내에서 친일파를 단죄하기 위해서는 그들이 친일파임을 증명해야 하고, 이러한 법적 행위가 전제되어야만 반민피의자에게 실형을 선고할 수 있었다. 친일 문제를 국가권력이 총동원되어 방해하고 반공 이데올로기로 고립시키는 정국 속에서 보편타당한 법적 증거로 친일파임을 증명하는 것은 처음부터 불가능한 일이었다. 반민재판에는 나름의 운영 원칙, 예를 들면 반민자의 변호인 통제 원칙, 반민자의 병보석 배제 원칙 등 친일파 청산을 위한 별도의 원칙이 필요했던 것이다. 특별법 제정과 함께 이러한 재판의 원칙을 세우지 않은 점도 반민피의자가 청산되지 못한 요인으로 작용했다.

이렇듯 친일파와 친일파 비호세력은 좌우익, 남북한의 분열과 대립을 조장했고, 그 괴리는 그들이 숨 쉬는 공간이 되었다. 그들은 기존의 친일 인맥을 기초로 굳게 결합하여 한국 사회의 각 영역을 장악해갔던 것이다.

과거 청산 작업은 지금 우리에게 친일파 청산의 역사적 경험을 뒤돌아볼 것을 요구하고 있다. 이제 친일파 청산 논의는 친일파와 그 비호세력에 의해 구축된 왜곡된 한국 사회를 객관적으로 진단하고, 친일파를 청산할 수 없었던 한국 사회의 조건을 바꾸어 건강한 시민사회를 만들려는 방향에서 출발해야 한다. 다시 강조하건대, 친일파 청산 문제는 단순히 친일파 개개인을 처벌하는 것이 결코 아니다. 친일파에 의해 형성되고 왜곡된 한국 사회의 개혁의 문제이고, 과거사에 대한 객관적 반성을 기초로 통일시대를 준비하는 작업이다. 왜곡된 한국 사회의 개혁이 건강한 시민사회 건설을 위한 과제라면, 친일파 문제에 대한 현재적 접근은 이 땅의 사회 발전을 위한 또 다른 출발점이 될 것이다.

이강수 | 국가기록원 학예연구사

제3부

종교·문화·교육

더 높은 수준의 민족, 책임공동체

1. 분단시기의 독일 교회사를 어떻게 볼 것인가

분단시대 독일의 교회사는 교회사적 의미와 함께 현실적 측면에서도 중요하게 다루어질 필요가 있다. 크리스트교[185]는 궁극적으로 예수라는 구세주를 통한 인간 구원을 목적으로 하기 때문에 원론적 수준에서는 특정한 세속적 질서에 대한 선호를 갖고 있지 않다. 그러나 크리스트교는 세속에 살아가는 사람들에게 포교하고, 또 그 관계 속에서 활동하기 때문에 세속적 권력관계를 존중하기도 하고 그것을 변혁하기도 한다. 이와 같은 크리스트교의 현실적 관련성은 시대와 장소마다 다를 수 있으므로 노예제나 봉건제와 같은 특정 사회질서에 대한 입장이 크리스트교의 본질이 아니라는 점을 기억해야 한다. 그러나 이것이 크리스트교의 본질로 굳어지는 경우가 많으며, 이때 입증할 수도 없고 거부하기도 어려운 삶과 죽음을 주관하는 권세로 세속적 목적을 달성하려는 세력들을 우리는 역사 속에서 어렵지 않게 발견한다. 그렇기 때문에 크리스트교의 세속적 연관성을 역사적으로 고찰할 필요가 있다. 그리고 이러한 측면은 다른 모든 종교에도 타당하다.

이 글에서는 교회의 세속적 관련성 중에서 독일 프로테스탄트와 민족 문제의 관계를 다루고자 한다. 크리스트교는, 특히 프로테스탄티즘은 19세기 유럽의 민족주의 성립에 깊이 관여했다. 특정 민족의 정체성은 그 민족 구성원 대다수가 믿는 크리스트교 종파의 특성과 중첩되는 경우가 많다. 독일도 이 점에 있어서 예외가 아니었다. 독일 민족주의를 고유한 전통으로 간직했던 독일 프로테스탄트는 나치의 인종적 민족주의의 파국뿐 아니라 뒤이은 분단으로 큰 타격을 받았다. 동서독 프로테스탄트는 서로 협력하면서도 대립하는 양면적 관계를 맺을 수밖에 없었다. 이러한 나치 경험과 분단이 각 진영의 프로테스탄트 교회의 민족관에 어떤 영향을 미쳤고, 분단 상황이 각 진영에서 교회와 국가의 관계를 어떻게 변화시켰는가 하는 질문들을 염두에 두면서 분단시기 동서독의 프로테스탄트 교회 관계사를 살펴보기로 하겠다.

2. 독일 민족주의와 크리스트교 : 종교개혁부터 나치 시기까지

본격적인 논의에 앞서 먼저 기초적인 사실부터 확인하고 넘어가자. 독일의 종교세계는 16~17세기 종교개혁과 종교전쟁으로 신교와 구교로 나뉘었다. 대체로 남독일은 가톨릭이, 북독일은 프로테스탄트가 우세하고, 프로테스탄트 중에서 특히 루터교가 우세했는데, 이러한 추세는 20세기까지 크게 변하지 않은 채 지속되었다. 1870년 독일을 통일한 북동부 지역의 프로이센은 사실상 국가 종교로서 루터교를 지지했다. 1870년의 통일은 가톨릭 지역인 합스부르크제국을 제외한 소독일의 통일이었기 때문에, 그리고 프로이센의 신교 우선정책 때문에 독일 제국(제2제국) 내에서 구교도보다 신교도가 차지하는 비율이 높아졌고, 이 상황은 분단시기까지 지속되었다.

1939년의 종교 분포를 살펴보면 총인구 중 대략 95% 이상이 크리스트교인이었는데, 그중 신교는 대략 61%, 구교는 33%를 차지했다. 1946년 서방 연합국 점령지역에 사는 크리스트교도 중 약 50%가 신교도였으며, 약 46%가 구교도였다. 그러나 소련 점령지역에 사는 크리스트교인 중 약 82%는 신교도였으며, 약 12%는 구교도였다. 서독의 크리스트교인 비율은 신교와 구교가 거의 비슷한 데 비해 동독의 크리스트교인들은 주로 신교도였음을 알 수 있다. 이것은 동서독 분단이 구교도에게보다 신교도에게 더 큰 영향을 주었으리라는 점을 시사해준다.

다음으로 독일의 민족 문제에 대한 프로테스탄트의 입장을 살펴보자. 17~18세기에 발전한 프로테스탄트의 경건주의(Pietismus)적 전통이 독일 민족문화 형성에 기여했으며, 이것은 특히 나폴레옹의 침략에 대한 민족해방전쟁 과정과 그 직후 프랑스적인 것과 구별되는 독일적인 것이 독일인들 사이에 확산되고 각인되는 데 큰 역할을 했다.[186] 1870년 독일은 신교 국가 프로이센을 중심으로 통일되었기 때문에 통일 독일의 정체성 형성에 신교가 직접적으로 영향을 미쳤다. 프로이센 궁정목사였던 슈테커(Adolf Stoecker)는 독일이 '신성한 신교제국'이 되어야 한다고 역설했다. 이에 비해 구교는 통일 초기 신교 중심의 통일에 정치적으로 저항하여 중앙당(Zentrumspartei)을 결성하는 등 독일 민족주의의 발전에 신교보다 덜 기여했다.

구교나 신교는 모두 대체로 보수적이었지만, 독일 민족주의에 대한 이러한 차이 때문에 바이마르 시기와 나치 시기에는 서로 정치적 입장이 달랐다. 바이마르 시기 중앙당은 변화된 현실에 적응하여 좌파 자유주의자들 및 사민당과 연합하여 공화국 정부를 구성했으며, 나치당에 대해 신교보다 더 거리를 두었다. 민족보수주의적 전통을 갖고 있던 프로테스탄트 교회는 1918년 좌파 혁명에 크게 타격을 받았고, 세속화되거나 반교회적으로 되어가고 있던 대중을 대면해야 했다. 좌파 정당들과 정치적 가톨릭파의 득세를 프로테스탄트는 위기로 인식했다. 이러한 요소들 때문에 신교 측은 바이마르 민주주의공화국에 더욱 반대했다. 따라서 다수의 신교도들은 우파 정당을 선호했으며, 1928/29년에는 나치당에 대해 더욱 호감을 갖게 되었다.

1920년대 중반에는 신교 신학도 보수민족주의적인 특성을 드러냈으며 더욱 현실 문제에 개입하고자 했다. 그 대표적인 예가 히르쉬(Emanuel Hirsch)와 알트하우스(Paul Althaus) 등의 정치 신학자이다. 이들은 교회가 민족 문제에 더 적극적으로 참여해야 한다고 호소했다. 반면 바르트(Karl Barth)는 복음에 기초한 새로운 교회상을 정립해야 한다고 역설하면서 정치 신학자들의 세속화를 강하게 비판했다. 당연히 정치 신학자들은 바르트의 비판을 재비판하면서 독일 크리스트교도(Deutsche Christen) 그룹을 만들어 나치의 민족주의 노선을 지지하는 신교 내 나치 지지 세력이 되었다. 신교와 구교의 이러한 차이는 나치 지지표 분석에서도 확인된다. 1930~33년의 선거 결과로 나치 지지표의 8분의 1은 구교 지역에서 나왔고, 4분의 3은 신교 지역에서 나왔다.

원칙적 측면에서 국가사회주의는 전통적 민족주의와 다르다는 점, 즉 나치즘은 전통적 독일 민족주의에 인종주의(반유대주의)를 결합함으로써 독일 민족주의를 극단으로 몰고 갔으며, 스스로 종교가 되고자 했기 때문에 크리스트교를 나치화하여 종국에는 괴멸시키고자 했다는 점이 너무 늦게, 그리고 단지 소수에 의해 인식되었을 따름이다. 또한 이 소수의 저항자들, 특히 고백교회(Bekennende Kirche)의 목회자들조차 민족주의적이고 반유대주의적인 아비투스에서 완전히 자유롭지 못했다. 일례로 고백교회의 영웅 마틴 니묄러(Martin Niemöller) 역시 "유대인의 현저한 증대"를 두려워하여 "독일 민족의 깨끗함을 유지하기 위한" 나치의 1935년 뉘른베르크 인종법에 찬성했다. 고백교회가 염원했던 것은 "왕관과 제단(Thron und Altar)"이 조화롭게 기능했던 독일 제국시대의 민족국가였다고 볼 수 있다. 프로테스탄트가 나치즘을 용인하는 이러한 태도를 갖게 된 데에는 비단 그들의 보수민족주의적 경향뿐 아니라 볼셰비즘의 위험성에 대해 나치 못지않게 민감했다는 점도 작용했다.[187] 이러한 태도에서 유일한 예외적 존재는 본회퍼(Dietrich Bonhoeffer)였다. 그는 다른 고백교회 목회자들이 신념상으로만 나치에 저항하는 것을 비판하면서, 하나님의 질서와 인간을 파괴하는 나치에 정치적으로 저항하는 것이 하나님의 뜻이라고 생각했고, 그런 자신의 신념을 실천하다가 옥사했다.

3. 국가의 분단, 교회의 분단, 국면 1 : 베를린 장벽 건설 이전

신교의 보수민족주의적 태도, 즉 민주적 국가 형태에 대해서는 전통적으로 친화적이지 않은 반면 민족주의적 당파에 대해서는 친화적이었던 개신교회의 태도는 나치 패전 이후에도 지속되었고, 이러한 정서 자체는 패전 초기에는 큰 문제로 인식되지 않았다. 당시는 재건이 더 중요한 일로 간주되었을 뿐 아니라 독일 사회가 여전히 보수적이며 민족주의적 색채를 띠고 있었기 때문이다. 특히 거의 모든 것이 붕괴되었던 전후(戰後)라는 특수성 때문에 교회의 권위는 여전히 지속되었다. 즉, 절반 이상의 주민을 신도로 확보하고 있는 신교 교회는 정부를 포함한 모든 공적 영역이 붕괴된 이후 민족 구성원의 입장을 대변해줄 수 있는 가장 큰 기관이었다. 더구나 인도주의적 차원에서 독일인들에게 위로와 실제적 구호를 제공한 기관도 바로 교회였다. 불신받고 있던 나치주의자들과 달리 서방 연합국세력이나 독일인들에게 교회는 나치 이데올로기에 가장 적게 물들었고 또 저항했다고 여겨졌기에 도덕적 권위를 유지할 수 있었다. 이러한 이유들 때문에 네 점령지역에서 모두 — 소련 점령지역에서조차 — 교회는 일종의 특권적 지위를 누릴 수 있었다.[188]

1945년 슈투트가르트 사죄선언(Stuttgarter Schuldbekenntnis)을 통해 프

로테스탄트는 나치의 범죄를 묵과하고 용인했던 점을 사죄하고 각 종파로 분리되었던 신교계를 하나로 결집하고자 노력했다. 통합 노력의 결과 1948년에 독일 프로테스탄트 연맹인 '독일신교협의회(EKD; Evangelische Kirchen in Deutschland)'가 결성되었다. 하지만 이것은 가톨릭교회처럼 중앙의 상위 조직과 지방 교회가 명령 복종 관계에 있는 상하 조직이 아니었다. 독일신교협의회 내 다양한 분파들, 즉 루터파, 혁신파 또는 캘빈파(Reformierte) 그리고 통합파(Unierte: 루터파와 캘빈파를 통합하여 신교 통일을 이루고자 하는 과정에서 탄생한 신교파의 하나)는 독립성을 유지하고 있었다. 이들은 신학적으로나 교회 정치적으로 통일을 이루기 어려웠다. 다시 말하면 독일신교협의회는 아데나워의 서방통합정책이나 동서독 정부의 독일 정책에 대해 통일된 입장을 가지고 지지나 반대를 할 수 있는 조직이 아니었다.

그럼에도 불구하고 독일신교협의회는 유연한 조직적 특성 덕분에 분단된 상황에서도 오랫동안 동서독을 포괄하는 조직으로 남을 수 있었다. 즉, 1948년에 창립된 독일신교협의회는 1969년 동독 신교계가 완전히 분리되면서 서독만의 조직으로 남기까지 약 20년 동안 동서독 거의 모든 신교파를 포괄하는 조직이었고, 1950년대 말까지 독일 민족국가의 수립, 즉 통일을 가장 중요한 안건으로 다루던 조직이었다. 독일신교협의회는 창립 선언문에서 네 곳으로 쪼개진 각 점령지역을 유지하는 것을 포함한 어떠한 형태의 분단도 독일인을 비참하게 만드는 것이라며 강력하게 비판했던 것이다.[189] 그러나 이러한 조직상의 통일과 지배적 민족 담론에도 불구하고 1945년 이후 동서 진영에서는 서로 상반되는 입장이, 즉 양 독일 국가에서 국가와 정치의 관계 규정에서 대단히 중요한 의미를 지녔던 입장이 정립되고 발전했다.

먼저 서독 지역의 전개 양상을 보자. 나치의 경험 이후 교회는 세속적인 일에 지나치게 개입해서는 안 된다고 생각하는 목회자들이 많았지만, 오히려 그 경험 때문에 올바른 방식으로 세속사에 개입해야 한다는 입장을 가진 목회자들도 있었다. 그리고 크리스트교가 나치의 위협에 적극적으로 대응하지 못한 이유를 서로 분리되어 있었기 때문이라고 파악한 현실참여주의자들은 구교 지향의 정치인들과 연합하고자 노력했고, 그 결과 전후 서독의 집권 정당이 된 기독민주당(CDU/CSU)이 창당되었다. 그렇지만 이들은 다시 민족 문제와 연관된 아데나워의 정책을 둘러싸고 서로 대립했다.

독일신교협의회 다수파의 대표적 인물로는 CDU 소속 의원인 게어스텐마이어(Eugen Gerstenmaier)와 엘러스(Hermann Ehlers)를 들 수 있다. 게어스텐마이어는 아데나워가 즐겨 사용하던 '크리스트교적 서양(Christliches Abendland)'이라는 개념에 대한 야당 독일 사민당의 비판이 근거 없는 것이라고 일축했다. 그가 보기에, 유럽 통합은 과거의 가톨릭 보수주의를 복원하는 일이 아니라 구체적인 정치경제적 과업을 수행하기 위한 통합 작업이었기 때문이다. 그는 통합유럽의 정신적 기초로서 '크리스트교적 유럽'이라는 개념 대신에 인권과 인간의 기본적 자유권 보장을 내세우기를 원했는데, 이는 모든 민주적 정파를 통합유럽에 참여할 수 있도록 하기 위함이었다.[190)]

아데나워의 유럽통합정책에 대한 신교 측의 영향력 있는 반대자는 '고백교회'에서 연원한 독일 바르트주의자들이었다. 이들은 수적으로 적었지만 영향력은 매우 컸다. 전후 이들은 형제단(Bruderräte)이라는 이름으로 결속했다. 이들의 신학적, 교회 정치적 입장은 기본적으로 칼 바르트와 헤센 주의 지방교회 의장 니묄러의 노선에 근거하고 있었다. 이들은 정치적으로 반서구적 경향, 즉 독일적 성격이 강했다. 여기에는 강한 반가톨릭적 경향도 섞여 있었다. 이러한 정치적 경향은 냉전이 심화되어갈 무렵 분단을 반대하고 평화주의를 주장하는 형태로 나타났다. 독일신교협의회 초대 협회장이었고 CDU의 신교 측 대표 격 인물이던 내무부장관 하이네만(G. Heinemann)이 1950년 아데나워의 유럽통합정책과 독일 통일정책에 대한 반대 의사 표시로 장관직을 사임했는데, 이 일은 신교 측 반대자들의 입지를 강화시켜주었다. 그는 '전독일인민당(Gesamt-deutsche Volkspartei)'을 창당하여 정치적 대안을 제시하고 실현하고자 노력했다. 비록 그는 정치적으로는 참패를 경험했지만, 전독일을 지향하는 입장을 가진 교회 진영에서 오랫동안 영향력을 행사했다.

위 그룹의 기본 입장은 '독·불형제단모임'(Paris 인근 Bièvre, 1951. 6. 8~10)에서 분명히 확인된다. 당시 논의는 뷰르겔링(Pierre Burgelin)의 주제 발표 '교회와 유럽 이념'을 중심으로 전개되었다. 이 논쟁의 적대 관계는 프랑스 신교도와 독일 신교도가 아니라 바르트주의자들과 기타의 신교도들 사이에서 형성되었다. 프랑스 신교도이자 유럽통합주의자인 쿠르탱(Courtin)은 프랑스로서도 독일이 서유럽 통합조직에 경제적·정치적으로 통합되는 것이 절실히 필요하다고 역설했다. 이 발언에 가장 강력하게 반대한 사람은 서독의 전 내무장관 하이네만이었다. 그는 독일은 동서 양 진영에서 중립을 지켜야 하고, 전승국들은 이를 받아들여야 하며, 이러한 기반 위에 독일 분단을 막아야 한다고 반복하여 강조했다. 니묄러 목사는 하이네만의 발언을 전적으로 지지했다. 독일은 분명 서구에 속하지만, 현시점에서는 동구에 적대적인 서유럽 조직에 가담해서는 안 된다고 말했다. 이에 덧붙여 미국이 유럽에서 철수하면 서유럽, 특히 독일은 소련과 다시 화해할 수 있을 것이고, 이러한 환경 아래에서라면 분단과 인간적 절망 상태에 빠져 있는 독일인을 도울 수 있을 것이라고 주장했다.[191)]

그러면 동독의 상황은 어떠했는가? 다른 공산주의 국가들처럼 동독의 교회도 국가의 탄압을 받았다. 약간 특이한 점은, 동독의 신교계는 구교와 경합을 벌였던 서독의 신교계보다 더 많은 영향력을 주민들에게 행사했다는 사실이다. 통일을 내세우는 초기 동독 정권의 입장에서도 동서독을 포괄하는 독일신교협의회와 동독의 신교계는 특별한 중요성을 지닌 존재였다. 이러한 점 때문에 동독 정권은 크리스트교 신앙이 사회주의적이며 무신론적인 국가 조직 원칙에 위배됨에도 불구하고 당장 교회를 탄압할 수 없었다.

그럼에도 불구하고 동독 프로테스탄트는 학교정책, 교회 성인식 등 전통적인 교회의 관행을 사회주의적 방식으로 변경하고자 하는 통사당과 갈등할 수밖에 없었다. 동독의 교회는 통사당 정권과의 협력과 저항 사이에서 우왕좌왕했다. 통사당은 학교정책에서 크리스트교인을 매우 차별했는데, 이것은 한편으로 주민들을 교회에서 멀어지게 만들었지만, 다른 한편으로는 동독의 크리스트교인들이 무신론적 국가를 열린 마음으로 대할 수 있게 하는 호의적인 노력을 어렵게 만들었다. 그렇다고 교회에서 무신론적 국가의 교회정책을 거부한다는 분명한 입장을 표명한다면 교회는 하나의 분파로 축소될 것이고, 그 경우 본의 아니게 단일한 사회주의 문화공동체를 수립하려는 통사당의 목적을 충족시켜주게 될 것이었다. 반면 교회가 계속 하나의 제도적 역할을 수행하고, 이와 더불어 교회의 사회적 의무를 수행하고자 한다면, 통사당의 요구를 용인해야 하는 상황에 처하게 되는 것이었다. 결국 1958년 동독의 프로테스탄트계는 사회주의 건설을 위한 통사당의 노력을 존중한다는 내용의 성명서를 발표함으로써 국가와의 협력관계를 구축하기 시작했다. 이러한 태도를 결정하게 된 배경에는 1957년 서독 독일신교협의회가 서독 정부와 체결한 군목활동에 대한 협약(Militärseelsorgevertrag)이 중요한 역할을 했다.[192] 이 협약은 양독의 교회에 많은 영향을 미쳤기 때문에 좀더 상세히 살펴보도록 하겠다.

4. 국가의 분단, 교회의 분단, 국면 2 : 베를린 장벽 건설 이후

1955년 파리조약을 통해 서독은 나토에 가입했고, 1957년에는 연방군(Bundeswehr)이라는 자체 군을 다시 보유할 수 있게 되었다. 그 결과 서독 독일신교협의회는 동독 독일신교협의회와 긴밀한 협의 없이 군을 위한 목회활동에 관한 협약을 서독 정부와 체결했는데, 이는 곧 동구 블록의 적대군인 나토와 군목 계약을 체결한 것과 같은 효과를 갖는 것이었다. 그러나 이것은 동독의 통사당 정부로서는 용인할 수 없는 것이었기에 독일신교협의회의 동독지부에 그 협약을 비판하도록 강력하게 압박했다.

1958년 4월 동베를린에서 개최된 독일신교협의회 총회에서 반공주의자인 서독 출신 디벨리우스(Dibelius)는 동독 교회가 비판하는 군목활동에 관한 협약을 옹호한 반면, 동독 출신의 포겔(Vogel)은 이 협약을 취소하고 서독 지역에 원폭 설치 계획도 철회할 것을 강력히 요구했다. 두 사람은 모두 자신의 입장이 독일 통일에 기여할 것이며, 그것은 독일신교협의회의 가장 중요한 세속적 목표 중 하나라고 주장했다. 동독 출신 목사들은 포겔의 제안을 의결할 것을 요구하는 동의안을 독일신교협의회에 제출했지만, 서독 출신 목사들의 반대로 총회 의결은 부결되었다. 이때 동독 출신의 야콥(Jacob)은 "독일민주공화국의 시민이면서 크리스천으로서 이 국가에서 계속 살기를 원하며 로마서 13장[193)]에 기술된 바와 같이 주어진 현실을 존중해야 하는 우리로서는 단지 서독에서 시행되어 실제로 우리가 어떠한 영향력도 행사할 수 없는 그런 군목활동에 동참한다는 것이 불가능하다"라고 발언함으로써 군목활동에 관한 협약에 대한 반대 의사를 다시 한 번 분명히 밝혔다. 결국 1959년 3월 동독 교회는 공식적으로 서독의 일방적 군목활동에 관한 협약에서 탈퇴했고, 동독 정부는 독일신교협의회 동독 대표 그뤼버(P. Grüber)의 지위를 부정했다. 이로써 동독 정부는 동독 교회로 하여금 서독 교회와의 관계를 끝낼 것을 종용했는데, 이 일로 인해 양독 독일신교협의회 사이의 교류는 대단히 어려워졌다.

이러한 대립은 단지 군목활동 협약 때문만은 아니었다. 1950년대 중반 이후 데탕트시대의 도래와 함께 국제정세가 점점 분단을 인정하는 분위기로 변해가고 있었다는 것도 중요한 역할을 했다. 1958년 11월 소련의 흐루시초프는 베를린을 4대 연합국 공동 관리 지역으로 두는 특수하지만 임시적인 상태를 끝내자고 요구했으며, 1959년부터 베를린 장벽이 건설되는 1961년 8월까지 몇 차례에 걸친 독일 관련 연합국 회의는 결렬되었다. 미국과 소련은 현상 유지가 가장 좋은 냉전과 독일 문제의 해결책이라는 생각을 갖고 있었다. 이러한 때에 베를린 장벽이 건설되면서 이제 독일의 분단은 확정적이며 가까운 시일 내에 통일이 이루어지기는 불가능하다는 사실이 명확해졌다. 이에 따라 동서독을 이어주던 통일된 조직인 독일신교협의회는 당연히 큰 타격을 받았다. 베를린 장벽이 세워지기 여섯 달 전인 1961년 2월 동독 지역에 위치한 마리엔(Marien) 교회에서 마지막으로 개최된 동서독 독일신교협의회 공동 총회 때도 이미 서독 출신 참석자들의 동베를린 입국이 거부되었다. 서독 독일신교협의회는 통일이 사실상 어려워지자 이에 대한 집착에서 벗어나 점차 평화로운 공존의 방향으로 문제 해결의 방식을 전환해갔다. 1963년 개신교회 연보(Kirchliches Jahrbuch für die Evangelische Kirche in Deutschland)에는 "서로 강하게 대립하는 분단국가로 분리된 독일의 문제는 지금의 역관계에 기초하여 영향권을 보존하려는 동서 블록의 긴장 완화 정세로는 해결될 수 없는 듯하다"라고 전망하는 글이 실려 이러한 경향을 입증해주었다. 결국 1969년 동독 독일신교협의회는 '독일민주공화국 신교연합(BEK; Bund der evangelischen Kirchen in der DDR)'을 결성하여 최종적으로 서독 독일신교협의회와 분리 독립했다.

사실 동서독 교회의 관계를 새롭게 정립할 수 있는 계기는 1958년에 이미 마련되었다. 독일신교협의회는 재통일을 직접 요구하는 전독일적 지향에서 점차 물러나 평화와 화해를 촉진하는 방향으로 나아가고자 했던 것이다. 군목활동 협약에 관해 격렬한 논쟁이 벌어졌던 1958년 4월 동베를린 독일신교협의회 총회에서 동독 출신 크라이식(Kreyssig)은 '속죄운동(Aktion Sühnezeichen)'이라는 단체의 창설을 제안하면서, "독일연방공화국과 독일민주공화국의 독일인들은 이 운동 속에서 하나가 되어야 한다. …… 신분과 종파를 떠나 모든 독일인은 일 년에 한 번씩 폴란드, 러시아 또는 이스라엘에 가서 평화의 표를 함께 세워야 한다"라고 말했다. 이 제안은 독일신교협의회에 긍정적으로 받아들여져 1959년에 그 결실을 보게 되었다.

이와 함께 굶주림에 시달리는 제3세계 사람들을 돕기 위한 '세계를 위한 식량(Brot für die Welt)'운동이 독일신교협의회 차원에서 동서독 교회가 공통으로 참여하여 실천되었다. 이 운동의 공동실천은 독일신교협의회가 당장의 민족통일보다 분단국가를 초월하는 공동의 역사적 책임의식, 즉 나치로 인해 피해를 받은 지역과 사람들에 대한 역사적 책임의식을 민족적 정체성의 한 부분으로 공식적으로 받아들이기 시작했다는 것을 의미한다. 이것은 또한 "더 높은 수준의 민족성(Nationalität höherer Ordnung)"을 지향하는 독일 정체성의 한 부분이기도 하다.[194] 이는 과거 보수적이고 민족주의적이던 독일 신교계의 특성이 조금씩 변화되고 있었다는 증거였다.

이런 맥락에서 특히 주목해야 할 것은 1969년에 나온 독일민주공화국 신교연합 헌장이다. 여기서는 동서독 관계를 "특별공동체(Besondere Gemeinschaft)"로 규정했다. 독일민주공화국 신교연합은 "모든 독일 신교도의 특별공동체를 지지한다. 독일민주공화국 신교연합은 이 공동체에 대한 공동 책임자로서 독일연방공화국 교회와 독일민주공화국 교회 모두에 관계되는 임무를 …… 수행할 것이다"라는 것이 그 요지이다. 그러면 '특별공동체'는 어떤 내용을 갖는가? 1950년대 말에 추진되기 시작한 '속죄운동'과 '세계를 위한 식량'운동의 정신이 더 구체화된 것이라고 보면 된다. 즉, 이것은 점점 독자적이고 서로 다른 정체성을 지닌 사회로 변해가는 동서독의 교회를 문화적 차원에서 하나로 유지하기 위한 노력의 결과로서 타민족에게 해가 되는 민족국가의 수립은 포기하지만 공동의 활동을 통해 문화적, 종교적 동질성은 서로 교류하고 유지하자는 것이다. 더 구체적으로는 나치에 의해 저질러진 폐해에 공동으로 책임지며, 독일뿐 아니라 유럽과 세계 평화 정착에 기여하는 활동을 공동으로 전개하자는 것이다.

물론 '특별공동체'는 동독 정부와 교회로서는 현실적인 의미도 지녔다. 동독의 지방 교회들은 서독 교회의 간헐적인 재정 지원에 상당 부분을 의존했다. 동독 교회의 재정에서 서독의 지원액이 차지하는 비율은 최소한 30%에 이르렀다. 이는 동독 정부로서는 즐겁지 않고 본래 받아들일 수 없지만, 외화가 유입되는 것이기 때문에 승인할 수밖에 없었다.

요약하자면 이 '특별공동체'는 '책임공동체(Haftungsgemeinschaft)'라고 정의할 수 있다. 1979년 서독 독일신교협의회는 독일민주공화국 신교연합의 '특별공동체'론을 받아들여 민족을 신성시하지 않으면서 민족의식을 유지하되, 그 민족의식이 독일인들뿐 아니라 세계 모든 사람들의 평화를 위해 기여할 수 있는 방향으로 나아갈 수 있도록 함께 노력하자는 내용의 선언을 발표했다.

끝으로 동독 붕괴에 있어서 교회가 한 역할에 대해 살펴보자. 동독 교회는 광범위한 통사당의 지배 질서에 완전히 종속되지 않고 통사당과 여러 가지 다양한 방식으로 마찰을 초래하면서 활동했던, 동독 사회에서 유일하게 상대적으로 자율적인 가장 큰 조직이었다. 동독 교회는 국가권력에 대한 애매한 태도 때문에 비판받기도 했지만, 그것이 통사당과 다른 의견을 지닌 사람들에게 보호막을 제공해주고 그들의 생각을 정교하게 할 수 있는 공간을 마련할 수 있는 가능성을 열어놓았다는 점, 따라서 동독 붕괴에 기여했다는 점 또한 부인할 수 없다. 동독 국가에 대한 이중적인 태도에도 불구하고 통일에 기여한 이러한 역할 덕에 교회는 붕괴 후 동독의 조직 중 가장 온전하게 보존될 수 있었던 조직이었다. 교회가 통일 이후 큰 문제였던 사회적 통합(구동독인에 대한 차별 문제와 이에 따른 통일 후유증 등)에 어떤 역할을 했는지는 앞으로 좀더 살펴봐야 할 문제이다.

5. 결론에 대신하여

동서독의 정치적 분단과 대립은 상위 규정자로서 교계의 분열과 대립을 만들었기 때문에 독일신교협의회 내의 동서독 대립은 현실정치를 반영한 것으로 볼 수 있다. 그러나 정치적 분단과 대립에도 불구하고 통일된 조국 재건이라는 민족주의적 요구를 실현하기 위해 동서독의 신교가 국가 분단 이후 10년이 넘도록 실질적으로 동서독 신교를 통합하는 조직을 유지했다는 것은 이런 역사를 갖지 못한 우리로서는 주목할 만한 사실이다. 독일 신교의 민족주의적 입장은 과거에 나치의 침략을 받았던 외부의 입장에서 보면 바람직하지 않겠지만, 독일인들에게는 긍정적으로 평가될 수 있는 점이었다.

또 한 가지 지적해야 할 점은, 민족통일이라는 요구가 현실의 장벽에 부딪혀 달성될 수 없다고 판단되었을 때 동서독의 신교는 '더 높은 수준의 민족성'을 구축하기 위한 '책임공동체'를 결성했다는 사실이다. 동서독의 신교계는 외부의 압력으로 어쩔 수 없이 민족통일이라는 민족주의적 목표를 포기했지만, '책임공동체'를 통해 오랜 전통이자 본질로 받아들여졌던 민족주의적이며 보수적인 특성의 부정적 측면을 지양할 수 있었다. 이것은 분단의 영향뿐 아니라 나치 과거에 대한 지속적인 반성적 성찰의 결과이기도 하다. 동서독의 신교는 이렇게 변화된 기반 위에서 1990년 통일 이후 더 큰 틀인 유럽 속에서 통일 독일의 평화적 발전을 가능하게 한 요인이라고 볼 수 있다.

김승렬 | 경상대 사학과 교수

독일 | 문화 교류

동서독의 문학 교류[195)]

1. 동서독의 문화 교류 양상

제2차 세계대전의 종식과 함께 독일은 무엇보다 먼저 정신적인 '폐허'로부터 새로운 시작을 의미하는 이른바 "영점(零點, Nullpunkt)" 혹은 "영시점(零時點, Stunde Null)"의 상태에서 나치즘 청산과 극복이라는 시대적 과제를 요구받았다. 물론 새로운 출발이란 단순히 어두운 과거와의 단절만을 가리키는 것이 아니라 긍정적 전통의 계승을 비롯하여 미래 지향적 모델의 제시까지 포함하고 있다. 이것은 기존의 정치, 경제적 질서에 대한 불신과 함께 이미 이데올로기적으로 분열 양상을 보인 유럽을 통합할 수 있는 비전을 의미했다. 이러한 일종의 문화적 이상주의는 서구 자본주의나 소련 스탈린주의와 구별되는 '제3의 길'로서 민주적 사회주의를 선호하는 경향으로 나타났다. 여기에는 한편으로 19세기 중반 이래 역사의 진보와 동일시되면서 영향력을 확대해온 사회주의를 이념적 바탕으로 한 사회적 정의와, 다른 한편으로 집단 논리에 함몰되기 쉬운 정신적 자유에 대한 열망이 담겨 있었다.

그러나 전쟁에서 승리한 초강대국들 사이에서 벌어진 냉전의 산물인 독일 분단은 필연적으로 동서독에 이질적인 정치체제를 강요했으며 문학 역시 이러한 외부 환경으로부터 자유롭지 못했다. 서독에서는 자본주의체제가 유지되면서 문학에서도 과거 청산 문제와 함께 현대 산업사회의 물신화 현상에 대한 개인의 상실감을 표현한 모더니즘의 전통을 이어나갔다. 반면 동독에서는 문학이 자본주의로부터 해방을 의미하는 사회주의를 기반으로 하여 모든 갈등의 해소 가능성을 담아낼 수 있다는 점이 강조되었다. 동독 문학은 가령 독일 고전주의를 긍정적 유산으로 받아들이기는 했지만 무엇보다 예술의 자율성이나 형식의 실험을 부정하고 사회주의 리얼리즘을 모범으로 삼았다. 이런 상태에서 기본적으로 양쪽의 문학은 대립적인 관계를 벗어나지 못하는 가운데서도 화해를 모색하려는 시도가 간헐적으로 이어졌다. 문화적 교류에는 양쪽 작가들의 노력뿐만 아니라 특히 동독의 문화정책이 변수로 작용했다. 이밖에도 동독 문학 내부에서 공식적인 문화정책에 반발하는 움직임이 일어났는가 하면 몇몇 작가들은 어쩔 수 없이 동독을 떠나야 하는 사태가 벌어지기도 했다. 이러한 정치적 긴장관계 속에서도 동서독의 일부 작품들은 상대방 국가에서 출판됨으로써 양쪽에 독자를 확보하는 현상이 생겨나기도 했다.

한반도의 경우 비록 걸음마 단계이지만 최근에야 실질적인 교류가 시작되었고, 이것마저 주로 경제 협력과 이벤트 성격의 문화행사에 치중되고 있다. 그러나 분단된 독일에서는 다른 분야와 마찬가지로 문학 또한 단절과 반목의 역사에도 불구하고 기회가 주어질 때마다 다양한 방식으로 교류가 이루어졌다. 여기에는 동서독이 서로 다른 이념을 추구했지만 한반도에서와 같은 대규모 전쟁을 치르지 않았던 관계로 개별적인 초청과 방문을 통한 인적 왕래가 가능했다는 사실과 더불어 이데올로기의 장벽을 넘어 최소한 문화적 통합을 이루려는 지식인들의 의지가 결정적인 역할을 했다.

2. 교류의 역사

종전 후 독일은 4대 연합국에 의해 분할된 상태에서 군정 형태로 통치되었다. 형식상 4개 지역으로 나뉘어 있었지만 일반적으로 소련군 점령지역과 미국·프랑스·영국 점령지역이 대립하는 양상을 보이면서 결국에는 동독과 서독으로 양분될 운명에 처해 있었다. 미국과 소련의 이질적인 세계전략에서 비롯된 대결과 갈등의 각축장이 된 독일에서 문인을 비롯한 지식인 계층은 국가 분단의 위기를 극복하려는 차원에서 모임을 결성하고 지지 세력을 규합하는 데 힘을 쏟았지만, 이러한 시도들은 때로 강대국의 점령정책에 이용당하기도 했다. 예를 들어 1945년 7월 요하네스 베허(Johannes Becher)는 소련군 점령지역에서 '독일의 민주적 혁신을 위한 문화동맹'을 결성했다. 이 단체는 1935년의 반파시즘적 인민전선의 전통 속에서 다양한 정치적, 이데올로기적, 문화적 입장을 통합하려는 목적으로 생겨났다.

인민전선이 코민테른 주도하에 형성된 좌파운동이었다면 이 '문화동맹'은 반파시즘적이고 민주적인 혁신을 내세움으로써 서방 연합국 점령지역 문인들 다수가 참여할 수 있는 길을 열어놓았다. 1946년 중반에는 회원 수가 베를린에서만 벌써 9,000명에 이르렀다. 하지만 그 배경에는 문화 영역의 외연 확대를 통해 정치적 영향력을 강화하려는 소련의 점령정책이 자리 잡고 있었다. 소련 당국은 이 '문화동맹'을 비정치적 문화단체로 규정한 반면, 미국은 사전 허가가 필요한 정치조직으로 간주하고 허가 신청서를 제출하지 않았다는 이유로 1947년 10월 초 미군 점령지역에서 이 단체의 활동을 금지시켜버렸다. 이러한 미국의 태도는 정치적 입지 약화를 우려한 전략적 고려 외에 소련군 점령지역에서 통사당에 주도권을 빼앗기고 밀려난 사민당(SPD)의 압력에 영향을 받은 것이었다. 결과적으로 이 사건으로 인해 미국은 소련으로부터 문화적 자유를 억압한다는 비난을 받았다.

미국과 소련의 정책이 자국에게 유리한 방향으로 치닫는 분위기 속에서도 1947년 10월 4일부터 8일까지 베를린에서는 '제1차 독일 작가회의'가 열렸다. 소련 진영에서 주최한 이 회의에는 몇몇 소련 작가들을 포함해 국내외 망명 작가, 공산주의자, 보수주의자, 전위주의자, 사실주의자 등 다양한 성향을 지닌 300여 명의 작가들이 참석했다. 이들이 한자리에 모인 동기는 동일한 언어를 지닌 문화 민족이라는 정체성과 통일 가능성을 공개적으로 논의하는 데 있었다.

명예의장으로 추대된 리카르다 후흐(Ricarda Huch)는 "시인, 소설가들은 통일에 대해 특별한 관계를 지니고 있다. 즉, 언어를 통해서이다. 언어는 한 민족을 다른 민족들과 구별하도록 만들지만 한 민족을 결속시키기도 한다"[196] 라고 말했다. 공산주의자이자 망명 작가인 요하네스 베허는 "내부와 외부, 해외 망명과 국내 망명 사이의 화해"와 함께 "독일 국가와 문화뿐만 아니라 그 문학의 통일"[197]을 호소했다. 베허는 나치 시대의 해외 망명자와 국내 망명자에 대한 평가가 엇갈리는 상태에서 국내 망명자를 과소평가하지 말 것을 주장해 주목을 받았다. 베허에게 중요했던 것은 과거의 투쟁방식이 아니라 새로운 사회 건설을 위한 모든 민주세력의 연대였다.

그러나 나치 시대를 마감한 이후 최초로 모인 전국적인 작가회의가 모든 면에서 의견의 일치를 보인 것은 아니었다. 가령 귄터 비르켄펠트(Guenter Birkenfeld)는 "언어, 즉 작가적 언어의 작용을 너무 정치화하거나 단지 정치적 현상 내지는 정치적 효과로만 파악하지 말도록 주의할 것"[198]을 촉구하면서 문학의 정치화에 대한 경계심을 나타낸 반면, 슈테판 헤름린(Stephan Hermlin)과 안나 제거스(Anna Seghers) 등 주로 공산주의 계열의 작가들은 문학이 궁극적으로 민중의 정치적 의식을 담아내야 한다는 점을 강조했다. 이 회의는 시간이 지나면서 정치 선전장으로 변질되고 말았다. 어떤 소련 작가가 연설에서 미국과 영국의 '반동' 정책을 공격하자, 이에 맞서 미국의 저널리스트 멜빈 래스키(Melvin Lasky)가 소련의 검열과 표현의 자유 문제를 제기한 것이다. 특히 래스키의 발언이 일종의 터부를 깨뜨린 것이기는 했지만, 이 모임이 아무런 성과 없이 끝나게 된 결정적 요인은 도덕적 우위를 차지하려는 양측 당국의 치열한 대결 의식 때문이었다. 이러한 분위기 속에서 화합을 모색하려는 개별 작가들의 노력은 힘을 발휘하지 못했다.

1948년 소련에 의한 베를린 봉쇄는 독일 작가들을 두 진영으로 나누는 결정적 계기가 되었을 뿐만 아니라 문학의 대결 구도가 반(反)파시스트와 잠재적인 파시스트 사이가 아니라 비록 당원은 아니더라도 통사당에 우호적인 반파시스트와 좌우익의 전체주의를 동시에 거부한 반파시스트 사이에서 형성되었다. 과거 나치에 협력한 작가들이 침묵하는 가운데 베를린 봉쇄에 자극받은 서독 지역에서는 '문화동맹'에 대항할 목적으로 '문화적 자유를 위한 회의'와 미국의 재정 지원을 받는 잡지 『데어 모나트(Der Monat)』가 생겨났다. 특히 이 잡지는 서구 좌파 내에서 자유와 사회주의, 민주주의와 전체주의에 관한 논쟁의 구심점이 되었다. 망명에서 돌아와 저널리스트로 활동하던 빌리 브란트는 1948년 이 잡지에 기고한 글에서 민주적 사회주의와 함께 나치의 '전쟁 자본주의'와 차별화된 자본주의의 발전 가능성을 인정하자고 역설했다.[199] 이러한 입장은 모든 종류의 사회주의를 스탈린주의와 동일시하는 서쪽의 시각과 모든 종류의 자본주의를 파시즘의 예비 단계로 바라보는 동쪽의 시각을 동시에 겨냥한 것이었다. 그러나 당시의 전방위적 대치 상황 속에서 사회주의와 민주주의 사이의 화해는 거의 불가능한 것처럼 보였다.

1949년 서독과 동독에 별개의 국가가 세워지고 분단이 고착화되기 시작하는 1950년에 열린 제2차 작가회의에는 더 이상 서독의 작가들이 참석할 수 없게 되었다. 분단되기 전 귄터 비르켄펠트, 요하네스 베허 등에 의해 새롭게 창립된 펜클럽(PEN) 역시 1951년 두 개로 분리되었다. 하지만 문학이 정치에 종속되는 상황 속에서도 동서독 작가들 사이의 접촉은 어렵게나마 이어졌다.

1961년에는 한스 마이어(Hans Mayer)의 초청으로 한스 마그누스 엔첸스베르거(Hans Magnus Enzensberger)와 잉게보르크 바흐만(Ingeborg Bachmann) 등이 라이프치히에서 열린 시(詩) 세미나에 참석했고, 함부르크에서는 동독의 한스 마이어, 아르놀트 츠바이크(Arnold Zweig), 슈테판 헤름린, 서독의 엔첸스베르거, 마틴 발저(Martin Walser), 지크프리트 렌츠(Siegfried Lenz) 등으로 구성된 동서독 작가 모임이 열렸다. 특히 문학의 현실 참여 논쟁을 불러일으킨 이 작가 모임은 이전과 달리 서독 지역에서 열렸다는 점과 동독의 문화정책에서 벗어나는 견해가 나왔다는 점에서 주목을 받았다. 한스 마이어는 동독 작가들이 "특정 노선을 따르고 특정한 방향으로 생각하고 …… 느끼거나 쓰지는 않는다"[200]라고 강조했던 것이다. 이 발언에 대해 서독의 일부 보수주의자들은 동독이 표현의 자유를 보장한다는 것을 선전하기 위한 계산된 전술이라고 비판했으나, 작가의 언어가 당 강령과 상이하게 표출될 수 있다는 점을 인정했다는 것에 큰 의미가 있었다.

어쨌든 이미 이 시기부터 서로에 대한 불신의 골이 깊어졌다. 서독의 보수 언론이 사회주의와 파시즘을 동일시하는 경향이 강했던 것과 마찬가지로, 동독의 문화정책 담당자들은 가령 서독의 자발적 문학모임인 '그루페(Gruppe) 47'(이에 대해서는 뒤에서 서술하겠다)의 작가들과 서독의 공식 입장 사이의 일치를 강조하면서 파시즘의 연장선에 있는 서독의 정책과 거리를 둘 것을 요구했다.

1960년대 초는 서독의 핵무장 계획과 동독의 베를린 장벽 구축 등으로 긴장이 고조되던 시기였다. 서독의 우경화 정책과 관련하여 지크프리트 렌츠는 나치 유산 청산 일을 소홀히 한 탓에 위험이 초래되었다고 지적했고, 귄터 그라스는 공개편지를 통해 동독 작가들에게 베를린 장벽 건설에 항의하라고 촉구했다. 그라스의 이런 행동은 동독뿐만 아니라 서독의 보수 언론에게도 비판을 받았다. 서독 보수주의자들에게 베를린 장벽은 대화의 불가능을 보여주는 증거였다. 이에 맞서 동독은 1963년 동서독의 문화 교류 포기를 선언했다.

동서독의 작가들이 공식적으로 새로운 만남을 갖게 된 계기는 20년 가까운 세월이 지난 후인 1981년 12월 13일과 14일 동베를린에서 열린 '평화대담'이었다. 이 시기는 핵무기 퍼싱 II의 서독 배치를 둘러싸고 일어난 군축 논쟁과 환경에 대한 새로운 관심과 맞물려 있었다. 이 모임에는 서독에서 베른트 엥엘만(Bernd Engelmann), 에리히 프리트(Erich Fried), 귄터 그라스 등이, 동독에서는 슈테판 헤름린와 헤르만 칸트(Hermann Kant), 크리스타 볼프(Christa Wolf), 폴커 브라운(Volker Braun), 슈테판 하임, 하이너 뮐러(Heiner Mueller), 귄터 드 브루인(Guenter de Bruyn)을 비롯한 여러 작가들이 참석했다. 헤름린은 환영사에서 이 모임의 성격은 무엇보다 신뢰 구축에 있다고 강조했고, 서독 작가협회 회장인 베른트 엥엘만은 서로 비판하지 말 것과 통일국가에 관한 주제를 다루지 말 것을 주문했다. 평화 문제에 국한된 이 회의에서 귄터 드 브루인은 국민 대중으로부터 자발적으로 일어나는 평화운동은 동독과 서독 모두에게 중요하다고 말했다.

애초부터 정치적으로 중립적인 작가들로 선별된 대부분의 참석자들과 달리 귄터 그라스와 슈테판 하임 등은 바로 13일에 선포된 폴란드의 계엄령에 대해 언급했다. 그리고 이듬해인 1982년 5월 네덜란드 헤이그에서 열린 두 번째 '평화대담'에서 귄터 그라스는 박해받는 인사들의 법적 보호를 위한 사무소 설치를 요구했지만 받아들여지지 않았다. 이러한 내부 혼선이 빚어지는 가운데 1982년 6월 쾰른에서 열린 세 번째 회담의 경우 귄터 그라스와 슈테판 하임은 아예 참석자 명단에서 제외되었다. 이 '평화대담'은 공동선언문도 내놓지 못한 채 결국 결렬되고 말았으나, 언론의 주목을 받으며 서독에서 평화운동을 촉진시키는 긍정적인 역할을 했다. 반면 엥엘만이 동독에서 망명한 작가들을 의도적으로 배제함으로써 라이너 쿤체(Reiner Kunze), 위르겐 푹스(Juergen Fuchs) 등이 작가협회에서 탈퇴하는 부작용을 낳기도 했다.

그후 통일될 때까지 동서독 작가들의 교류는 더 이상 활발하게 이루어지지 않았다. 이는 1972년 말 동서독 관계의 기본 원칙을 규정한 '기본조약'이 체결되면서 서베를린과 서독 사이에 자유로운 개인 왕래가 보장된 것을 비롯하여 통일될 때까지 경제적 측면에서 인적, 물적 교류가 상당히 증가한 것과 대조된다. 서독이 동독의 국가 예산을 지원하는 대가로 동독의 정치적 양보를 이끌어냈음에도 불구하고 작가들의 교류가 단절된 것은, 무엇보다 이데올로기 문제에서 서로 신뢰하는 데 필요한 접점을 찾아내지 못한 현실적 상황에서 기인한 것으로 보인다.

3. 문화정책과 문학적 경향

제2차 세계대전 이후 서독 문학은 1947년 비공식적 문학 모임으로 출발하여 1967년에 자체적으로 해체된 '그루페 47'에 속한 작가들로 대표된다. 한스 베르너 리히터(Hans Werner Richter)의 제안으로 파울 첼란(Paul Celan), 잉게보르크 바흐만, 마르틴 발저, 귄터 그라스, 하인리히 뵐 등 젊은 세대가 주축이 된 '그루페 47'의 탄생은 전후 보수주의로 회귀하려는 경향에 대한 반발임과 동시에 근본적인 정치적 변화를 이끌어낼 수 있다는 희망이 좌절되어 가는 현실에 대한 통찰에서 비롯되었다. 그 어떤 이데올로기에도 회의적인 입장을 보인 '그루페 47'의 작가들이 추구한 리얼리즘은 이데올로기적으로나 미학적으로 하나의 도식에 의해 확정된 '사회주의 리얼리즘'과 구별되었다. 이 작가들은 한편으로 참혹한 과거에 대한 기억을 되살리고 어두운 역사의 연속성을 파괴하려고 시도했으며, 다른 한편으로 국가를 일종의 신화로 비판하면서 새로운 정체성의 출발점으로 '나(Ich)'라는 길을 모색했다. 이들은 정치적으로 '민주적 사회주의'와 '반전체주의'를 표방하여 사민당에 우호적인 입장을 나타냈다.

1960년대 초 서독 문학은 새로운 문학운동을 대변하는 '그루페 61'처럼 기술문명사회의 노동자 세계에 초점을 맞추는 등, 문학의 정치화 경향을 보여주었지만, 1960년대 후반기 학생운동과 1970년대 후반기 새로운 동방정책을 계기로 변화를 맞게 되었다. 1960년대 학생운동의 실패는 사회주의를 포함하여 모든 정치 이데올로기에 대한 환멸을 가져왔고, 1970년대 후반기 이래 사민당의 정책인 (동독)내정불간섭과 '접근을 통한 변화'라는 원칙은 비판으로부터 동독을 보호한다는 논란을 불러일으켰다. 주체의 붕괴라는 전세계적 현상이 나타난 1980년대에 들어와서는 어두운 과거를 기억에서 되살려 이야기하는 한편, 이러한 과거로부터 벗어나려는 차원에서 "역사화하거나 오락적이고 기교적인, 혹은 환상적인 이야기"[201]가 전면에 나섰을 뿐만 아니라 이것은 성공을 거두었다.

서독의 문학은 냉전 이데올로기의 영향권을 벗어나지 못하면서도 비교적 다원주의적 방향으로 나아갔으며 전체보다는 개인을 우선시하였다. 반면에 동독은 건국 초기부터 이른바 '더 나은' 사회에서 자본주의에 대한 사회주의의 의심할 바 없는 승리를 문학의 주제로 삼을 것을 요구했다. '과학적 사회주의'가 표방하는 이론에 따라 휴머니즘의 실현에 목표를 둔 새로운 사회 건설에 봉사하는 매개체로서 문학의 성격이 강조되었다. 이러한 문화정책의 성격은 예를 들어 카프카에 대한 평가에서 간접적으로 드러났다. 1963년 프라하 근교 리브리체에서 열린 '카프카 회의'에 참석한 동독의 헬무트 리히터(Helmut Richter)는 "서독의 문학적 퇴폐 행위 차원에서 카프카의 유행"[202]을 지적했다. 카프카의 서술 방식과 관련하여 알프레드 쿠렐라(Alfred Kurella)는 "카프카의 작품은 퇴폐 극복과 리얼리즘을 확장시키고 풍요롭게 하는 원천으로서 도움을 주기에 적당치 않다"[203]라고 비판했다. 그럼에도 불구하고 동독 내에도 카프카를 수용하자는 목소리를 내는 작가들이 있었다. 가령 슈테판 헤름린은 "카프카는 위대한 작가이다. 그의 작품은 엄청난 고통 속에서 생성된 것이다. 그가 우리 편에 속하는 이유는 그의 작품이 모든 괴로움의 외침에 해답을 주고 사회주의가 모든 상처를 치유할 것이기 때문이다"[204]라고 말하여 카프카의 현재적 의미를 사회주의의 과제와 연결시켰다.

그러나 자본주의적 불평등과 억압으로부터 해방을 약속한 사회주의 이념은 현실사회주의의 구체적 모습과 일치하지 않았다. 예를 들어 동독에서 서독으로 넘어온 작가인 우베 욘존(Uwe Johnson)은 1959년에 출판한 『야콥에 대한 추측(Mutmassungen ueber Jakob)』에서 철로를 가로질러 가다가 양쪽에서 다가오는 기차를 끝내 피하지 못한 야콥의 죽음을 통해 동쪽과 서쪽 어디에서도 삶의 가능성을 발견하지 못한 상황을 묘사했다. 이 작품에 대한 대답으로 크리스타 볼프는 『나누어진 하늘(Der geteilte Himmel)』에서 예전에 잃어버린 유토피아의 구현이 여전히 현재가 아닌 미래의 과제라는 의미에서 "아직 아니고 더 이상도 아닌(Noch-nicht und Nicht-mehr)"[205] 현실 인식 아래 사회주의 미래에서 희망을 찾으려는 여주인공의 삶을 보여주었다. 작가의 비판적 시각이 곧바로 사회주의에 대한 반대를 의미하는 것은 아니었다. 다시 말해 현존하는 일당독재 시스템을 완전히 뒤엎거나 계획경제를 자본주의로 대체하려는 움직임은 보이지 않았다. 체제 비판은 현실사회주의의 이념적 경직성을 수정 가능케 함으로써 민주적이고 휴머니즘적인 사회주의의 삶을 모색하려는 시도였다.

1965년 12월에 열린 제11차 통사당 중앙위원회 회의를 계기로 동독 문학 내에서도 체제 비판적 목소리를 용인하려는 경향이 뚜렷해졌다. 이러한 문화 정책의 변화로 인해 동독 작가들의 작품이 서독의 출판시장에 진출하는 것이 가능해졌으며, 이 작품들은 서독의 좌파뿐만 아니라 우파에게도 인정을 받게 되었다. 동독 문학이 서독 독자들에게 관심을 끌게 된 주된 이유는 "그때까지 동독에서 다루어지지 않던, 특히 금기시되었던 것을 다루었기"[206] 때문이었다. 1960년대 중반에 슈테판 하임, 하이너 뮐러, 크리스타 볼프 같은 이른바 체제 비판적 작가들의 등장은 새로운 동독 문화정책의 결과인 동시에 서독에서 생성된 '동독 산업'의 산물이었다. 동독의 문화정책과 서독의 문화산업이 손을 맞잡은 결과 국제적으로 인정받는 작가를 만들어내기에 이른 것이다.

그러나 동독의 문단을 대표하던 이러한 작가들은 비판적인 목소리에도 불구하고 내부의 혁명적 변혁의 전위로 나선 적은 한 번도 없었다. 그것은 그들이 "대부분 마르크스주의적 확신에 근거했을 뿐만 아니라 물질적 이해관계로 인해 시스템에 깊이 뿌리박혀 있었기 때문이다."[207] 문화적, 경제적으로 혜택을 누리던 이들의 문학은 독자들에게 새로운 의사소통의 가능성을 제시하는 한편, 사회주의의 당위성을 일깨워주는 기능을 수행했다. 1970년대에 이르러서는 서독의 독문학 교수, 비평가, 연극 연출가 등 독립적 좌파가 이러한 경향의 동독 문학을 새롭게 이해하게 되면서 이데올로기 측면과 미학적 측면의 친화성을 발견하게 되었다.

동독의 문화정책은 개방적 움직임에도 불구하고 국가에 의한 헤게모니 장악이라는 기본 틀이 바뀐 것은 아니었다. 1969년 제6차 작가회의에서는 통일적 성격을 가진 것만이 '진실되고', '진보적'일 수 있다는 취지로 당과 국가가 계획하고 이끄는 문화정책을 받아들였다. 이에 따라 문학은 '소시민적 개인주의'와 명확히 구별되는 '창조적 집단'을 그려낼 과제를 부여받았다. 개인의 자아실현에 대한 요구는 노동자계급에 대한 배신으로 받아들여져 비난을 받았다.[208]

1971년 발터 울브리히트에 이어 권력을 잡은 에리히 호네커는 "사회주의라는 확고한 입장에서 출발하면 문학과 예술 분야에서 터부란 있을 수 없다"라고 말했지만, 그의 사회주의 역시 "시민주의 이데올로기 및 제국주의에 대항하려는 세계관"이라는 개념을 떠나서는 생각할 수 없었다.

1976년은 동독 문학사에서 또 하나의 전환점을 이룬 해이다. 그해에 볼프

비어만(Wolf Biermann)의 시민권이 박탈된 것을 계기로 귄터 쿠네르트, 라이너 쿤체, 사라 키르쉬 등 일단의 작가들이 서독으로 떠나가는 경직된 분위기 속에서 유토피아에 대한 희망은 환상에 지나지 않는다는 실망감이 커져갔다. 비어만은 이미 동독 시절에 쓴 시 「더 나은 시대는 기다리지 마라」에서 "사회주의에 반대하는 가장 좋은 방법은 (나는 크게 말한다) / 당신들의 사회주의를 / 건설하라!!! 건설하라! / 건설하는 것이다"라고 노래했던 것이다.

갈수록 심화되는 사회의 모순 속에서 현실사회주의가 과연 자정 능력을 갖추고 있느냐는 의문이 제기되었다. 폴커 브라운의 희곡 「과도기 사회(Uebergangsgesellschaft)」(1982)가 암시적으로 보여주듯 현실은 말 그대로 모두가 공감할 수 있는 정신적 토대를 상실한 채 위험스럽게 흔들리는 과도기적 성격을 나타냈다. 체제의 해체로 마지막을 장식한 1980년대를 가리켜 하이너 뮐러는 "더 이상 아무 움직임도 없었으며 단지 제동 훈련과 고착화뿐이었다. 독일 역사에 맞서는 구상으로서 독일인민공화국은 지도층의 잘못된 의식 속에서만 실제로 존재했으며 외부에서 결정된 종말을 향해 나아갔다. 이것은 소련 멸망에 뒤따른 부산물이었다"[209]라고 당시 상황을 회고했다. 이러한 상태는 작가가 사회주의 범주 안에서 찾으려고 했던 자기 정체성에 심각한 위기를 초래했을 뿐만 아니라 정치적인 방향 감각의 상실로 몰아갔다. 작가 스스로를 지탱해주는 내적 근거가 희박해진 상태에서 작품은 더 이상 정치적 의미를 지니지 못하게 되었다.

그러나 1980년대에 등장한 젊은 작가들은 사회주의 리얼리즘 원칙을 거부하고 '전형성'이나 '당파성' 대신 "일상생활의 개별적이고 개인주의적인 생활양식을 소재로 선택"하는가 하면 언어의 유희 내지는 형식의 실험을 과감하게 시도하는 경향을 보이기 시작했다.[210] 이러한 문학의 탈이념화 경향은 한편으로 거창한 이데올로기보다 감각적 문체를 선호하는 신세대의 등장과 맞물려 있었으며, 다른 한편으로는 문화 영역에서 국가 차원의 통제가 더 이상 가능하지 않음을 암시하는 것이었다. 이는 곧 동독 체제의 붕괴를 예고하는 것이기도 했다.

4. 통일 전후의 혼란과 현실 대응 방식

세계적 냉전이 미국과 자본주의의 일방적인 승리로 끝나가는 가운데 이루어진 동서독의 급작스러운 통일은 물질적 행복에 대한 동독 인민의 욕구와 선거를 앞둔 당시 서독 콜 정부의 이해관계가 맞아떨어진 결과였다고 할 수 있다. 이 과정에서 작가들을 비롯한 동독의 좌파 지식인들은 통일에 거부감을 나타냈다. 베를린 장벽이 개방된 1989년 11월 9일 전날 밤 크리스타 볼프는 텔레비전에 출연하여 "민주적 사회주의의 비전을 지닌 진정한 민주사회를 세울 수 있도록 도와달라"라고 호소했으며 크리스토프 하인(Christoph Hein)은 11월 4일 베를린의 시위대를 향해 "민주사회를 창조합시다! …… 웃기는 소리로 들리지 않는 사회주의를!"이라고 외쳤다.[211)]

이들 지식인들은 현실사회주의의 일당독재와 지배 이데올로기에 맞서 인권과 표현의 자유를 요구했지만, 기본적으로 사회주의를 포기한 것은 아니었다. 이들에게 사회주의는 과거 히틀러 지배로부터 해방을 가능하게 해준 원동력이었을 뿐만 아니라 이른바 스탈린주의의 잔재를 청산하지 못한 정권에 의해 왜곡되었을 뿐 여전히 역사적 정당성을 잃지 않은 정치 이념이었다. 이외에 정권에 비판적인 목소리를 내던 지식인들이 사회주의를 옹호한 배경에는 그들이 경제적으로나 사회적으로 동독 체제의 실질적 수혜자라는 점도 빼놓을 수 없다. 따라서 이들의 입장은 사회주의체제 내에서 상대적 박탈감을 느끼던 민중의 현실 감각과 유리될 수밖에 없었다.

1989년 가을에 결성되어 전반적으로 커다란 영향력을 행사했던 '노이에스 포룸'은 폭력에 반대하는 내용을 담은 전단지에서 "우리는 극우 및 반공산주의 경향과 아무런 관계가 없다"라고 자신의 성격을 우회적으로 밝히는가 하면, 수십 년간 삶의 터전이었던 사회주의 대신에 서구 자본주의를 향한 장밋빛 기대에 부푼 민중을 향해 "사회의 정치적 재건에 대한 요구를 모른 체하지 마라! …… 여행이나 빚을 늘릴 뿐인 소비 주사에 현혹되지 마라"라며 자본주의가 사회주의의 대안이 될 수 없다는 점을 강조했다.212) 그러나 이러한 운동은 시대의 흐름을 되돌리기에 역부족이었을 뿐만 아니라 오히려 민중의 욕구와 소망을 제대로 이해하지 못했다는 평가를 받았다.

서독의 지식인 중에서는 특히 권터 그라스가 통일에 회의적인 입장을 보였다. 동독 지식인들이 사회주의를 희생하는 대가로 통일을 얻는 것에 반대한 반면, 그라스는 아우슈비츠의 경험을 지닌 독일이 재통일과 함께 형성될 민족주의적 경향으로 폴란드를 비롯한 주변 국가들에게 위협이 될지도 모른다고 우려했다.

일부의 반대에도 불구하고 통일은 동독이 서독에 흡수되는 방식으로 이루어졌으며, 각 분야에서 통합 작업이 진행되었다. 문학에서는 별개로 존재하던 두 개의 PEN 클럽을 통합하는 문제가 대두되었다. 이 문제는 1990년 키일에서 열린 서독 PEN 대회에 9명의 동독 작가를 초청한 상태에서 논의되기 시작했다. 서쪽의 PEN은 작가들의 사생활을 광범위하게 감시해온 동독의 비밀정보기관인 슈타지(Stasi)에 적극 협력한 작가들의 퇴출을 요구하며 무조건적 통합에 반대했다. 특히 1970년대 후반 이래로 정치적으로나 문학적으로 사회주의와 결별한 쿠네르트를 비롯하여 동독에서 박해를 받고 서쪽으로 넘어온 작가들은 진정한 통합을 위해서는 작품 검열에 관여한 작가동맹에 소속된 인물들의 자아 반성 또한 선행되어야 한다고 주장했다. 반면 동쪽 PEN은 슈타지에 연루된 회원을 가려내야 하겠지만, 회원의 가입과 탈퇴는 본인의 자유의사에 따르는 것이 전통이라며 서쪽의 요구에 선뜻 응하지 않았다. 한 국가를 대표하는 PEN 클럽이 독일에는 두 개가 존재하는 웃지 못할 상황이 벌어진 것이다.

두 단체의 의견이 엇갈리는 상황에서 1994년 동쪽 PEN은 서쪽과의 통합에 노력할 것을 대내외적으로 천명했고, 서쪽 PEN은 1995년 마인츠대회에서 이중 회원제를 인정하기로 결정했다. 서쪽에서는 귄터 그라스, 동쪽에서는 크리스토프 하인이 이러한 결정의 상징적 인물이었다. 어두운 과거 청산이 제대로 이루어지지 않은 상태에서 진행되는 통합에 대한 반론도 만만치 않았다. 그 여파로 1996년 11월에는 쿠네르트, 키르쉬, 쿤체 등을 위시한 40명의 회원이 서쪽 PEN 클럽을 탈퇴했다. 이러한 손실을 감수하면서 서쪽 PEN은 1997년 대회를 처음으로 동독 지역에서 개최하는 등의 분위기 조성 작업을 거쳐 1998년 5월 마침내 통합을 결정했다. 그리고 같은 해 10월 말 양쪽이 공동으로 주최한 드레스덴대회에서 역사적 통합이 이루어졌으며, 초대 의장으로 크리스토프 하인이 선출되었다. 그러나 통합은 외면적으로만 이루어졌을 뿐 그동안 표출된 내부적 갈등을 해소해야 한다는 새로운 과제를 남겼다.

사회주의의 몰락과 통일을 시대적 배경으로 한 1990년대의 문학은 크게 세 가지 경향으로 나누어볼 수 있다. 첫 번째는 통일과 통일 후의 문제를 주제로 한 작품을 들 수 있다. 통일을 바라보는 작가들의 시각은 출신 지역에 상관없이 대체로 비판적이다. 이는 문학 고유의 비판적 성격 외에 급작스러운 통일과정에 잠재된 힘의 논리에 대한 거부감과 함께 자본주의 시스템으로 편입되는 대신 제3의 길은 불가능했는가라는 반성에서 기인한 것이다.

1991년에 출판된 젊은 작가들의 작품 모음집 『그 이후의 시간(Die Zeit danach)』은 정치·사회적 격변기를 인상적으로 다루고 있다. 요하네스 얀젠의 소품 「붕괴(Kollaps)」는 묵시록을 연상시키듯 모든 것이 폐허로 변한 상황에서 정체를 알 수 없는 존재에 의해 쫓겨가는 '나'의 의식 세계를 다루고 있다. 지옥은 "반복되는 사건"으로서 멸망의 지속상태를 나타낸다. 그런 의미에서 도망치는 나의 발걸음은 역사의 뒷걸음질과 같다. 작가는 동독의 붕괴를 파괴로 점철된 인류 역사의 한 토막으로 인식하고 있다. 페터 바베르치넥(Peter Wawerzinek)은 「지하납골소 놀이(Kryptaspiele)」에서 동서독의 결합을 사랑이 결여된 상태에서의 섹스에 대한 일방적인 욕망에 비유하고 있다. "나는 …… 겨울 외투 아래에 있는 그녀의 가슴을 오른손으로 만지는 동시에 오른쪽 무릎을 그녀의 왼쪽 허벅지 안으로 밀어넣으려고 했다."[213] 여기서 왼쪽과 오른쪽은 각각 동독과 서독을 상징하는 것으로 통일을 동독이 서독에 의해 유린당하는 상황으로 묘사하고 있다. 요헨 랑어(Jochen Langer)의 「제국의회(Reichstag)」는 통일을 선포한 역사적인 날의 베를린을 배경으로 하고 있다. 도시 전체가 흥분으로 들떠 있는 가운데 호텔 방에서 여자 친구를 기다리던 주인공은 텔레비전 화면을 통해 제국의회 광장에서 열린 성대한 기념식을 지켜본다. 기념식이 절정에 오를 때쯤 주인공은 갑자기 발기됨을 느끼고, 욕구를 참지 못한 그의 몸에서 쏟아져나온 정액이 때마침 국가를 부르는 수상과 대통령의 얼굴을 보여주는 화면을 덮어버린다. 작가에게 통일이란 파트너가 없는 상태에서 행하는 끈적끈적하고 허무한 자위행위 같은 것이다. 안드레아스 노이마이스터(Andreas Neumeister)는 「모든 신사들의 땅 모든 노래들의 고향(aller Herren Lander aller Lieder Heimat)」에서 자본주의와 사회주의 모두 회의적인 눈길로 바라본다. "자본주의는 자유 낙하 속에서 가장 번성하며 사회주의는 진공의 공간 속에서 가장 훌륭하게 기능했다."[214] 자본주의의 '자유 낙하' 운동은 누구도 제어할 수 없을 정도로 가속도가 붙는 무한 경쟁을 부추기는 속성을 가리킨다. 반면 사회주의의 '진공 공간'은 현실적 토대와 방향 감각을 상실했을 뿐만 아니라 정상적인 의사소통마저 불가능한 상태에서 지시에 따라 움직일 뿐인 로봇 공화국을 연상시킨다.

두 번째 경향은 과거 동독 시절의 삶을 반추하는 작품들에서 찾을 수 있다. 크리스타 볼프의 『남아 있는 것(Was bleibt)』이 이런 범주에 속한다. 1990

년 여름에 출판된 『남아 있는 것』을 둘러싸고 벌어진 논쟁은 당시의 사회 분위기를 단적으로 보여준다. 작가는 한 여류작가의 일일생활을 통해 자신이 '슈타지'의 감시 대상이었음을 간접적으로 고백하고 있다. 원래 1979년에 쓴 작품을 10년이 지난 후인 이때 비로소 수정을 거쳐 출판했다고 한다.

볼프가 말하고자 한 '남아 있는 것'이란 바로 사회주의적 미래에 대한 전망이 부재한 공허한 현실이다. 작가에게 미래는 "우리 모두가 거역할 수 없을 뿐만 아니라 모든 공간의 분위기를 바꾸고 모든 인간 집단을 움직이게 만들 태세를 갖춘"215) 개념이다. 이처럼 모두를 이끌어갈 힘을 지닌 사회의 역동성을 현실에서는 찾아볼 수 없다. 당이 공식적으로 내세운 '성장·복지·안정'이라는 구호는 그 자체가 이미 이율배반적이며 현실과의 괴리감을 확인시켜줄 뿐이다. 안정을 위해 침묵이 강요된다면 진정한 의미의 내적 성장은 기대할 수 없고, 복지 또한 더 이상 추구할 만한 것이 아니기 때문이다. 이러한 현실 인식은 미래를 어느 정도 낙관하던 1960년대와는 크게 차이가 있다.

볼프의 이 작품에 대해 보수 논객들은 주로 작품 발표 시기를 문제 삼으면서 사회주의 국가의 온갖 혜택을 받은 작가가 이제 와서 자신도 피해자였다고 주장하는 것은 기회주의적이고 비도덕적인 행위라고 몰아붙였다. 맨 처음 신문 문예란의 서평을 통해 제기된 이러한 비평은 작품 자체에 대한 비판이라기보다 인신공격에 가까운 논조로 인해 반론이 제기되었다. 여기에 다시 재반론이 쏟아지는 등 확대 재생산이 되었는데, 이처럼 소모적인 문학 논쟁은 양쪽의 입장을 각각 옹호하는 작가와 비평가들 사이에 씻을 수 없는 앙금을 남겼으며 동서독 문단의 통합에도 부정적으로 작용했다.

세 번째 경향은 비교적 최근에 일어난 현상으로 동독 출신 인물이 서독 사회 내지는 통일 독일에서 겪는 이질적 체험과 적응의 문제를 다루는 작품들로 특징지어진다. 예를 들어 볼프강 힐비히(Wolfgang Hilbig)의 자전적인 소설 『임시조치(Notmassnahme)』(2000)는 서로 다른 코드가 작용하는 두 사회 사이에서 방황하는 한 작가의 내면세계를 보여준다. 주인공인 작가 C는 임시 비자를 받아 서독으로 넘어오지만 생경한 문화에 발붙이기 힘들 뿐만 아니라 글도 더 이상 쓰지 못한다. 그럼에도 그는 뉘른베르크에서 새로 사귄 애인 때문에 돌아가지 않는다. 하지만 문화적 차이로 인해 사사건건 충돌하는 연인과의 사랑은 결국 이루어지지 못하고, 라이프치히에 두고 온 옛 애인과의 관계도 깨지고 만다. 현실에 절망한 나머지 알코올 중독에 빠져들게 되는 주인공에게 서독에 정착하여 행복한 삶을 누리려는 목표는 달성하기 힘든 듯이 보인다. 그는 동독에서는 자유를 희망하고 서독에서는 동독을 그리워하는 것이다.

이와 달리 크리스토프 하인의 소설 『빌렌브로크(Willenbrock)』(2000)는 새로운 체제에 약삭빠르게 적응해가는 유형의 인물을 부각시키고 있다. 동독 시절 한 연구 시설의 엔지니어였던 주인공 빌렌브로크는 통일 후 베를린에 사는 친척의 도움으로 중고자동차 판매점을 연다. 사업에 성공한 그는 다른 여자와의 불륜을 감추기 위해 부인이 운영하는 호화스러운 부티크에 재정 지원을 아끼지 않는다. 그는 부인도 자신을 속이고 있다는 사실을 알게 되지만 모른 척하며 자신의 사업을 확장해나간다. 여기서 물질적 성공은 정신적 황폐함과 연결되어 있음이 드러난다. 주인공의 이런 모습을 통해 작가는 물질만능의 자본주의적 사고방식이 어느새 동독인들의 의식도 지배해가고 있음을 극적으로 보여준다.

5. 제2의 영시점에 관한 논란

1989년 가을의 혁명적 상황을 계기로 동독은 사망선고를 받고 세계지도에서 사라지면서 역사로만 남게 되었다. 힘의 역학관계에서 패배한 국가의 역사는 언제나 그렇듯이 몰락사이다. 더 이상 자체의 생명력을 갖지 못하는 역사는 승리자의 입장에서 다시 쓰이기 때문이다. 문학사도 예외는 아니다. 동독 문학사는 세 시기로 나눌 수 있는데, 제1기(1949~61)가 사회주의 건설기 문학에 해당한다면, 제2기(1961~76)에서는 베를린 장벽 구축이 드러낸 체제 내 모순에 대한 대응 방법으로 현실의 변화 가능성에 무게를 둔다. 동독의 대표적인 반체제 시인 볼프 비어만이 시민권을 박탈당하고 수많은 문인이 청원 운동을 벌이면서 시작된 제3기(1977~89)는 바로 쇠락의 길로 접어든 국가를 배경으로 한 문학사의 마지막 장이다.

통일 이전 서독에서 동독 문학은 '다른' 독일 문학으로서 국가의 이념에 봉사하는 기능적 역할 문제로 비판받거나, 혹은 그 반대 입장에 대한 긍정적인 가치 평가와 함께 '우리' 문학의 일부로 받아들여지기도 했다. 이러한 작업이 개별적이고 개인적 차원에서 이루어졌다면 서독에 의한 흡수통일은 '다른' 문학을 공식적으로 '우리' 문학에 편입시켰다.[216] 하지만 과거의 서로 다른 경험과 척도로 인한 이질감을 해소하고 실질적 통합의 길로 나아가기 위해서는 동독 문학에 대한 재평가가 이루어져야 한다.

1989년의 사건은 전후 문학의 종결을 의미한다. 그러나 가령 통일 5주년을 맞이하여 이리스 라디쉬(Iris Radisch)가 『디 차이트(Die Zeit)』를 통해 주장했듯이 문화적으로 새로운 출발을 의미하는 "제2의 영시점"[217]과는 거리가 먼 것처럼 보인다. 다수가 인정할 수 있는 미래의 지향점을 찾아보기 힘들 뿐만 아니라 무엇보다 통일 논쟁을 거치면서 지식인들의 정신적 연대감이 깨져버렸기 때문이다.

통일 후 15년이 지난 현재 독일은 모든 면에서 초기의 시행착오에서 벗어나 사회 구성원들 사이에 동질성을 회복하려는 노력을 계속하고 있다. 현대사의 절반을 차지하던 사회주의도 점차 사람들의 기억에서 사라질 것이다. 사회주의가 통일을 가로막는 장애물에 지나지 않았는지, 아니면 척박한 인류역사를 기름지게 할 새로운 가능성이었지만 인간의 잘못으로 폐기되고 말았는지는 아직 속단할 수 없다. 문학은 여전히 사회의 반영으로서 이러한 문제에 끊임없이 질문을 던지고 해답을 구할 것이다.

권세훈 | 고려대 강사

독일 | 역사학

나치 과거 해석의 주도권 경쟁

1. 역사학과 정치

역사학은 여느 학문 분과와 하등 다를 바 없이 나름의 방법론적인 엄밀성과 객관성을 추구한다. 그러나 역사학은 "현실 과학"(막스 베버)이다. 역사가가 특정한 주제를 선정하고 또 특정한 방식으로 취급할 때는 항상 특정한 현실적 동기가 자리 잡고 있다. 또한 그 연구 성과는 '일상 언어'를 통해 표현됨으로써 광범위한 독자들에게 지적·정서적 효과를 미친다. 이렇게 본다면 하나의 정치권력이 자신의 지배를 공고히 하기 위해서 역사학의 권위에 호소하는 것은 지극히 당연하다. 역사학은 현재의 정당성 확보에 유리하도록 과거를 통제하는 수단을 제공한다. 이 유용한 '현실 과학'은 때로는 어두웠던 과거를 부각시키고 때로는 정치적 신화를 창조함으로써 정치권력의 정당화에 기여한다. 이런 점에서 역사학은 과학이면서 동시에 정치 담론의 성격을 띤다고 할 수 있다.

분단 초기의 동서독 역사학은 특정한 현실정치적 요청에 따라 나름의 특정한 방식으로 과거에 접근했다. 무엇보다도 나치 과거 청산의 문제는 분단된 양대 독일 국가에 있어서 각 체제의 정당화를 위한 정치적 관건으로 작용했다. 1945년 "독일의 파국"(프리드리히 마이네케)은 대부분의 독일인에게 정치·군사상의 좌절을 넘어서 미증유의 정신적 충격을 안겨주었다. 1871년 이래 지속된 독일 민족국가가 붕괴되었으며 곧이어 연합국에 의한 주권 상실과 점령 통치 그리고 분단이 이루어졌다. 이에 따라 독일인의 민족적 정체성과 그것을 뒷받침하던 민족국가적 역사상(歷史象)이 해체되었다. 이제 분단된 독일에 들어선 양대 체제에는 새로운 이념적 정체성과 그에 걸맞은 역사상의 수립이 간절히 요청되었다. 이러한 목표를 위해 분단 초기의 동서독 체제는 한결같이 자신의 체제가 나치체제와는 역사적·이념적으로 대립적인 새로운 체제임을 부각시키는 데 주력했으며 역사학은 이러한 추세에 잘 부응했다.

이 글은 종전 직후부터 냉전이 격화되던 1960년대 초반까지의 기간에 국한해서 동서독의 역사학을 특히 나치 과거 문제와의 대면에 초점을 맞춰 살펴볼 것이다. 이 기간에 짜인 역사 해석의 틀은 동독에서는 체제 종식에 이를 때까지 지속된 반면, 서독에서는 이후 큰 폭으로 수정되었다.

2. 동독 : 반파시스트 저항운동의 신화

1) 독일사의 '그릇된 길'

SBZ(Sowietische Besatzungszone, 소련 점령지역)에서는 정치적, 경제적 그리고 이념적 차원에서 '탈나치화(Entnazifizierung)'가 신속하고도 비교적 철저히 진행되었다.[218] 직접적인 나치 전범에 대한 처벌은 말할 것도 없고 보다 광범위한 인적, 제도적 청산이 이루어졌으며 더 나아가 새로운 사회주의 사회 건설을 위해 토지개혁과 주요 산업의 국유화 등 급진적인 개혁정책이 추진되었다. 탈나치화는 또한 이데올로기 영역의 청산 작업도 포함했다. 이때 청산 대상으로 지목된 것에는 나치즘뿐 아니라 그것을 낳은 원천으로 상정된 옛 프로이센의 전통도 있었다. 소련 점령지역에서는 매우 급진적인 탈프로이센화(Entpreussung) 정책이 추진되었다. 프로이센이야말로 독일 군국주의와 제국주의, 파시즘의 아성으로 간주되었던 것이다.

이러한 사고의 틀을 제공한 것은 혁명가인 알렉산더 아부쉬(Alexander Abusch)였다. 옛 독일 공산당(KPD) 창건에도 참여한 바 있던 그는 프로이센이 주도한 독일 근대사 전체를 '그릇된 길'로 규정했다. 그가 전시에 망명지 멕시코에서 작성하고 1946년에 발간한 저서 『한 민족의 그릇된 길』은 근대 독일사 전체를 공산주의적 관점에 의거해 체계적으로 서술한 최초의 시도였다.[219] 아부쉬에 따르면 독일사의 '그릇된 길'은 루터의 종교개혁으로부터 시작되었다. 봉건 영주층과 결탁한 루터는 16세기 독일 농민봉기를 저버림으로써 독일의 자유를 '매장'시켰다. 그후 프로이센이 독일사의 주역으로 등장하면서 '그릇된 길'의 행로는 본격화된다. 동부 프로이센 융커(대토지 귀족)의 봉건 반동, 프로이센 절대 왕정의 비민주적 군국주의, 부르주아, 귀족, 왕의 '반동적' 결합으로 인한 1848/49년 혁명의 좌절과 통일 계획의 무산, 비스마르크가 주도한 권위주의적인 독일 제국의 수립은 유럽의 중앙 지역을 반혁명의 온상으로 만들었다는 것이다.

그러나 프로이센 전통만큼이나 '그릇된 길'의 진행에 기여한 것은 바로 독일 최초의 노동자 정당인 사회민주당이었다. 프롤레타리아적 당파성을 저버린 '부르주아적' 사민주의자들의 수정주의 노선은 이미 사민당의 선구자였던 제국시대의 노동운동가 라쌀레가 비스마르크와 벌인 '타협 작태'에서 전조가 드러난 바 있다. '비스마르크와 라쌀레가 품은 독(毒)'은 독일 노동자운동을 오염시켜 결국 1914년 노동자의 정당이 제국주의 전쟁에 참전을 결의하는 '과오'를 범하게 만들었다는 것이다.

아부쉬는 여기서 두 가지 '그릇된 길'을 제시한다. 첫 번째는 자본주의의 진행이다. 자본주의가 '파시즘'에 이르는 것은 역사의 필연이다. 그러나 이러한 논리로는 나치의 범죄를 설명하기에 충분치 않았다. 따라서 독일 특유의 침략적이고 호전적인 '상부구조'가 두 번째 설명 요소로서 도입된다. 이들 '황제, 왕들, 영주들, 자본가들, 나치 권력자들'의 반동적 작태가 독일을 파국으로 몰아갔다. 아부쉬의 '그릇된 길' 테제는 이처럼 자본주의와 독일의 특수한 역사적 행로에 대한 비판을 결합시켰다는 점에서 특징적이다. 그것은 결국 독일에서의 공산주의 국가 건설의 역사적 당위성을 주장하는 논리로 이끌어진다. 독일사는 여느 자본주의 국가의 역사보다 더욱 선명하게 선과 악, 즉 '진보적인 인민대중'과 '반동적 권력층' 간의 투쟁의 역사로 묘사된다. 독일의 '그릇된 길'은 결코 독일 '인민대중'의 죄가 아니다. 그것은 소수 '반동'세력의 잘못이며 이제 독일에 새로운 공산주의체제를 건설함으로써 이 모든 질곡은 비로소 종식될 것이다.

소련에서의 오랜 망명생활을 끝내고 귀국한 독일 공산당의 지도적 간부들이 1946년 소련을 모델로 '독일 통합사회당(SED)'을 건설한 후 이 당의 전일적인 지휘하에 1949년 10월 '독일민주공화국(DDR, 동독)'이 수립되었다. 이러한 과정에서 '탈나치화'는 새로운 지배 질서의 구축을 위해 정치적으로 이용되었다. 이 최초의 공산주의 독일 국가는 나치에 대한 오랜 투쟁의 역사와 전후 나치 유산의 척결을 체제의 정당성을 주장하는 기반으로 삼았다. 이를 위해 통사당은 전시의 '반파시즘' 구호를 재도입했다. 반파시스트 저항운동의 신화야말로 신생 동독 체제를 나치 과거와 분리시키고 역사적으로 정당화할 수 있는 가장 효과적인 이념적 도구였다.[220]

2) 히틀러는 서독인이었다

1950년대 중반 동독은 바르샤바조약기구(WTO)에, 서독은 북대서양조약기구(NATO)에 각각 가입하는 등 냉전이 심화되었다. 이러한 정치적 환경에 부응해 통사당은 나치 과거에 대한 청산 작업을 자본주의 분쇄라는 정치적 목표와 조율하기를 원했다. 당의 공식적 견해에 따르면 자본주의야말로 파시즘의 온상이며 이제 자본주의가 당의 영도하에 분쇄된 동독에서는 파시즘의 위험이 제거된 반면 서독을 포함한 서방세계에선 아직도 파시즘이 준동할 가능성이 농후하다. 냉전기 동독의 정치문화에서 반파시즘은 곧 반서독을 의미했다. "히틀러는 서독인이었다"라는 견해는 동독에서는 아주 자연스런 것이었다.[221]

이러한 해석 노선은 다행히 디미트로프의 고전적인 파시즘 정의에도 잘 들어맞는 것이었다. 그에 따르면 파시즘은 호전적이고 쇼비니스트적이고 제국주의적 요소를 지닌 소수 금융자본가 집단의 책략에 지나지 않는다. 히틀러의 독재는 이러한 파시즘의 일대 정점이며 이것을 분쇄할 수 있는 유일한 힘은 공산주의자들의 영웅적인 저항운동이다. 디미트로프 테제에 근거해 통사당은 1950년대에 들어서면서 나치의 죄를 소수층에게 전가시키고 1945년 5월 8일의 독일 패망을 '해방'으로 선전하는 전략을 공공연화했다. 서독은 '반동적인' 독일의 과거를 지속시키고 있는 '제국주의적 배반자들'인 반면, 동독은 공산당과 인민대중 저항운동의 전통을 잇는 '새로운' 독일의 구현이었다. 이제 부르주아와 프롤레타리아트 간의 역사적인 계급투쟁은 서방 자본주의와 공산주의의 체제 경쟁으로 전이되었다.

냉전기 동독의 정치 지도자들은 서구와의 강고한 투쟁을 위해서는 기존의 '그릇된 길'의 관점, 또는 당시 유행하던 용어를 빌리면, '독일의 불행(Misere)'설은 정치적으로 유해하다고 판단했고 그 대신 민족적 자긍심을 고취시키는 방향으로 이념적 전략을 선회해가기 시작했다. 1952년 7월에 개최된 통사당의 제2차 전당대회에서 서기장 울브리히트는 인민대중의 애국심을 고취하기 위해 "독일 민족의 모든 좋은 전통을 장려"할 필요를 역설했다. 울브리히트가 주창한 '사회주의적 애국주의'는 이후 동독 역사학의 진로에 결정적 영향을 끼쳤다. 울브리히트의 연설이 행해졌던 바로 그해에 할레(Halle) 대학의 역사학부 교수인 레오 슈테른(Leo Stern)은 동독 역사학이 새로이 지향해야 할 기본 노선을 천명했다.[222)]

슈테른은 독일사가 더 이상 '불행'의 관점으로 서술되어서는 안 된다고 말했다. 마르크스주의 역사가라면 '진보적' 요소와 '반동적' 요소를 구분할 줄 알아야 한다는 것이다. 그러므로 "중세시대까지 거슬러 올라가 독일 민족의 자유와 투쟁의 전통들"을 추적해 문화와 과학에서 위대한 독일의 성취와 진보적인 동독 사회를 연관짓는 것이 동독 역사가의 과제인 것이다. 물론 프로이센의 권위주의는 당연히 비판되고 청산되어야 할 유산이지만 독일사에는 엄연히 다른 전통이 존재한다. 16세기의 농민전쟁, 나폴레옹의 압제에 대항한 해방투쟁, 1848년 혁명, 독일 제국시대의 사회민주주의 노동자운동, 바이마르시대에 공산당에 의해 주도된 반파시스트 저항운동 그리고 새로운 동독의 건설 등이 이에 속한다. 슈테른에 따르면, "독일사는 용기, 영웅적 태도, 애국심 그리고 독일 민족의 대의에 헌신한 선명한 예들로 가득하다." 슈테른은 이러한 맥락에서 서독의 역사학이 유럽 통합의 미명하에 서구적 가치를 추종함으로써 독일 민족의 대의를 저버렸다고 신랄히 비난했다. 그에 따르면 올바른 역사 인식을 위해서는 반드시 마르크스주의의 지도적 역할이 필요하다. 마르크스주의는 독일 역사 연구의 민족적 전통과 결코 배치되지 않으며 그것을 오히려 더욱 풍요롭게 만들 수 있다.

슈테른의 글을 필두로 이제 동독 역사가들은 독일이 '위대한 문화 민족'임을 입증하는 데 주력하기 시작했다. 루터의 종교개혁을 '초기 시민혁명'으로 상향 평가하고 그 민족사적 의의를 부각시키려는 움직임이 나타났으며, 이른바 '프로이센 르네상스'라 할 만한 복고적 경향도 출현했다. 물론 이러한 역사관은 냉전의 대결 구도에 의해 굴절된 것이었다. 독일의 민족적 전통은 오직 반서구주의적이며 사회주의적인 관점에서 재정립되어야 했다. 동독 역사학은 옛 프로이센 전통에서 프랑스와의 숙명적인 적대관계와 러시아와의 오랜 동맹관계를 부각시키는 데 주력했으며, 또한 1848/49년 혁명을 사회혁명론적으로 해석함으로써 현 동독 체제가 독일사의 오랜 혁명적 전통 위에 수립되었음을 입증하고자 했다. 주로 1960년대에 들어서서야 비로소 본격화된 현대사 연구에서는 냉전의 흔적이 더욱 역력하다. 동독 역사가들은 독일 '제국주의'가 수행한 제1, 2차 세계대전이 호전적 보복전쟁으로서 갖는 연속성을 밝혀냈고 이에 대항해 투쟁했던 독일 민족의 '진보적인' 세력을 전면에 내세웠다. 물론 이 세력이란 독일 노동자계급이었으며 그 선봉장으로서 독일 공산당의 역할이 강조되었다. 이와 함께 반파시스트 저항운동에서 소련과의 동맹이 갖는 역사적 의미라든가 독일 사민당의 '배반'이 연구의 초점이 되었다. 1950년대부터 1960년대 초기에 걸친 근현대사 연구의 성과는 집단 서술 형태로 1963년에 발간된 『독일 노동자운동의 역사』에서 집대성되었다.[223)]

3) 분단 상황과 역사학의 경직화

반서구주의와 독일 민족전통의 편의주의적인 복권은 동독 역사학이 과거와 대면하는 폭을 크게 제한시킬 수밖에 없었다. 무엇보다도 유대인에 대한 나치의 씻을 수 없는 범죄는 자본주의에 대한 정치적 투쟁의 와중에서 전면에 부각될 수가 없었다. 유대인은 자본주의의 화신이며 서방 제국주의의 배후세력이라는 관점이 공산주의자들에게 만연되어 있었기 때문이다. 1949년부터 울브리히트 정권은 신생 이스라엘과의 결속을 주장하는 세력을 소련의 선례에 따라 '코즈모폴리턴' — 자본가의 이데올로기 — 이라는 죄명을 걸고 탄압했다.

동독 역사학의 발전은 서독 '부르주아' 역사학과의 경쟁관계에 의해서 크게 저해되었다. 1950년대 중반까지만 해도 동서독 역사가들은 양국간의 정치적 경색화 추세에도 불구하고 상호 대화 노력을 게을리 하지 않았다. 서독에서 열린 독일 전국역사가대회에는 동독 역사학의 사절단이 참여했는데, 이 가운데에는 서독 역사학에 비판적이었던 레오 슈테른도 끼어 있었다. 전후 최초로 열린 1949년 뮌헨대회에서는 동서독 역사가들의 시각차가 별로 드러나지 않았으나 1951년 마르부르크, 1953년 브레멘 그리고 1956년 울에서의 대회를 거치며 동독 역사가들 내부에서 사회주의적 관점 여부를 놓고 갈등이 빚어졌다. 1956년 동독 학술원 역사연구소가 설립되면서 동독 역사학은 서독의 '부르주아적이고 제국주의적인 역사학'에 대한 투쟁 노선을 분명히 하기 시작했다. 1958년 트리어 역사가대회를 마지막으로 동서독 역사가들은 공식적인 결별을 선언하게 되었다. 같은 해 동독 라이프치히에서는 처음으로 독자적인 역사가대회가 개최되었다. 그 이후 동독 역사학계에서 서독과의 대화 모색은 '수정주의적 동요'라는 비판을 면할 수 없게 되었다.

서독 역사학과 세계관을 둘러싼 투쟁을 벌이면서 동독 역사학은 내적인 자기 검열을 수행하게 되었다. 앞서 언급했듯이 유대인 학살의 문제뿐만 아니라 바이마르공화국 시기에 공산당과 나치를 번갈아가며 투표했던 독일 '인민대중'의 책임 소재, 소련에서 독일 공산주의자들의 운명, 1953년 6월 동베를린 노동자봉기 등의 문제는 터부시되었다. 동독 체제는 서독과의 체제 경쟁 속에서 다른 동구권 국가들이 자유화되어가는 '데탕트' 시기에 더욱 스탈린주의화되어갔고 역사학도 이에 발맞추어갔다. 냉전기의 동독 역사학은 비록 특정 주제 영역에서는 나름의 과학적 성과를 이룩했지만 정치권력이 요구하는 경직된 역사 해석의 틀을 크게 벗어나지 못했다. 결국 동독 역사학은 특히 나치 과거의 해석에서 서독 측과 주도권 경쟁을 벌이는 데 치중했을 뿐 그 첨예한 문제와 전면적으로 대면하지 못한 채 체제 종식을 맞이했다.[224)]

3. 서독 : 잃어버린 가능성에 대한 탐색

1) 독일사의 '비극적 운명'

서독 역사학의 과거 청산 작업은 동독의 경우와 다를 바 없이 냉전과 체제 경쟁이라는 정치적 환경에 의해 각인되었다. 그러나 동독에서와는 달리 서독 역사학은 명시적인 정치·이념적 노선을 표방하지는 않았다. 사실상 아데나워 치하의 독일연방공화국(BRD, 서독)은 반공산주의 노선 외에는 뚜렷한 이념적 기조를 결여하고 있었다. 비록 형식적으로 '민주주의'를 표방하긴 했지만 그것을 진정으로 실현하기 위해 철저한 '탈나치화'를 추진한다면 사회통합이란 도저히 기대할 수 없었다. 많은 나치의 유산 — 개인적이거나 집단적인 — 을 그대로 떠안고서만 비로소 성립될 수 있었던 신생 서독은 대신 이스라엘과 '관계회복(Wiedergutmachung)' 협정을 맺고 재정적 보상을 약속함으로써 최소한도의 정당성을 확보했다. 일단 그것으로 나치의 범죄와 관련된 모든 법적, 도덕적 분쟁을 '종결짓고' 과거가 주는 부담을 덜어낼 수 있기를 많은 서독인은 희구했다. 서독에서 1950년대 생겨나서 1960년대 이래 일반화된 '과거극복(Vergangenheitsbewaeltigung)'이라는 용어는 초기에는 과거의 잘못을 '청산'한다는 의미보다는 과거가 남긴 상처를 '치유'한다는 의미를 강하게 내포하고 있었다.[225)]

이러한 분위기 속에서 서독 역사학은 특수한 딜레마를 안고 출발했다. 어떻게 하면 나치 시대를 망각하고자 하는 서독인의 소망에 부응하면서도 그들이 "자신의 역사와 반목"(테오도르 리트)하지 않도록 독려할 것인가? 1945년 이후 연합국들의 점령 통치하에서 이루어진 정치적 '재교육(reeducation)'과 동독 공산주의자들의 영향력 속에서 많은 독일인은 자기 민족의 역사 전체를, 아니면 최소한 근대 이후의 역사를 '그릇된 길'로 생각하게 되었다. 서독 초기의 역사가들은 이제 불미스러운 나치 과거를 어떻게든 '극복'해내지 않는다면 독일인은 "역사 없는 민족"(헤르만 하임펠)으로 전락할 수밖에 없다고 생각했다. 물론 서독 역사가들은 결코 독일의 역사 전체를 청산되어야 할 대상으로 보지는 않았다. 청산되어야 할 것은 오직 12년간의 나치 독재와 그 정신적 후유증일 뿐이며 그 이상도 이하도 아니었다. 독일의 민족사적 전통은 오히려 그로부터 '구출'되어 재정립해야 할 것이었다. 결국 서독 초기 역사가들이 택한 전략이란 나치 과거라는 불시의 파편을 독일의 민족사적 전통에서 말끔히 도려냄으로써 끊어져버린 독일의 과거와 현재를 봉합하는 것이었다.[226]

이러한 맥락에서 서독 역사가들은 아부쉬의 '그릇된 길' 테제에 대한 비판적 견해를 적극 표명했다. 당대 서독 전통 역사학의 수장격이었던 프리드리히 마이네케(Friedrich Meinecke)는 '그릇된 길' 대신에 '비극적 운명'을 강조하면서 독일사 해석에 '우연'의 요소를 도입했다. 그는 프로이센 군국주의의 부정적 측면을 묵과하지는 않았지만 "유럽의 중앙이라는 지정학적 위치가 독일로 하여금 정체 지역으로 머물거나 아니면 권력국가로 상승하는 양자택일만을 요구했다"라는 변호론을 펼쳤다. 독일의 '파국'은 따라서 독일사의 '그릇된 길'이 낳은 필연적인 결과가 아니라 부정적인—근본적으로 독일의 잘못에 기인하지 않은—잠재 요소들이 역사의 '우연적인' 흐름들과 결합되면서 빚어진 '비극'인 것이다.[227]

역사가 발터 호퍼(Walther Hofer)도 유사한 관점에서 '그릇된 길' 테제에 반기를 들었다. 그에 따르면 파국은 필연적이었다기보다는 여러 가능성 중의 하나였다. 그는 독일인의 나치스로의 '변종'이 이미 독일의 비민주주의적 문화에 뿌리를 두고 있었음을 인정한다. 이에 해당하는 것으로는 "권력의 이상화와 찬미, 전쟁의 영웅시와 윤리화, 민족 이념의 극단화와 절대화" 등이다. 그러나 호퍼는 파국이 도래한 것은 이 부정적 요소들이 역사의 구체적 조건 속에서 발현되었기 때문이라고 역설하며 그밖의 역사적 전통에 대해서는 무죄를 선포했다. 호퍼가 추구하는 바는 바로 민족사의 "잃어버린 가능성에 대한

탐색"이었던 것이다.[228]

'그릇된 길' 테제에 대한 대응에서 잘 나타나듯 서독 초기의 주류 역사가들이 행한 '과거극복' 노력은 변호론적인 성격을 띠었다. 그것은 과거의 잘못에 대한 적극적인 비판보다는 그것이 현재에 드리운 암운을 걷어내는 데 초점을 두고 있었다. 나치 시대를 독일 민족사의 전통에서 제외시켜버리고 그 대신 '잃어버린 가능성에 대한 탐색'에 주력하는 것이 이들 역사가들이 스스로에게 부과한 과제였다. 그들의 생각은 곧 과학적인 논증을 통해 뒷받침되었다. 물론 그것은 동독에서와 마찬가지로 도덕적 책임을 포기하고서야 비로소 가능했던 것이다.

2) 나치와 근대성

마이네케는 1946년 발간한 『독일의 파국』에서 아부쉬의 '그릇된 길' 테제와는 대비되는 나치 과거 해석의 패러다임을 제시했다.[229] 나치 유산과의 지적인 대결로 자평한 이 저작에서 마이네케는 표면적으로는 전통 비판의 필요성을 역설했지만 실제로는 "독일의 민족적, 문화적 진수의 잔존물을 구해내는 것"을 주된 목표로 삼았다. 그는 주로 "정신사(Geistesgeschichte)"의 관점에 의거해 나치즘(민족사회주의)이 얼마나 독일 전통에 대립적이며 그것에 파괴적인 역할을 수행했는가를 밝히는 데 주력했다.

마이네케는 독일사 진행의 기본 노선을 매우 긍정적으로 평가했다. 그것의 "지고한 목표는", "자유롭고 자긍심이 강한 개인의 권리가 국가와 민족이 제시하는 집단적인 힘의 요구와 조화로운 공명을 울리는" 점에 있다는 것이다. 독일 민족은 비록 19세기를 거치며 냉혹한 현실을 경험하면서 호전적인 성격을 갖게 되고 새로운 '현실주의'에 빠져들기는 했지만 그럼에도 불구하고 "괴테 시대의 성스러운 유산"을 "대중들과 그들이 자아내는 천박화, 그리고 그밖에 변질의 압력으로부터 보존"해내는 데 성공했다. 이러한 관점에서 볼 때 마이네케에게는 "독일인의 변질(Entartung)의 역사"는 독일사의 특수한 진행이기보다는 오히려 근대문화의 일반적 몰락과 관련된 것이었다. 그에 따르면 제1차 세계대전 이후 독일인들은 "신(新)독일적으로 변질된 히틀러인(人)"으로 '개조'되었는데 이 "히틀러인(Hitlermenschentum)"은 근대 세계에서 널리 발견되는 "영혼의 평형 상태에 있어서의 교란"을 전형적으로 보여주는 것이다. 근대성에 대한 매우 비판적인 관점에서 마이네케는 근대 세계가 이룩한 "외면적인 합리화"가 결국 "영혼의 내적인 손상"을 가져왔다고 주장한다.

마이네케는 『독일의 파국』에서 '히틀러주의(Hitlerismus)'라는 개념을 도입해 나치 과거를 추상화시키는 전략을 수행했다. 따라서 나치가 행한 모든 범죄는 근대성이 유발시킨 문화적 위기로 환원된다. 마이네케는 독일사에서 전무후무한 이 체제가 오히려 "주변국의 권위주의적 체제들에서 특정한 유사성과 전단계들을" 가지고 있다고 설명하며 히틀러주의와 소비에트-볼셰비즘과의 유사성을 암시했다. 마이네케는 물론 히틀러주의와 '파국' 간의 직접적인 인과관계를 설정하는 것은 거부하며 대신 "깊고 비밀스런 생의 연관들"에 대해서 말한다. 여기에서 그는 '우연성'의 범주를 도입한다. 마이네케에 따르면 히틀러의 권력 쟁취는 "(다수) 원인들의 우연적인 연쇄"에 의해서만 설명될 수 있는 것이다. 히틀러라는 개인과 그의 등장은 전적으로 "일회적인 것이었으며 (당시의) 상황 또한 일회적이었다." 마이네케에게 있어 히틀러라는 "일회적인" 존재는 "이질적이고 납득하기 어려운 것"이다. 즉, 파국은 "이질적인 요소들이 일회적으로, 채 예상치 못한 상태로 역사 진행에 개입"됨으로써 비롯된 것이다. 이러한 맥락에서 "힌덴부르크(Hindenburg)의 우연", 즉 힌덴부르크가 브뤼닝을 해고하고 히틀러를 수상으로 임명한 것은 세계사의 "수수께끼"이며 "비극적인 것"이다. 마이네케는 이러한 비극의 목록에 또한 괴르델러가 주도한 1944년의 히틀러 암살 기도도 포함시켰다. 만약 이 마지막 기회만이라도 실패로 돌아가지 않았던들 독일의 '파국'은 막을 수 있었다는 것이다.

마이네케가 히틀러주의 개념을 둘러싸고 행했던 역사적 고찰의 주된 목표는 독일의 문화적 유산을 근대의 일반적인 문화 위기 현상으로부터, 동시에 히틀러라는 '우연적' 요소로부터 분리해냄으로써 결국 그것을 '파국'으로부터 구해내는 데 있었다. 여기서 나치 과거는 독일의 '그릇된 길'로서보다는 근대 세계의 위기가 낳은 일반적인 양상으로서 제시된다. 이때 주목할 만한 점은 '근대성'이 일종의 역사적 속죄양 역할을 맡는다는 것이다. 마이네케가 제시한 이러한 나치 과거 해석의 새로운 패러다임은 아데나워 시기의 서독 주류 역사가들에게 전수되었다. 이들은 독일의 전시 범죄와 유대인 학살 문제를 다루는 대신 나치즘에 의해 '왜곡된' 독일의 민족전통을 변호하는 데 주력했다. 따라서 이들 역사가들이 괴르델러의 실패한 저항운동에 과도한 의미를 부여한 것은 전혀 놀랄 일이 아니다.[230]

3) '독일 역사상의 수정'과 새로운 '현대사' 서술

1940년대 후반부에 서독 역사가들은 세대간의 차이와 정치적, 학문적 입장의 상이함에도 불구하고 낡은 '독일 역사상의 수정'이라는 대의에는 거의 대부분 의견의 일치를 보았다. 이제 서독 역사가들은 종래의 민족국가 중심적인 역사상을 탈피해 범유럽적, 더 나아가 범세계적 차원의 역사상을 구축하고자 했다. 따라서 독일의 민족사도 세계사적인 안목에서 고찰되기 시작했다. 물론 '역사상의 수정'은 당시의 정치정세와 깊이 연관되어 있었다. 서독 역사학계의 지도자들은 양차 세계대전으로 인한 유럽 국가체제의 붕괴와 그에 이은 역사적으로 유례없는 미·소간의 '세계 이원주의'를 경험하면서 그에 대한 역사학적 대응책을 마련해야만 했다. 당시 아데나워 치하의 서독은 새로운 냉전 구도 속에서 종래 '독일의 특수한 길'에 대한 집착으로부터 탈피해 '서구로의 통합(Westintegration)'을 추구했고 역사가들은 새로이 '서유럽(Abendland)'의 가치를 내세우며 이에 부응했다.[231] 그들이 민족국가 대신에 '서유럽'의 역사적 통일성을 그들의 역사 담론의 중심에 세우기 시작했을 때 이 '서유럽' 개념은 항상 그 대칭으로서의 '동방(Morgenland)' 개념과 연관되었으며 이것은 현실적으로 '기독교적' 서방을 '공산주의적' 동방세계와 대립시키는 것을 의미했다. 그렇다면 결국 서독 역사가들에게 '역사상의 수정'은 급변된 국제정세에 적응하기 위한 노력의 일환이었을 뿐 독일 전통에 대한 비판적 성찰과는 큰 관련이 없음이 분명하다. 그것은 오히려 새로운 방식으로 독일 전통을 변호하는 데 중점이 두어져 있는 것으로 보인다. 왜냐하면 이제 이 수정된 역사상에 따르면 독일 민족의 역사는 '서구' 역사의 일부에 속하고 따라서 반서구주의를 지향했던 나치 시기는 근본적으로 독일사에서 이질적인 시기가 되기 때문이다. 제3제국 시기는 대신 전지구적 차원의 근대성에, 그것이 빚어낸 '위기' 현상의 일부로 편입되었다. 이처럼 서독 초기의 역사가들은 어떻게든 독일 민족사를 나치 과거로부터 분리해내려고 했던 것이다.232)

1950년대에 들어서면서 서독 역사가들은 제3제국 시기를 근대 서구세계의 일반적인 위기로 진단하는 본격적인 역사학 연구에 착수했다. 그들은 근대문명의 세계적 경향과 독일적 특수성의 교차 속에서 독일의 파국을 설명할 수 있는 과학적 방법론과 학제적 기반 마련에 부심했다. 새로워진 역사상과 더불어 이러한 목적에 부합했던 것은 1940년대 이래 주로 현대사에 관심을 두고 있는 정치학자들에 의해서 구축된 '전체주의론(Totalitarismustheorie)'이었다. 이 이론의 특징은 20세기 특유의 '전체주의' 체제들을 각각의 민족사적 특수성보다는 근대 세계의 일반적인 위기 현상으로 조명했다는 점이다. 즉, 이 체제들이 보여주는 극도로 상승된 중앙집권화는 근대 사회 자체에 내재되어 있는 '총체성(Totalitaet)'의 원리가 발현된 것이라는 것이다. 이러한 논리에 따르면 나치체제는 "전체주의적 일당국가"의 일반 유형에 종속되고 독일의 민족사적 전통보다는 오히려 소련 공산주의체제에 더 친화성을 가지고 있는 것으로 설명된다.233)

서독의 역사학계는 기본적으로 정치학적 이론 틀에 대해서는 회의적이었지만 전체주의론만은 더없이 환영했다. 이 이론에서 나치 과거를 독일 민족사의 틀로부터 끌어내어 20세기 세계정치의 일반적인 위기와 연결짓고자 하는 그들의 의도를 뒷받침할 수 있을 효율적인 도구를 발견했던 것이다. 서독 역사학계는 전체주의론에 자극받아 이제 역사학 고유의 현대사 연구의 토대를 마련하려고 부심했다. 이를 이끈 사람이 바로 유대인 출신의 보수주의 역사가 한스 로트펠스(Hans Rothfels)였다. 전후에 망명지 시카고에서 귀환한 그는 우선적으로 현대사의 고유한 역사학적 대상 영역을 확립하는 데 주력했다.

그는 '현대사(Zeitgeschichte)'를 "(동시대인으로) 함께 체험한 시대 그리고 그것의 학문적 취급"으로 정의했다.[234] 이제 새로운 현대사 연구는 로트펠스 등이 주도한 '뮌헨현대사연구소(Muenchner Institut fuer Zeitgeschichte)'의 설립과 더불어 본격화되기 시작했다.[235] 이 연구소의 기관지인 『현대사 계간지(Vierteljahrshefte fuer Zeitgeschichte)』의 1953년 창간호 권두 논문에서 로트펠스는 현대사의 시대 구분을 1917년 이후로 잡았는데, 분기점을 이루는 1917년은 미국의 제1차 세계대전 참전과 러시아 10월 혁명으로 특징지어지는 해였다. 로트펠스에 따르면 이 시기는 유럽의 세계 지배가 종말을 고했을 뿐 아니라 동시에 '전체주의적인 경향(das Totalitaere)'이 새로운 역사적 현상으로 등장하고 따라서 시민세계의 기존 정치체제가 근본적으로 문제시되는 시기이다.

로트펠스가 이처럼 '현대사'를 시기적으로 엄격히 한정시키고 또한 뮌헨의 연구소를 통해서 제도적으로도 일반 역사와 분리시킨 것은 의심할 나위 없이 나치 과거를 독일사의 전통으로부터 철저히 분리시키려는 당시 서독 역사가들의 소망에 부응하는 것이었다. 이제 새로이 정초된 현대사 연구는 앞서 살펴본 '역사상의 수정' 원칙에 상응하는 새로운 가치 규범과 주제 영역, 그리고 그에 따른 방법론을 마련하는 것이 급선무였다. 로스펠트는 위의 권두 논문에서 금후의 현대사 서술은 "새로운 세계사적(연관성의) 시대"에 걸맞게 그 시야의 범위에 있어서 더 이상 낡은 민족국가의 틀에 머물러 있지 않아야 하며, 또한 방법론적으로도 정치 영역과 사회·경제 영역 연구 간의 통상적인 분리를 지양하고 더 포괄적인 의미의 "구조적인 것과 본질적인 것"을 추출해낼 수 있어야 한다고 역설했다.[236)]

결국 로트펠스가 주도한 현대사 연구를 통하여 마이네케의 저작으로부터 시작되었던 서독식 '과거극복' 시도는 그 과학적 결실을 맺게 되었다. 물론 역사가들 자신이 정해놓은 틀 안에서 말이다. 여기서 역사의 과학성은 윤리성과 결합되지 못했으며 특정한 정체성을 지향하는 지배적 정치 담론을 변호하는 데 봉사했을 뿐이다.

4. 진정한 과거극복을 위하여

나치 과거에 대한 해석의 주도권을 잡는 일은 동서독 양체제에 있어서 모두 역사적 정통성을 독점하는 것을 의미했다. 분단 초기 독일 역사학은 이러한 현실정치적 요청에 부응하며 그에 상응하는 주제 영역과 역사상을 개발해갔다. 역사학과 정치 사이의 이러한 영향관계는 부분적으로는 학문적 발전을 촉진하기도 했으나 냉전이 격화되면서 동서독 역사학 양측 모두에 대체로 부정적인 효과를 낳았다.

동독 역사학은 서독의 경우보다 직접적인 정치적 이해관계에 훨씬 크게 좌우되었다. 냉전의 강한 여파 속에서 동독 역사학은 내적인 자기 검열을 증대시켜야 했고 그런 만큼 경직화되어갔다. 반파시스트 저항운동이라는 정치적 신화는 독일의 복잡다단한 역사를 '반동적인 지배계급'과 '진보적인 인민대중'의 투쟁으로 단순화시킬 것을 요구했다. 동독 역사가들은 처음에는 독일사를

'그릇된 길'로 서술할 것을 요구받다가 냉전기에 반파시즘 논리가 반서구주의의 측면을 강화하면서 이제는 새로운 '사회주의적 애국주의'를 진작시킬 것을 요구받게 되었다. 동독 역사학에서는 결국 나치 과거와의 전면적 대면이 불가능했다. 서독 '부르주아' 역사학과의 경쟁관계가 동독 역사학으로 하여금 과거청산의 문제에 몰두하기 힘든 여건을 조성했다는 점을 십분 이해하더라도 나치의 죄를 소수에게 전가시키고 독일의 패망을 '해방'으로 선전하는 것은 도덕적으로 결코 용인될 수 없다.

서독 역사학은 동독의 경우보다 과학적 객관성을 전면에 내세웠고, 따라서 훨씬 간접적인 방식으로 정치 담론에 참여했다. 나치 과거를 망각하고자 하는 서독의 일반적 경향에 부응하여 역사가들은 나름의 독특한 '과거극복' 전략을 수행했다. 프리드리히 마이네케가 선도했듯이, 그들은 '독일의 파국'에 의한 역사의식의 상실을 치유한다는 명목하에 독일 민족사를 나치 과거로부터 분리해내려고 했고 이러한 의도를 위해 '독일 역사상의 수정'을 감행했다. '역사상의 수정'은 나치 과거를 '근대 세계의 위기'의 일반적인 양상으로 해석하는 데 기여했고, 이를 통해 역사가들은 독일 전통과의 비판적인 대결 대신 그것의 '갱신', 즉 민족사의 '잃어버린 가능성에 대한 탐색'에 몰두할 수 있었다.

독일 민족사에 서방적 정체성을 부여하고 그것을 나치의 '근대성'과 분리시킨다면 이는 분명 그 죄를 상대화하게 되는 것이다. 어쩌면 동독과 서독의 역사학은 나치 과거 해석에 있어서 표면적인 이념적 차이에도 불구하고 매우 유사해 보인다. 양측은 모두 나치체제가 독일적인 것이 아니라 외래적인 기원을 갖는다는 해석에서 일치했으며, 따라서 새로운 체제가 나치 과거와 갖는 단절성을 애써 부각시켰다. 양측에게는 독일의 민족전통 — 비록 그 내용이 어떠한 것인가에 관해서는 이견이 있더라도 — 에 대한 비판적인 논의는 불필요했다. 양측은 또한 예외 없이 나치체제에 대한 독일인의 '저항'을 강조했다. 이러한 변호론적인 접근을 통해 나치체제하에서 개개인, 개개집단이 범했던 구체적인 죄과를 밝히는 것은 사실상 불가능했다.

진정한 과거극복은 나치 집권 이전부터 존재하던 독일 전통을 부활시킴으로써가 아니라 '파국'으로 이른 독일 현대사를 과학적이며 동시에 도덕적인 차원에서 철저히 규명함으로써만 가능한 것이었다. 동독 역사학은 체제의 종식에 이르기까지 이 문제에 있어서 답보 상태를 면하지 못했던 반면, 서독 역사학은 1960년대 이후 나치 범죄의 은폐를 "두 번째 과오"(랄프 지오르다노)로 단죄하는 새로운 정치적 환경이 조성되고 새로운 세대의 역사가들이 등장하면서 나치 과거와 전면적으로 대면하는 작업에 착수했다.

전진성 | 부산교대 사회교육과 교수

역사 교과서에 나타난 동독과 서독

1. 역사 교육과 역사 교과서

역사 교과서에 대한 분석 작업, 특히 학생들이 살아가면서 직접 경험하거나 또는 그 부모들이나 친지들을 통해 간접적으로 경험할 수 있는 당대의 역사를 분석하는 작업에서는 우선 전제되어야 할 것이 있다.

첫째는 정치·사회적 가치와 관련되는 다른 교과목과 마찬가지로 어느 시대를 막론하고 역사 교과서는 학생들과 대중의 역사·정치적 의식을 형성시키는데 중요한 역할을 담당하고 있다는 것이다. 한 사회의 기성세대는 교과서를 통해 기존 사회가 갖고 있는 기본 전제들, 가치 관념과 가치 규범을 새로 자라나는 청소년에게 전달하려고 시도한다. 그렇기 때문에 역사 교과서에는 한 세대가 가지고 있는 역사 인식과 자기 이해가 투영되어 있을 수밖에 없다. 한 사회의 기성세대에서 통용되는 기본 전제들이 역사 교과서를 통해 미래 세대에 전달되고 있다는 사실은 한 국가가 표방하고 있는 이념이나 체제와 관계없이 모든 국가에 적용된다고 봐야 한다. 특히 과거 동독과 같은 권위주의적 독재체제의 경우에는 그것이 더욱 뚜렷하게 드러난다. 반면 과거 서독과 같은 민주주의 국가에서는 '다원성의 원칙'이 통용되어 교육을 통한 학생들의 교조화가 거부되고 있지만, 수업을 통한 집단적 자기 확인이라는 기본적 기능은 역시 유지되고 있었다고 봐야 할 것이다.

둘째는 역사 교과서에 나타난 모든 과거는 현존하는 지배체제의 역사적 정통성을 확보해주기 위해 노력한다는 것이다. 이 전제는 먼 과거에 대한 역사 서술보다 한 국가와 민족의 현실과 직결되고 있으며, 현재 상태의 일부이기도 한 현대사 부분에서 더 뚜렷이 나타난다. 현실 지배체제의 역사적 정통성 문제는 학생들의 삶과 직접적으로 관련되어 있는 현대사 부분에서 더욱 첨예한 검증을 거칠 수밖에 없다. 독일 현대사에서 나치 지배에 관한 역사 서술은 현재 독일의 정치문화에 관한 정치적 견해이고, 제2차 세계대전 후 분단 과정에 대한 서술은 (통일되기 전) 독일 통일에 관한 정치적 견해라고도 볼 수 있다. 이는 한국 역사 교과서의 현대사 서술에서도 마찬가지이다. 과거에 관한 역사 교과서의 모든 서술이 체제의 역사적 정통성을 대변해준다고 할 때 그것은 현대사에서 가장 분명하게 드러난다고 가정해볼 수 있다.

독일에서는 동서독의 역사 교과서에 대한 분석 작업이 이미 통일 이전에도 많이 진행되었다. 통일 전까지 동독과 서독의 역사 교육에서는 국가적 대립과 체제 경쟁 상태에서 자기 체제에 대해서는 역사적 정통성을 주장하는 한편, 상대 체제에 대해서는 적성국가의 이미지(Feindbild)를 전파했다. 서독에서 보기에 동독의 역사 교육은 '학생들을 교조화시키는 수단'에 지나지 않았고, 동독에서 보기에 서독의 역사 교육은 학생들을 '독점자본의 지배에 순응하게 만드는 도구'에 지나지 않았다. 그러나 통일과 동시에 동독의 역사 교육은 완전히 몰락하여 없어져버렸고, 동독의 학교에서는 서독의 역사 교육이 그대로 수입되었다.

이와 같은 독일의 경험, 특히 동독의 경험은 지배체제와 가치들이 근본적으로 전도되는 시대 상황 속에서 과연 역사 교육의 본질이 무엇인가에 대해 묻게 만든다. 역사 교육이 지배체제와 현존하는 사회·정치적 질서에 대해 어떠한 태도와 입장을 취하고 있는가라는 문제와 더불어 어떤 방식으로 그것의 유지를 위해 봉사하며, 나아가서 얼마나 비판적이며 과학적일 수 있는가라는 문제는 역사 교육의 본질에 속하는 것이다. 이러한 문제는 특히 현대사에서 가장 선명하게 드러날 수 있다고 생각되기 때문에, 여기서는 통일 전 동서독의 역사 교과서 중에서 1945년 이후부터 통일되기 전인 1980년대까지를 분석하고자 한다. 시기별로는 동서독 국가와 체제의 핵심 부분이라고 여겨지는 점들에 대한 서술과 함께 분단 문제와 통일정책 등을 분석할 것이다. 아울러 동서독의 역사 교과서에 대한 분석은 교과서에 적혀 있는 내용과 더불어 전달 방법, 즉 교수법의 측면도 함께 다루고자 한다.

2. 동서독 역사 교과서의 비교

폐쇄된 이데올로기 사회의 역사 교육이 그러하듯 동독의 역사 교과서는 국정 교과서 체제이다. 즉, 교과서에 대한 제작과 배포 과정을 국가가 독점하는 것이다. 반면 서독에서는 검인정체제가 시행되었는데, 여기서는 교과서 제작 과정에서 각 주 정부가 정한 검인정 기준과 함께 역사 교과서의 시장 상태에 대한 고려를 살펴보고자 한다. 또한 어떤 요소들이 역사 교과서의 내용을 결정하고 영향을 미치는가에 관한 문제도 다루게 될 것이다. 특히 서독의 역사 교과서는 그 형태와 종류가 다양할 뿐만 아니라 새로운 교과서가 출현하여 기존의 교과서가 차지하고 있는 시장의 틈새를 끊임없이 파고들기도 했다. 이 글에서는 많이 채택되었다고 판단되는 5종을 분석 대상으로 삼았는데,[237] 이 교과서들은 모두 시기적으로 1970년대 이후 고전적 냉전의 시기가 지나고 동서독간 긴장 완화와 화해정책이 추진된 이후에 출간된 것들이다.

우선 동서독의 역사 교과서는 외형적인 면, 즉 분량과 비중에서부터 많은 차이점이 눈에 띈다. 동독의 역사 교과서는 모두 다섯 권인데, 6학년부터 10학년까지 한 학년에 한 권씩 배우도록 되어 있다. 1980년대 말에 출간된『역사(Geschichte)』라는 제목의 교과서는 모두 1,564쪽으로 프랑스 혁명에서 현재까지 역사가 전체 분량의 3분의 2를 차지한다. 그중 최종 10학년에서 배우는 마지막 권은 1945년 이후 약 30~40년간의 역사로 전체 분량 중 398쪽이나 차지한다.

이를 서독 역사 교과서 중『역사책(Geschichtsbuch)』과 비교해보자.『역사책』교과서는 모두 네 권으로 7학년부터 10학년까지 1년에 한 권씩 4년간 배우도록 되어 있다. 분량은 모두 1,005쪽으로 프랑스 혁명에서 현재까지가 꼭 절반으로 네 권 중 두 권을 차지한다. 1945년 이후 현재까지 시기는 121쪽으로 1945년 이후 현대사의 비중이 동독 교과서에 비해 훨씬 크다.

동독의 현대사(제5권)는 동독사와 세계사의 비중이 5 : 1인 데 반해, 서독의 현대사(제4권)는 1945년 이후 서독사와 세계사의 관계가 그 정반대로 1 : 5의 비중을 차지한다. 동독 교과서에서는 유럽사나 세계사에 대한 내용이 없고 오직 동독 중심의 독일 국민의 역사만이 그 중심에 있을 뿐이며, 내용도 식민지체제의 붕괴나 한국전쟁, 베트남전쟁, 소련과 인민민주주의, 미국 제국주의와 서독연방공화국에 대한 언급이 이따금 나올 뿐이다. 다만 소련에 대해서만은 다른 국가와 비교할 수 없을 정도로 강조되었다.

동서독 역사 교과서의 현대사 서술을 보면 상대 체제에 관한 비중은 매우 경미하고 자기 체제에 대한 비중이 압도적으로 많았다. 서독 교과서에서 동독에 관한 서술은 서독의 3분의 1 내지 4분의 1밖에 되지 않았고, 동독 교과서에서 서독사에 관한 부분은 대략 동독의 5분의 1밖에 되지 않았다.[238] 서독 교과서에서는 동독에 관한 항목을 별도로 두었으나, 동독 교과서에는 서독 관련 항목을 따로 두지 않고 동독이나 사회주의권의 진보와 발전이라는 제목 속의 한 부분으로 취급할 뿐이어서 자세히 살피지 않고서는 알 수 없게 되어 있다. 이는 마치 1970년대 이후 동서독의 왕래가 비교적 자유롭게 허용된 후에도 동독에서 서독으로 뚫려 있는 고속도로 표지판에 동독 도시들 이름만 가득하고 그 도로의 목적지인 서독의 대도시 함부르크와 뮌헨 같은 이름은 거의 나오지 않던 현실과 흡사하다고 하겠다.

눈에 띄는 차이는 교수법에서도 찾을 수 있다. 역사 교과서가 현존하는 체제와 가치에 관한 역사적 정통성을 마련해주는 역할을 떠맡는다는 전제에서 출발해보자. 동독의 역사 교과서는 교조적이고 이데올로기적인 지식을 일방적으로 전달하고 있는 반면에, 서독의 역사 교과서는 다원화된 관점(Multiperspektivitaet)을 제공하고 있다. 때문에 교수법의 측면에서도 서로 상반되고 대립된다. 서독 역사 교과서의 다원적 관점이란 단순하게 표현하면 역사적 과정에 대한 서술을 하나의 관점만이 아니라 상반되거나 대립되는 관점이나 견해까지 소개하여 역사를 배우는 학생들이 스스로 자신의 의견을 형성할 수 있도록 하는 것이다. 여기에는 실제로 일어난 역사만이 아니라 역사적 대안을 생각하는 것이 포함된다. 이에 반해 교조적인 교수법은 교과서에서 제시하는 내용에서 이탈하는 것을 두려워한다.

역사 교과서가 갖는 한정된 기능에 관한 전제에도 불구하고 이 점에서 동서독의 역사 교과서는 근본적인 차이를 나타낸다. 동독의 역사 교과서는 동독 체제에 대해서는 역사의 진보가 실현된 체제라고 주장하는 반면, 서독에 대해서는 제국주의 세력의 선봉에 선 부정적이고 공격적인 국가로서 시종일관 적국의 이미지로 나타난다. 서독의 역사 교과서는 서독 체제를 민주주의 국가로 인정하면서 동독을 비민주주의적이고 억압적이고 위험한 체제로 서술하고 있다. 다만 한정된 범위 내에서나마 동독의 긍정적인 면도 소개하고 있다. 가령 1949년 동서독의 각 헌법을 나란히 적어놓는다든가, 국가 출범 이후(1949)

동독에서 나치 청산이나 토지개혁의 정도가 서독보다 훨씬 많이 추진되었다고 언급하고 있다. 즉, 부정적 측면을 중심으로 서술함에도 불구하고 동독 체제가 여성의 지위나 공공주택 문제에서는 서독보다 앞서 있음을 인정하고 있다.

서독 교과서에서는 역사적 사건과 과정에 대해 동서독의 대립된 역사 서술을 같이 소개하는 경우를 볼 수 있다. 1953년 6월 17일 동독 민중의 봉기에 관한 것이나 1961년 베를린 장벽 건립에 대한 내용에서 서독 측 서술뿐만 아니라 동독의 공식 입장과 교과서의 기술 내용을 소개하고 있다. 서독의 역사 교과서를 관통하는 다원주의적 관점은 제목과 부제목, 학습 목표 등에서부터 찾아볼 수 있는데, 예를 들면 독일 경제 부흥의 시대로 알고 있는 아데나워 시대(1946~66)의 서독 외교정책에 관한 부제가 "외교정책 : 독일이 서구로 통합되는 것이 유일한 길이었는가?"인 것이나 라인 강의 기적으로 알려져 있는 독일 내부의 경제 발전에 관한 부제가 "사회경제적 전개 : 모든 사람을 위한 도약인가?"라는 의문형으로 이루어져 있는 것이다.

또한 이미 역사적으로 일어난 사건과 과정에 대해 서술하면서 동시에 그에 대한 비판과 역사적 대안을 같이 사고할 수 있게 구성했다. 가령 "경제는 계속 성장했고 '작은 사람들'도 경제 기적의 부스러기를 먹을 수 있었기 때문에 주민들 대부분은 사회적 부당함과 불평등한 재산 분배를 감수했다"라든가 "민주주의는 개인의 비판적 참여와 공동 결정으로 생명을 유지할 수 있는 것이라면, 특히 1950년대 서독 주민들 대부분에게는 이 점이 매우 부족했다. 선거 참여율은 매우 높았지만 의견 조사에 따르면 소수만이 정치에 관심을 보였을 뿐이었다"라는 문장에서 보듯 비판적 서술이 계속되고 있는데, 이러한 교수 태도는 자기 나라 역사에 대해 비판적 시각을 가질 수 있게 한다. 서독에서는 역사 교과서 외에 다른 교과서에서도 비판적 사고 능력이 학습 목표로서 제시되어 있다. 1966/67년의 국내 위기와 사민당과 자민당의 연정 성립에 관한 서술에서 (이 시기의 문제점을 이해함으로써) "현재 우리 사회의 긴장들이 무엇인지 알 수 있다"라고 하여 사회의 문제점을 이해하기 위한 비판적 고찰로서 현대사를 말하고 있다.[239] 이외에도 많은 역사 자료와 발견 학습으로 유도하는 질문들이 하나의 답변으로 통일되거나 정해져 있지 않은 채 '개방'되어 있다. 이는 역사적 사건이나 과정에 대한 각 정당의 의견과 태도의 차이가 무엇이고 그 주장의 근거들이 무엇인지를 보여주는 동시에 학생들이 스스로 자신의 입장을 형성해보도록 유도하는 형식이라고 하겠다.

동독의 역사 교과서는 다른 폐쇄된 이데올로기 사회의 교수법과 크게 다를 바 없다. 역사 교과서의 내용과 서술 방식은 국가권력을 장악한 공산당과 그 기관에서 결정하고, 학생들은 바로 그 이데올로기적 지식을 익혀야 할 대상에 불과했다.[240] 여기서는 이데올로기적 지식이란 전제가 전혀 의문시될 수 없었다는 점이 가장 큰 문제였다. 이런 문제점은 서독 역사 교과서와의 비교를 통해 잘 드러나겠지만, 교수법 차원에서의 차이는 다음의 예에서도 선명하게 나타난다.

동독의 역사 교과서에는 학습 목표조차 제대로 제시되어 있지 않은데, 이는 거기에 쓰인 것이 바로 역사 자체라는 주장을 하는 것으로, 학생들이 스스로 발견하거나 비판적 사고를 할 수 있는 공간이 마련되어 있지 않았다. 게다가 서독 교과서와 달리 학생들이 풀어야 할 질문과 대답이 개방되어 있는 것이 아니라 이미 정해져 있었다. 가령 "독일 전사들이 헝가리에 대항해서 치렀던 955년 레히펠트 전투가 정당한 것이었음을 증명해보라"라든가, "독일 공산당이 나치에 대한 저항투쟁에서 주도적 세력이었다는 것을 증명해보라", 심지어 1840년대 슐레지엔의 직조공봉기를 계급투쟁으로 서술하면서 (계급투쟁이 완성되어) "동독에서 비로소 노동자계급의 사명이 완결되었음을 증명해보라"와 같은 질문을 그 예로 들 수 있다. 개방된 질문이 다양한 답변을 가능하게 하는 데 비해 이런 식의 질문은 전제를 의문시하지 않는 것으로 이미 진술된 내용을 암기해서 반복하게 만들 뿐이다.

이러한 교수법과 교수 태도 때문에 서독의 역사 교육학자들은 동독의 역사 교육을 "전근대적 학문"이라든가 "신민을 위한 역사 교과서"라고 비판했다. 이들은 동독이 역사 교과서를 지배하는 동기를 "(학생들이) 일탈하는 데 대한 공포"라든가, "자신에 대한 의심을 도배질하는 것" 등으로 표현했다. 그리고 마르크스-레닌주의적 이분법과 도식적 사고가 지배하고 있기 때문에 이런 교과서를 가지고 수업할 경우 교사가 가질 수 있는 자유로운 공간이 존재할 수 없다고 보았다.

그러면 구체적으로 동서독 역사 교과서의 서술 내용을 살펴보자.

3. 동독 역사 교과서에 나타난 동서독의 국가와 체제

1945년 이후부터 현재까지를 다룬 10학년 학생을 위한 동독 역사 교과서는 서문과 차례에 그 특징이 다 드러나 있다. 서문에서는 역사 수업의 학습 목표를 다음과 같이 밝히고 있다.[241)]

> 제2차 세계대전 후부터 현재까지 역사는 사회주의와 제국주의 세력의 대립이 그 중심에 놓여 있다. 이 교과서는 현재 혁명적 주도세력들의 형성과 발전 과정을 추적하는데, 그것은 사회주의적 세계체제, 국제적 공산주의 노동운동 그리고 민족해방운동이다. 공산주의의 건설에 획기적으로 앞서가는 …… 소련 체제에는 특별한 관심을 기울인다. …… 사회주의적 주권국가들의 협조는 그 힘을 배가시켰고 제국주의적 지배체제에 대한 사회주의의 우월함은 계속 보다 많은 지역에서 입증되었다. …… 이 교과서는 제국주의와 그 전략전술의 전개에 주의를 기울인다. 세계제국주의의 주요 목표는 점차 약해져가는 그 지위를 만회하려는 것이다. …… 왜 미국 제국주의가 독일의 독점자본을 보호하려 하고, 제2차 세계대전이 끝난 직후에 서독을 침략적인 조약체제에 편입시켰는가 하는 것은 반혁명적 목표 설정에서 그

설명을 찾을 수 있다. …… (그러나) 인류의 계속적인 발전의 주요 방향은 사회주의가 결정하기 시작했다. …… (그리고) 독일민주주의공화국에서는 (동독) 노동자계급이 독일 통합사회당(SED)[242]의 지휘 아래에서 그들의 역사적 사명을 이루었고 …… 우리 독일민주주의공화국은 성공적 혁명의 결과이다. 반파쇼적이고 민주주의적인 그리고 사회주의적인 이 혁명의 단계는 인류가 우리 시대에서 자본주의로부터 사회주의로 이행하는 세계사적인 법칙의 구성을 이루는 한 부분이다. …… (그러나) 세계 인민들이 피할 수 없는 몰락을 연기시키려고 계속 시도하는 세계제국주의에 대항하기 위해서는 아직도 어렵고 복잡한 투쟁을 감수해야 한다. …… 이 교과서는 최근 시기에 학생들이 독일민주공화국과 사회주의적 세계체제를 강화시키기 위해 투철하고 끊임없이 큰 기여를 할 수 있도록 가능한 한 많은 역사적 경험을 할 수 있도록 하고자 한다.(괄호 안은 모두 인용자)

이 서문에서 보듯 1945년 이후 현대사는 사회주의와 제국주의의 대립관계가 지속되는 것이요, 현재와 미래 세계는 사회주의화로 진행되고 있고, 동독국가는 자본주의에서 사회주의로 이행한 국가이며, 역사를 배우는 학생들은 사회주의의 승리를 위해 기여해야 한다는 내용으로 구성되어 있다. 이 전제는 의심해볼 수도 의심해서도 안 되는 것이며, 그런 의미에서 이데올로기적 지식이라고 할 수 있다. 이 교과서의 차례도 같은 의미에서 구성되었다.[243]

동독의 역사 교과서는 동독 국가와 사회에서는 발전된 또는 진보된 민주주의와 사회주의가 실현되어가고 있고, 서독은 독점자본에 의한 제국주의체제로서 동독을 위협한다며 서독에 대해 끊임없이 적대감을 강요한다. 그리고 동독의 발전을 위해서 생산성 향상에 노력할 것을 요구하고 있다. 이러한 역사적 발전은 모두 다 공산당(SED)의 지도 아래에서만 이루어질 수 있다는 것이다. 이 교과서에서는 상징적으로 역사 도표를 맨 처음에 하나 제시하고 있는데, 역사의 진보와 발전이 얼마나 공산당의 역할을 중심으로 이루어지고 있는지를 나타내는 것이다.

인민민주주의적 혁명과 사회주의적 세계체제 1944~1949

포츠담협약 1945

독일 공산당(SED) 창립 1946

상호경제협정회(RGW)[244] 1949

독일민주공화국(DDR, 동독) 건국 1949

동독 공산당 제2회 전당대회 1952

최초의 소련 원자력발전소 1954

서독의 나토 편입 1954/55

바르샤바조약 체결 1955

소련 공산당 제20대 당대회 1956

스푸트니크 호 발사 1957

아프리카 여러 국가들의 독립선언 1960/61

최초 유인 우주선 발사 1961

반파쇼적 보호 장벽 건립 1961. 8. 13.

소련 공산당 제22대 전당대회 1961

동독 공산당 제6대 전당대회 1963

동독의 사회주의 헌법 채택 1968

공산당과 노동자 정당들의 모스크바회의 1969

소련 공산당 제24대 전당대회 1971

동독 공산당 제8대 전당대회 1971

서문에 밝힌 대로, 동독은 반파쇼적이고 민주주의적인 그리고 사회주의적 혁명의 성공적 결과이고, 세계사적으로는 인류가 자본주의에서 사회주의 단계로 법칙적으로 이행하는 단계를 구성하는 부분이라는 것이다. 그 증거로 전후 소련 점령기구를 통해 나치에 대한 과거 청산이 잘 이루어졌다는 면을 비교적 상세하게 서술하고 있다. "모든 관직은 모든 파시스트들의 활동부터 정화되었고, 믿을 만한 반파시스트들로 대체되었다. …… 노동하는 인민들을 위한 국가권력 기관을 만들었다." 즉, 인민 경찰을 위한 기초도 세워졌고 법관들이 80% 이상 교체되었다.

그리고 소련 점령지역 내의 토지개혁을 언급하면서 전통적인 반민주주의적 토지 지주 계급인 융커의 토지가 몰수되어 농민들에게 분배되었다고 했다. 100헥타르 이상의 대토지는 보상 없이 몰수되었고 전쟁 범죄와 전쟁에 책임 있는 자들과 나치 행동 대원들의 토지는 크기에 관계없이 몰수되었다. 토지개혁과 나란히 기업의 국유화도 진행되었는데 이것은 나치 재산 몰수라는 명분하에 진행되었다고 했다. 즉, 모든 나치 행동 대원들과 전쟁 범죄자들의 기업이 보상 없이 몰수되었고 인민의 재산으로 양도되었는데, 이것은 작센이나 베를린에서 인민 투표에 부쳐져 결정되었다. 이러한 재산은 인민의 기업(VEB)이라 불렸는데, 소련 점령 당시 그 수는 전체 기업의 8%에 지나지 않았으나 산업생산 부분에서 45%를 차지하는 소위 콘체른이었으며, 이런 인민 기업의 비중은 1970년대까지 더 증가했다.

학교에서도 민주화의 기초가 놓였는데, 교사의 78%가 나치당에 가입하고 있었기 때문에 이를 대체할 만한 새 교사들이 부족했으므로 적합한 노동자들이 짧은 기간 동안 교사로 양성되어 "존경할 만한 사회주의적 교육자들이 되었고 …… 수백 년 동안 착취자들의 교육독점이 부서지게 되었다"는 것이다.

이와 같은 반파쇼적 민주주의적 기초가 놓일 수 있었던 것은 공산당 주도에 의해, 그리고 소련 점령군 지원 아래에서만 가능한 것이었고, 반대로 서독의 경우 공산당이 없고 제국주의적 점령군의 방해 때문에 그렇지 못했다는 것이다. 전후 서독에서도 소련 점령지역에서와 마찬가지로 노동자계급이 반파쇼적 민주주의적 질서를 요구했으나 제국주의적 점령 국가들은 독일 독점부르주아지를 보호하였고 노동자계급의 통일을 방해한 우파 사민당 때문에 실패했다는 것이다.

> 서독의 독점자본과 그 지도자들은 서독을 서구세력에, 특히 미국 제국주의에 확고하게 편입시켜 독일의 한 부분에서만이라도 독점자본을 복고하려 했다. 그리하여 그들은 후에 원자폭탄을 독점하고 있는 미국 제국주의의 도움으로 침략의 출발점으로 삼을 수 있기를 희망했다. …… 구세력관계의 복고와 실지회복주의라는 목표 설정은 서독 독점부르주아지들로 하여금 서쪽 점령지역을 독일의 민족결합(Nationalverband)으로부터 분리하도록 하는 결정을 내리게 만들었다. …… 여기서 서독 독점부르주아지와 미국의 이해관계가 일치하는데, 제국주의자들은 남동유럽에서 형성되는 인민민주주의 국가들과 서유럽의 민주주의적 대중운동 사이에 댐을 가로세우고 서독 지역을 유럽에서 반혁명의 창끝으로 확대시키려고 했다.[245]

여기서는 서독 국가에 대한 성격 규정과 함께 분단의 책임이 누구에게 있는가를 보여주고 있다. 즉, 서독 국가는 파시즘을 도래하게 했고, 제2차 세계대전을 일으킨 계급과 똑같은 계급의 권력기구이며 전쟁의 결과를 인정하지 않으려 하며, 서독의 이러한 외교정책은 유럽의 평화와 안전에 대한 심각한 위협이 되고 있다고 보았다. 서독의 목표는 우선 소련 점령지역에서 반파쇼적 혁명의 성과를 후퇴시키려는 것이고, 서독에서 재생된 독점자본의 권력에 그 지역과 주민들을 예속시키려 하며, 동독의 건국은 바로 파시즘의 공격으로부터 민주주의와 평화를 보호하기 위해 피할 수 없는 역사적 사명이었다는 것이다. 실제로 동독의 건국은 1949년 10월에 선포되었는데, 이는 서독보다 늦게 이루어진 것이므로 체제의 성격 문제와 상관없이 방어적 건국이라는 주장에 대한 타당성은 고려되어야 할 것으로 보인다. 서독의 끊임없는 공격과 이에 대한 방어라는 것은 동독 역사 교과서의 핵심 내용이라고 할 수 있다.

1950년대부터 동독이 붕괴될 때까지 동독 역사 교과서의 서독 국가체제에 대한 인식은 동독 건국 당시의 인식에서 조금도 달라진 것이 없었다. 즉, 서독은 1950년대부터 국가독점자본주의 단계로 이행했고, 오직 금융자본의 이익을 위한 국가였는데, 이 점에서 나치 시대와 차이가 없는 국가라는 것이다.

반복되는 서독 국가에 대한 서술을 인용하면 다음과 같다.

> 1950년대 서독의 역사는 침략적인 제국주의 진영의 전체 전략과 밀접하게 결부되어 있다. 서독은 사회주의적 진영을 향한 나토의 선봉이어야만 했고, 그 영토는 미국, 영국, 프랑스 군대의 진군을 위해 사용되어야 했다. 서독 지배집단은 이 나토의 구상을 모든 방법을 동원하여 지지했다. 그들은 나토의 창끝이 되어야만 할 국가의 대표자로서 가장 빨리 다시 제국주의적 열강이 되고 제2차 세계대전의 결과를 되돌려놓을 수 있기를 바랐다. …… 새로 건립된 국가는 건국 직후에 바로 자본주의적 경제 장치를 재차 완벽하게 확장했다. …… 그것은 생산수단의 사적 소유가 존속되는 가운데 이루어지는 국가적으로 조직된 기업가와 은행가들의 부당이득을 의미했다. …… 독점자본은 국가를 그들의 경제적 활동 영역으로 끌어들였고 규제와 조절 기능을 국가에 위임함으로써 국가와 독점자본의 통일된 경제 장치가 성립된 것이었다.[246)]

이것이 바로 서독 국가의 성격을 규정할 국가독점자본주의 이론이라고 할 수 있다. 서독 독점자본의 핵심은 금융과두자본인데, 1961년에는 대략 8,500명 정도의 백만장자가 모든 사유재산의 40%를 차지하고 있었고, 이 계층 중 850명(전체 인구의 0.001%)이 그 핵심인 금융과두체제를 형성했고, 이들이 서독의 모든 것을 조종했다는 것이다. 그리고 금융과두체제로 부와 경제적 권력이 집중되었는데 이는 나치 시대(1938)의 상태를 능가하는 것이라고 서술함으로써 서독과 나치 독일이 차이가 없는 것으로 보았다. 또한 독점자본의 부당이득 결과는 노동자 착취라는 결과를 가져올 수밖에 없었는데, 생산성 향상은 점증하는 노동자들의 건강 악화와 노동 산재율을 담보로 하여 이루어질 수 있다는 것이다.

> 1950년대 서독은 세계 최고의 노동 산재율을 자랑하는 국가였고 …… 제국주

의적 지배의 복고와 함께 착취체제가 완벽하게 성립되었다. 그리고 독점자본의 경제적 권력은 정치권력에만 국한되지 않았다. 지배계급으로서 독점부르주아지는 자신들의 이익을 관철시키기 위해 군대와 경찰 그리고 반동적 정당들을 포함하여 모든 정치적 지배기구의 지원을 받았다. 그리고 여론을 조종하기 위해 모든 라디오와 텔레비전, 출판사와 신문들까지 장악하고 있었다. 군대는 서독이 주장하는 대로 방어 군대가 아니고 실지회복과 민주주의 세력을 억압하는 공격 군대였다. 모든 중요한 지휘부는 예외 없이 나치 군부에서 활동했던 장교들로 채워졌고, 군대는 전통 독일 제국주의의 정복 정신에 의해 교육되었다.

우리가 알고 있는 1970년대 서독 사민당 주도하에 추진되었던 동방정책 이후 동서독의 관계는 예전에 비해 서로에 대한 적대성이 실제로 약화되어가고 있었지만, 동독 교과서의 서술은 이런 화해 분위기와는 전혀 상관이 없었다. 외교관계는 변해도 역사 교육의 내용은 전혀 변하지 않았고, 오히려 서독에 대한 적대성과 서독에 '병합(angliedern)'될지 모른다는 공포감이 전혀 줄어들지 않은 것으로 보인다. 간단하게 말하면 1960년대 이후 세계제국주의는 사회주의권의 끊임없는 세력 확장으로 수세에 몰리자 노골적 침략이라는 전략을 수정하여 '공존이라는 강요된 정책'을 쓸 수밖에 없었으나, 이는 선전에 불과할 뿐 실제로는 사회주의권을 내부로부터 약화시켜 파괴하려는 수단이라는 것이다. 1970년대 초 사민당과 자민당 연정하에 추진된 긴장완화정책도 미국이 주도하는 제국주의 진영의 전체 전략과 공조하는 것으로 사회주의 진영을 약화시키려는 목표가 그대로 유지되었으며, 브란트 정부의 새로운 독일 정책인 '내부 독일의 관계들'이라는 개념도 긴장완화정책이라기보다 동독으로부터 평등한 주권국가라는 지위를 박탈하여 부르주아지에게 유리한 조건이 될 수 있는 상황을 만들어 동독을 서독에 병합시키겠다는 서독 제국주의의 위험하고도 그릇된 시도라고 서술하고 있다.

이상에서 보듯 동독의 역사 교과서는 동독 체제가 민주주의와 평화를 실현하는 국가라고 주장하면서도 동독 체제의 민주주의적 요소를 소개하기보다 서독 체제에 대한 적대성을 더 주요한 내용으로 다루고 있다. 서독은 독점자본의 이익을 위한 국가로서 그것의 지배를 받는 국가라는 점에서 나치 시대와 다를 바 없을 뿐 아니라 19세기 독일 제국이나 바이마르공화국과 질적 차이도 나타나지 않는다는 것이다. 더구나 끊임없이 계속되는 부르주아지, 독점부르주아지 또는 지배 진영(die herr-schende Kreise)이라는 표현을 자주 사용하고 있는데, 그것이 구체적으로 무엇을 가리키는지 알 수 없었다. 이데올로기 면에서 '위험한' 시도라든가 해로운 '이데올로기'라는 개념이 자주 등장하지만 그에 관한 설명이 없다는 점에서 일방적인 이데올로기 교육이라고 볼 수 있다.

4. 서독 역사 교과서에 나타난 동서독의 국가와 체제

서독의 역사 교과서는 서독 국가와 체제가 민주주의를 실현하고 있으며 그렇기 때문에 독재 치하의 동독과 대조적이라고 서술하고 있는 점에서는 동독의 역사 교과서와 유사한 입장에 있다. 그러나 자기 체제에 대해 비판적 기능을 가졌다는 점에서 동독의 교과서와 확실히 구분되며, 동독에 대한 이데올로기적 적대성을 강조한 예는 별로 찾아볼 수 없다.

물론 일부 교과서에는 독일 분단이 소련의 공산주의 국가 건설에 대한 야망을 저지시키려는 미국과 서구의 방어적 결정 때문에 이루어졌다는 인상이 보이기는 하지만, 대부분의 교과서는 소련과 미국 어느 한쪽을 편들고 있지 않았다. "분단된 국가들은 모두 자기 체제를 민주주의라고 불렀으나 …… 전혀 다른 정치적 질서와 대립적인 사회체제였는데, 국가와 사회질서에 관한 결정적 권한은 각각 점령 국가들이 갖고 있었다"라고 비교적 객관적으로 서술하고 있다. 어떤 책에는 미국은 "자유로운 의회주의적 공화국"을 원했고, 소련은 "소비에트적 국가와 사회질서"를 원했다고 기술한 반면, 또 다른 책에서는 미국은 "자유주의적·자본주의적 질서"를, 소련은 "프롤레타리아 독재"를 원했다고 소개하고 있다. 그러나 당시 독일에서는 분단 상황을 받아들이지 않았으므로 서독에서는 헌법을 '헌법'이라 부르지 않고 서독의 헌법적 질서에 의해 통일될 때까지만 임시적으로 유효하다는 의미에서 '기본법(Grundgesetz)'이라 불렀다. 동독에서도 헌법은 동독 지역에서만 유효하지 않고 독일 전체에 적용되는 것인데, 상황의 절박함으로 인해 동쪽 점령지역에서만이라도 우선 시행한다는 의미에서 출발한 것이었다고 서술한 점에서 분단된 두 국가가 공히 역사적 정통성을 주장하는 것이라고 소개하고 있다. 이와 아울러 동서독 헌법의 전문을 나란히 실어 분단의 책임이 누구에게 있는가를 생각해보도록 묻는다. 분단 상황에 관한 이와 같은 서술은 상대방의 입장을 이해하려 하고 근거 없는 비난이 없어 보인다는 점에서 객관적 서술이라고 생각된다.

또한 과거 청산이 서쪽 점령지역에서는 경제와 사회질서의 변화 없이 진행되었으나, 소련 점령지역에서는 공산당 주도로 토지 분배와 나치 청산이 철저하게 진행되었는데, 관료기구에서는 나치 관련자들이 '숙청되고' 나치 당원 소유의 기업들이 국유화되어 짧은 시간 안에 사회 전체의 주도 계층이 바뀌었다고 소개하고 있다.

정치체제에 관해서는 대개 서독에서 실현되고 있는 민주주의적 가치를 인정하고 있다. 기본법에서 나타난 법치국가, 정당국가, 자유로운 선거, 의회민주주의, 연방주의 그리고 기본권이 그 원칙이며, 이러한 기본적 가치들은 동독의 체제나 가치들과 대립되는 것으로 서술하고 있다. 그리고 냉전시기 다른 서유럽 국가들과 마찬가지로 반공주의가 서독 사회에서 큰 비중을 차지하고 있었던 것으로 서술하고 있다. "1950년대와 1960년대에는 반공주의가 서독 시민들의 정치적 자기 이해의 중심적 구성 요소가 되었고, 아데나워 시기의 정치적 안정에 기여했다"라는 것이다.[247] 그리고 전통적으로 노동자 정당이었고 서독에서 노동자들의 이해를 대변하는 사민당과 반공주의는 처음부터 확고하게 동반되었다고 보았다.

이러한 기본적 가치들과 체제를 받아들이고 인정하는 범위 내에서이기는 하지만, 서독의 역사 교과서에서는 서독 현대사에 대해 비판적 시각을 일관되게 유지하고 있다. 우리가 알고 있는 1950년대 서독의 경제 발전과 그것의 기초가 된 사회적 시장경제에 관한 서술을 살펴보자. 아데나워 정권 시기의 에어하르트 경제장관에 의해 시작된 '사회적 시장경제'는 동독의 '계획경제'와 대립되는 것으로 서독 경제의 도약을 이루는 토대가 되었다. 여기에 여러 가지 유리한 조건들 — 높은 노동생산성, 낮은 임금, 한국전쟁 특수(Korea Boom)로 인한 세계시장과 국내 수요의 급증 등 — 이 마련되어 서독 경제는 세계가 놀랄 만큼 빠른 속도로 성장했다고 보았다. 그러나 경제 발전이 사회적 불평등을 해소한 것은 결코 아니라는 점을 강조하고 있다.

그러나 『역사책』은 "모든 사람을 위한 도약인가"라는 부제에서 짐작할 수 있듯이 '사회적 정의'는 매우 불완전하게 이루어졌을 뿐이라고 적고 있으며, "경제는 계속 성장했고 '작은 사람들'도 경제 기적의 부스러기를 먹을 수 있었기 때문에 주민들 대부분은 사회적 부당함과 불평등한 재산 분배를 감수했다. 그 외에 국가 차원의 계획에 대한 모든 요구는 생활수준이 매우 낮은 동독이 계획경제를 시행하고 있기 때문에 위협적인 것으로 간주되었다"라고 쓰고 있다. 또한 누구도 부정할 수 없는 경제성장의 혜택을 입지 못한 노동자와 외국인 노동자의 생활 조건을 소개함으로써 사회적 불평등의 현실을 생생하게 전달하고 있다.[248]

서독의 역사 교과서들은 서독 사회의 기초가 되는 전후 경제성장 시기의 사회정책 성과들을 소개하고 있는데, 그것은 사회적인 주택 건설, 전쟁부담조정법(Lastenausgleichgesetz, 1952), 역동적 연금법(Dynamische Rente, 1957),

광산업 분야의 노사공동결정법(Montanmitbestimmung, 1951) 등이다. 이러한 사회정책 관련법들은 서독이 자본주의 사회임에도 불구하고 사회적 불평등을 극복해나가려는 노력을 보이고 있다는 점을 강조하는 것이기도 하다. 그 한 예로 전쟁부담조정법 서술을 살펴보자.

1952년의 전쟁부담조정법은 소련 점령지역에서 온 피난민과 추방민을 돕기 위한 개별적 법률 조치들을 취한 것 중 마지막 해결책이었다. 통화개혁 시점에서 5,000마르크 이상 재산을 소유한 사람들은 (전쟁에) 모든 것을 잃어버린 사람들을 위해 재산의 50%를 양도해야 했다. 이 양도금은 30년에 걸쳐 똑같은 액수로 분할되었다. 이 법률은 전쟁의 결과 가장 심하게 고통당한 사람들을 도우려는 것만은 아니다. 많은 정치가들은 이를 통해 전반적인 사회적 부의 재분배를 시도하려고 구상했다. 그러나 이는 거의 실현되지 못했는데, 왜냐하면 1952년에는 이미 1948년에 5,000마르크 이상 재산을 가졌던 사람들에게 이 양도액이 별로 큰 부담이 되지 않았기 때문이다.[249]

서독의 역사 교과서들이 공통적으로 유지하고 있는 다원적 관점은 거의 모든 서술에서 나타난다. 그중 특히 인상이 짙은 부분은 1968년의 학생운동과 원외저항운동(APO)에 관해 소개한 대목이다. 서독 국가 출범 이후부터 1966년 대연정에 이르기까지 기민당 정부 그리고 기민당과 사민당 정부가 출범하여 이루어낸 경제성장과 사회보장의 성과들이 국민들 다수의 동의를 얻고 있었다는 사실을 자세히 알리는 한편, 현존하는 정치권력과 기존 제도에 대한 소수 집단의 저항도 잘 드러내고 있다. 『기억과 판단』이라는 제목의 역사 교과서에서는 이 현상에 관해 다음과 같이 기술하고 있다.

1960년대 말 원외 저항운동이 등장하기까지 서독에서는 대체로 국가와 경제 그리고 사회질서에 관한 한 통일된 의견이 지배하고 있었다. 그후부터 서독 국가와 체제에 대한 비판이 그치지 않았는데, 그것은 주로 (신)마르크스주의적 논쟁으로 진행되었지만, 보수적이고 극우 급진주의적 성향의 것도 없지 않았다. 반론들은 대개 정당들에 관한 것이었다. 오랫동안 권력을 행사해온 정당들은 사람들이 실제로 무엇을 요구하는지에 대한 감각을 잃어버렸다. 그래서 소외된 요구들을 수용하는 시민 주도 운동(Buergerinikiativ)이 일어났고, 환경 보호와 삶의 질 향상이 그들에게는 무엇보다 중요했다.

다른 비판자들은 더 근본적인 문제들로 나아갔다. 그들은 완전한 민주주의 이상형에 서독 국가를 재단했고, 이러한 관점에서 권위적 지배 구조, 사회적 불공정함, 양심 없는 이윤 추구, 평화 결핍과 같은 결점만을 볼 뿐이었다. 많은 사람들은 파시즘이 다시 찾아온다고까지 생각했다. 특히 젊은이들은 이 국가에 불쾌함(Unbehagen)을 표시했고 국가를 긍정하기를 꺼렸는데, 왜냐하면 국가에서 하나의 명확하고 방향을 제시하는 의미 창조를 볼 수 없었기 때문이다.[250]

서독 건국 후 대동독정책과 대공산권정책은 1950년대 아데나워 집권 시기에 이루어진 것으로, 이것이 통일될 때까지 독일 외교정책의 기초를 이루었다. 이 시기 아데나워의 외교와 통일정책에 관해 『역사책』은 다음과 같이 서술하고 있다.

냉전의 시작이 독일 분단을 고착시키고 동독에 부정적 영향을 끼칠 수밖에 없는 상황에서 아데나워는 '서구로의 통합·서독의 재무장·독일 재통일' 정책을 폈다. 아데나워는 통일이 유보되는 한이 있더라도 서독은 무조건적으로 서구 유럽공동체와 미국의 집단안보체제 구성원으로서 통일 문제를 거론할 수 있어야 한다는 전제에서 출발했다. 서독의 재무장은 한국전쟁 발발 후 의회에서 통과되었다. …… 이미 1952년에 아데나워는 자신의 '힘의 정책'에 대해 다음과 같이 논의했다. "우리는 서구가 소련 정부와 합리적인 대화에 응할 수 있을 정도로 강력해지기를 원한다. …… 미국을 포함한 서구는 강력해져야 한다. 소련보다 강력해질 때에만 비로소 소련이 우리에게 귀 기울이는 시점이 올 것이다. ……

아데나워의 정책은 분단 극복이라는 문제에는 전혀 기여하지 못했으나, 당시 여론상으로는 성공적인 것으로 평가되었고 국민들 사이에서도 폭넓은 지지를 얻고 있었다. 거기에는 여러 가지 원인이 있는데, 1950년대에 널리 퍼져 있던 '나와 상관없다는 태도(ohne-mich-Haltung)'와 함께 나치 지배와 탈나치화의 경험이 중요한 역할을 했다. 또한 반공산주의와 함께 깊게 자리 잡은 소련에 대한 공포감도 큰 역할을 했다. 그러나 무엇보다 물질적 궁핍의 기간 동안 오직 서구와의 결속만이 복지, 자유와 안전을 보장해줄 것이라는 희망으로 인해 많은 서독 국민은 아데나워의 정책에 동의할 수 있었다.[251)]

그러나 서독의 역사 교과서들은 1969년 사민당과 자민당 연정으로 정권이 교체되면서 독일 통일정책에 새로운 전기가 마련되었다고 평가한다. 사민당 출신의 브란트에 의해 각인된 '새로운 동방정책'은 새 정부가 동독을 주권국가로 인정한다는 전제에서 시작되었는데, 이는 이전 아데나워의 독일 정책과 비교할 때 하나의 전기를 마련해주었다는 것이다. 실제로 서독은 이때에 와서야 제2차 세계대전의 결과로 나타났던 국경선과 그 세력관계를 기본적으로 받아들였다. 서독은 1972년의 '기본조약'을 통해 동독과 다른 동구 공산권 국가들과 외교관계를 수립했다. 당시 브란트 수상이 폴란드 바르샤바의 유대인 게토에 있던 독일의 범죄를 기억시키는 추모비 앞에서 무릎을 꿇은 것은 새로운 시작을 상징하는 몸짓이었다. 독일 통일정책의 향후 목표는 과거와 같은 긴장으로 가득한 대립이 아니라 조정되는 공존이어야 한다는 것이다. 동서독은 2국가 2체제이되 같은 민족에 속한다는 역사상에 비추어볼 때, 브란트의 긴장완화정책은 아데나워의 '힘의 정책'과 질적으로 차이가 나고 민족적 동질성에 근접한 서술이라고 하겠다.

1970년대 이후 브란트의 사민당 정권이 주도하는 동서독간 긴장완화정책과 동독의 주권을 인정하는 정책이 펼쳐진 후에도 서독의 교과서들이 동독의 국가와 사회질서에 대해 비판적 시각을 견지한 것에는 변함이 없었다. 다만 동독의 교과서와 다른 점은 비판적 시각을 일관되게 유지하되, 동서독 체제를 비교해볼 수 있는 관점을 제시하고 있다는 것이다. 서독의 교과서들은 동독이 자기 체제를 '사회주의적 민주주의'라고 주장하나, 실제로는 민주주의적 정통성이 없는 국가라고 평가하고 있다. 그 근거로는 동독에 자유로운 선거가 없으며 오직 공산당이 지배하는 국가라는 의미에서 공산당 국가(SED-Staat)라는 것, 전체주의적이고 정치적 야당이 부재하다는 것, 그리고 1961년 베를린 장벽이 세워진 이후부터 '장벽에 둘러싸인 인민'들이라는 개념을 사용하며, 동독의 지배집단은 인민을 신뢰하지 않고 인민들에 대해 끊임없는 공포를 가지고 있으며, 그 결과 거대한 감시기구와 탄압기구를 가진 국가라는 점을 들고 있다. 서독의 역사 교과서들은 동서독 체제를 비교해볼 수 있는 자료를 제시하고 있는데, 특히 『역사에 대한 질문』에 풍부하게 실려 있다. 여기서는 간단한 예로 1953년 6월 17일 동베를린의 인민봉기에 관해 이 교과서에 제공된 텍스트와 동독 교과서의 서술을 비교해보도록 하겠다.

먼저 『역사에 대한 질문』에 기술된 내용을 보자.

1952년 동독 공산당의 결정에 따라 사회주의 건설을 위해 농촌에서는 대규모의 사적 기업에 대한 몰수 행위가 시행되었다. 그 결과 도주의 물결이 이어졌고 생활필수품은 결핍되었다. 그로테볼 수상은 1953년 3월 스탈린 장례식에 참여하여 소련의 원조 대신 노선을 완화시키라는 충고를 듣고 왔다. 그럼에도 불구하고 그는 임금을 정하는 기준으로서 노동 강도를 10% 높일 것을 지시했다.

1953년 6월 9일 동독 공산당은 소련의 압박에 따라 강제 몰수와 같은 몇몇 강제적 조치들을 되돌려놓았다. 이 '새로운 노선'은 6월 15일자 동독의 공식 신문 『새로운 독일』로부터 환영받았으나, 노동 강도의 유지는 비판받았다. 스탈린-알레의 건축 노동자들은 이 신문을 읽고 파업을 시작했고, 선언문에서 노동 강도의 증대를 즉각 철회하라고 요구했다.

6월 16일 아침 스탈린-알레의 노동자들은 시위를 벌였고 공장 지역에서 "동료들이여, 대열에 참가하라. …… 우리는 자유로운 인간들이고자 한다!"라는 슬로건을 들고 동료들을 모았다. 이미 도시 중심에서는 시위자들이 외치고 있었다. "뾰족 수염, 뱃살 그리고 안경(울브리히트, 피에크, 그로테볼을 가리킴－인용자)은 인민의 뜻에 따른 자들이 아니다!" 확성기를 단 공산당의 차들이 노동 강도를 감소시킨다고 알리고 있었으나 이 차들이 전복되기도 했다. 서베를린 방송국은 사건을 상세하게 동독 국민들에게 알렸다. 다음 날 동독의 270군데 지역에서 파업, 시위 그리고 죄수 석방 등이 잇따랐다. 이들은 포스터와 구호로 노동 강도 증가 폐지와 자유로운 선거를 요구했다. 여러 도시들에서 폭력 행위가 발생했는데, 예를 들면 베를린의 포츠담머 플랏츠에서 한 상점이 불탔다. 곧바로 인민 경찰과 소련 군대가 진주했고 비상사태가 선포되었다. 서구에서 측정하는 바에 따르면 봉기 진압 과정에서 약 300명의 사망자가 발생했으며, 100여 명이 사형 판결을 받았다. 노동 강도 증가는 취소되었고, 임금과 연금은 높아졌고, 가격은 낮추어졌다. 소련은 동독에게 대부를 보장해주었다. 여름에는 나머지의 전쟁 배상 요구가 고시되었다.[252)]

다음 『역사에 대한 질문』에 소개된 동독 교과서의 서술이다.

(서독에 의해 조종된) 경제활동의 방해는 …… 동독 내 소부르주아지 계층 주민들 사이에 그리고 노동자들 일부에 불평과 불만을 가져왔다. …… 제국주의적 세력들은 동독의 상황이 안정되어가는 것을 두려워하고 있었다. …… 1953년 6월 17일 베를린과 다른 몇몇 장소에 있는 첩자들에게 …… 작은 수의 공장 노동자들이 일시적으로 노동을 중단하고 시위에 참여하도록 유도하는 데 성공했다. …… 선동가들과 범죄자들 집단은 …… 불을 지르고 …… 노동자·농민정권의 붕괴를 요구했다. …… 노동자계급 중에서도 가장 진보적인 사람들의 단호한 행동으로 …… 그리고 소련 군대와 같이 무장한 동독 군대에 의해 반혁명적 쿠데타는 24시간 이내에 붕괴되었다.[253)]

서독의 교과서들이 동독 체제의 역사적 정통성을 부정하는 이유 중 하나가 바로 베를린 장벽이다. 베를린 장벽은 1961년에 세워졌다. 이때까지 동서 베를린의 왕래는 비교적 자유로웠고, 동베를린 시민들이 서베를린을 짧게 방문하고 오기도 했으나 동독을 아주 떠나는 경우도 많았다. 동독 건국 후인 1949년부터 베를린 장벽이 세워지는 1961년까지 약 300만 명이 동독을 탈주했고, 이런 상태라면 동독의 체제는 지속될 수 없었다. 서독의 역사 교과서들은 동독 주민들이 탈출한 이유를 사회주의체제에 대한 주민들의 저항이라고 서술하면서, 탈출 이유로 서독의 더 나은 경제 조건과 농촌에서 사회주의적 생산관계의 확립으로 인해 발생한 자영농민들의 불만 등을 들었다. 이 사건에 관해 『역사책』에서는 "장벽에 둘러싸인 인민"이라는 부제 아래 다음과 같이 서술하고 있다.

> 많은 사람들에게 장벽은 절망감을 안겨주었다. 사람들은 지금까지 그런 대로 지낼 만하면 동독에 머물고, 더 어려워지더라도 서독으로 가는 길이 열려 있다고 생각했다. 그들은 하나의 탈출구를 확보해놓은 것처럼 안심했고, 어떤 경우에도 공산당의 수중에 있지 않다고 생각했다. 1961년 8월 13일 이 탈출구에 장벽이 쳐졌다. 사람들은 자신이 덫에 놓이게 되었음을 알았고 절망, 분노, 좌절을 맛보았다.
>
> 장벽 건설은 사회주의적 사회를 건설하려는 정책이 실패했음을 지배자들이 분명하게 시인하는 것이었다. 그러나 그들에게는 시민들에게 자신들의 의지를 강요할 수 있는 권력이 있었다. 그들은 장벽을 '반파쇼 보호벽'이라 불렀고, 서독이 동독을 급습하려 하기 때문에 장벽이 있어야 한다고 주장했다. 어느 공산당 간부도 장벽이 자기 나라 국민이 도주하지 못하도록 지어진 것임을 인정하지 않았다.[254)]

동독 교과서에는 베를린 장벽이 소위 서베를린으로부터 위험한 전쟁 도발을 확실하게 막아줌과 동시에 다른 동구 사회주의 진영에서도 서독의 선동활동을 막아주는 "반파쇼 보호벽"이라고 서술하고 있다. 『역사에 대한 질문』에서도 베를린 장벽 건설에 관해 동독 교과서의 서술을 그대로 소개하고 있는데, 이에 관한 동서독 역사 교과서의 서술이 얼마나 대립적인가를 알아보기 위해 동독의 서술을 간단하게 소개하겠다.

> 1961년에도 상황은 더욱 악화되었다. …… 서독의 지배 진영은 독점자본의 권력 복고와 재무장된 군대라는 달성된 상태에 힘입어 바로 동독을 군사적으로 정복하기 위한 공격을 시작할 순간이 왔다고 판단했다. 후에 1961년 가을 대부르주아지 신문인 『산업전령』은 서독의 지배 진영이 꽃다발과 나부끼는 깃발들과 함께 서독 군대가 브란덴부르크 성문에 승리의 입성이 임박했음을 시인했다. 동독 정부는 1961년 8월 13일 동독의 내적 안정과 평화를 유지하기 위해 서독과 서베를린 사이 국경을 확실하게 통제하기로 결정했다. 이로 인해 서독 제국주의는 동독 건국 이후 가장 큰 패배를 경험했다. 동독에 대한 서독의 전략적 구상은 완벽하게 실패했다.[255]

위의 두 가지 역사적 사건에 관한 동서독 역사 교과서의 서술에서 보듯이, 1970년대 이후 긴장 완화가 실제로 이루어진 이후에도 상대 체제에 대한 적대성이라는 역사상은 전혀 달라진 것이 없었다.

5. 역사 교육이 통일에 미친 영향

지금까지 동서독 역사 교과서에 나타난 국가와 체제에 관한 역사상을 검토해보았다. 동서독 역사 교과서에서는 모두 자신의 국가와 체제가 민주주의적 정통성을 역사적으로 실현하고 있다고 일관되게 서술하고 있다. 구체적으로는 1953년 인민봉기와 1961년 베를린 장벽 설치에 대한 서술에서 가장 극적인 차이가 나타났는데, 이러한 역사상은 상대 체제가 민주주의를 실현하려는 자신의 체제와 대립되는 비민주주의적 체제라고 주장함으로써 설득력을 얻으려는 것이다. 이것은 역사 교과서의 사회적 역할이 근대적 국민국가 형성 과정에서 기존 체제와 가치를 자라나는 세대에 중재하고 역사적 정통성을 확보하려 한다는 전제와 일치한다. 그러나 동독 교과서의 경우 서독 교과서와 비교할 때 자신의 체제에 대한 민주주의적 정통성의 요구보다 서독(제국주의)체제에 대한 비난이 더 큰 비중을 차지한다. 더 나아가 끊임없는 적개심과 전쟁에 대한 각오를 새롭게 하는 데까지 이르고 있다. 역사 교과서가 과학적·역사적 사고를 자극하기보다 생산운동이나 임전태세를 갖추는 '이데올로기적 지식'으로 가득 차 있는 것이다. 이에 비해 서독 역사 교과서는 민주주의적 정통성의 요구가 서독 체제 자체에서 확보되고 있는 것으로 보이며, 다원주의적 관점에 따라 국가에 대한 젊은 세대의 '불쾌감'이나 비판적 시각도 많이 소개하고 있다. 이로 볼 때 역사 교과서에 게재된 내용보다 그것을 가르치는 교수법이 더욱 중요하게 작용함을 알 수 있다. 독일이 통일되면서 동독의 역사 교과서가 받아들여질 수 없었던 이유는 바로 여기에 있었다고 본다.

끝으로 역사 교과서가 갖는 이러한 성격과 한계를 감안하여 분단 문제에 대한 양측 교과서를 평가해보자. 동독의 역사 교과서는 전후 독일의 '한 민족 두 국가 두 체제' 출범에 대해 "독일 민족연합으로부터 서독의 이탈"이라고 보면서 1950년대부터 이미 동독을 "사회주의적 독일 국민국가"로 규정한다. 그러나 1974년 헌법 개정 이후부터 독일 민족과 재통일이라는 언급은 모두 사라졌고, 1976년 공산당 정강에서도 동독에서 "사회주의적 독일 민족"이 발전하고 있다고 규정했다. 지배 권력의 공식 독일 정책과 함께 역사 교과서에서 독일 민족과 재통일이란 단어를 찾아볼 수 없게 된 것이다.

서독의 역사 교과서에서도 독일 재통일에 대한 희망이 전혀 현실적이지 않은 것으로 나타나고 있다. 아데나워 시기 '힘의 정책'이 추진되어 분단을 고착화시키는 방향으로 나아갔고, 1970년대 초기 동서 긴장완화정책이 펼쳐진 후에도 동서독이 현실적으로 동의할 수 있는 민족통일 과정과 그 기초가 될 수 있는 역사상은 구체적으로 나타나지 않았다. 그러나 서독의 역사 교과서들은 동독 체제에 대한 부정적 서술에도 불구하고 학생들이 통일에 대해 사고하도록 자극했다. 민족분단이라는 현실과 그 역사적 과정은 필연적이거나 유일한 것이 아니고 실제로 이루어진 것과 다른 역사적 과정도 일어날 수 있다는, 즉 역사적 대안에 대한 사고를 마련해주었다는 점에서 동독의 경우와 달랐다. 1950년대 동서독의 분단이 고착되는 과정으로 서구와의 통합과 재무장의 대안은 무엇이었을까라는 질문이 그 한 예이다. 역사적 대안에 대한 사고는 분단 문제에 국한되는 것이 아니라 역사학과 역사 교육의 기본 원리에 속한다고 볼 수 있다. 통일을 향한 역사적 대안을 위한 사고를 마련해주었다는 점에서 서독의 역사 교육은 통일 교육에 일정하게 기여했다고 평가할 수 있다.

이병련 | 고려대 역사교육과 교수

한반도 | 종교문화

조직적 단절과 통합의 역사

1. 남북한의 종교적 상호 영향 관계

이 글에서는 분단 과정 및 이후에 남북한의 종교들이 주고받은 상호 영향의 정도와 내용에 대해 살펴보고자 한다. 그 영향은 직접적인 것이거나 간접적인 것일 수 있고, 긍정적인 것이거나 부정적인 것일 수도 있다. 되돌아보면 이런 영향의 결과는 대부분 남북한 종교간의 분리와 단절을 심화시켜 이질화를 촉진하는 것이었지만, 부분적일지라도 양자간의 동질화 내지 동형화를 촉진했던 측면들도 있었다. 남북한의 종교적 상호 영향 관계는 특정 종교의 신자들이 남북한 모두에 비교적 골고루 분포해야 한다는 것을 전제로 한다. 따라서 신자 분포의 지리적 다양성을 결여한 종교, 예컨대 해방 당시와 그후 북한에 미미한 교세밖에 갖고 있지 못했던 대종교 같은 종교들은 해방공간에서 이 종교가 지녔던 정치·사회적 중요성에도 불구하고 분석 대상에서 제외되어야 마땅하다.

여기서 우리는 종교 영역에서 남북한의 관계사, 상호 영향의 역사를 체계적으로 관찰해볼 수 있는 서로 연관된 다섯 측면들을 구분해볼 수 있다. 그것은 대략 ① 정치적 반작용 ② 조직적 통합성 ③ 인구 이동 ④ 인적 교류 ⑤ 주관적 상호 인식 등으로 정리할 수 있다. 이 가운데 '정치적 반작용'은 남북한 종교 어느 한쪽의 정치적 선택과 활동, 그와 연관된 종교－국가 관계가 다른 쪽의 정치적 지위와 입지, 종교－국가 관계 등에 의미 있는 영향을 주는 것을 말한다. '조직적 통합성'은 특정 종교가 분단의 과정 혹은 분단 이후에 얼마나 조직적 통합력을 유지했는가, 민족분단 이후 종교 조직 차원의 분열과 단절은 어느 시기에 어느 정도로 심화되었는가 하는 것을 문제 삼는다. 또 '인구 이동'은 남북한의 경계를 중심으로 한 신자들의 임시적 혹은 항구적인 지리적 이동을, '인적 교류'는 주로 남북한 종교들의 조직적 단절 '이후에' 이루어진, 남북 종교간의 교류나 접촉·대화의 정도를 가리킨다. 마지막으로, '주관적 상호 인식'은 정치적 반작용, 조직적 통합성, 인구 이동, 인적 교류 등 남북 관계의 '객관적' 측면들과는 구분되는, 남북한 종교인들의 서로에 대한 이미지, 관념, 감정 등과 같은 '주관적' 측면들을 말한다.

이 다섯 가지 측면이 모두 중요하지만, 이 글에서는 지면의 제약을 고려하여 남북한 종교들의 '조직적 통합성'에 일차적인 초점을 맞출 것이다. 해방 후 남북한 종교들의 조직적 통합 및 단절의 역사를 관찰하는 것은 종교적 남북관계사를 전체적으로 조망하는 데 유리한 입지를 제공한다고 보기 때문이다.

2. 제1단계의 단절

식민지 해방과 함께 몇몇 종교들은 친일적인 교권세력의 교체 외에도 매우 복잡한 조직적 난제들을 안게 되었는데, 여러 교파로 나뉘어 있던 개신교가 가장 전형적인 경우였다. 상당수의 개신교 교파들은 ① 교단 조직의 재건 ②

38선 이남·이북 지역간의 조직적 통합 ③ 단절된 국제적 연결망의 회복 등의 문제를 중첩적으로 안고 있었다. 교단 조직의 재건은 일제 당국에 의해 강제적으로 해산된 침례교, 성결교, 안식교(제칠일안식일예수재림교), 그리고 역시 일제 당국에 의해 강제적으로 병합되었던 장로교와 감리교 등에게 주어진 과제였다. 교파별로 시차는 있었지만, 이 교단들은 해방 후 얼마 지나지 않아 남북한 모두에서 교파 조직을 재건하는 데 성공했다. 그러나 성공회나 구세군과 같은 일부 군소 교파들의 경우 북한 지역에서는 교회 조직을 재건하는 데 결국 실패하고 말았다. 그에 비해 일제시대에도 조직적 통합을 유지해왔던 불교와 천도교는 교단 재건이나 국제적 연결망 복원 등의 문제와 무관했다.

한편, 38선을 중심으로 한 미군과 소련군의 분할 점령이라는 현실에 대처하는 것은 모든 종교의 공통된 문제였다. 대부분의 종교는 서울에 전국적인 중앙 조직을 두고, 38선 이북 지역 전체를 담당하는 임시 조직을 새롭게 구성하는 방식으로 대응했다.

천도교의 경우 임시적 분단 상황에 대처하기 위해, 1946년 1월 서울에 위치한 '총부'의 지시를 받으면서 평안도·황해도를 관할하는 '서선(西鮮)연락소'와 함경도·강원도를 관할하는 '북선(北鮮)연락소'를 평양과 함흥에 각각 두었다. 그리고 같은 해 12월에는 '천도교북조선연원회'를 조직했으며, 1947년 2월에는 북조선연원회 대표와 지방 종리원 대표들이 모여 평양에 '천도교북조선종무원'을 설치했다. 한편 천도교의 '전위 단체'인 천도교청우당의 서울 본부는 1945년 10월부터 북한 지역에 수십 개의 군 당부를 건설해나갔으나, 직접적인 지도가 어려워지자 1946년 2월 '북조선천도교청우당'을 별도로 결성했다. 1948년 초의 '3·1 재현운동'과 같은 해 5월의 '영우회 사건' 등에서 확인되듯이, 북한 지역에 대한 서울 총부의 실질적인 지도력은 분단 정권이 수립되기까지 지속되었다.

불교의 경우 1945년 9월 일제하의 '총본사'를 대신한 '조선불교혁신준비위원회'가 '전국승려대회'를 소집하여 종전의 '본말사제(本末寺制)'를 폐지하는 대신 도별로 교구를 설치하는 '교구제'로 전환하기로 결정했다. 이에 따라 서울 태고사에 중앙총무원을 설치하여 전국 13개 도의 교무원들을 관할하도록 했다. 이 전국승려대회에 북한 지역에서는 아무도 참가하지 못했으며, 1946년에 가서야 '북조선불교종무원'이 설치되었다고 알려지고 있다. 그 이전인 1945년 12월에는 불교계 사회단체인 '북조선불교도연맹(혹은 북조선불교총연맹)'이 결성되어 있었다.

개신교 최대의 교단인 장로교의 경우 북한 교회의 지도자들이 1945년 12월 "남북통일이 완성될 때까지 총회를 대행할 수 있는 잠정적 협의기관"으로서 '이북5도연합노회'를 결성했고, 같은 해 10월에 재건되어 있던 평양신학교를 연합노회 직영 신학교로 정하여 교역자 양성 문제까지 해결함으로써 '사실상의 총회' 기능을 수행하게 되었다. 제2의 교단인 감리교의 지도자들은 1946년 10월 과거의 '서부연회'를 재건하면서 "서부연회 지역은 이남 교회와 합류할 때까지 38선 이북 전 지역으로 한다"라고 결정했고, 이듬해 5월의 제2회 서부연회에서 성화신학교를 "남북통일이 이루어질 때까지 잠정적으로 운영하고 통일이 되면 폐지한다"라는 조건을 달아 직영 신학교로 지정함으로써 서부연회 역시 장로교의 이북5도연합노회처럼 총회와 유사한 기능을 행사하게 되었다. 38선 이북 지역을 총괄하는 사실상의 총회가 등장했다는 사실은 "남북통일이 완성될 때까지" 남북한 지역을 망라하는 총회는 더 이상 열리지 않을 것임을, 다시 말해 양대 개신교 교단에서 '제1단계의 분단'이 조직 차원에서 이루어졌음을 의미한다. 이에 비해 북한 개신교에서 세 번째와 네 번째 규모였던 성결교와 안식교는 남북한에 분단국가가 등장할 때까지도 전국 수준의 조직적 통합이 유지되었다.[256)]

교구 조직을 근간으로 하고 상설적인 전국 조직을 갖고 있지 않았던 천주교의 경우, 해방 당시 남북한의 모든 교구 조직들이 대체로 정상적으로 운영되고 있었기 때문에 다른 종교들에 비해 조직의 남북통합 문제는 심각하게 제기되지 않았던 편이었다고 할 수 있다. 그러나 천주교에서도 한반도의 임시적 분단은 두 가지 차원에서 어려움을 초래했다. 그 첫 번째는 38선으로 인해 교구 자체가 남북으로 쪼개진 서울교구와 춘천교구를 통합적으로 운영하는 문제였고, 두 번째는 1931년 이후 대체로 매년 개최되어오다 1941년 이후 열리지 못하고 있던 전국교구장회의(혹은 주교회의)를 소집하는 문제였다. 첫 번째 문제와 관련하여, 서울교구는 해방 후 '38선의 존재를 인정하여' 임시로 교구장 대리를 임명하여 황해도 지역 사제들의 연례 피정 등 교구 차원의 행사들을 별도로 갖도록 했지만, '38선의 존재에도 불구하고' 사제의 인사 발령 등 주요 사안에 대해서는 교구의 관할권을 계속 행사하는 모습을 보였다. 반면에 38선 이북의 강원도 지역에 별다른 교세를 갖지 못했던 춘천교구의 경우에는 해방 후 강원 북부 지역에 대한 통제력을 거의 행사하지 못했던 것으로 보인다. 한편, 해방 후 분단 정권 수립까지 천주교의 교구장회의는 한 번도 열리지 않았다. 분단 정권이 수립된 후인 1949년 4월에 가서야 서울 명동성당에서 해방 후 첫 번째 교구장회의가 소집되었으며, 당시 서울에 주재하던 교황대사는 북한 지역의 교구장들이 참석하지 못했으므로 '전국' 주교회의가 될 수 없다는 이유로 이 회의에 불참하였다.

3. 제2단계의 단절

남북한에 각각 분단 정권이 들어서기 이전에는 38선의 존재에도 불구하고 대부분의 주요 종교에서 조직적 통합성은 느슨하게나마 유지되었다. 그러나 1948년 8~9월부터 한국전쟁을 거치면서 대부분의 종교에서 (전쟁기의 일시적 재통합에도 불구하고) 조직적 단절이 최종적으로 재가되며, 이로써 개별 종교

차원에서도 남북 분단이 제도화되기에 이른다. 대부분의 종교는 이미 분단 이전부터 전국 차원의 교단 본부를 서울에 두고 있었기 때문에, 종교 조직 차원의 조직적 단절은 북한 지역에 임시적으로 설치되었던 교단 조직이 별개의 조직으로, 사실상 하나의 국가를 대표하는 조직으로 격상됨으로써 완성되었다. 이것은 평양에 소재한 종교 조직의 명칭이 '북조선'에서 '조선'으로 변화되는 시점과 대체로 일치한다.(1948년 이후 서울의 전국본부 앞에도 새로운 국호에 따라 '대한' 혹은 '한국'이라는 명칭이 추가되었는데, 이 역시 두 개의 분단국가가 등장한 역사적 사실을 반영하고 있다)

북한에서는 주로 종교적 기능만을 수행하던 종전의 교무 조직들이 종교적 기능과 함께 정치적·사회적 기능을 겸한 조직으로 변화되었는데, 이것도 남한과의 차별성을 분명히 함과 동시에 남한 지도부의 영향을 차단하려는 의도를 담고 있는 것으로 보인다. 불교의 경우, '북조선불교종무원'이 1949년경에 '북조선불교도연맹'으로 흡수되었다가, 1955년에는 '조선불교도연맹 중앙위원회'로 명칭이 바뀐 것으로 보인다. 천도교의 경우, 교무 조직인 '천도교북조선종무원'이 한국전쟁 이전까지 존속되었지만 전쟁 발발 이후 종무원 간부들 거의 전부가 남하함으로써 사실상 와해되었고, 이 기능이 정당 조직인 천도교청우당으로 흡수되었던 것으로 보인다.[257] '북조선천도교청우당'은 1950년 1월의 3차 당대회를 통해 남북의 청우당이 통합되면서 '조선천도교청우당'으로 당명을 바꾸었다.(비슷한 시기에 남한에서는 천도교청우당의 활동이 거의 중단되었고, 그 대신 1951년 4월에 '천도교보국연맹'이 창립되었다) '천도교북조선종무원'의 맥을 잇는 교무 조직은 1970년대 중반에 가서야 '조선천도교회 중앙지도위원회(이하 천도교중앙위)'라는 이름으로 복구되었다.[258]

교파별로 분할되어 있던 개신교의 경우, 조직적 단절의 과정은 한층 복잡한 양상을 보였다. 우선 북한에서는 1946년 11월 28일에 결성된 초교파 조직인 '북조선기독교도연맹'의 주도로 1949년 말부터 1950년 초에 걸쳐 기존 교파 조직들의 해체 및 재통합을 동반하면서 북한 전역을 망라하는 독립적인 조직의 건설 과정이 진행되었다. 북조선기독교도연맹은 1949년 12월에 각 도 대표자회의를 열어 전국적인 조직 확대 작업을 마무리짓게 되는데, 이 무렵에 조직의 명칭도 '북조선기독교도연맹'에서 '조선기독교도연맹'으로 변경된 것으로 보인다.[259] 조선기독교도연맹은 역시 1949년 12월에 북한의 최대 개신교 교파인 장로교의 '이북5도연합노회'를 해산하고, 평양에 남한의 장로교 총회와는 별도로 '조선예수교장로회 총회'를 조직했다. 북한 개신교 제2의 교단인 감리교의 경우 장로교처럼 북한만의 독립적인 총회를 조직하는 일은 일어나지 않았다. 그러나 해방 후 재건된 서부연회는 1949년 7월까지 네 차례 소집되었고 전쟁이 발발한 이후에는 연회 조직 자체가 와해되었다. 다른 군소 교파들의 상황도 이와 다를 바 없었다. 1949년 말 북조선인민위원회 교육부는 평양에 있던 두 개의 개신교 신학교(장로교의 평양신학교와 감리교의 성화신학교)를 강제적으로 통합하여 1950년 3월에 '평양기독교신학교'를 출범시켰다. 이 조치로 인해 북한의 양대 개신교 교파는 사실상 하나로 통합되었다. 더욱이 1950년 3월에 문을 연 평양기독교신학교 역시 전쟁으로 인해 그해 7월 제1회 졸업생을 배출한 후 문을 닫고 말았으며, 1951년 이후에는 조선예수교장로회 총회(평양)도 더 이상 열리지 못했다. 따라서 한국전쟁 시기를 거치면서 '조선기독교도연맹(이하 기독교도연맹)'은 북한 개신교 전체를 대표하는 단일조직이 되었고, 이와 함께 교파별 조직은 사라지게 되었다.

이처럼 북한의 개신교 지도자들이 한국전쟁 직전 혹은 도중에 남한의 본부와 독립적인 지역 조직을 건설하면서 탈교파화(脫敎派化)를 추진했던 것과 대조적으로, 남한 개신교에서는 교파별 교단 조직이 유지되었을 뿐 아니라 전쟁 기간 중에 북한 지역의 조직을 남한에서 재조직했다. 이른바 '망명노회', '망명연회'의 등장은 북한에는 더 이상 개신교 교회가 존재하지 않는다는 일종의 '부재 증명'인 셈이었고, 이처럼 남북간 조직적 단절성이 극단적으로 심화된 것이 다른 종교들과 비교되는 개신교의 특징이었다.[260] 한국전쟁 직후는 물론이고 현재까지도 남한의 불교와 천도교 교단 조직은 북한의 어떤 부분도 자신의 관할 지역으로 주장하고 있지 않다. 우선 장로교의 경우, 1952년 4월 대구에서 열린 제37회 총회에서 '비상사태 선언'을 통해 "이북노회가 월남한 것으로" 공식화하고 북한 지역의 10개 노회들을 이른바 '피난노회' 혹은 '무지역노회' 자격으로 총회 조직에 편입시켰다. '대한예수교장로회'의 '통합'이나 '합동' 등 남한의 대표적인 장로교 교단들은 현재까지 망명노회들을 존속시키고 있다. 감리교의 경우, 1951년 11월 부산에서 열린 특별총회(중부·동부·서부 연합연회)에서 서부연회를 일종의 '망명연회'로 간주하여 그 대표들을 총회에 참가시키기로 결정함으로써 북한 지역을 담당해왔던 서부연회가 남한에서 정식으로 재조직되었다. 그러나 전쟁이 끝난 후 서부연회의 기능은 다시 정지되고 서부연회에 소속되었던 교역자들은 남한의 기존 연회들에 흡수되었으며 총회에 연회 대표(회원, 이사)를 파견할 권한도 갖지 못하게 되었다.[261] 남한 감리교회 안에서 서부연회가 공식적으로 재건된 것은 약 40년 후인 1992년 10월의 일이었고, 1994년 이후 매년 독자적인 연회가 개최되고 있다.

천주교의 경우, 전쟁을 거치면서 북한 지역의 교단 조직이 완전히 소멸된 독특한 경우에 해당된다. 1949년 봄 평양 및 함흥·덕원교구의 교구장을 비롯한 주요 간부들이 일제히 체포되면서 천주교 교계제도는 급속하게 와해되었고, 그후에도 재건되지 못했을 뿐 아니라 교회 조직과 구분되는 다른 형태의 신자 조직조차 갖지 못하게 되었다. 정상적인 천주교 교회 조직에 필수적인 '신부'는 전쟁이 끝났을 때 북한 땅에 단 한 명도 남지 않았고, 반세기가 지난 지금도 마찬가지이다. 천주교 신자들의 조직(조선천주교인협회)이 재조직된 것은 전쟁이 끝난 지 45년 만인 1988년 6월이었는데,[262] 이 단체는 같은 해에 평양에 성당을 건립하기도 했지만 한 명의 신부도 포함하고 있지 못하기 때문에 교회법적으로는 여전히 불완전한 교회에 지나지 않는다.

그러나 전쟁이 끝나기 이전부터 천주교 조직의 남북 분단은 이미 가시화되고 있었다. 이 과정은 두 가지 방식으로 진행되었다. 우선, 북한 교구들의 책임자를 남한 측 인사로 교체하고 북한의 해당 교구에서 활동하던 성직자와 수도자들을 새로 임명된 '교구장 서리(apostolic administrator)'의 감독 아래 두는 것이었다. 이런 맥락에서 1950년 11월 교황청은 북한 당국에 의해 체포되어 사망한 것으로 알려진 홍용호 주교의 후임으로 해방 후 서울로 복귀한 메리놀회의 캐롤(G. Carroll) 신부를 평양교구장 서리로 임명하였고, 1952년 9월에는 역시 북한 당국에 체포되어 한국전쟁 직전에 옥사한 것으로 알려진 자우어(B. Sauer) 주교의 후임으로 베네딕트회의 비테를리(T. Bitterli) 신부를 덕원 및 함흥교구장 서리로 임명했다. 개신교의 망명노회·망명연회와 비슷하게, 천주교에도 한국전쟁 기간 중에 '망명교구들'이 탄생된 것이다.[263] 두 번째 방식은 종전에 북한에서 활동하던 선교회들을 남한에서 재조직하면서 이들로 하여금 남한 교회의 일부를 담당하도록 하는 것이었다. 분단 전까지 함경도 지역에서 활동하던 베네딕트회는 1952년 6월 대구에서 재조직되었으며, 같은 해 7월에는 경상북도 6개 군과 1개 시를 포함한 '왜관 감목대리구'가 신설되어 베네딕트회에 위임되었다. 해방 이전에 평안도 지역에서 활동하던 메리놀회에게는 1953년 9월 충청북도 지역(청주 대목구)이 위임되었다.

4. '단절 심화' 현실 속의 재통합 문제

한국전쟁을 전후하여 분단국가의 경계선과 관할 범위에 조응하는 별도의 종교 조직들이 남한과 북한에 각기 출현했다. 전국적인 종교 조직이 휴전선을 사이에 두고 남한과 북한을 대표하는 조직으로 양분되고 이들 사이에 교류조차 중단됨으로써 종교들의 조직적 단절성은 극적으로 고조되었다. 더구나 남한에서 개신교 양대 교단과 천주교는 전쟁 중이던 1950년 가을부터 1952년 가을 사이에 (국토의 분단 상황임에도 개신교의 경우 북한에 별도의 교회 조직이 존재함에도 불구하고) 한반도 전체에 대해 대표성과 정통성을 주장하는 조직으로 변모되었다. 따라서 남한 그리스도교 교회들은 북한 교회와의 '재통합'이 아니라 이미 소멸된 것으로 간주된 북한 교회의 '재건'을 향후의 조직적 과제로 삼게 될 가능성이 높아진다.

전쟁 이후 조직적 단절 상태에서 주요 종교들의 성장과 쇠퇴가 남과 북에서 첨예하게 엇갈렸다. 남한에서 불교, 개신교, 천주교는 매우 빠른 속도의 교세 성장을 계속한 반면, 북한에서는 반종교 교육 등의 영향에 따라 교세가 극심하게 위축되어 의미 있는 사회적 세력으로서의 지위를 거의 상실했다. 더욱이 종전 이후 1960년대 말까지는 천도교청우당을 제외한 대부분의 종교 조직이 공적인 무대에서 사라졌다. 1990년대 중반경 북한 주요 종교의 신자 수는 불교 약 1만 명, 개신교 약 1만 명, 천주교 약 3,000명, 천도교 약 1만 5,000명 등으로 나타나고 있다. 1995년 현재의 북한 인구 2,154만 명을 기준으로 할 때, 총인구 대비 종교 인구의 비율은 0.17%에 불과하다. 반면에 1995년의 인구센서스에서 확인된 남한의 불교 신자 수는 1,032만 명, 개신교는 876만 명, 천주교는 295만 명에 달하며, 총인구 대비 종교 인구의 비율은 50.72%를 점하고 있다. 북한과 비교할 때 남한의 신자 수는 불교의 경우 1,032배, 천주교 983배, 개신교 876배나 된다. 단지 남한 천도교의 신자 수(1995년 현재 2만 8,000명)만이 북한의 그것과 큰 차이를 보이지 않고 있다.

상호 교류가 끊어진 가운데 한국전쟁이 끝난 후에 남북한 종교간의 조직적 이질성은 더욱 심화되었다. 또 이로 인해 조직 재통합의 문제는 한층 복잡해졌다. 가장 심각한 문제는 앞서 지적한 '이중 조직'의 문제이다. 현재 북한에 해당 종교를 대표하는 조직이 엄연히 존재함에도 불구하고 남한에도 북한 지역을 위임받은 조직이 있는 경우이다. 천주교와 개신교의 장로교 및 감리교가 여기에 해당한다.

또 다른 문제는 북한 종교들의 단일 교단 조직과 대조되는, 남한 종교들의 '교파주의(denominationalism)'로 인해 발생한다. 이미 밝혔듯이 북한의 기독교도연맹은 교파 조직이 아니며, 여기에는 과거의 장로교, 감리교, 성결교 신자들이 모두 포함되어 있다고 알려져 있다. 그러나 남한에서는 해방 이전의 교파적 조직들이 그대로 유지되었을 뿐만 아니라 기존 교파들(특히 장로교) 내에서 심각한 교파 분열이 진행되었고, 현재는 초교파적 조직조차 '한국기독교교회협의회'와 '한국기독교총연합회'로 분열되어 있다. 불교에서도 이런 교파주의 문제가 나타난다. 해방 당시 한국(조선) 불교는 단일 교단체제를 유지하고 있었으며, 북한 불교는 여전히 '조선불교도연맹'(이하 불교도연맹)이라는 단일조직에 의해 대표되고 있다. 그러나 남한 불교는 1950년대 이후 급속한 교파 분열이 진행됨으로써 오늘날에는 조계종, 태고종 등 수십 개의 불교 교파들로 나뉘어 있다.

전쟁 이후 남북한 종교 조직의 성격 자체가 근본적으로 달라진 경우도 있는데, 불교가 바로 그러하다. 해방 당시 한국 불교는 대처승의 압도적인 우세 속에 소수의 독신승=비구승이 공존하고 있는 상황이었고, 양자는 큰 갈등 없이 공존하고 있었다. 북한에서는 1950년대 이후에도 승려들의 이런 구성이 크게 변하지 않았다. 반면 남한에서는 1950년대에 소수의 비구승들이 주도한 이른바 '정화운동'을 거치면서 비구승과 대처승의 치열한 갈등이 계속되었고, 1960년대에 이르면 비구승의 확고한 우위로 사태가 역전되었을 뿐 아니라 1970년에는 소수파로 전락한 대처승들이 별도의 교파로 분열되어나갔다. 그 결과 오늘날 남북한 불교 지도자의 만남은 대처승(북한)과 비구승(남한)의 만남으로 성격이 변화되었다.

해방 이전 북한에 소수의 신자들이 존재했지만 오늘날에는 별개의 신자 조직을 북한에 갖고 있지 못한 남한 종교들이 북한과의 접촉이나 선·포교활동에 나서면서 새로운 문제들이 대두되고 있다. 대종교와 원불교가 대표적인 사례라고 할 수 있는데, 북한에 조직 기반이 전무한 두 종교는 최근까지 의미 있는 대북활동을 펼칠 수가 없었다. 이런 상황을 타개하기 위해 선택된 방법은 '비교적 유사한' 북한 종교들이 대종교와 원불교의 교섭 창구 역할을 하는 것이었다.

북한의 단군릉 발굴 및 복원을 계기로 대북 접촉에 본격적으로 나선 남한 대종교의 경우, 1994년 이후 북한의 천도교 조직인 천도교중앙위가 연례적인 '단군제' 거행이나 남측 대종교와의 접촉을 대신하고 있다. 물론 천도교 교리는 단군 숭배와는 사실상 무관하다. 북한 천도교와 남한 대종교의 접촉은 1993년 9월 북한이 단군릉 발굴 결과를 공표한 것이 계기가 되었다. 천도교중앙위의 제의로 이루어진 1994년 3월의 북경 회합에서 북한 측의 천도교중앙위 부위원장과 남한 측의 대종교 종무원장이 만나 상호 초청과 방문에 합의하고, 이밖에도 개천절 행사의 남북 공동 개최, 단군 관계 학술 토론회 개최, 단군대종교 북부총본사 설립 등을 연구하기로 합의한 것이 최초의 직접 접촉이었다. 북한은 1994년 10월 단군릉을 준공했는데, 이 행사에 참여하기 위해 남한 대종교 측에서 북한 방문을 시도했지만 정부의 승인을 받지 못했다. 북한은 천도교의 주도로 1994년 12월에 첫 번째 단군제를 거행하였고, 이듬해 2월에는 남한 대종교와 북한 천도교 인사들이 북경에서 다시 만나 대종교의 4대 경절(慶節) 중 하나인 '어천절(御天節)' 행사의 공동 주최 등에 합의했다. 그 직후 류미영 천도교중앙위 위원장이 4월로 예정된 구월산에서의 어천절 행사와 평양 단군릉 방문을 위해 대종교 지도자들을 북으로 초청했고, 이에 호응하여 대종교의 안호상 총전교와 김선적 종무원장이 정부의 사전 승인 없이 방북을 감행했다. 1995년 이후 북한 천도교 측은 매년 10월 단군릉에서 '단군제'를 중심으로 한 개천절 행사를 주관해오다가, 1997년 9월 천도교를 중심으로 '단군민족통일협의회'가 결성된 이후에는 이 단체가 개천절 행사를 주관해오고 있다. 2002년 10월의 개천절 행사는 남측의 '개천절민족공동행사준비위원회'와 북측의 단군민족통일협의회에 의해 처음으로 공동 개최되었다.

원불교의 경우도 2001년 이후 불교 조직인 불교도연맹이 북한 원조 및 북한 포교를 위한 접촉 창구 역할을 하고 있다. 남한의 원불교 중앙총부는 1979년부터 '북한 교화'에 교단적 관심을 표명하기 시작했지만 별다른 가시적 성과를 거두지 못했고, 1995년부터는 북한동포돕기에 적극적으로 나섰지만 원조금품을 북한에 직접 전달할 채널을 갖지 못했다. 그러나 2001년 여름 교단 간부들이 대거 북한을 방문하여 북한의 불교도연맹과 '북한동포 지원사업 독립창구' 개설을 승인하는 의향서를 조인하고 평양 광법사에서 합동법회를 여는 데 성공함으로써 북한 교화를 위한 북한 측 파트너를 비로소 얻게 되었다. 이 과정을 좀더 자세히 살펴보자.

전쟁 이전까지 개성에 교당과 지부를 두고 있었던 남한의 원불교 중앙총부는 1979년 '북한교화위원회'를 구성하면서 '북한 교화'에 교단적 관심을 표명하기 시작했다. 별다른 성과가 나타나지 않자 원불교 측은 10년 후인 1989년에 '북한교화위원회'를 '북방교화연구위원회'로 개조했다. 그러나 1994년 말 (천주교의 망명교구와 유사하게) '평양교구'와 '원산교구'를 교단 조직으로 신설하여 교구장을 임명했고, 1995년에는 '북한교화위원회'를 재결성하는 등 1990년대 중반 이후 북한 교화를 위한 원불교의 노력이 재차 강화되었다. 그러나 북한에 조직적 기반이 전무한 상태에서 원불교의 북한 교화 사업은 북한 교화기금 적립 등 막연한 미래를 기약하는 일에 매달리거나, 세미나나 기도회 개최 등 남한 신자들을 주된 대상으로 삼거나, 만주 지역을 포함한 구공산권에 거점을 마련하여 우회적으로 북한에 접근하는 수밖에 없었다. 원불교는 이와 함께 1995년 9월부터 북한동포돕기에 나섰고, 2001년 말까지 약 10억 원 상당의 물품을 북한에 제공했다. 그러나 원조금품을 북한에 직접 전달할 채널을 갖지 못했으므로, 적십자사나 다른 민간단체를 통할 수밖에 없었다. 이런 상황을 타개하기 위하여 원불교는 2001년 8월 평양에서 개최된 '민족통일대축전'에 교정원장 등 총부의 주요 간부들이 대거 포함된 11명의 대표단을 파견했으며, 이때 장응철 교정원장이 불교도연맹 중앙위원회의 박태화 위원장과 '북한동포 지원사업 독립창구' 개설을 승인하는 의향서를 조인했다. 이 기회에 북한 불교의 본산인 평양 광법사에서 남·북·해외 불교 및 원불교가 합동법회를 갖기도 했다. 원불교 측의 대북 지원 독자 창구가 개설된 이후인 2001년 10월부터 원불교는 '재단법인 원불교' 명의로 대북 지원활동을 벌이고 있고, 2002년부터는 평양에 북한 교화의 거점을 마련하기 위해 빵 공장 설립을 추진하였다.

한편 천주교는 전쟁 이전 북한에 존재하던 조직 기반이 모두 무너졌지만(이 점에서는 대종교·원불교와 비슷하다), 1980년대에 신자 조직이 재건됨으로써 현재는 대화와 재통합의 분명한 상대가 존재하게 된 상황에 해당한다. 그러나 북한에서 이른바 '교계제도(hierarchy)' 그리고 수도회 조직들이 전쟁을 거치면서 모두 붕괴 내지 해체되었기 때문에 천주교의 경우 남북한 교회 조직의 '재통합'이 아닌 북한 교회 조직의 '재건' 내지 '복원'이 문제가 되는 상황이다. '교계제도'라고 할 수 없는 불완전한 조직이기는 하나 1988년에 신자들의 조직이 북한에서 재건되었다. 그러나 교계제도 재건 혹은 복원의 일차적 과제는 평신도의 존재가 아니라 '사제'의 배출 혹은 영입 문제이고, 이는 전적으로 교구장의 권한에 속한다. 그런데 남한에 교황청에서 임명한 교구장이 엄연히 존재하기 때문에, 결국 현재의 핵심적인 문제는 북한의 천주교 신자들이 남한에 있는 교구장의 교도권을 수용하는가, 그리고 나아가 교황의 수위권을 수용하는가 하는 것이 된다. 1990년대 초에 북한 천주교 신자들은 남한 교구장의 승인 없이 중국 애국교회에 신학생을 파견하여 사제를 양성하는 방식으로 독자적인 교계제도 수립의 기초를 다지려고 시도했지만, 중국 교회의 거부로 좌절되고 말았다. 교황청 및 국제 교회는 남한 교구장의 교도권을 수용하도록 북한 신자들에게 부단히 압력을 가해왔지만, 10년이 지난 현재까지도 이 문제는 해결의 실마리를 찾지 못하고 있다. 좀더 장기적인 관점에서 보면, 천주교의 조직 문제는 북한 신자들이 남한 교회에 속한 교구장의 교도권을 사실상 혹은 암묵적으로 수용하면서도 교회의 실제적인 운영 면에서는 상당한 자율성을 누리는 방식으로 타협점을 찾으면서, 이와 동시에(혹은 이와는 별도로) 교황청과의 긴밀한 협조 속에서 가급적 빠른 시일 내에 독자적인 교계제도를 구축해나가는 방향으로 귀착될 공산이 큰 것으로 보인다.

5. 국제적 연결망의 단절 및 회복 문제

앞서 말했듯이 해방 당시 단절되어 있던 국제적 연결망을 회복하는 문제는 주로 개신교의, 그리고 부분적으로는 천주교의 문제였다. 이 문제의 핵심은 태평양전쟁 발발 후 추방된 외국 교회 및 선교사들과의 관계를 복원하는 것이었다. 남한에서는 미군정하에서 외국인 개신교 선교사들이 속속 되돌아오고 재정 지원도 재개됨으로써 국제적 연결망이 단기간 내에 복구되었다. 그러나 해방 이전 북한 지역에서 활동하다 추방당했던 미국 및 캐나다계 개신교 선교사들은 해방 후에도 그곳으로 복귀하지 못했으며, 일단 남한으로 복귀하여 북한 교회와 간접적인 관계만을 유지할 수 있었다. 선교사들과 북한 교회의 본격적인 접촉은 한국전쟁 때까지 재개되지 못했다.[264] 통합된 교회 조직을 유지하고 있었던 천주교의 경우 해방 당시에도 함경도 지역의 독일계 선교사들은 활동을 계속하고 있었고 본국 교회와의 연락도 가능했기 때문에, 국제적 연결망을 복원하는 문제는 해방 이전에 평안도에서 활동하던 미국계 선교부와의 관계를 복구하는 것이 핵심이었다. 하지만 일제시대 말에 추방되었던 메리놀회 소속의 미국계 천주교 선교사들 역시 해방 후 개신교와 똑같은 처지가 되었다. 그나마 평양교구는 미소공동위원회가 열리고 있던 기간에 평양 주재 미군 연락장교단을 통해 서울의 메리놀회 선교사들과 연락을 주고받을 수 있었다.

그러나 한국전쟁이 끝났을 무렵 북한 그리스도교와 외국 교회의 연락망은 완전히 단절되었다. 전후 북한에서는 극단적인 반미주의와 함께 강한 민족주의적 색채를 띤 주체사상이 지배 이데올로기로 등장했고, 북한의 정부와 공산당 역시 그리스도교인들로 하여금 모든 형태의 국제적 유대를 단절하도록 강한 압력을 가했다. 북한에서는 한국전쟁 과정과 그후에 반그리스도교적 사회풍조가 만연했으며, 이와 관련된 그리스도교 신자들의 '탈교 붐'이 조성되었다고 한다. 신자들의 월남 이동과 결합된 탈교 붐은 북한 그리스도교의 극심한 위축으로 이어졌다.

또 미국 및 외국인 선교사들에 대한 배신감과 증오심을 공개적으로 표명하는 것은 북한 그리스도교 신자들이 최소한의 시민권을 보장받기 위한 필수적인 검증 절차가 되었다.(같은 시기에 남한의 그리스도교, 특히 개신교는 '친미주의의 상징'이 되었다) 북한 천주교의 경우, 이는 외국계 선교회들뿐 아니라 교황청과의 관계를 단절하라는 요구로 받아들여졌다. 개신교의 경우 제2차 세계대전 후인 1948년에 종전의 '국제선교협의회(IMC; International Missionary Council)'의 후신으로 등장한 '세계교회협의회(WCC; World Council of Churches)'라는 개신교의 초교파적인 세계 조직과 북한 교회의 관계가 완전히 끊어졌다. 더욱이 북한 개신교에서는 기독교도연맹을 중심으로 탈교파화 과정이 전쟁 직전에 이미 완료된 상태였으므로, 남한에서 교파별로 조직되어 있던 국제적 네트워크를 복원하는 것은 '기술적으로도' 매우 곤란한 일이었다.

해방 직후 미국계 선교회들과의 관계를 복원한 남한 그리스도교 교회들에는 전쟁을 계기로 막대한 원조금품이 쇄도했다. 이를 기반으로 남한 그리스도교는 전쟁 중 파괴된 교회 건물들을 단기간 내에 복구했을 뿐 아니라 막대한 원조금품을 무기로 활발하게 새로운 신자들을 교회로 영입할 수 있었다. 반대로 전쟁 후 국제 교회와의 유대를 의도적으로 단절했던 북한의 그리스도교는 이런 국제적 지원과 완전히 무관했으므로, 폐허로 변한 교회 건물과 시설들을 거의 복구해낼 수 없었다. 남한 교회들이 1950년대 후반을 통해 전쟁이 자연스럽게 조성해놓은 '종교 붐'을 신속하게 흡수해낼 수 있었던 사정은 같은 시기에 북한에서 나타났던 '탈교 붐'과 첨예한 대조를 보여주며, 여기에는 국제적 연결망과 지원 구조의 존재 여부가 중요한 요인 중 하나로 작용했다고 할 수 있다.

북한의 종교들은 1970년대 중반 이후 국제무대에 재등장했다. 이때만 해도 남북한 종교들의 국제적 연대활동은 전 세계적인 냉전적 대립 구도를 반영한, 상이한 국제적 네트워크로 발전되는 양상을 보였다. 그러나 시간이 흐름에 따라 남북한 종교들의 국제적 연결망이 부분적으로 서로 수렴되면서 국제기구 자체가 남북한 종교의 화해와 교류의 장으로 기능하는 사례가 늘어났다. 개신교는 1980년대 중반 이후 '세계교회협의회'가, 천주교는 1988년 이후 로마 교황청이 그런 역할을 담당했다. 불교의 경우에도 1980년대 중반 이후의 '세계불교도우의회(WFB; World Fellowship of Buddhists)'와 1990년대 중반 이후의 '아시아불교평화회의(ABCP; Asian Buddhist Conference for Peace)'가 그런 예에 속한다고 볼 수 있다.

먼저 개신교의 예를 살펴보자. 1970년대에 북한의 기독교도연맹은 '세계기독교평화회의(WCPC; World Christian Peace Conference)'와 '아시아기독교평화회의(ACPC; Asian Christian Peace Conference)'를 중심으로 한 국제적 네트워크에 가담하기 시작했다. '기독교평화회의'는 동유럽 교회 지도자들의 주도하에 1958년에 창설된 단체로, 1970년대 초 다수의 서구 및 제3세계 지도자들이 이탈하면서 친사회주의적 입장이 강화되었다. 북한의 기독교도연맹은 1975년 1월 인도에서 개최된 제1회 아시아기독교평화회의부터 이 단체에 참여하기 시작하였고, 1980년대까지 기독교평화회의와 우호관계를 유지했다. 1986년 9월에는 세계기독교평화회의 대표단이 북한을 방문하기도 했다. 그러나 기독교평화회의가 1990년대에는 회의 소집 자체가 어려울 정도로 위축되면서 기독교도연맹과의 관계도 소원해졌다. 남한 측 개신교 교단 및 인사들은 이 단체에 참여한 적이 없었으므로, 기독교평화회의가 남북한 교회들의 교류를 매개하거나 재통합에 기여하는 국제적 네트워크로 기능하지는 못했다.

한편, 기독교도연맹은 '기독교평화회의'에 참여하기 직전 '세계교회협의회'와의 접촉 또한 개시했다. 남한 개신교 교회들이 세계교회협의회의 창립 때부터 회원으로 가입해 있었기 때문에, 비록 간접적인 것이었다 하더라도 북한 교회와 세계교회협의회의 접촉 자체는 매우 의미 있는 일이었다. 기독교도연맹은 남한의 정치 상황에 비판적으로 개입해줄 것을 요청하는 편지들을 제네바에 있던 유엔사무국의 북한 대표부를 통해 1974년 7월과 11월 세계교회협의회에 각각 전달한 바 있다. 기독교연맹의 의사가 반영된 것인지는 불확실하지만, 1974년 7월과 8월에 세계교회협의회 본부를 방문했던 북한 대표부의 간부는 세계교회협의회 회원으로 가입하고 싶다는 의사를 구두로 전달했다. 북한 교회의 세계교회협의회 회원 가입은 아직도 성사되고 있지 않지만, 1980년대 중반 이후 세계교회협의회는 남북한 개신교 교회들의 만남과 재통합을 위한 장으로서의 역할을 성공적으로 수행해왔다. 세계교회협의회 국제문제위원회(WCC－CCIA)는 1984년 10~11월 일본 도잔소에서 '동북아시아의 평화와 정의를 위한 국제기독교회의'를 개최하면서 처음으로 남북한 교회를 동시에 초청했다. 비록 이 회의에 참석하지는 못했지만, 북한의 기독교도연맹은 회의 개최를 축하하고 성공을 기원하는 전문을 보냈다. '도잔소협의회'라고도 불리는 이 회의에서 세계교회협의회는 북한 기독교공동체와 직접 접촉하도록 노력할 것을 회원국 교회들에 촉구하기도 했는데, 이에 따라 1980년대 후반부터 미국, 일본, 캐나다 등의 교회 대표들이 북한 교회를 연이어 방문하였고 이들 나라 교회들이 기독교도연맹 대표단을 자국으로 초청하기도 했다. 1985년 11월에는 세계교회협의회 국제문제위원회 대표단의 북한 방문이 성사되었으며, 1986년 9월에는 스위스 글리온에서 세계교회협의회의 주선으로 남북한 교회 대표들이 최초의 역사적인 만남을 가질 수 있었다. '글리온회의'라고 이름 붙여진 이 모임은 1988년 11월, 1990년 12월, 1995년 3월의 회합으로 계속 이어졌다. 세계교회협의회는 1989년 7월 모스크바에서 개최된 중앙위원회에 기독교도연맹 대표단을 '손님(guest)' 자격으로 초청했으며, 1991년 호주 캔버라에서 열린 제7차 총회와 1999년 짐바브웨 하라레에서 열린 제8차 총회에 '옵서버' 자격으로 초청했다. 모스크바와 캔버라, 하라레에서 남북한 개신교 지도자들의 만남이 이루어졌음은 물론이다. 세계교회협의회는 1980년대 말부터 기독교도연맹의 요청에 따라 재정적 지원을 시작했고, 북한이 수해를 겪은 1995년부터 지원 액수가 크게 늘어났다.[265)]

앞에서 지적했듯이, 현재 북한의 천주교 신자 조직은 교회법적으로는 불완전한 교회이기 때문에 사제의 배출 혹은 영입이 시급한 문제이고, 이 문제는 다시 남한 교구장의 교도권의 인정 여부, 그리고 궁극적으로 그를 임명한 교황 수위권의 수용 여부 문제로 이어져 있다. 따라서 북한에 교회법적으로 완전한 교회가 재건되는 과정에서 남한 교회와의 재통합 및 교황청과의 관계 회복 문제는 사실상 분리될 수 없는 과제가 된다. 이미 목사들이 수십 명 존재하고 자체의 신학 교육 기관을 통해 성직자를 양성하고 있을 뿐 아니라 세계교회협의회와 같은 국제기구와의 관계 역시 (수직적인 지배관계라기보다) 느슨한 수평적 협력관계에 가까운 북한 개신교의 경우와 비교할 때, 단절된 국제적 연결망의 회복이라는 북한 천주교의 당면 과제에는 그 절박성만큼이나 심각한 복잡성이 내포되어 있다. 중국 천주교회에서처럼 교황청과의 관계를 단절하도록 압력을 가해왔던 북한 사회주의 정부가 변화된 태도를 보이기 시작했던 것은 1980년대 중반부터였다. 북한 당국이 1985년 8월에 토고 주재 북한대사인 김양황으로 하여금 교황청을 방문하여 교황 요한 바오로 2세를 만나도록 했던 것은 그런 면에서 대단히 중요한 사건이었다. 교황청은 여기에 신속하고도 긍정적으로 반응했다. 교황청은 산하 원조기관을 통해 북한에 약 50만 달러의 원조를 제공한 후, 1987년 6월에는 평양에서 개최된 비동맹 특별각료회의에 주세페 베르텔로 몬시뇰과 한국인인 장익 신부를 파견했다. 이 때 교황청 대표는 기독교도연맹의 주선으로 다섯 명의 천주교 신자들을 만날 수 있었으며, 교황청은 이듬해 4월 부활절에 이 다섯 명의 신자들을 로마로 초청하여 교황과 만날 기회를 부여했다. 북한 당국도 이에 호응하여 교황청이 직영하는 로마의 우르바노 대학에 유학생을 파견했다. 장익 신부는 1988년 10월 평양 시내에 장충성당이 완공되었을 때 다시 북한을 방문하여 축성 미사를 집전했다. 그러나 1988년 이후 북한 정부 및 신자들과 교황청의 관계는 몇 년 동안 답보 상태를 면치 못했으며, 북한의 식량난이 극심해진 1996년부터 교류가 재개되었다. 교황청은 1996년 이후 매년 교황청 외무부 차관과 아시아 담당국장을 북한에 보내 인도적 지원을 계속했고, 교황청 대표단은 북한을 방문할 때마다 정부 고위 관리와 천주교 지도자들을 만났다. 교황청 대표단의 방북은 1996년 1월, 1997년 7월, 1998년 6월, 1999년 11월, 2000년 11월로 이어져왔으며, 급기야 2000년 6월 평양에서 열린 남북 정상회담 때 김정일 국방위원장이 교황을 초청할 의향이 있음을 처음으로 밝히기에 이르렀다.

개신교와 비슷하게 불교의 국제적 연결망도 1970~80년대에는 냉전적 대결 구도를 따라 상이하게 전개되었다. 우선 북한의 불교도연맹은 친사회주의적 불교 지도자들에 의해 1970년 창설된 '아시아불교평화회의'를 중심으로 국제적 네트워크를 형성했는데, 북한이 이 단체에 가입한 것은 1976년 7월 동경에서 열린 제4차 총회에서였다. 한편, 남한 불교 교단들의 연합기구인 대한불교총연합회는 거의 비슷한 시기인 1976년 2월 '세계불교도우의회'에 가입했는데, 이 단체는 1950년 이른바 '자유 진영'을 중심으로 출범했다. 그러나 1980~90년대에 남북한 불교가 상대의 단체들에 교차 가입함으로써, 이 국제 기구들은 화합과 교류의 기회를 제공하는 장으로 변화되었다. 북한의 불교도연맹이 1986년에 세계불교도우의회에 가입했고, 1994년에는 남한 불교 지도자들이 아시아불교평화회의에 가입했던 것이다. 이때부터 남한 불교 지도자들은 아시아불교평화회의를 통해 북한의 불교도연맹 대표들과 만날 수 있었으며, 더욱이 1998년 9월 몽고 울란바토르에서 개최된 제9차 총회에서는 한국을 정식 국가 본부로 승인하고 제10차 총회를 2000년 서울에서 개최할 것을 의결했다.

1990년대에는 '세계종교인평화회의(WCRP; World Conference on Religion and Peace)'의 아시아 지역 조직으로 1976년 출범한 '아시아종교인평화회의(ACRP; Asian Conference on Religion and Peace)' 역시 남북 종교인들이 공유하는 국제적 교류의 장으로 떠올랐다. 1991년 10~11월 네팔 카트만두에서 열린 아시아종교인평화회의 4차 총회에 당시 조선종교인협회 회장인 정신혁(천도교)과 조선천주교인협회 중앙위원회 한인철 위원이 처음 참석하여 남한 대표들과 만났던 것이다. 그러나 1996년 10월 태국 아유타야에서 열린 제5차 총회에는 북한 측이 참여하지 않았다. 현재 북한에서는 천도교 측이 이 채널을 주도적으로 활용하고 있는 것으로 보인다.

6. 전망 : 구조적 장애들과 긍정적 징후들

지금까지 살펴본 바와 같이 한국의 종교들은 해방 후 한국전쟁 종결시까지 대체로 두 단계를 거치면서 조직적 단절성이 심화되었다. 북한의 지배층이 그리스도교인들로 하여금 모든 형태의 국제적 유대를 단절하도록 강한 압력을 가함으로써, 한국전쟁이 끝났을 무렵에는 북한 그리스도교(개신교, 천주교)와 외국 교회의 국제적 연락망도 완전히 단절되었다. 전체적으로 한반도에서 종교들의 조직적 통합성은 아주 짧은 기간 동안만 유지되었다고 할 수 있는데, 이것은 같은 분단국가이면서도 상대적으로 오랜 기간 동서독 교회의 조직적 단일성을 유지했던 독일의 경우와 대조되는 현상이었다. 남북한 종교들의 조직적 통합성은 매우 낮은 수준에 머물러 있으며, 궁극적으로 완전한 긍정적 상호 영향 관계의 복원을 의미할 남북한 종교 조직의 재통합 내지 단일화에 대한 전망은 전쟁 이후 반세기가 지난 현재도 매우 불투명하다. 무엇보다 남북한의 종교인들이 모여 종교 조직의 재통합을 논의하고 진전시킬 '정치적으로 자율적인' 공간은 거의 존재하지 않는다.

남북 종교 조직들이 서로 단절된 상태에서 수십 년 동안 이질적인 발전 과정을 거쳐온 결과, 현재 '종교 내적으로도' 단기간 내에 큰 진전을 기대하기 어렵게 만드는 다양한 장애물들이 존재하고 있다. 앞에서 확인했듯이 현재 북한에 해당 종교를 대표하는 조직이 엄연히 존재함에도 남한에 북한 지역을 위임받은 조직이 따로 있는 '이중 조직'의 문제(천주교, 장로교, 감리교의 경우), 북한의 탈교파적인 단일 교단 조직의 형태와 대조되는 남한 종교들의 교파주의적 조직 형태의 문제(개신교, 불교의 경우), 전쟁 이후 남북한에서 종교 조직의 성격 자체가 근본적으로 달라짐으로써 오는 이질성의 문제(불교의 경우), 해방 이전 북한에 소수의 신자들이 존재했지만 오늘날에는 독자적인 신자 조직을 갖지 못한 남한 종교들이 북한과의 접촉이나 선·포교활동에 나서면서 제기되는 문제들(대종교, 원불교의 경우) 등이 그런 예이다. 1980년대 후반에 신자 조직은 재건되었지만, 전쟁 발발 이후 무너진 '교계제도'를 복원하기 위해 북한 신자들이 어떤 형태로든 남한 교구장의 교도권과 교황의 수위권을 수용해야만 하는 상황은 남북 천주교의 조직적 통합성을 저해하는 요인으로 작용하고 있다. 전후 북한에서의 심각한 조직의 위축과 남한에서의 급속한 조직의 팽창이 수십 년 동안 지속된 결과 남북한 교세의 극심한 비대칭성과 불균형 현상이 거의 모든 주요 종교들에서 나타나고 있고, 이런 상황은 남한 종교들로 하여금 약체인 북한 종교 조직을 아예 무시하거나, 남한의 교파주의를 북한에 이식하도록 유혹하고 있기도 하다.

그러나 남북한 종교관계의 다른 측면들에서는 1980년대 이후 긍정적인 상호 영향의 징후들이 좀더 강하게 나타나고 있다. 앞서 보았듯이 북한의 종교들은 1970년대 중반 이후 국제무대에 재등장했으며, 남북한 종교들의 국제적 연결망이 1970~80년대에는 냉전적 대결 구도를 따라 상이하게 전개되었지만, 1980~90년대를 거치면서 남북한 종교들의 국제적 연결망이 부분적으로 서로 수렴되면서 국제기구 자체가 남북한 종교의 화해와 교류의 장으로 기능하는 사례가 늘어났다. 개신교의 세계교회협의회, 천주교의 교황청, 불교의 세계불교도우의회와 아시아불교평화회의가 그런 역할을 담당하고 있다. 남북한 종교의 조직적 단절 이후 끊어졌던 '인적 교류'도 1980년대 초부터 개신교, 1980년대 중반 이후 천주교, 1980년대 말 이후 불교, 1990년대 이후 대부분의 주요 종교들의 순서로 재개되었다. 1990년대 이후 제3국 혹은 한반도 내에서 남북한 종교인들간의 활발한 인적 교류가 진행되고 있고, 이는 시간이 갈수록 급속하게 활성화되는 추세이다.

'정치적 반작용' 관계 면에서도 한쪽의 정치적 선택이 다른 쪽의 정치적 입지를 좁히는 방향으로만 작동해왔던 '부정적 반작용' 관계가 1970년대를 거치면서 '긍정적 반작용' 관계로 역전되었다. 특히 1970년대 이후 남한 그리스도교들의 헌신적인 반독재투쟁과 1990년대 중반 이후의 활발한 대북 지원활동은 북한 지배층으로 하여금 (그리스도교를 중심으로) 종교의 사회적 기능에 대한 재평가를 시도하도록 유도하였고, 무엇보다 북한 종교인들의 정치·사회적 입지를 강화하는 데 결정적으로 기여했다. 긍정적인 정치적 반작용 그리고 활성화되는 인적 교류의 과정에서, 남북한 종교인들의 '주관적 상호 인식'에서도 의미 있는 변화가 나타나고 있다. 상대편에 대해 '사이비 종교인', '어용 종교인', '미제의 앞잡이'와 같은 오명을 부여하거나 부정적인 낙인을 찍는, 한마디로 '부정적 전형화'로만 치달았던 과거의 패턴은 1980~90년대를 거치면서 상대방에 대해 '형제자매', '신앙 동지', '순교자' 같은 이미지를 확산시키는 '긍정적 전형화'의 과정으로 역전되거나, 적어도 긍정적 전형화가 부정적 전형화와 공존하는 패턴으로 바뀌고 있다.

강인철 | 한신대 종교문화학과 교수

한반도 | 건축문화

평양과 서울의 건축과 역사 조형물

1. 남북 대결 그리고 다름과 닮음

제2차 세계대전 후 세계사의 질서가 새롭게 자리 잡아가는 상황에서 우리는 스스로를 챙기지 못해 분단을 껴안았고, 이러기를 어언 60여 년이 지났다. 궁예가 세운 태봉보다, 견훤이 세운 후백제보다도 긴 분단국가가 된 것이다. 1990년대에 들어 영국 잡지 『이코노미스트』는 1995년에 소멸할 가능성이 있는 나라로 북한을 꼽았다. 그들의 예상은 이미 빗나갔지만 세계의 이목은 항상 한반도를 주시하고 있다. 어느덧 코리아가 더 이상 세계사의 변방이 아니라 지구촌의 한 부분으로 부각되고 있는 것이다.

알지만 알아서는 안 되고, 모르는 척해야 했던 암울한 시간이 반세기 동안 지속되었다. 이데올로기의 장벽은 무너졌으나 아직도 우리에게는 그 잔영이 크고 강하게 남아 있다. 그러나 '민족'은 이데올로기를 넘을 것이고 시간은 역사의 장을 채워갈 것이다. 그리고 역사가들은 '한때 독재자들은 이데올로기를 통치의 가장 훌륭한 도구로 사용했었다'라고 기록하게 될 것이다.

자력으로 독립을 얻지 못한 남한에서는 미국의 영향권에 편입되면서 또 하나의 새로운 '현대 건축'의 시대가 전개되었다. 해방 직후 남한에 미군정이 들어서자 자연히 미국식 건축이 주입되기 시작한 것이다. 즉, 건축의 모든 코드가 미국식으로 이어지지 않으면 안 되는 풍조로 바뀌기 시작하였다. 친일세력은 하루아침에 친미세력으로 변신하면서 새로운 귀족이 되었고 그들과 그들의 후손은 살아남기 위하여 미국세력에 더욱더 밀착되어갔으며, 지금도 그 영향이 건축계에 미치고 있다. 1965년 일본과 국교가 이루어지면서 현대 일본 건축은 미국식 건축과는 다른 또 하나의 축으로 한국 현대 건축에 영향을 미쳤다. 우리는 이러한 사실을 인식하면서도 극복하지 못하는 한계를 안고 있다.

동서 냉전이 우리에게 끼친 영향이 극단적으로 표출된 것이 바로 한국전쟁이었다. 전쟁 중에는 건설은 전무한 상태에서 오직 파괴만 있을 뿐이었다. 그리고 전쟁은 남한에 미국식 현대 건축이 본격적으로 이식되는 계기가 되었다. 전쟁이 끝난 후 미국에서 건축 기술자가 파견되었으며, 한국인 기술자들이 미국으로 건너가 그들의 기술을 습득해왔다. 자본주의는 건축을 상업적 건축 환경으로 유도하였는데, 그러한 건축 환경은 한국의 건축적 상황에서도 예외일 수 없었다.

남한에서 근대 건축의 실패에 대한 자성은 1970년대부터 있었다. 그리고 이때부터 새로운 건축 이론들이 풍미하기 시작하였다.[266] 남한은 후기 자본주의 건축의 첨병 역할을 충실히 수행해왔다. 해방과 함께 식민주의 건축은 종말을 보는 듯했지만 한국전쟁은 또 다른 식민주의 건축을 끌어들이는 계기가 되었다. 미국에서 교육받은 건축가, 이들로부터 국내에서 교육받은 건축가, 미국에서 직접 이전된 디자인과 공법, 건축의 선진국이라고 믿고 미국 건축가를 막연히 동경하는 건축주, 이 모든 것들은 아직도 건축의 식민주의를 털어내지 못하는 요인이 되고 있다.

숨 쉴 틈도 주지 않고 달려온 개발 우선주의는 드디어 폭발 직전의 도시를 양산하는 결과를 가져왔다. 이러한 현실을 보고 사람들은 '천민자본주의의 전형'이라고 말한다. 천민자본이 만드는 도시는 곧 '천민 도시'이다. 도시가 '더불어 살아가는 생활을 담는 그릇'이라는 철학적 개념을 배우기 전에, 그리고 건축이 '사회적 공기'라는 공동체 의식을 배우기 전에 '개발'부터 배웠으니 그럴 수밖에 없었다. 부끄럽게도 건축가는 기꺼이 이런 천민자본의 충실한 시녀가 되어주었다. 졸부의 빈곤한 머릿속에 담겨 있는 오로지 '돈 되는 생각'에 건축가들은 머리를 빌려주고 그 대가를 챙기기에 급급하였다. 졸부의 시녀이기를 거부하고 스스로 가치를 추락시키는 행위를 중단하라고 목청을 높이는 양심적인 건축가의 외침은 허공 속에 묻힐 뿐이었다.

말초적인 현대성은 마치 유행병인 양 너도나도 베끼기에 급급하다. 썰물처럼 밀려오는 패션에 다함께 휩싸였다가 또 다른 썰물이 밀려오면 그 물결에 밀려다니는 현상이 한국 자본주의 사회에서의 현대 건축의 현상이다. 양심적인 목소리는 대책 없는 거대한 함성에 휘말려 찾을 수조차 없다.

한편, 소련에서는 1917년 러시아 혁명 직후 소련이라는 통일된 국가 이념을 실현하기 위한 노력이 건축에 접목되면서 사회주의 건축 양식이 나타나기 시작하였다. 창작 능력이 아무리 뛰어나도 건축에 어떻게 사회주의를 반영할 수 있을까? 하는 문제는 당시 사회주의 종주국인 소련 건축가들에게 주어진 과제였다. 소련 건축가들은 다민족으로 구성된 소련이지만 이념에 의한 사회주의 건축은 동일하다는 것을 보여주고자 했다. 이 건축 이념이 동구의 사회주의 국가와 북한에 영향을 끼쳤다. 이것이 북한 현대 건축의 주류를 이루고 있는 '사회주의적 사실주의 건축 양식'이다.[267] 이러한 사회주의적 사실주의 건축은 주로 북한의 공공시설물에 특징적으로 표현되고 있으며, 이러한 건축 양식은 지금도 북한에서 지속되고 있다.

해방 후 북한의 건축계에는 소련의 건축이 큰 영향을 미치고 있었다. 소련에서 직접 들여온 디자인과 기술자, 소련으로 유학을 다녀온 건축가들의 활약으로 인해 북한은 소련의 건축 식민지나 다름이 없었다. 이런 와중에 한국전쟁이 일어났고 전쟁이 끝나자 전후 복구 사업의 일환으로 동구권에서 대대적인 북한 원조 사업이 있었다. 평양을 비롯한 주요 도시의 일정한 구역을 동구권의 한 국가가 맡아 복구 사업을 진행하였다. 자생력이 없었던 북한에 소련을 비롯한 동구권 건축이 대규모로 직접적인 영향을 미치는 현상이 벌어지게 되었고, 이러한 현상은 1960년대까지 지속되었다. 이처럼 북한은 전쟁으로 인해 자주적인 건축 행위는 크게 제약을 받을 수밖에 없었는데 이는 남한의 처지와 매우 유사했다.

1960년대에 들어와 김일성은 건축의 독자성을 만들어가기 위해 무던히 노력을 했지만 쉽지 않았다. 한정된 범위에서 찾아낸 것이 '건축의 민족성'이었으나 큰 테두리에서는 결국 사회주의적 사실주의 건축 양식이라는 범주에서 벗어날 수 없었다. 따라서 북한 역시 사회주의라는 틀 속에서 '건축의 식민지' 잔재가 남아 있다.

북한 사회주의의 입장에서 보면 남한의 자본주의 건축은 퇴폐적이며, 오로지 말초적 장식으로 이루어졌다. 그래서 자본주의 건축을 인민을 위하기보다는 있는 자의 취향을 쫓아가는 말세의 징조라고 표현하고 있다.[268] 우리는 이러한 해석을 어떻게 받아들여야 하고, 그들의 건축 양식을 어떻게 해석해야 할 것인가? 아마도 통일되기 전까지는 남과 북이 서로 이해할 수 없는 두 개의 지역 건축으로 존재하고 있을 것이다.

해방 이후 남북한의 건축은 몇 가지 특징적인 양식을 보여주고 있다. 같은 민족으로 동일한 역사 문화적 배경을 지니고 있으면서도 냉전 이데올로기 건축 양식은 서로 다른 지역성을 표방하고 있다. 시대적 상황과 분단의 역사로 남북의 현대 건축은 세계사 속의 독특한 지역 건축을 표출하고 있지만 서로간의 건축적 교류는 한 번도 없었다. 정치적으로 상대의 실체를 서로 인정하지 않는다 해도 건축은 실존하고 있다.

한때 체제를 과시하려는 위정자들은 '건축물'을 경쟁의 상징으로 삼기도 했다. 고도의 경제성장을 배경으로 도시화가 급격하게 이루어지면서 남한의 수도 서울이 비대해지고 세계 경제 질서에 편입될 때, 북에서는 평양을 사회주의 모범 도시로 만들려는 개발계획이 진행되었다. 자본을 앞세운 서울의 대기업이 서울 여의도에 '63빌딩'을 세워 동양 최대의 고층 빌딩을 만들었다고 자랑할 때, 평양에서는 철근 콘크리트로 세계 최고층인 105층 규모의 '유경호텔'을 계획하고 있었다. 세계에 자랑할 만한 최고급 '신라호텔'을 서울에 만들었다고 자랑할 때, 평양에서도 모든 자재를 일본에서 수입하여 최고급 '고려호텔'을 건립하였다. 무엇보다도 남북 경쟁의 절정은 1988년의 '서울올림픽'과 1989년 평양에서 열린 '제13차 세계청년학생축전'을 들 수 있다.[269] 남한이 서울에 올림픽을 유치하고 각종 스포츠 시설물을 자랑삼아 건립할 때, 북한은 평양에서 제13차 세계청년학생축전을 유치하였고, 이 축전을 위하여 15만 명을 수용하는 세계 최대 규모의 '5·1경기장'과 각종 체육관을 건립하였다. 그후 비대해진 서울 근교에 대규모 신도시 개발이 이루어질 때, 북한 역시 평양 근교에 대규모 도시 개발을 진행하였다.[270] 남북이 건축적으로 교류를 하지 않아 전문가조차도 모르고 있었지만 불과 얼마 전까지만 해도 위정자들은 이와 같이 항상 상대방을 경쟁의 대상으로 생각했고, 건축물은 이러한 경쟁에서 또 하나의 도구로 활용되었던 것이다.

한때 남한에서는 강력한 독재자에 의해 국토 개발과 서울의 도시 계획이 구체화된 적이 있었다. 경부고속도로, 서울의 상징 거리인 세종로, 청계 상가의 개발, 여의도 개발, 5·16광장 등은 이때 이루어진 계획들이다. 북한의 국토 계획과 평양 도시 개발 역시 또 하나의 강력한 독재자에 의해 계획되고 있었다. 평양 승리거리와 김일성광장, 개선문거리, 동평양개발, 주체사상탑, 서해갑문 등은 모두 '국민'과 '인민'을 위한다는 명분을 내세우고 있지만 남한과 마찬가지로 실제로는 권위를 앞세워 체제 우위를 과시하려는 경쟁 심리가 숨

어 있었던 것이다.

우리가 알고 있는 북한 건축에 대한 정보는 체제 우위를 위한 '전시(展示) 건축'이라는 것이 전부이다. 이제 문화로서 '지역 건축'의 존재를 인정해야 할 때가 되었다. 서로를 인정하지 않는 것은 결국 지금까지 해온 행위의 반복이다. 건축은 정치의 도구가 되어서도 안 되고 과시의 상징물이 되어서도 안 될 것이다.

2. 잡히지 않는 홍미

조형 언어로서의 건축이 사회상을 잘 표현해주고 있다는 이유로 통치자들은 건축을 자신의 이념을 대변하는 매력적인 매개체로 이용해왔다. 건축물은 이념을 상징적으로 보여주기에 더없이 좋은 재료였기에 고대로부터 현대에 이르기까지 수많은 통치자를 유혹해왔던 것이다. 어쩌면 지금 우리가 보고 있는 역사적 조형물 대부분이 통치자의 이념이 표현된 결과물인지도 모른다. 이집트의 피라미드, 진시황제의 만리장성을 비롯하여 현대에 이르기까지 수많은 역사적 조형물들이 이러한 역사적 의미를 지니고 있다.

북한의 도시와 도시를 구성하고 있는 조형물 역시 사회주의 이념을 표현해 줄 수 있다는 매력 때문에 지도자의 특별한 관심을 끌고 있다. 최근 반세기 동안 북한의 도시와 건축은 자본주의 사회와는 달리 독특하게 발전해왔다. 1990년대 들어 조금씩 알려지기 시작한 북한의 도시와 건축은 대부분 '질적으로 낙후되어 있다'는 피상적 내용이거나 '체제 선전을 위한 도구' 정도로만 알려져왔을 뿐이다. 실제로 건축의 질적 문제나, 북한의 사회적 메커니즘에서 건축이 어떻게 이루어지고 있는지, 그리고 그 수준은 어느 정도인지 정확하게 가늠하지 못하고 있다.

북한의 건축에 대해 관심 있는 건축가들은 평양의 건축과 도시에 대해 두 가지 흥미를 지니고 있다. 하나는 사회주의 이념이 도시 형성과 건축에 어떻게 반영되었을까 하는 것이고, 다른 하나는 앞으로 평양이 어떻게 개방 사회에 적응하며 변화될 것인가 하는 것이다. 전자가 과거의 행적이라면 후자는 미래에 대한 관심이다.

북한이 중국과 같은 형태로나마 개방되기를 바라는 가장 큰 집단은 아마 남한의 건설업계가 아닐까 한다. 건축과 관련되어 엄청나게 많은 일들이 전개될 것이라는 기대감 때문이다. 이렇게 기대하는 가장 큰 이유는 우리나라에 이미 선진 건설 기술이 축적되어 다른 나라보다 경쟁력의 우위를 지니고 있고, 자본 투자 능력이 있고, 북으로의 접근이 용이하고, 통역이 필요 없으며 무엇보다도 '같은 민족'이라는 감성적 공감대가 형성되어 있는 것을 들 수 있다. 이는 일본이나 중국보다 큰 장점이다. 이런 의미에서 북한 건축을 이해하는 것이 단순한 지적 탐구나 호기심 때문이 아님을 알 수 있다.

1990년대에 들어와 소련의 붕괴와 동구권의 개방정책에 편승하여 북한에 대한 탐구는 가속화되기 시작하였다. 국내의 북한 관련 자료가 부분적으로 개방되면서 연구자들의 접근이 다양해지기 시작하였다. 북한 건축에 대한 남한의 접근은 북한의 전통 건축으로부터 시작되었다.[271] 그 까닭은 전통 건축이 사회주의 이데올로기와 비교적 거리가 멀기 때문이다. 정작 우리가 궁금해 하는 북한의 현대 건축은 방북했던 재미 건축가나 월남한 기술자의 입을 통하여 알려지기 시작하였다. 그리고 평양의 도시와 건축이 건축계의 관심 영역에 들어오면서 조심스럽게 평양 탐구가 시작되었다.

근래에 들어와 평양이 머지않은 장래에 개방될 것이라는 조심스러운 예견들이 나오고 있다. 개방이 어떤 방법으로 이루어질지는 알 수 없지만 개방 후 북한의 건축 문제를 우리 건축인들이 떠안지 않으면 안 된다. 이는 '북한 건축 바로알기'를 넘어 '북한 건축 이해하기', 나아가 '동질성 회복'으로 이어져야 할 것이다. 그러나 안타깝게도 아직 북한의 건축에 접근하는 방법은 '흥미'의 범주를 벗어나지 못하고 있다.

3. 평양, 그 거대한 기념비적 조형물

한국전쟁은 평양을 완전히 새롭게 만드는 계기가 되었다. 한국전쟁 중 계획된 평양시 복구건설 총계획을 보면 기본적으로 대동강을 사이에 두고 지금의 김일성광장과 주체사상탑이 도시의 중심축을 이루고, 격자와 방사로 이루어진 도로 계획이었음을 알 수 있다.[272] 즉, 구시가지의 도시 구조를 바탕으로 하면서 그 배후를 개발하도록 하고, 평양의 동쪽은 격자형 도로와 부분적으로 방사형 도로를 혼용하여 새롭게 개발하는 계획으로, 지금의 주체사상탑을 중심으로 신시가지를 개발하여 김일성광장과 함께 도시 중심축을 형성하는 것이었다.

그후 북한은 1950년대 중반에 다시 평양의 도시 계획을 수립하게 된다. 이 계획에서는 평양 동북 지역에 또 하나의 부도심권을 개발하여 기존 도심과 연결하고자 했다. 그러나 이 계획은 지금의 평양 모습과 많이 다르다. 실제로 북한에 사회주의적 도시 계획 개념이 본격적으로 도입된 것은 5개년 계획이 시작된 1957년경부터이다. 당시 북한 도시 계획의 기본 과제는 다음과 같았다. 첫째, 도시는 사상 교양 장소로서 도시 중심부에는 김일성 동상과 혁명기념물을 배치한다. 둘째, 근로 인민의 편리를 위하여 도시 규모를 제한하고, 대도시 주위에는 위성도시를 건설하며, 지역의 용도를 합리적으로 설정한다. 셋째, 위생적이고 문화적인 도시를 도모한다. 넷째, 아름다운 도시를 건설한다. 다섯째, 형식주의를 반대하고 경제적인 도시 건설을 위하여 설계를 표준화하여 건설의 공업화를 추구한다. 여섯째, 단계별 계획 수립을 위하여 종합

계획, 세부계획, 연도별 건설계획으로 진행되도록 한다.[273)]

1960년대에는 평양을 사회주의 모범 도시로 만들기 위하여 기존의 도시 계획에 따라 각종 도로를 건설하거나 확장하고 대규모 공공시설물을 만들기 시작하였다. 이때 소련의 영향을 받은 사회주의적 사실주의 건축 양식과 민족 전통 건축을 현대적으로 응용하는 건축물이 들어서기 시작하였다.

1970년대에는 주체사상이 대두되면서 평양 중심부에 김일성 동상과 혁명사적관 그리고 기념비적 조형물을 배치하였다. 이것은 평양을 혁명적 수령관으로 만들려는 계획의 일환이었다. 1970년대는 도시 계획에 있어서 이데올로기가 가장 중요한 계획 개념으로 대두되었던 시기였다.

1980년대에 들어와서는 평양의 외곽 지역을 집중적으로 개발하였다. 부족한 주택을 건설하고, 기념비적 조형물을 통해 혁명의 도시를 대내외에 과시하려고 하였다. 이 시기는 국제사회에서 남북이 극심하게 경쟁하던 때였다. 이 무렵 북한을 방문했던 중국 건축가는 평양을 '화원(花園)의 도시'라고 표현하였다.[274)] 이 말은 평양의 도시 이미지를 단적으로 표현하고 있다.

이미 해방 직후에 개수 공사를 단행하여 정비를 마친 대동강은 평양 도시 경관의 상징이었다. 평양은 도시의 중심부를 굽이쳐 흐르는 대동강과 지류인 보통강, 모란봉의 푸른 숲, 도시 중심부 곳곳에 만들어놓은 오픈스페이스, 도시 공원, 그리고 많지는 않지만 역사 유적과 현대 건축이 어우러진 독특한 도시 경관을 지니고 있다. 그중에서도 지형지세의 특징을 이용하여 구릉을 없애지 않고 건축물을 세워 도시 경관을 형성한 것이 특징적이다.(사진 1)

도시 계획에서 축의 개념은 매우 중요하다. 축은 도시를 정확하고 강한 이미지로 인식시켜주는 데 없어서는 안 될 필수 요소이다. 북에서는 도시 상징성과 사회주의를 잘 표현하기 위해서 축을 두는 원칙이 어느 도시에나 공통적으로 적용되었다. 이러한 도시축을 이용하여 사회주의 상징성을 표현하였는데, 평양은 그 상징성을 김일성과 관련된 조형물로 연결되도록 하였다. 이렇

사진 1. 평양의 가장 오래된 지역인 본평양 전경으로 사진 왼쪽에 보이는 큰 건물이 김책공대, 오른쪽 상단의 뾰족한 건물이 105층 규모의 유경빌딩이다.

게 함으로써 사회주의 도시의 기본 과제인 사상 교양 장소가 된다고 생각했던 것이다. 즉, 사회주의의 이상 도시 이념을 이런 형태로 표현하였던 것이다. 평양을 비롯하여 개성, 원산, 남포, 신의주 등 대부분의 북한 도시는 이러한 원칙을 기본으로 계획되었다.

앞에서 간략하게 언급하였지만 근 50여 년에 걸쳐 평양의 도시 구조는 두 가지 조건에 근거를 두고 변천해왔다. 하나는 평양의 역사적 사실에 근거를 두는 것이다. 이것은 도시의 문화유산과 지형 조건을 최대한 이용하면서 발전시켜왔는데, 예를 들면 흔적밖에 남아 있지 않지만 평양 성곽을 비롯하여 대동문, 보통문, 을밀대 등 조선시대의 역사 문화재를 도시 구조의 바탕에 깔고 계획하였다. 대체로 1960년대 이전의 도시 기본 구조가 여기에 해당된다. 두 번째는 1970년대부터 주체사상을 도시에 구체적으로 구현하는 계획이다. 예를 들면 중심 구역에 사회주의와 주체사상을 상징하는 시설물이 들어서고 사회주의 우월성을 나타내려는 건축물을 곳곳에 배치하는 것이다.

평양의 도시 구조를 보면, 도시 영역은 대동강을 중심으로 크게는 동과 서

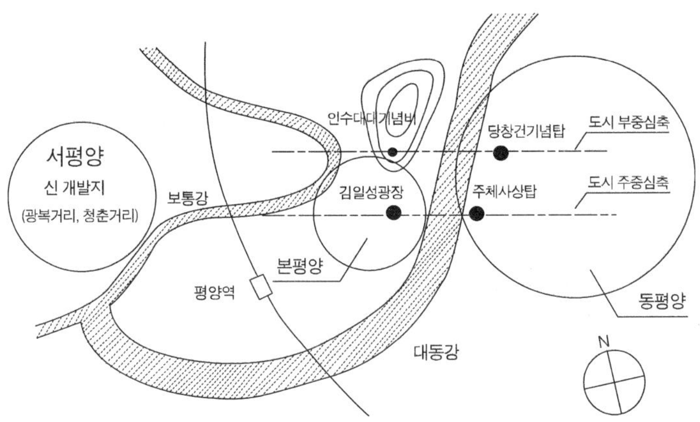

그림 1. 축을 가장 중요하게 생각한 평양 도시의 기본 구조 개념도.

두 개로 나뉘지만 세분하면 세 개로 나누어진다. 하나는 옛날부터 형성되었던 구도심으로서, 대동강 서측과 그 지류인 보통강 사이의 구시가지 '본평양'이다. 둘째는 대동강 동쪽 구역으로서 1945년 이후 집중적으로 개발된 신시가지 '동평양'이다. 셋째는 보통강 서측으로서 1980년대 이후 집중적으로 새로 개발된 만경대 구역을 중심으로 한 '서평양' 지역이다.

본평양과 동평양 이 두 지역의 중심부에 대동강을 사이에 두고 두 개의 강한 도시축이 형성되어 있다. 하나는 김일성광장과 주체사상탑을 잇는 것이고, 다른 하나는 만수대대기념비와 1995년에 건립된 당창건기념탑이 이어지는 축이다. 이 두 개의 도심축 일대가 평양의 도시 이미지를 강하게 표현해주는 중심 지구이다.[275](그림 1)

김일성광장은 대동강변으로 트여 있고 좌우에 정부청사, 미술박물관, 역사박물관이 자리 잡고 있으며, 광장 후면 언덕 위에 민족 전통 양식의 거대한 인민대학습당이 자리 잡고 있다. 광장을 가로지르는 승리거리는 평양의 가장 중요한 중심 거리이다. 이와 같이 도시 중심부에 박물관, 미술관 같은 문화

시설이 자리 잡고 있다는 것은 매우 의미가 있다.

평양에는 1980년대부터 개발되기 시작한 두 개의 신시가지가 있다. 하나는 구시가의 서측 지역인 만경대 구역이고, 또 하나는 구시가지의 남측 지역인 낙랑 구역이다. 이 두 구역에는 사회주의 도시의 모범을 보여주려는 북측의 의도가 강하게 나타나 있다. 넓은 도로에 공공시설과 편의시설을 골고루 배치하고 다양한 고층 아파트를 가로변에 배치하여 도시 경관의 변화를 추구하였다. 여유 있는 배치 계획, 충분한 녹지 공간, 변화가 다양한 도시 경관을 만들어 사회주의 모범 도시를 과시하고 있는 것이다.

4. 이념으로 승화시킨 사회주의 역사 조형물

김일성이 사회주의 도시 건설에 심혈을 기울였다면 김정일은 사회주의 조형물에 심혈을 기울였다. 선대에 이루어놓은 도시 기반은 건축적 이상을 실현하는 훌륭한 바탕이 되었다. 건축물이 사회주의 국가를 형상적으로 잘 보여줄 수 있는 문화적 표현물이라는 것을 잘 알고 있던 북한의 통치자들은 주택 보급률을 높이는 한편 건축물로 사회주의의 우월성을 표현하고자 했다. 이를 위해 '주체적 건축 사상'과 연계시키면서 조형적으로도 새로운 창조성을 요구하였다. 김정일은 1970년대에 들어와 각종 건설 사업에 관여하면서 건축가들에게 "건축도 하나의 예술이다. 그러므로 건축 창작도 반드시 반복적이지 않아야 한다", "건축물을 설계할 때 절대로 다른 건물 형식을 본떠서는 안 된다. 설계에서 유사성과 반복은 금물이다"라는 말로 건축가들에게 건축 형태의 다양한 창조성을 요구하였다.[276]

김정일은 지도자 수업을 하면서 건축과 도시에 깊이 관여하게 되는데, 이를 바탕으로 1992년 『건축예술론』이라는 책을 펴냈다. 책 서문에서 그는 "주체

시대의 요구와 인민대중의 지향과 요구를 실현하기 위한 건축 혁명 과정에 발전 풍부화되고 사회주의, 공산주의 건축 창조를 위한 실천투쟁을 통하여 그 과학성과 정당성이 확증된 주체의 건축 이론을 철저히 구현함으로써 새롭고 독창적이며 혁명적인 우리 식의 건축을 창조하여야 하며 그 생활력을 남김없이 발양시켜야 한다"라고 하였다.[277] 또한 주체의 건축 이론은 "주체시대의 요구와 인민대중의 지향과 요구를 철저히 구현할 수 있는 사회주의, 공산주의 건축을 창조하기 위한 가장 과학적이며 혁명적인 건축 학설이며 위대한 건축 강령이다"라고 하는 데 비해, 자본주의 건축은 "추상파적이며 변태적인 조형미는 인민대중의 자주적인 사상의식을 마비시키며 말세적이고 퇴폐적인 부르주아 사상으로 오염시킨다"라고 비하하고 있다. 나아가 "편리성이 보장되지 않고 실용성이 없는 건축은 빛 좋은 개살구와 같으며, 자본주의 사회에서 유행되는 부르주아 형식주의 건축은 바로 이러한 실용성이 없는 건축물이다"라고 폄하하였다. 반면 주체 건축은 "진실하고 생동한 조형미는 인민대중의 미적 지향에 맞고, 그들로 하여금 사회주의제도의 우월성, 민족적 긍지와 자부심을 강조하며, 당과 수령, 조국과 인민에 대한 충성심을 교양하는 데 이바지한다"라고 하였다. 김정일은 또한 자본주의 건축은 모두 실용성이 결여되고, 퇴폐적이며, 개인의 행적을 이념적 상징으로 표현한 개선문이나, 주체사상탑, 김일성 혁명사상연구소 같은 건축은 실용적이고 건전하다고 주장하였다.(사진 2)

평양에는 남한과의 경쟁 과정에서 주체적 건축 사상에 의해 실현된 건축물이 많다. 평양의 주체사상탑이나 평양 개선문도 이러한 유형에 속한다. 기능성과 효용성보다는 우월성을 나타내려는 것이 우선이면서 한편으로는 인민대중들에게 사회주의를 계도하려는 의도도 담고 있다. 사회주의 국가에서는 이념성이 없는 건축물은 한낱 축조물에 불과하다. 즉, 사회주의 국가에서 건축물은 기능도 중요하지만 형식이나 내용에서 사회주의라는 이념을 표현하지 못하면 가치를 인정받기 어려운 것이 현실이다.

사진 2. 대동강을 사이에 두고 김일성광장(앞)과 주체사상탑이 마주보고 있다.

김정일이 권력의 상부로 부상하면서 나타난 건축 이념 중 가장 두드러지는 특징이 둘 있다. 하나는 건축을 통해 사회주의 우월성을 표현하는 것이고, 다른 하나는 건축의 예술적 조형성을 제고하는 것이다. 특히 인민이 중심이 되는 사회주의 기본 이념에 따라 거대한 건축물과 기념비적 조형물이 많이 만들어지게 되는데, 이러한 경향은 대개 1970년대 후반부터 이어지고 있다. 이 시기에 거대 건축물과 기념비적 조형물이 많이 나타나게 된 요인으로는 첫째, 김일성 유일사상을 고취하고 그의 행적을 전인민에게 확고히 심어주기 위한 작업의 일환이라는 점과, 둘째 남한과의 대립적 견지에서 우월성을 표현하려는 의도를 들 수 있다. 즉, 남북의 극심한 정치적 대립은 건축에서도 남북 대립이라는 경쟁 심리를 가져오게 되었던 것이고, 이러한 의식이 주체 건축을 앞세워 체제 우월과 결부시키면서 외형적으로 나타나게 되었다.

1980년대와 1990년대는 이른바 '노동당 시대의 기념비적 건설물'이라는 대규모 건축 사업을 진행하여 상당한 성과를 거두게 되는데, 1989년 말에는 평양에 3만 세대의 대규모 아파트를 건설하기도 하였다. 이 시기를 북한에서는

'사회주의 완전 승리를 위한 투쟁시기 건축'이라 부른다.[278] 1970년부터 1980년대 전반기까지는 인민 경제의 주체화, 현대화, 과학화로 사회주의 경제 토대를 강화하려는 시기이다. 이 당시 대부분의 북한 건축물의 특징은 규모가 거대해지고 사회주의적 사실주의와는 달리 조형성을 강조하며, 북한 사회주의의 우월성을 나타내려는 의도를 지니고 있다.

북한이 이념성을 내세워 사회주의를 건축물로 표현하고 있었다면 같은 시기 남한에서는 자본을 내세워 자본주의를 건축물로 표현하고 있었다. 자유시장 경쟁체제에서 자본은 효율성과 이익 창출을 목표로 하고 있기 때문에 상업주의 건축물이 극대화될 수밖에 없는 것이다. 대기업의 사옥은 거대하고 독특한 디자인으로 기업 이미지를 각인시키는 데 주력하였고, 일반 상업 건물은 기능적이고 실용적인 심중함과는 거리가 먼 자극적인 외피 모양내기에 급급한 '패션주의'화가 되어가는 경향을 보여주고 있었다. 이런 과정에서 올림픽 시설물은 자본주의의 최대 상징 건축물로 등장하게 되었다. 이와 같이 넘쳐나는 상업주의 건축물은 남한의 위정자들에게 남한이 '잘 살고 있다'는 과시의 대상물로 인식하게 만들었다.

5. '사회주의적 사실주의'와 '민족주의' 역사 조형물

북한의 현대 건축은 그것이 어떤 형식이든 사회주의를 표현하고, 역사성을 지녀야 하는 의무를 내포하고 있다. 분단 이후 사회주의 이념을 체제의 근본으로 삼고 있지만 북한 현대사의 변천에 따라 건축의 조형적 특징은 조금씩 다르게 나타나고 있는 것을 알 수 있다. 그중에서도 가장 원천적이고, 지속적인 조형 양식은 '사회주의적 사실주의 건축 양식'이다. 사회주의 종주국인 소련으로부터 영향을 받은 이 건축 양식에는 몇 가지 공통적인 조형적 특징이

사진 3. 만수대 언덕에 자리 잡고 있는 조선혁명박물관과 그 앞의 만수대대기념비. 조선혁명박물관은 사회주의적 사실주의 건축 양식의 하나이다.

있다. 예를 들면 배치 및 평면의 구성에서는 중심축 선과 대칭성을 강조하려는 의도가 강하게 나타나고 있다. 간혹 비대칭적인 건물도 있으나 그렇다 해도 기본적으로는 사회주의적인 양식적 특징을 지니고 있다. 입면에서는 층고(層高)가 높아지고 거대한 벽체와 육중한 기둥이 나타나며, 문과 창 주위에 풍부한 장식을 가미하는 것이다. 층고를 높이고 거대한 기둥을 세우면 결국 수직선을 강조하게 되는데, 북에서는 이러한 수직선은 건축 조형적으로 혁명을 위하여 끊임없이 투쟁하는 '인민대중의 신념과 의지'를 상징하는 것으로 해석하고 있다. 중앙과 양 측면 상부에 펜던티브[279)]를 두기도 하고 최상층 창호 상부는 반원 아치로 처리하기도 한다. 지붕에는 간혹 조각물 등으로 장식하거나 난간을 설치하기도 한다. 조각의 주제는 '인민의 위대한 승리', '사회주의 역사 기념', '주체사상 찬양'을 표현하는 것이 대부분이다.

결국 사회주의적 사실주의는 사실주의 발전의 최고 단계일 뿐만 아니라 그 이전의 모든 사실주의와는 본질적으로 구별되는 우월한 창작 방법이며 사실주의의 발전 역사에서 획기적인 전환을 이룩한 창작 방법이라고 보았다. 김일성종합대학 본관, 평양역사, 모란봉극장, 정부종합청사, 인민군교예극장 4·25문화회관, 만수대의사당, 조선혁명박물관 및 만수대대기념비 등이 북한 사

사진 4. 김일성광장에서 바라본 인민대학습당. 김일성광장 뒤쪽 언덕 위에 자리 잡은 인민대학습당은 북한 민족 건축의 대표적인 사례이다.

회주의적 사실주의 건축 양식에 속하는 대표적인 사례이다.(사진 3)

북한 건축에서 또 하나의 이념성 표현은 이른바 '민족 건축'이다. 즉, 전통적 요소를 현대 건축에 접목시킨 건축이라 하겠다. 전통론의 대두는 이질적인 외래문화에 대한 지역문화의 반발과 경제적, 문화적 자주성을 지키려는 자아의식에서 그 원인을 찾을 수 있다. 말하자면 교조주의를 배제하려는 지역주의와 민족 주체성이라는 큰 흐름에 의해 대두되었던 것이다. 북한에서 민족 건축이 대두된 것은 1950년대 말이다. 이 당시의 건축에서 이슈로 부각된 것 중 하나가 '민족적 형식과 사회주의적 내용'을 담는 것이었다. 김일성은 이것을 사회주의적 사실주의로 정의하였다.[280] 어떻게 보면 예술에서 전통주의를 사회주의에 접목시켜 고착화하려는 것으로 볼 수 있다. 이렇게 본다면 사회주의적 사실주의와 민족적 형식이 같은 유형으로 묶여질 수도 있으나 건축의 형식적 특징과 발전 과정을 생각하면 서로 다른 유형이 되기도 한다.

북한 사회주의 헌법에는 "국가는 민족적 형식에 사회주의적 내용을 담은 주체적이며 혁명적인 문학예술을 발전시킨다"라는 내용이 있어 국가적 차원에서 이미 그 근거를 마련해두고 있었다. 북한 현대 건축에서는 건물에 기와지붕을 올리는 것이 전통을 계승하는 형식의 한 모범이다. 이 형식이 논란의 여지를 갖지 못하는 것은 최고 통치자가 지니고 있는 건축관 때문이다. 건축에서 민족적 형식은 전통의 직설적 응용이라는 범주 내에서 이루어졌고, 그것도 다양한 논의나 논쟁 없이 거의 일방적인 교시로 이루어졌다.(사진 4)

북한은 역사적인 조형물 중 기념탑을 인민 사상 교육의 중요한 도구이자 개인의 업적을 계도하는 이념적인 조형물로 활용하고 있다. 이러한 조형물에 조각이 포함되면서 거대하고 웅장함을 나타내도록 하였다. 조각도 다른 예술 분야와 함께 당성과 계급성, 나아가 인민의 사상적 생활상을 사실대로 표현할 수 있어야 한다. 그뿐만 아니라 사회주의적 내용을 담는 민족적 형식이 표현되어야 진정한 주체 조각 예술로서 인정을 받게 된다.[281] 그리고 이것은 사상 교양적 도구로 활용되도록 하였다.

북에서는 조형물로서 기념탑은 기념성을 표현하는 측면도 있지만 이와 같이 주민 사상 교양의 도구로 활용하는 측면이 강했다. 그렇기 때문에 도심지에서는 탑이 그 일대의 중심 역할을 하는 도시의 장소성을 확보하도록 하였고, 도시 외 지역이나 사적지 같은 곳에서는 상징성과 함께 사상 교양의 장소성을 갖도록 하였다. 평양의 주체사상탑에도 이러한 도시의 장소성과 사상 교양의 도구로 사용하려는 의미가 담겨져 있다.

이념적 조형물로서의 기념탑은 크게 두 가지 건립 배경을 지니고 있는데, 하나는 항일투쟁이나 한국전쟁과, 다른 하나는 사회주의 혁명과 관련이 있다. 항일투쟁 기념탑은 주로 김일성의 항일 행적과 관련된 곳에 항일투쟁 역사를 기념하기 위해 건립되었다. 한국전쟁과 관련된 기념탑도 여러 곳에 건립되었다. 사회주의 혁명과 관련된 기념탑은 사회주의 승리를 위한 투쟁 역사, 사회주의 완성을 위한 속도전, 당 창건 기념 등이 기념탑의 주제가 된다.(사진 5)

반세기 이상 사회주의 도시 평양의 건축은 사회주의적 사실주의 건축 양식으로 형성되어왔다. 그동안 절대 권력자에 의해 주도되어왔던 북한의 현대 건축은 자본주의 사회에서 볼 수 없는 독특한 양식적 특징을 지니고 있다. 이러

사진 5. 동평양 문수거리의 당창건기념탑은 대동강을 사이에 두고 조선혁명박물관과 축을 형성하면서 평양의 상징성을 크게 부각시키고 있다.

한 건축 양식은 다분히 정치적 도구로 활용되었으며, 그들의 건축은 민족적 형식에 사회주의적 내용이 담고 있다. 북한 사회주의에서의 건축은 "노동계급의 수령에 의해서만 사회주의, 공산주의 건축의 진면모가 밝혀지며 건축에 대한 인민의 지향과 요구를 완전무결하게 실현할 수 있는 근본 방안이 제시되며 수령의 영도 밑에서만 그것이 빛나게 실현되게 된다는 것을 보여준다"라고 한다. 이와 같이 모든 건축은 언제나 최고 통치자의 현명한 지도로 이루어졌다고 찬양한다. 북한의 현대 건축도 역시 건축 발전을 위한 '당의 현명한 영도'로 시작되며 그 영도는 언제나 위대한 하나의 최고 통치자 개인에게 영광을 돌리고 있다.

이념이 도시와 건축에 어떻게 반영되고 표현되었을까 하는 측면에서 세계의 많은 건축가들은 평양에 관심을 가지고 있다. 그들은 북한 정권이 수립된 이후 지금까지 지속되어온 '사회주의적 사실주의 건축 양식'에도 관심을 가지고 있다.

6. 민족 동질성으로의 긴 여정

임진왜란 때 왜군이 쳐들어오자 임금은 피난을 가고, 궁성은 왜군이 점령하기 전 성난 백성들에 의해 불타버리고 말았다. 당시의 기록을 보면 왜적에 의해 파괴된 것 못지않게 민중에 의해 파괴된 것도 많다. 감성이 이성을 앞서버렸기 때문일 것이다. 존치 여부를 놓고 논란이 많았던 조선총독부 청사를 없앤 가장 큰 요인은 '국민 정서'가 허용치 않는다는 것이었다. 이런 것을 보면 우리는 감성이 이성을 앞서는 민족임에 틀림없다. 한 국가의 체제가 소멸되었다고 해서 그 시대의 모든 문화적 산물도 소멸되는 것은 아니다. 그 문화적 산물은 오히려 시대 상황을 정확히 표현해주고 있기 때문에 그 어떠한 기록보다도 중요하다.

그러한 관점에서 볼 때 북한의 '건축과 도시'는 이데올로기 대립의 결과물이라기보다는 하나의 문화현상으로 볼 수 있다. 이제는 우리와 이념이 다른 나라의 도시와 건축 양식에 대해서 관대할 줄 알아야 하며, 이해할 수 있는 정치적, 문화적 역량을 지니고 있어야 한다. 북한 공산주의자들에게 피해를 입은 사람들의 입장에서는 "가슴 아픈 기억이 아직도 생생한데 어떻게 문화현상으로 볼 수 있느냐?"라며 정색할지 모르겠지만 감정을 감정으로써 해결한다면 그 아픈 기억의 끄나풀은 모두 없애버릴 수가 없다. 단지 하나의 문화현상으로 접근한다면 조금은 냉철하고 객관적으로 바라볼 수 있다고 생각한다.

개방 사회로의 진입을 가정해볼 때 도시와 건축적인 측면에서 장래 평양을 어떻게 생각할 것인가? 이제 이 문제에 대해 진지하게 고민해보아야 할 때가 되었다. 몇 가지로 축약시켜보면 첫째, 정치·경제적인 이유로 도시 인구가 급격히 팽창되거나 감소되는 문제를 어떻게 할 것인가? 여기에는 도시 인구의 적정성을 유지하는 문제도 함께 생각해야 할 것이다. 둘째, 사회주의 이념을 표현한 상징성이 강한 도시를 어떻게 받아들일 것인가? 여기에는 북한의 모든 도시가 공통적으로 지니고 있는 사상 교양 공간의 상징물로 만들어진 각종 시설물에 대한 처리 문제도 포함된다. 셋째, 자본주의와는 다른 사회주의 건축 양식에 어떻게 적응하고 질적인 문제를 어떻게 할 것인가? 넷째, 이것과 관련되어 사회주의 역사적 조형물을 어떻게 처리할 것인가? 특히 극렬 반공주의자들은 이런 건축물들을 그대로 두는 것에 반대할 것이다. 다섯째, 건축과 도시의 질적인 문제를 어떻게 할 것인가? 여섯째, 북한의 건축 기술자들을 어떻게 수용하며 접근할 것인가? 이는 이후 우리 모두가 풀어야 할 숙제이다.

지난 1991년 12월에 '남북 사이의 화해와 불가침 및 교류·협력에 관한 합의서'가 채택됨으로써 남북간의 인적, 물적 교류를 위한 토대를 만들어두긴 했지만 완전한 교류는 아직 유보된 상태이다. 경제계에서는 그동안 비공식적으로 해오던 교류를 공식화하고 정상적인 교류관계를 확립하려는 계획을 추진하고 있다. 조심스럽게 개방과 통일 문제가 논의되고 있지만 정부 주도의 통일 준비 작업은 분명히 한계가 있다.

냉전 이데올로기 역사가 만들어낸 역사적인 조형물도 분명 우리가 껴안아야 할 역사적 산물이다. 오랜 기간의 '동질성 공간'이 '분단된 시간'으로 인하여 '이질화된 건축'으로 양분되어 있었으나 이제는 동질성 회복을 위한 노력이 필요한 때다. 반추해보건대 지금까지 건축계에서 통일에 대비한 어떠한 노력도 기울이지 않았다는 것은 부끄러운 일이다. 따라서 이제 건축계에서도 통일에 대한 준비를 해야 한다. 그 준비는 '북한 건축 바로알기'부터 출발해서 '북한 건축 이해하기'로 이어져야 한다. 이제 머지않은 장래에 남북간의 교류가 본격적으로 이루어질 것으로 예상된다. 이에 대비하여 북한의 건축적 수준과 그들이 이룬 성과에 대한 명확한 인식이 필요하며 그러기 위해서는 좀더 객관적이고 이성적인 시각으로 북한 건축을 이해해야 할 것이다. 또한 '체제 우위적 논리'나 '동정론'보다 실질적이고 실현 가능한 방안을 모색하여야 한다.

즉, '북한 건축 이해하기'는 '문화현상으로서 북한 건축 이해하기'로 패러다임이 바뀌어야 할 것이다.

몇 년 전 주한 독일 대사였던 디터 지메스가 독일 통일 후 문제를 언급한 것에 주목해볼 필요가 있다. 독일 통일 후의 문제점에 대해 그의 말을 요약하자면 사전에 전혀 통일 준비가 없었다는 점, 서독이 동독에 관해 모든 분야에서 아무것도 모르고 있었다는 점, 그리고 통일 문제가 너무나 정치화된 점을 들고 있다. 그동안 통일 후 문제에 관해 여러 기관에서 연구되긴 했지만 통일이 그렇게 빨리 올 줄은 아무도 예상 못했기 때문에 미처 통일정책을 세울 수 없었다는 것이며, 그러기에 정부나 학자들의 연구가 구체적이고 현실적이지 못했다는 것이다. 혹 정부나 기업인, 학자들이 동독의 정보를 정확하게 파악하고 있을지라도 이것이 일반 국민들에게 널리 파급되지 못한 것도 지적하고 있다. 독일이 통일의 열매를 달갑게 즐겼지만 지금에 와서 엄청난 고통을 안겨주고 있다는 사실을 우리는 타산지석으로 삼아야 할 것이다.

건축 분야의 통일 준비 작업은 결코 남이 해결해줄 수 없는 건축계에 주어진 과제이다. 어렵기는 하지만 남북 건축의 민족적인 동질성을 회복하기 위해서는 북한의 건축 정보를 분석하고, 앞으로의 상황에 대비하는 정확한 진단이 이루어져야 한다. 이것은 모두 앞으로 예상되는 건설업계의 혼란, 도시 개발의 방향, 건축 기술자 문제, 그리고 도시의 건축 문제 등을 통일 이후에도 혼란 없이 지속 발전시키기 위한 기본적인 작업이다.

평양은 정치, 경제, 사회, 문화적 측면에서 상징적 의미가 큰 것이어서 건축적으로 어떻게 처리하느냐에 따라 한국의 장래에 큰 영향을 미치게 될 것이다. 이데올로기의 그림자는 우리 민족에게 아직도 강하게 남아 있다. 언젠가 '민족'은 이데올로기를 넘을 것이고 시간은 역사의 장을 채워갈 것이다. 어떠한 이데올로기도 피를 갈라놓을 수는 없다고 믿는다. 반목과 대립의 역사가 반세기를 넘었다. 그동안 우리가 배운 우리 역사는 올바른 것인가? 우리 이

웃에 있는 또 하나의 건축적 상황을 어떻게 이해할 것인가? 반대쪽 사람들은 이쪽 건축을 어떻게 이해하고 있는가? 무엇이 우리에게 서로 반쪽 (건축) 역사만 알도록 강요했는가?

'1인 독재를 위한 도구로서의 건축', '퇴폐적이고 변태적인 건축'이 남과 북이 서로 알고 있는 건축 정보의 함축된 표현이다. 이미 이념 전쟁은 끝났으나 아직도 왜곡과 혼돈 속에서 헤매고 있다. 물론 한국과 독일의 사정은 다르고 가로놓인 많은 문제들이 있기는 하지만 이것을 극복하고 해결하기 위해서는 정부 차원뿐만 아니라 사회 모든 분야의 동참이 요구된다. 정부, 업계, 학계가 앞으로 일어날 수 있는 모든 상황에 지혜롭게 공조하는 노력이 필요하며, 그 시기는 바로 지금이다.

이왕기 | 목원대 건축학부 교수

한반도 | 역사 교육

누가 더 우월한가를 증명하는 역사 교육, 역사 교과서

1. 학교 교육과 역사 교육, 그리고 역사 교과서

남한의 학교 교육은 "홍익인간의 이념 아래 모든 국민으로 하여금 인격을 도야하고, 자주적 생활 능력과 민주 시민으로서 필요한 자질을 갖추게 하여 인간다운 삶을 영위하게 하고, 민주국가의 발전과 인류 공영의 이상을 실현하는 데 이바지하게 함을 목적"으로 하고 있다.(교육기본법 제2조)[282] 지금은 제7차 교육과정에 따라 21세기의 세계화, 정보화 시대에 주도적으로 참여할 수 있는 자율적이고 창의적인 한국인을 육성하려는 학교 교육을 지향하고 있다. 이에 따라 한국사 교육은 학생들로 하여금 한민족의 정신과 생활의 실체를 깨닫게 하여 민족의 정체성을 함양하고 21세기 민족사에 능동적으로 참여할 수 있는 자질을 갖추도록 하는 데 목적을 두고 있다.[283]

학교 현장에서는 초등학교의 경우 인물사 중심, 중학교의 경우 정치사 중심, 고등학교의 경우 분류사 중심으로 편집된 역사 교과서를 가지고 역사 교육을 실시하고 있다. 새로운 교육과정에 맞추어 교과서의 발행 제도 역시 대단히 복잡한데, 현재 중학교에서 세계사 교육은 검정의 『사회』 교과서로, 한국사 교육은 국정의 『국사』 교과서로 실시되고 있다. 고등학교의 경우 모든 1학년이 1876년 개항 이전까지를 국정인 『국사』 교과서로 배우고, 2, 3학년으로 올라가면 10개의 심화 선택 과목 가운데 하나인 검정의 『한국근현대사』와 『세계사』 과목을 선택하여 배울 수 있다.

한편, 북한은 "후대들을 사회와 인민을 위하여 투쟁하는 견결한 혁명가로, 지덕체를 갖춘 공산주의적 새 인간으로 키운다"라는 데 교육의 목적을 두고 있다.(사회주의 헌법 제43조) 학생들이 충직한 혁명투사로서의 소양을 길러 주체형의 새로운 공산주의적 인간으로 자랄 수 있도록 하는 것이 학교 교육이므로 학교는 '혁명화의 본거지'이고 '문화혁명의 거점'으로 간주되고 있다.[284] 때문에 학교에서의 '조선력사' 교육은 학생들이 "높은 민족적 긍지와 자부심, 조선 민족 제일주의 정신을" 가지며, "21세기 태양이신 경애하는 김정일 장군님께 끝없이 충직한 공산주의 혁명 인재로 튼튼히 준비"하는 데 목적을 두고 있다.[285] 새로운 공산주의 인간을 양성하기 위한 '조선력사' 교육을 제외한다면 민족 정체성의 확보를 강조하고 있는 남한의 교과서와 별반 다를 게 없는 것이다.

북한은 학생들로 하여금 주체사상을 몸에 익히도록 하기 위해 당 정책 교양과 더불어 혁명 전통 교양을 강화해왔다. 특히 혁명 전통 교양의 경우 다음과 같은 점에 주목하였다.

> 우리 당의 빛나는 혁명 전통은 사람들을 주체사상으로 무장시키고 그들을 혁명화하는 데 필요한 사상적 내용을 풍부히 담고 있으며 커다란 감화력을 가지고 있다. 혁명 전통 교양을 강화하여 학생들이 우리 당과 혁명의 역사적 뿌리를 똑똑히 알게 하며 항일 혁명 전통 시기에 이룩된 주체의 사상체계, 불멸의 혁명 업적과 고귀한 투쟁

경험, 혁명적 사업 방법과 인민적 사업 작풍을 깊이 체득하도록 하여야 한다.[286]

2002년 10월 내각의 '전원회의 확대회의'에서 「새 세기의 요구에 맞게 교육 사업을 개선할 데 대한 지침」이 결정되었고, 혁명 전통 교양을 통해 주체형 공산주의 인간을 양성하려는 역사 교육은 더욱 강조되었다. 북한은 이보다 앞선 2002년 9월에 인민학교를 소학교로, 고등중학교를 중학교로 각각 개칭하면서 학제를 개편하였다. 교육과정에서 학생들이 이수해야 하는 역사 과목은 정치사상 교양 과목으로서 혁명역사와 혁명활동, 일반 과목에 속하는 '력사'로 나눌 수 있다. 구체적으로 보면, 소학교에서는 『위대한 수령 김일성 대원수님 어린 시절』, 『경애하는 영도자 김정일 장군님 어린 시절』, 『공산주의 투사 김정숙 어머니 어린 시절』을 4년 내내 매주 1시간씩 배운다. 중학교에서는 『위대한 수령 김일성 대원수님 혁명활동』과 『경애하는 영도자 김정일 장군님 혁명활동』을 1, 2, 3학년 때 매주 1시간씩 배우고 있다. 또한 『위대한 수령 김일성 동지 혁명력사』와 『경애하는 영도자 김정일 동지 혁명력사』를 4, 5, 6학년 때 매주 2시간씩, 『공산주의 혁명투사 김정숙 어머니 혁명력사』를 4학년 때 매주 1시간씩 배운다. 그리고 '력사' 과목에서 『조선력사』는 1, 2학년 때 매주 1시간씩, 3~6학년 때 매주 2시간씩 배운다.[287] 남북한의 역사 교육이 모두 민족을 강조하고 있는데, 그렇다면 현재의 역사 교과서에는 이것이 어떻게 반영되어 있을까? 통일 문제를 중심으로 살펴보자.

2. 지금은 서로를 어떻게 보고 있을까

먼저 남한의 경우를 보자. 한마디로 말하자면, 남한의 중·고교 역사 교과서에서는 8·15 이후 통일 논의가 어떻게 진행되어왔는지를 언급하면서 북한 사회를 다루고 있다. 중학교의 경우에는 북한 사회의 변화와 현황을 다루고 있는 독립된 소단원조차 없다. 단지, '2. 우리의 평화 통일을 위한 노력은?' 이란 소단원에서 '북한의 변화'란 소항목을 설정하고 한국전쟁 이후부터 현재까지를 한쪽 분량으로 간략히 언급하고 있다. 고등학교의 경우 『한국근현대사』 교과서에서 '다. 통일정책과 평화 통일의 과제'란 중단원을 두고 남한의 통일정책과 맞물려 북한의 변화를 설명하고 있다. 검정 교과서에 따라 약간의 편차는 있지만 교육부가 「교육과정」에서 밝힌 지침에 따르면, 모든 『한국근현대사』 교과서는 북한에 대해 다음과 같은 사항을 기본 내용으로 서술하도록 요구하고 있다.

> ① 동족상잔의 비극인 6·25전쟁을 계기로 분단체제가 고착화되고, 남한과 북한의 무력 대결 태세가 오랫동안 지속되었음을 설명할 수 있다.
> ② 6·25전쟁 이후 북한에서는 김일성의 독재체제가 더욱 강화되고 통제와 폐쇄성이 심해졌음을 이해한다.[288]

같은 민족이 사는 곳 북한, 그래서 통일의 상대로서 북한을 인정하고 있지만, 1945년 이후 60년이 흘러온 북한의 역사 자체를 있는 그대로 보려 하기보다 통일 문제라는 명분 아래 이데올로기적인 측면에서만 접근하고 있다. 심하게 말하면 통일의 액세서리로서 '북한'을 보고 있는 것이다.

이런 점에서는 북한도 마찬가지다. 북한의 역사 교과서에서 남한 사회는 없다. 따라서 독립된 항목을 설정하고 남한을 언급한 경우는 없다. 남한의 역사 교과서처럼 오로지 통일 문제를 언급하는 대목에서 남한 사회의 동향을 읽을 수 있는 내용이 간간히 나올 뿐이다.

즉, 고등중학교 6학년용 『조선력사』의 마지막 장인 제3장에는 '3·1인민봉기 후 대중운동의 장성과 초기 공산주의운동'이란 항목이 있다. '력사' 과목의 교육은 여기서 끝난다. 대신에 이후의 역사는 김일성과 김정일의 혁명역사와 혁명활동에 관한 교과서로 대신하고 있다. 북한은 현대사의 출발을 1926년 타도제국주의동맹의 결성으로 본다. 왜냐하면 "위대한 수령님께서 타도제국주의동맹을 무으심으로써 우리 혁명은 수령님의 현명한 령도를 받으면서 새로운 출발을 하게 되었으며 우리 당(조선 노동당－인용자)이 뿌리가 내리기 시작"했기 때문이다.[289] 그래서 남한에 대한 언급은 혁명역사와 혁명활동에 관한 교과서에서 하고 있다. 가령 5와 2분의 1쪽 정도의 분량인 '제9절 고려민주련방공화국창립방안을 실현하며 조국통일의 새로운 전환적 국면을 열어놓기 위한 투쟁'의 후반부에는 다음과 같은 내용이 언급되어 있다.

위대한 수령님께서는 조국통일의 전환적 국면을 열기 위하여 북남최고위급회담을 마련하기 위한 사업을 정력적으로 이끄시였다.

위대한 수령님께서는 이를 위하여 주체 82년(1993) 5월 북남최고위급의 특사교환을 발기하시였다.

이 발기에 의하여 그해 10월부터 여러 차례의 북남최고위급 특사 교환을 위한 실무대표 접촉이 진행되였다.

그러나 여기서 남조선 측은 여러 가지 부당한 구실을 들고 나오다가 나중에는 실무대표 접촉을 파탄시켰다. …… (인용자)

경애하는 수령님께서는 특히 주체 83년(1994) 7월 6일 위대한 령도자 김정일 원수님께 전화를 거시여 최고위급회담에서 제기되는 문제를 토의하시였으며 7월 7일에는 이 회담과 관련한 중대한 문건을 친히 보아주시고 력사적인 친필을 남기시였다.

참으로 경애하는 수령님께서는 위대한 생의 마지막 순간까지 조국통일을 이룩하기 위하여 모든 힘과 정력을 다 기울이시였다. ……(인용자)[290]

남한에 대해 언급하되, 북한 자신의 통일정책 속에서 반통일세력이 이끄는 곳으로 남한을 묘사하고 있다. 반면에 김일성과 김정일은 통일의 화신이다. 남한의 역사 교과서와 마찬가지로 상대방을 극단적인 대척점에 세워 묘사하고 있는 것이다.

이처럼 남북한 어느 쪽도 상대방이 통일의 대상임을 부정하지 않고 있다. 그러면서도 1945년 이후 상대방의 역사를 독립된 개체의 변화라는 측면에서 있는 그대로 언급하지 않고 있다. 단지 자신의 통일정책이 갖는 정당성을 설명하는 액세서리로 상대방을 언급하고 있는 정도에 불과한 것이다. 결국 같은 민족에 대해 강조하면서도 이념의 잣대로만 역사 교과서와 역사 교육을 생각하기 때문에 서로의 실체를 정면으로 바라보고 있지 않은 것이다. 그것은 자신의 우월함을 증명하는 도구로 역사를 활용하고 있는 남북한 당국의 동일한 접근 방식 때문이기도 하다.

그렇다면 오늘의 이와 같은 역사 인식이 어떻게 형성되어왔는지, 그 계기와 더불어 바뀌어온 내용을 알아보자.

3. 자신의 우월함을 어떤 내용으로 역사화했을까

해방 직후 남북한 당국은 분단을 기정사실화하지는 않았지만, 실제적 권력으로서 자신의 역사성을 증명할 필요가 있었다.[291)]

남한의 학교 교육에서 사용된 첫 공식 역사 교과서는 1946년 미군정청 교육부에서 발행한 『국사교본(國史敎本)』이다. 이병도에 의해 집필된 일제강점기 부분을 보면, 4쪽에 걸쳐 '국권회복운동'－'3·1운동'－'임시정부 수립(假政府樹立)'－'폭탄 사건'－'광주학생운동'－'신간회운동'을 언급하고, 그 사이사이에 이봉창과 윤봉길 의거를 설명하면서 1910, 1920년대의 무단정치와 문화정치도 약간씩 언급하고 있다.[292)] 남한에서 오늘날까지 일제강점기 항일운동사를 이해하는 기본적인 흐름, 곧 임시정부 정통론은 이렇게 하여 확정되었다. 신석호는 여기에 6·10만세운동과 광복군을 추가하여 임시정부 중심의 계통적인 흐름을 확장시키는 데 기여하였다.[293] 여기에서 좌파 성향의 항일운동세력은 서술을 하지 않는 형식으로 역사에서 배제하였다. 한국전쟁이 끝난 이후 제1차 교육과정(1954~63) 때 발행된 중·고등학교의 역사책에서도 이러한 계통적 흐름에 특별한 내용이 추가되지 않는 등 주목할 만한 변화는 없었다.

필자는 해방 직후 북한의 인민학교, 초급중학교, 고급중학교에서 사용한 역사 교과서를 아직까지 보지 못했다. 그렇지만 김일성종합대학 교재인 『조선민족해방투쟁사』(1949. 10)를 보면, 3·1운동－조선공산당－김일성으로 대표되는 항일무장투쟁을 기본 골격으로 하면서도 ① 1920년대 전반기의 사상운동과 대중운동 ② 1920년대 후반기의 6·10만세운동, 신간회, 광주학생운동을 언급하고 있으며 ③ 만주에서의 1920년대 말부터 1930년대 초 사이에 있었던 사회주의운동 ④ 중국의 화북 지방에서 활동했던 화북조선독립동맹과 조선의용군의 활동에 대해서도 언급하고 있다. 일제강점기에 여러 지역에서 항일운동을 하다 해방 이후 북한 정권에 참가한 좌파세력을 망라한 결과이다. 온갖 혁명 전통을 망라한 시기라고 말할 수 있지만, 민족주의운동 계열은 3·1운동 이후 '반동화'되어갔다고 평가받으면서 역사에서 배제되었다.

그런데 1950, 60년대 북한의 역사 교과서는 남한과 달리 한국전쟁 이후 크게 바뀌었다. 1930년대 김일성의 항일무장투쟁사를 중심으로 항일운동사가 재해석된 것이다. 그렇다고 전쟁 직후 곧바로 새로운 인식이 자리를 잡았다는 뜻은 아니다. 최소한 두 차례의 정치적 격변과 다양한 논쟁을 거치며 김일성 중심의 혁명 전통이 정착되어갔다.

즉, 한국전쟁의 와중에 터진 '박헌영 간첩 사건'을 계기로 남로당 계열이 정치에서 배제되었다. 이로부터 민족해방운동 과정에서 국내파 사회주의자의 항일운동은 재검토될 수밖에 없었다. 또한 김일성은 1955년 12월 조선노동당 선전선동 일꾼들에게 '우리 식을 만들 때'가 되었으며, 조선 혁명가는 조선의 역사와 지리, 풍속을 알아야 한다고 하면서 '주체'를 강조하였다.[294] 북한의 역사학계는 이즈음부터 1960년대 중반경까지 앞으로 한국과 일본의 한국 근대사 연구에도 큰 영향을 준 다양한 논쟁을 벌였다. 가령 갑신정변과 김옥균에 대한 긍정적인 평가, 국내 사회주의운동 및 조선공산당을 둘러싼 논쟁, 민족부르주아와 민족개량주의와의 연관성을 둘러싼 논쟁, 1930년대 만주 지역 항일무장투쟁사에 대한 체계적인 정리와 혁명 전통을 정립하는 문제를 둘러싼 논쟁 등을 들 수 있다.[295]

한국전쟁 이후부터 1960년대 중반 사이에 역사 인식이 어떻게 바뀌어갔는가를 고급중학교 2학년 『조선력사』 교과서에서 일제강점기에 관련된 목차를 통해 살펴보자.

① 1955년판

제5장 일본 제국주의 강탈정책과 초기의 반일민족해방운동

제6장 위대한 로씨야 사회주의 10월 혁명 영향하의 조선 민족해방운동의 장성 (1919~1930)

제7장 반일민족해방운동의 무장 투쟁 계단에로의 발전. 김일성 원수 령도하의 항일무장투쟁(1931~1945)

② 1958년판

제5장 일제 식민지 통치 초기의 조선. 3·1독립운동

제6장 우리나라에서 로동계급의 장성과 맑스-레닌주의의 보급. 로동운동과 농민운동의 장성

제7장 김일성 원수를 선두로 한 견실한 공산주의자들이 지도한 항일무장투쟁……(인용자)

③ 1964년판

제5장 1910년대 사회경제 형편의 변화, 3·1인민봉기(1910~1919)

제6장 맑스-레닌주의의 보급, 로동운동과 농민운동의 장성(1920~1928)

제7장 1920년대 말 1930년대 초 로동운동과 농민운동의 새로운 앙양(1929~1931)

제8장 반일민족해방투쟁의 보다 높은 단계에로의 발전, 동만 혁명 근거지를 중심으로 한 항일무장투쟁의 전개(1932~1935)

제9장 무장투쟁과 반일민족통일전선운동의 확대 발전(1936~1940)

제10장 조선인민혁명군의 소부대 활동. 항일무장투쟁의 위대한 승리(1941~1945. 8. 15)[296)]

여기에서 우리가 확인할 수 있는 사실은, 첫째 민족주의운동 계열의 활동을 배제했을 뿐만 아니라 조선공산당에 대해서도 '종파적 해독성'을 강조하면서 비판적 언급을 강화했다. 둘째, 대신에 1964년판 역사 교과서는 국내에서의 항일운동과 만주에서의 무장투쟁을 연결하는, 곧 북한식 표현을 빌리자면 민족해방운동의 합법칙적 발전 과정을 설명하는 매개로서 1920년대 말 1930년대 초의 노동·농민운동을 별도의 단원을 설정하여 강조했다. 셋째, 연안파의 항일운동에 대해서는 1956년의 '8월 종파 사건'이 일어나기 이전인 1955년 교과서에서 이미 언급하지 않았다. 넷째, 인용문에서는 3·1운동 관련 부분에서만 드러나지만 1964년판 교과서는 소련의 지원에 관해 언급을 생략했다. 이는 자주성을 강조하는 역사 해석의 결과일 것이다. 따라서 북한의 역사 교과서는 온갖 전통을 망라한 『조선민족해방투쟁사』식의 역사 인식과 달리, 1960년대 들어 3·1운동-노동·농민운동-김일성 중심의 만주 지역 항일무장투쟁만으로 계통적 흐름을 정립하였다. 북한식 표현을 빌리자면 혁명 전통이 확립된 결과였다.

1960년대 들어 북한이 김일성 중심의 혁명 전통을 역사 교육에 본격적으로 적용했다면, 남한은 1965년 한·일 국교 정상화를 계기로 '자유 수호'만을 생각했던 기존의 사고방식에 '민족 또는 민족문화의 수호'까지 생각해야 한다는 정책적·민족적 판단에서 역사 교육의 새로운 전기를 맞이한다.[297] 또한 박정희의 3선개헌 문제를 둘러싸고 여야 정치세력 사이의 대립이 격화되고, '1·21사태' 등으로 인해 남북한 사이에 군사적 긴장이 고조되는 가운데 국제사회를 상대로 한 체제 우월 경쟁도 본격화되었다.

박정희 정권은 여기에 대응하여 반공·반일 민족주의를 바탕으로 한 국가주의적인 역사 교육을 강화하였다. 박정희 정권은 1969년 제2차 교육과정을 개정하여 역사 교육의 목표 가운데 '나라의 독립과 민족의 얼'을 이해하는 교육을 더욱 강조하며, '굳건한 민족의식'을 확고히 하도록 해야 한다는 내용을 새로 추가하였다. 또 '통일'이 아니라 '반공통일'이 역사 교육의 또 다른 학습 방향임을 명시하였다.[298] 더구나 박정희 유신정권은 제3차 교육과정(1973~81)의 역사 교육을 통해 한국인으로서 주체적 역사의식을 갖고 '민족사적 정통성'을 확고히 이해하며 민족문화에 대한 자부심을 갖도록 할 계획이었다.[299] 이에 따라 '국적 있는 교육'을 위해 국사는 '가치관 교육의 중핵' 과목의 하나로 지정되어 사회과에서 국사과로 독립했으며 『국사』 교과서는 국정으로 발행되기 시작하였다.

국사 교육을 강화하려는 제도 개편은 1968년 문교부에서 발행한 실업계 고등학교 『국사』 교과서를 비롯해 이즈음에 발행된 여러 출판사의 검정 『국사』 교과서 내용에서 하나의 독특한 서술로 나타났다. 즉, 만주 지역의 독립운동사에 대한 서술이 대폭 보강된 것이다. 그때까지는 1920년에 일어난 봉오동전투와 청산리전투를 언급하지 않은 교과서가 대부분이었다. 그렇지만 이때부터는 두 전투를 비롯하여 만주 지역의 항일운동에 관한 언급이 대폭 보강되었을 뿐만 아니라 국내 지역의 항일운동에 관한 서술 분량도 늘어났다. 고난을 헤쳐나간 민족의 슬기로움을 강조하려는 정권의 의도와 무관하지 않은 서술 경향일 것이다. 이러한 경향은 1980년대 들어 더욱 정교해지는데, 독립운동 기지를 건설하려고 했던 1910년대 항일운동에 대한 서술이 보강되면서 신민회와 의병－해외 독립운동 기지－3·1운동과 임시정부－국내와 만주 지역의 항일운동, 그리고 1930년대 초 만주 지역 항일운동 관계자들의 중국 관내 이동과 한국광복군에의 합류－임시정부 등의 건국 준비라는 흐름으로 체계화되었다. 그리고 제5차 교육과정(1987/1988~92)에 와서는 독립전쟁이란 용어를 본격적으로 사용하며 항일운동의 계통적인 흐름을 더욱 정교화하려는 시도로 이어졌다.[300)]

임시정부정통론이 체계화되는 과정은 사회주의운동에 대한 비판으로도 이어졌다. 앞서도 언급했듯이, 지금까지는 사회주의운동 계열의 활동을 언급하지 않음으로써 역사에서 그들을 배제하던 방식이었지만 이제는 전체 민족운동에서 분파적이고 민족 분열적이었다는 점을 직접 언급하기 시작했다.[301)] 항일운동에 도움이 되지 못한 사회주의운동이란 점을 부각시켜 공식적인 민족사에서 배제시키면서 반공 교육의 역사적 교재로 활용했던 것이다. 그렇기 때문에 한국 현대사를 언급한 부분에서도 한국전쟁 때 동족상잔의 비극을 일으킨 북한 괴뢰 집단으로서의 이미지만 부각되었을 뿐, 전쟁 이후 북한 사회가 어떻게 바뀌어갔는지에 대한 언급은 일체 없었다. 북한 사회에 대한 언급은 제5차 교육과정 때 발행된 교과서에서 2분의 1쪽 정도의 분량으로 '북한의 변천'이란 항목이 처음 설정되면서부터였다.[302)]

남한의 역사 교육이 반공·반일 민족주의를 강화하고 있을 때 북한은 1969년부터 주체사상에 입각하여 새로운 역사 교육을 학교 현장에서 시작했다. 앞서 언급했듯이, 북한은 1960년대 들어 김일성 중심의 혁명 전통 교육을 본격적으로 실시했다. 그런데 1967년 조선노동당 중앙위원회 제4기 제15차 전원회의를 계기로 주체사상을 더욱 강조하고 김일성에 대한 개인숭배를 강화하면서 북한 사회체제가 급격히 바뀌어갔을 뿐만 아니라 역사 인식에서도 큰 변화가 있었다.

새로운 변화는 1968년 9월부터 인민학교와 중학교에서 『공산주의 도덕』 교과서가 사용되기 시작하면서 일어났다. 또한 북한은 주체형의 공산주의 인간을 양성하기 위한 방편으로 혁명 전통 교양을 강화하고자 1969년 9월부터 『김일성 원수 혁명활동』이란 교과서를 인민학교와 중학교에서 사용하기 시작했다. '조선력사'와는 다른 별도의 과목이 새로 추가된 것이다. 대학생을 대상으로 한 『김일성 동지 혁명력사 학습을 위한 참고자료』도 발행되었다. 학교에는 '김일성동지혁명력사연구실' 또는 '김일성원수님혁명활동연구실'이 설치되었다.[303] 이후 언제인지 모르겠지만 『김일성 원수 혁명력사』라는 과목도 추가되었다. 또한 북한은 1986년 교육과정을 개정하면서부터 『친애하는 지도자 김정일 동지 혁명활동』, 『친애하는 지도자 김정일 동지 혁명력사』라는 과목도 새로이 만들었다.

북한은 1970년대 들어 '온 사회의 주체사상화'를 내세우며 김일성에 대한 역사 교육을 강화했겠지만, 주체사상에 입각한 새로운 역사 인식이 교과서에 반영되는 데는 좀 시일이 걸렸을 것이다. 1970년대 북한의 역사 교과서를 구입하지 못해 정확한 판단을 내리기 어렵지만, 1945년 이후를 언급한 『조선력사-중급 3』(학우서방, 1970)과 조선 후기까지 언급한 『조선력사-고급 1』(학우서방, 1972)의 내용이 이전과 별다른 차이가 없었다는 점에서 간접적으로 시사받을 수 있다. 또한 첫 공식 당사인 『조선로동당략사』와 주체사상에 입각하여 새롭게 해석한 10권짜리 『항일무장투쟁사』가 모두 1979년에 발행되었고, 북한의 대표적인 역사책인 『조선력사 1~33』가 1979년에서 1982년 사이에 간행되었다는 데서도 시사받을 수 있다.

주체사관에 의해 새롭게 재구성된 역사책의 가장 큰 특징은 현대사의 출발을 1926년 타도제국주의동맹의 결성으로 보고 있다는 점이다. 또 수령과 대중의 관계라는 측면을 역사 서술의 기본적인 틀로 삼고 있다는 점이다. 따라서 학교 현장에서 김일성 중심의 혁명 전통에 관한 교양 교육이 더욱 강화되었을 것으로 추측해도 무리가 없을 것이다. 즉, 북한의 역사 교육은 김일성과 김정일의 혁명역사와 혁명활동에 관한 교육을 강조함으로써 절대자로서의 수령, 자애로운 가부장적 존재로서의 수령, 조선노동당의 정신을 구현한 수령의 모습을 학생에게 주입하고 있다. 나아가서 김일성의 어머니인 김정숙의 혁명역사에 관한 교육까지 실시하여 혁명의 요람으로서 모범가정을 만든 김일성 일가를 형상화하고 있다. 그리하여 수령에 대한 절대적 충성과 수령을 중심으로 단결해야 한다고 강조하고 있는 것이다.

북한의 입장에서 충성과 단결의 문제는 1990년대 들어 그 어느 때보다 절대적으로 필요한 사항이었다. 왜냐하면 사회주의권이 몰락함에 따라 집권의 정당성이 흔들리게 되었고, 사회주의 국가간의 국제적 분업체계가 와해되면서 경제적으로 고립되었으며, 경제난의 가속화로 대중적 지지기반이 흔들리는 상황에서 핵문제로 국제사회로부터 고립이 가속화되었기 때문이다. 그래서 내건 카드 가운데 하나가 민족 담론을 강화하는 것이었다. 달리 말하면 사회주의라는 제도를 사회주의적 애국주의, 곧 민족주의로 유지하려는 것이다. 동명왕릉을 개건하고 왕건릉을 발굴·개건한 데 이어 1993년 9월부터 1994년 6월 사이에 단군릉을 발굴 조사한 사실이 그 상징적인 보기이다. 북한은 이를 바탕으로 한민족의 본토기원설과 한국 고대사의 평양중심설을 주장하면서 평양을 성지화하였다. 그뿐만 아니라 세계 최초의 고대문명 발상지로서 대동강 문화론을 주장하고, 나아가서 김일성민족론을 제기하고 있다.[304]

민족에 대한 강조는 남한에서도 마찬가지였다. 북한과 마찬가지로 단일민족론에 입각해 있기 때문에 고구려가 612년에 수나라의 침략을, 645년에 당나라의 침략을 물리침으로써 "민족적 위기를 극복할 수 있었다"라든지, "고구려의 국가 보위뿐만 아니라 중국의 한반도에 대한 침략을 저지했다는 점에서도 의의가 크다"라고 평가하고 있다. 반면에 고조선이 멸망하고 설치된 400

여 년 역사의 한 군현에 관해 제대로 언급하지도 않고 그저 토착민의 반발을 받았으며 고구려의 공격으로 소멸했다고만 언급하고 있다.[305] 오늘날 우리가 갖고 있는 단일민족이란 의식 내지는 한반도라는 공간이 단일한 공동체였다는 이미지를 전제로 역사를 평가하고 있는 것이다. 그러나 당시 한반도에 거주하는 사람들은 동족의식을 갖고 있지 않았다. 삼국간의 전쟁 등을 거치며 동류의식이 형성되고 있던 단계였다고 보는 것이 정확한 평가일 것이다. 고대사에서의 이러한 인식은 현대사 부분에서도 확인된다. 앞서 언급했듯이, 남북한의 역사 교과서에는 서로를 같은 민족이라 생각하여 통일의 상대로 간주하고 있고, 민족이란 잣대로 상대의 행위를 평가하고 있음을 곳곳에서 확인할 수 있다.

4. 차이를 어떻게 좁혀갈 것인가

여기에서는 임시정부법통론과 혁명 전통으로서 항일무장투쟁론을 중심으로 남북한의 역사 교육과 역사 교과서를 분석해보았다.

남북한은 내외적 상황을 돌파하는 와중에 서로 상대방을 의식하며 스스로를 합리화하고 상대방을 배제하는 가운데 자신의 역사성을 정당화해왔으며, 역사 교과서는 그 중요한 도구의 하나였다. 즉, 남북한 자신이 관장하고 있는 대중을 상대로 평화와 인권이란 보편적 가치를 가르치는 매개이기보다는 사상 교화의 수단으로 역사 교과서를 활용해왔다. 따라서 남북 관계의 변화에 따라 교과서의 내용은 얼마든지 변화될 수 있는 가변성이 있다. 다만 지금 그 역동성을 누구도 예단할 수 없을 뿐이다.

더구나 그러한 가변성이 영원한 평행선으로 남을 수 없게 만드는 강력한 접착제가 민족 담론(민족주의)이다. 남북한은 분명히 다른 체제이지만 실제 각자를 지배하고 있는 기본적인 논리는 단일민족론이다. 달리 말하면, 다른 국민·인민이지만 같은 민족이라는 점이다. 남북한은 다른 교과서를 사용하고 있지만 자기 권역의 학생에게 민족의 성장과 발전을 세계사와의 연관성 속에서 체계적으로 이해시킴으로써 민족의 보편성과 특수성을 깨닫게 하고 민족문화의 우수성과 독자성을 깊이 있게 이해하도록 역사 교육의 목표를 설정하고 있다.

신주백 | 서울대 사회발전연구소 책임연구원

본문의 주

1) Peter J. Katzenstein, *Policy and Politics in West Germany : The Growth of a Semisovereign State*, Philadelphia : Temple University Press, 1987 참조.

2) 김학성, 「동독에서 소군정과 동독의 소비에트화 과정」, 『제2차 세계대전 후 열강의 점령정책과 분단국의 독립 통일』(한국정치외교사학회 편), 건국대학교 출판부, 1999 참조.

3) 4대 전승국이 독일 문제의 처리에 대한 합의점을 찾지 못하고 있는 가운데 소련은 1952년 소위 '스탈린 각서'를 통해 서방 3대국에게 독일의 중립화 통일방안을 제의했다. 서방 3대국은 이를 기본적으로 유럽에서 미국의 영향력을 배제하려는 의도로 평가하고, 거부했다. 또한 서독의 아데나워 총리는 독일인의 의사가 반영되지 않는 전승 4대국간의 독일 문제에 대한 어떠한 해결 논의도 적극 반대했을 뿐만 아니라 중립화된 통일 독일은 소련 팽창주의의 희생물이 될 것으로 예상했기 때문에 소련의 제의를 일축했다.

4) Karlheinz Niclauss, *Kontroverse Deutschlandpolitik : Die politische Auseinandersetzung in der BRD ueber den Grundlagenvertrag mit der DDR*, Frankfurt a.M. : Alfred Metzner Verlag, 1977, S. 33~35.

5) Josef Joffe, "The Foreign Policy of the Federal Republic of Germany", *Foreign Policy in World Politics : States and Regions*, ed. by R. C. Macridis, Englewood Cliffs, N. J. : Prentice Hall, 1989, p. 83 ; Manfred Knapp, "Die Aussenpolitik der Bundesrepublik Deutschland", *Einfuehrung in die Internationale Politik*, hrsg. von M. Knapp & G. Krell, Muenchen : Oldenbourg Verlag, 1990, S. 147.

6) Wolfram F. Hanrieder, *Germany, America, Europe : Forty Years of German Foreign Policy*, New Haven : Yale Univ. Press, 1989, p. 8 ; Gert Krell, "Die Ostpolitik der Bundesrepublik Deutschland und die deutsche Frage", Aus Politik und Zeitgeschichte, Heft B.29, 1990, S. 28.

7) 특히 미국의 태도는 충격적이었다. '베를린 장벽' 사건과 관련한 미국의 대소정책에 관해서는 다음의 논문 참조. Gerhard Wettig, "Die sowjetische Politik waehrend der Berlinkrise 1958 bis 1962 : Der Stand der Forschungen", *Deutschland Archiv*, Bd.30, Heft 3, 1997, S. 395.

8) 연설문 전문은 다음 책 참조. Egon Bahr, *Sicherheit fuer und vor Deutschland*, Muenchen : Carl Hanser Verlag, 1991, S. 11~17.

9) Auswaertiges Amt(Hrsg.), *Aussenpolitik der Bundesrepublik Deutschland ; Dokumente von 1949 bis 1994*, Koeln : Verlag Wissenschaft und Politik, 1995, S. 299~301 발췌문 참조.

10) Timothy Garton Ash, *Im Namen Europas : Deutschland und der geteilte Kontinent*, Frankfurt a.M. : Fischer Taschenbuch Verlag, 1995, S. 87.

11) 위의 책, p. 89.

12) 이와 관련한 대표적인 문서로 소위 '하멜(Harmel)보고서'를 들 수 있다. 바르샤바조약기구(WTO)의 유럽 평화 질서 구축 요구에 대한 나토(NATO)의 대응책을 마련하는 차원에서 1967년 말 벨기에의 외상 하멜의 주도하에 작성된 이 보고서는 "군사적 안보와 정치적 긴장완화정책이 상충되는 것이 아니라 서로 보완적이라는 것"을 명시하고 있다. 즉, 나토는 집단방어기구로서 침략에 대한 충분한 억지력을 갖추는 동시에 이를 바탕으로 세계의 평화와 안전을 위해 현실이 요구하는 긴장 완화를 추구해야 한다는 것이다.

13) Avril Pittman, *From Ostpolitik to Reunification : West German-Soviet political Relations since 1974*, Cambridge : Cambridge Univ. Press, 1992, p. 73.

14) Jose Joffe, 앞의 책, p. 103 ; Manfred Knapp, 앞의 책, p. 161 참조.

15) Peter C. Ludz, *Deutschlands doppelte Zukunft : Bundesrepublik und DDR in der Welt von morgen*, München : Hnaser, 1974, S. 46.

16) A. James McAdams, "Inter-German Relations", *Developments in West German Politics*, eds. by Gordon Smith, et als., London : Macmillan, 1989, p. 235.

17) 이를 포함하여 1989/90년 독일 통일 과정에 관한 상세한 내용은 다음 책 참조. Stephen F. Szabo, *The Diplomacy of German Unification*, N.Y. : St. Martin's Press, 1992 ; Philip Zelikow & Condoleezza Rice, *Germany Unified and Europe Transformed : A Study in Statcraft*, Cambridge, Mass. : Harvard Univ. Press, 1995.

18) M. Lemke, "Die DDR und die deutsche Frage", W. Loth ed., *Die deutsche Frage in der Nachkriegszeit*, Berlin, 1994 참고.

19) M. Lemke, *Einheit oder Sozialismus? Die Deutschlandpolitik der SED 1949~61*, Koeln, 2001, pp. 503~519.

20) 그 주요 원인과 경과에 대해서는 Ch. Klessmann, *Die doppelte Staatsgruendung. Deutsche Geschichte 1945~55*, pp. 277~282 참고.

21) Lemke, *Einheit oder Sozialismus*, p. 511.

22) M. Glaab, "Deutschlandpolitik der Bundesrepublik Deutschland", W. Weidenfeld / K.-R. Korte ed., *Handbuch zur deutschen Einheit 1949~89~99*, Bonn, 1999, p. 240.

23) 한운석, 『하나의 민족 두 개의 과거』, 신서원, 2003, 54~55쪽.

24) 연설문 전문은 김일성, 『민족대단결을 위하여』, 조선로동당출판사, 1996, 237~245쪽에 수록.

25) Tuk Chu Chon, *Die Beziehungen zwischen der DDR und der koreanischen Demokratischen Volksrepublik (1949~78)*, Muenchen, 1982, p. 124 ; Volker Grabowsky는 동독의 국가연합안과 김일성 연방제안의 차이를 강조하지만, 후자가 전자를 이론적 전거로 삼은 것은 분명해 보인다. V. Grabowsky, *Zwei-Nationen-Lehre oder Wiedervereinigung?*, Bochum, 1987, pp. 276~287 참고.

26) J. Kuppe / M. Rexin, "Deutschlandpolitik der SED", *DDR－Handbuch*, Koeln, 1984, pp. 284~289 ; Kleßmann, 앞의 책, 448~450쪽.

27) Bender, "Sterben fuer Berlin", B. Cisla / M. Lemke / T. Lindenberger eds., *Sterben fuer Berlin? Die Berliner Krisen 1948 : 1958*, Berlin, 2000, pp. 14~15.

28) Bender, Sterben fuer Berlin, p. 23.

29) O. Hillenbrand / Ch. Matern, Artikel, "Berlin", W. Weidenfeld / K.-R. Korte eds., *Handbuch zur deutschen Einheit*, Bonn, 1993, pp. 45~46.

30) Bender, Sterben fuer Berlin, p. 24.

31) 한운석, 앞의 책, 56~59쪽.

32) Glaab, Deutschlandpolitik, pp. 245~246.

33) 한운석, 앞의 책, 62~63쪽.

34) 한운석, 앞의 책, 63쪽.

35) J. Kuppe, "Deutschlandpolitik der DDR", Weidenfeld / Korte(1999), *Handbuch*, p. 262.

36) D. Nakath, "Deutschlandpolitik", A. Herbst etc. ed., Die SED. *Geschichte-Organisation-Politik. Ein Handbuch,* Berlin, 1997, pp. 314~315.

37) Kuppe, Deutschlandpolitik, pp. 262~263.

38) 한운석, 앞의 책, 29쪽.

39) 한운석, 앞의 책, 66~69쪽.

40) A. v.d. Heyde, "Deutschlandpolitik der Gruenen", Weidenfeld / Korte, 1991, *Handwoerterbuch*, pp. 209~216. 1970년대 후반과 1980년대 초 독일 평화운동 내부에서의 독일 정책에 대한 다양한 논의들을 위해서는 K.-R. Korte, *Der Standort der Deutschen*, Koeln, 1990, pp. 82~101 ; G. Langguth, "Friedensbewegung in der Bundesrepublik Deutschland zu Beginn der achtziger Jahre", Enquete-Kommission 〈Aufarbeitung von Geschichte und Folgen der SED-Diktatur in Deutschland〉, *Deutschlandpolitik* V.1, Koeln, 1995, pp. 590~596 참고.

41) Korte / Weidenfeld, "Deutsche Einheit", Korte / Weidenfeld ed., 1999, *Handbuch*

zur deutschen Einheit, pp. 198~9. 정치학자 그리펜하겐(Greiffenhagen) 부부는 동독에서의 변화는 고전적 의미에서의 혁명이 아니라 "혁명적 결과를 수반하는 붕괴"라고 본다. 고전적 혁명에는 새로운 사회에 대한 이론이 선행했고 반체제 엘리트들이 존재했는데 동독에는 둘 다 없었다는 것이다. M. & S. Greiffenhagen, *Eine Nation : Zwei politische Kulturen*, *Weidenfeld* ed., 1993, p. 38 참고.

42) 한운석, 앞의 책, 103~104쪽.

43) R. Eppelmann, *Fremd im eigenen Haus. Mein Leben im anderen Deutschland*, Koeln, 1993, pp. 168~169.

44) 한운석, 앞의 책, 104~106, 123~145, 179~222쪽 ; M. Glaab, Deutschland politik, pp. 250~251 참고.

45) 한운석, 앞의 책, 107~108쪽.

46) T. Ammer, "Deutschlandpolitische Konzeptionen der Opposition in der DDR 1949~61", Enquete-Kommission, "Uebewindung der Folgen der SED-Diktatur im Prozess der deutschen Einheit". Vol. VIII, 1, *Das geteilte Deutschland im geteilten Europa*, Frankfurt a.M., 1999, pp. 506~507 ; E. Neubert, *Geschichte der Opposition in der DDR 1949~89*, Bonn, 1997, pp. 405~407.

47) Neubert, 위의 책, 408~409쪽.

48) 위의 책, 888~889쪽.

49) '정치문화'라는 개념은 19세기 러시아 역사물에서 보이고, 1920년에는 레닌도 사용했던 것으로 확인된다. 서구 정치학에서는 1950년대에 그 용어의 범위와 유용성에 관한 논쟁을 통해 구체화되었고, 이어 그 개념을 발전시킨 대표적인 정치학 이론가로 알몬드(Gabriel Almond)를 꼽을 수 있으며, 사회인류학과 문화인류학의 연구자로 말리노브스키(Bronilaw Malinowski)와 린튼(Ralph Linton)을 들 수 있다. 이후 행태주의 연구방법론의 발전으로 표본 조사가 가능하게 되었으며, 알몬드, 콜맨(Coleman), 포웰(Powell), 파이(Pye) 및 버바(Verva)와 같은 학자들이 1960년대 정치문화에 대한 경험 연구를 하는 데 자극제가 되었다.

50) 1952년 가을 '민주주의 수호'라는 기치 아래 극우적 사회주의제국당(Sozialistische Reichspartei)은 위헌 판결을 받아 정치활동이 금지되었다.

51) 동독 정부는 자국의 사회보장제도가 서독보다 우월하다고 주장해왔으나, 통일 후 확인된 바에 따르면 제도·형식적인 면에서 약간의 선진성 외에 실제 그 내용에서는 거의 차이를 보이지 않았다. 서독에 비해서 동독이 상대적으로 높은 수준의 사회보장 혜택을 제공한 분야는 여성·가족정책 부문에 지나지 않았던 것으로 확인된다. 동독 정부는 장기적 노동력 확보정책의 일환으로 출산을 장려하는 한편, 여성 노동력의 공급 확대를 위해서 충분한 출산 휴가와 출산 수당 그리고 출산 후 취업을 위해 탁아 시설을 충분하게 제공하였던 것으로 나타났다. 이에 대해 상세하게는 김

국신 외, 『분단 극복의 경험과 한반도 통일 I. 독일·베트남·예멘의 통일 사례 연구』, 한울아카데미, 1994 참조.

52) 랄프 다렌도르프, 이종수 역, 『분단독일의 정치사회학』, 한길사, 1986.

53) 고위 정치인의 정치적 명운을 동서독이 상호 규정하고 있었다는 극적인 예로는 빌리 브란트의 수상 퇴임 사건을 꼽을 수 있다. '통일의 아버지'라 불리는 브란트가 어떤 정황에서 물러나야 했는지는 독일 정치사에서 잊힐 수 없는 사건이다. 1974년 5월 수상청의 고위 관료 귄터 기욤이 동독의 스파이였음이 드러나자, 브란트는 이에 책임을 지고 수상 자리에서 중도하차했다. 1956년 동독의 첩보기관인 슈타지(Stasi)에서 파견된 기욤은 서독 사민당의 당직자로서 빌리 브란트의 최측근에서 활동해왔던 것이다. 스파이 사건으로 가장 스펙터클했던 이 사건은 한때 서독인들이 동독에 대한 상을 그리는 데 결정적 요인으로 작용하기도 했다.

54) W. Zapf, *Beitraege zur Analyse der deutschen Oberschicht*, Muenchen, 2nd. ed., 1965.

55) 랄프 다렌도르프, 앞의 책.

56) Klages, H. / T. Gensicke, 'Geteilte Werte? Ein deutscher Ost－West－Vergleich', in : W. Weidenfeld(ed.), *Deutschland Eine Nation－doppelte Geschichte. Materialien zum deutschen Selbstverstaendnis*, Koeln, 1993.

57) 정치학자 존타이머는 1965년부터 1976년 사이 서독 정치문화는 "혁명적으로 변화(revolutioniert)"하였다고 평가한다. 그 결과 1970년대에 서독에서 민주주의라는 개념은 새로운 의미를 획득하게 되었다. '대의제 민주주의'는 무엇인가를 결정하는 개념으로 이해되었는데, 즉 '참여 민주주의'가 정치문화 차원에서 최상의 가치를 차지하게 되었다. Kurt Sontheimer, *Deutschlands Politische Kultur*, (2nd. ed.), Serie Piper : München, 1991.

58) M. / S. Greiffenhagen, 'Eine Nation : Zwei Politische Kulturen', in : W. Weidenfeld(ed.), *Deutschland Eine Nation－doppelte Geschichte. Materialien zum deutschen Selbstverstaendnis*, Koeln, 1993.

59) Gabriel A. Almond and Sidney Verba, *The Civic Culture*, Princeton : Princeton University Press, 1959.

60) 랄프 다렌도르프, 앞의 책.

61) 노중선 엮음, 『남북한 통일정책과 통일운동 50년』, 사계절, 1996, 43~44쪽.

62) 이주철, 「입북 재일동포의 북한 체제 적응에 관한 연구」, 『통일문제연구』, 1999년 상반기, 110쪽.

63) 노중선, 앞의 책, 76쪽.

64) 노중선, 앞의 책, 75쪽.

65) 이종석, 『현대 북한의 이해』, 역사비평사, 2000, 381쪽.

66) 노중선, 앞의 책, 227~229쪽.

67) 노중선, 앞의 책, 241쪽.

68) 노중선, 앞의 책, 241~242쪽.

69) 노중선, 앞의 책, 312~313쪽.

70) 이종석, 앞의 책, 389쪽.

71) 이종석, 앞의 책, 388쪽.

72) '힘의 전이' 이론은 A. F. K. Organski and Jacek Kugler, *The War Ledger*, Chicago : University of Chicago Press, 1980, pp. 19~22 참조.

73) 남북한 군사자본재 비교의 초기 저작은 Charles Wolf, Jr. et al., *The Changing Balance : South and North Korean Capabilities for Long-Term Military Competition*, Santa Monica : Rand, 1985 참조.

74) Lewis F. Richardson, *Arms and Insecurity : A Mathematical Study for the Causes and Origins of War*, Chicago : Quadrangle Books, 1960, pp. 14~15.

75) Charles Tilly, ed., *The Formation of National States in Western Europe*, Princeton : Princeton University Press, 1975, p. 42.

76) 북한의 화학무기 및 미사일 전력에 대한 최근의 자료는 IISS, *North Korea's Weapons Programmes : A Net Assessment*, London : IISS, 2004, pp. 49~83 참조.

77) 보다 상세한 것은 함택영, 『국가 안보의 정치경제학 : 남북한의 경제력·국가 역량·군사력』, 법문사, 1998, 제5장 참조.

78) '투자비+운영유지비 누계'는 남한의 경우 '항목별 지출+군원'에 의거했다. 북한의 경우는 총국방비에서 1인당 GNP에 의거한' 추정 병력 유지비를 공제함으로써 산출했다.

79) 『국방백서 1989』, 167쪽 ; 『국방백서 1992~1993』, 140쪽. 자세한 내역은 1988년 달러화 기준으로 무기와 장비 45억 불, 기타 장비 및 보급품 33억 불, 탄약 비축 46억 불, 조기경보시스템 35억 불, 향후 5년간의 O&M 비용 100억 불이다. 강명길, 「한국의 국방비」, 『오늘의 한국 국방 : 전방위 안보시대의 국방비』(백종천, 이민룡 편), 국방부, 1994, 265쪽.

80) 미국 측 군사 전문가들이 볼 때 예컨대 차기구축함(KDX)·잠수함·AWACS·전자정찰기 등 첨단 장비는 주로 일본을 겨냥한 것으로서, 북한을 주적으로 삼는 현 상황에서는 미국의 장비와 중복되는 불요불급한 것이다. *Armed Forces Journal International*, October 1998, p. 14.

81) 군비 통제와 경제 원조 제공의 교환을 제의한 미국 민주당계의 방안은 Michael O'Hanlon and Mike Mochizuki, *Crisis on the Korean Peninsula*, Washington, D.C. : Brookings Institution, 2003 참조.

82) E. Hobsbawm, Wie viel Geschichte braucht die Zukunft, Frankfurt a.M.,

1997.

83) W. Eucken, *Die Politik zur Herstellung der Wettbewerbsordung*, Stuttgart / New York, Ludwig-Erhard-Stiftung, 1981, pp. 143~162.

84) H. G. Lehmann, *Deutschland-Chronik 1945 bis 1995*, Bundeszentrale fuer politische Bildung, Bonn, 1995, pp. 134~209.

85) 이호근, 「독일 정치경제의 구조와 흐름」, 『유럽정치』(유럽정치연구회 편), 백산서당, 2004, 74~84쪽.

86) Grosser, Dieter, Das Wagnis der Waehrungs-, Wirtschafts-und Sozialunion, Stuttgart, 1998, p. 13.

87) C. Klessmann, *Zwei Staaten, eine Nation—Deutsche Geschichte 1955~1970*, Bundeszentrale fuer politische Bildung, Bonn, 1988, pp. 341~347.

88) 김영탁, 『독일 통일과 동독 재건 과정』, 한울아카데미, 1997, 91~92쪽.

89) 김학성, 『동서독 인적 교류 실태 연구』, 민족통일연구원, 1996.

90) 이호근, 「남북한 인력 교류를 위한 북한 인력 및 노동제도 실태 분석」, 노동연구원, 2000, 16~55쪽.

91) R. Hickel, J. Priewe, *Nach dem Fehlstart—Oekonomische Perspektiven der deutschen Einigung*, Frankfurt a.M., 1994.

92) E. Hobsbawm, *Age of Extremes—The Short Twentieth Century 1914~1991*, London, 1995, p. 585.

93) 구사회주의 국가들의 시민들은 '정치적 자유', '민주적인 합의와 절차에 의한 국가와 사회의 질서', '획일성을 타파하는 사회의 다양성 인정' 및 '자본주의적 시장경제에 의한 경제성장의 과실을 사회주의적인 평등 원리에 입각해 모든 사회 구성원들이 함께 나누어 갖는 복지국가적 분배'를 갈망하였다. H. Joas / M. Kohli(Hg.), *Der Zusammenbruch der DDR*, Frankfurt a.M., 1993 참조.

94) 경제회생의 기본 조치로 단행된 서독과 동독의 화폐개혁 결과는 주민 생활 향상의 측면에서는 차별적이었다. 서독의 화폐개혁은 상품 가격·경제활동·생필품의 배급제 등에 관한 규정의 폐지를 유도하여, 시장경제를 확고히 함으로써 주민 생활 향상에 기여하였다. 하지만, 동독의 경우 화폐개혁의 실시와는 상관없이 식료품 배급제가 1958년 5월 식량 카드제와 고기·지방·설탕에 대한 배급제를 폐지하면서 종료될 때까지 계속 유지되었다. 그 결과 화폐로 상품을 구입하는 암시장과 물물교환시장은 여전히 존재하게 되어 동독의 화폐개혁은 지역 주민의 생활수준 향상에 기여하지 못하였다.

95) M. Henkel, *Sozialpolitik in Deutschland und Europa, Landeszentrale fuer politische Bildung Thueringen*, 2002, Erfurt 참조.

96) 독일에서 주택 문제에 대한 관심은 산업화 초기 일자리를 찾아 도시에 몰려든 임금

노동자에 대한 문제, 소위 노동자 문제(Arbeiterfrage)와 맞물리면서 19세기 중반부터 좌·우를 막론한 국가 전체적 관심사였다. 그 대표적인 예가 1872년에 발표된 Friedrich Engels의 논문인 「주택 문제에 관하여(Zur Wohnungsfrage)」이다.

97) P. Baldwin, *The Politics of Social Solidarity. Class Bases of the European Welfare State 1875~1975*, Cambridge, 1990 참조.

98) 근로자의 참여는 공무원 인사에도 적용되었다. 1955년 8월의 '연방인사대표법'은 민간경제 부문의 직장협의회와 같이 공무원 및 공공 부문의 사무직·생산직 근로자가 인사위원회(Personalrat)에의 참여를 법적으로 보장하는 것이며, 방법에 따라 개별 연방 주(州)에서도 '주인사대표법'이 제정되었다.

99) 저소득 빈곤 계층에 대한 공공부조는 1961년 6월의 '연방사회부조법'과 8월의 '청소년복지법'으로 커다란 변화를 경험하였다. 이 두 법은 권리로서의 공공부조 개념을 확립하였으며, 공공부조에서 기초 지역 자치단체의 역할을 국가보다 우위에 설정함으로써 공공부조에서 지역적 특성을 반영할 수 있도록 하였다.

100) 마르크스-레닌주의는 자본주의에서 사회정책은 그것이 사민당의 것이라 하더라도 사회주의적 사회질서의 정립을 방해하며 원칙적으로는 현존하는 자본주의적 착취를 감추는 것으로 이해하고 있다. 이러한 인식은 역설적이게도 1880년대 비스마르크가 주도한 사회보험의 입법 과정에서 계급정당으로서의 자기의식이 강했던 독일 사민당이 반대하였던 사실과 기본적으로는 일맥상통하는 것이다. 동독 사회정책의 기조는 사회정책에 대한 마르크스-레닌주의적 관점에 따라 1950년대와 1960년대 초까지 사회정책이라는 용어 자체를 쓰지 않거나 회피하였다. J. Friedrich / M. Frey, *Handbuch der Geschichte der Sozialpolitik in Deutschland*, 3 Baende, Muenchen / Wien, 1993 및 M. Henkel, 앞의 책 참조.

101) D. Lockwood, *Social integration and system integration*, Boston, 1964 참조.

102) 1946년 2월에 결성된 동독의 공식 노총인 FDGB는 단순한 노동조합연맹이 아니라 노동자·농민의 국가인 동독에서는 노동자의 정치적 이익을 대변하는 하나의 사회주의 정치·사회조직이었다. 즉, 동독노총은 '동독을 지배하는 노동계급의 계급조직'으로서 유일한 노동조직이며, 전체 인구의 약 60%인 960만 명이 가입된 동독 최대의 대중조직이다. 1950년 5월 1일에 공표된 '노동법'은 '노조는 지배적 노동계급의 법적인 이익 대변자'로 인정하였으며, 같은 해 8월 말의 동독노총 제3차 회의는 '국가이익=정당이익=노조이익'이라는 공식을 통과시켰다. 정치적으로 1989년까지 동독노총은 동독 의회에 일정 지분을 갖는 노동자조직이자 정치조직이며, 의장인 하리 티쉬(Harry Tisch)는 공산당인 '통합사회당(SED)' 중앙위원회 위원이었다.

103) 사회주의 노력 영웅인 헤넥커의 초인적인 작업 결과는 동독 지역의 노동자들을 '사회주의적 경쟁'으로 유도하기 위해 동독 공산당(SED), 동독노총(FDGB) 및 소련군 정청이 사전에 계획한 결과였다.(Rainer Gries, Silke Satjukow, Von Menschen

und Uebermenschen, in : *Aus Politik und Zeitgeschichte* Nr. 17 / 26. 04. 2002 참조)

104) 노동생산성 향상을 위한 근로자에 대한 국가의 지속적인 압박은 산업 시설의 현대화가 상대적으로 어려운 동독에서 생산성 향상의 유일한 방법이었기 때문에 주기적으로 제시되는 경제계획에 반드시 표명되는 사안이었다.

105) W. Mueller, Die DDR in der deutschen Geschichte, in : *Aus Politik und Zeitgeschichte* B 28 / 2001 참조.

106) 같은 기간 서독에서 동독으로 이주한 사람은 약 50만 명에 불과했다. Ch. Klessmann, *Zwei Staaten, eine Nation. Deutsche Geschichte 1955~1970*, Bonn, 1988 참조.

107) M. Henkel, 앞의 책 및 W. Mueller, 앞의 글 참조.

108) 동독의 노령연금 급여액의 인상은 서독과 달리 연금의 물가연동제는 도입하지 않고, 단순히 연금액만을 인상하였다.

109) H. G. Hockerts(Hg.), *Drei Wege deutscher Sozialstaatlichkeit. NS-Diktatur, Bundesrepublik und DDR im Vergleich*, 1998 참조.

110) H. Lampert / A. Bossert, *Sozialstaat Deutschland—Entwicklung, Gestalt, Probleme*, Muenchen, 1992 참조.

111) Gesine Spiess, Vater Staat und seine ungleichen Toechter, in: *Aus Politik und Zeitgeschichte*, B 41~42, 1998, S. 43~46.

112) 김은영, 「통일 10년과 여성 삶의 변화」, 제5회 여성평화통일 포럼, "독일 통일과 여성" 발표문, 2001, 3~23쪽.

113) 홍욱화·안계영·김은영, 「통일 후 동독 지역 여성의 사회통합 과정에 대한 연구」, 『민족화해와 평화정착』, 민화협 정책위원회 편, 2001, 142~188쪽.

114) Gisela Helwig, Weg zur Gleichberechtigung, in : *Frauen in Deutschland. Informationen zur politischen Bildung*, 2002, S. 14~15.

115) K. Schaefgen / A. Spellerberg, Kulturelle Leitbilder und institutionelle Regelungen für Frauen in den USA, in West-und in Ostdeutschland, in : *Berliner Journal für Soziologie*, H. 1, 1998, S. 73~90.

116) Gisela Helwig, "Einleitung", G. Helwig, G. / H. M. Nickel, *Frauen in Deutschland 1945~1992*, Bonn, 1993, S. 12~14.

117) Marion Moehle, Frauen in den neuen Bundeslaendern, in : Richard Hauser / Thomas Olk(hg.), *Soziale Sicherheit fuer alle*. Opladen, S. 267.

118) Virginia Penrose, Vierzig Jahre SED—Frauenpolitik : Ziele, Strategien und Ergebnisse, in : *Frauenforschung*, H. 4, 1990, S. 60~77.

119) Heike Trappe, *Emanzipation oder Zwang? : Frauen in der DDR zwischen Beruf,*

Familie und Sozialpolitik, Berlin, 1995, S. 64.

120) Christine Eifler, Die deutsche Einheit und die Differenz weiblicher Lebensentwürfe, in : *Auspolitik und Zeitgeschichte*, B 41~42, 1998, S. 39.

121) Susanne Asche, Anne Huschens(Hg.), *Frauen*, Frankfurt a.M., 1990, S. 124f.

122) Virginia Penrose, Vierzig Jahre SED－Frauenpolitik : Ziele, Strategien und Ergebnisse, in : *Frauenforschung*, H. 4, 1995, S. 69.

123) L. Boeckmann-Schewe / Ch. Kulke / A. Roehrig, Wandel und Brueche in Lebensentwuerfen von Frauen in den neuen Bundeslaendern, in : *Aus Politik und Zeitgeschichte*, B 6, 1994. S. 33~44.

124) Christine Eifler, Die deutsche Einheit und die Differenz weiblicher Lebensentwuerfe, in : *Auspolitik und Zeitgeschichte*, B 41~42, 1998, S. 37~42.

125) Irene Doelling, 10 Jahre danach : Geschlechterverhaeltnisse in Veraenderung, *Berliner Journal fuer Soziologie*, H. 1, 2001, S. 19~30.

126) Eun-Young Kim, Krise der Gesellchaft－Krise der Familie, in : H. Heide(Hg.) *Suedkorea. Bewegung in der Krise*, Bremen, 1999, S. 135~147.

127) Klaus－Dietmar Henke, "Die Trennung vom Nationalsozialismus. Selbstzerstoerung, politische Saeuberung, Entnazifizierung, Strafverfolgung", ders. / Hans Woller(eds.), *Politische Saeuberung in Europa. Die Abrechnung mit Faschismus und Kollaboration nach dem Zweiten Weltkrieg*, Muenchen, 1991, S. 21~83 ; 이진모, 「전후 독일의 탈나치화와 과거 청산－성과와 한계(1945~1950)」, 『독일연구』 5, 2003. 6, 59~87쪽.

128) 이진모, 위의 글.

129) 최승완, 「'반파시즘적, 민주적 변혁?' 소련군정하 동독 지역의 탈나치화(1945~1948)」, 『대구사학』 69, 2002. 11, 154쪽 이하.

130) 최승완, 위의 글, 157쪽.

131) 이진모, 앞의 글, 84쪽.

132) Jost Duelffer, "Erinnerungspolitik und Erinnerungskultur : Kein Ende der Geschichte", *Eine Ausstellung und ihre Folgen. Zur Rezeption der Ausstellung Vernichtungskrieg. Verbrechen der Wehrmacht 1941 bis 1944*, Hamburger Institut fuer Sozialforschung(ed.), Hamburg, 1999, S. 289~293.

133) Peter Bender, *Deutsche Parallelen*, Berlin, 1989, S. 48 ; Christoph Klessmann, "Getrennte Vergangenheit und gemeinsame Geschichte?", 김승렬 역, 「분단된 과거와 공동의 역사?」, 『독일연구』 1, 2001. 6, 110쪽 이하. 나치 당복의 색깔이 갈색이었기 때문에 갈색은 흔히 나치를 상징하는 수사로 사용된다.

134) Annette Weinke, *Vergangenheitsbewaeltigung 1949~1969. Oder : Eine deutsch-*

deutsche Beziehungsgeschichte im kalten Krieg, Paderborn et al. 2002, S. 340.

135) Annette Weinke, 위의 책, 341~351쪽.

136) 안병직, 「'일상의 역사'란 무엇인가」, 『오늘의 역사학』, 한겨레신문사, 1998, 23~78쪽.

137) Omer Bartov, *The Eastern Front, 1941~1945. German Troops and the Barbarization of Warfare*, London / N.Y., 1985 ; Wolfram Wette et al(eds.), *Unternehmen Barbarossa. Der deutsche Ueberfall auf die Sowjetunion 1941*, Paderborn 1984.

138) 최승완, 앞의 글, 170쪽.

139) Byung-Lp Philo Kim, Two Koreas in Development(New Jersey : Transaction Pub., 1992), ch. 7 참조.

140) 북한에게 민족적이라는 것은 조선 민족의 고유성을 강조하는 것인 반면, 남한에서 민족적이라는 것은 현대적이 아닌 전통적인 것을 의미하였다. 따라서 북한에서의 민족문화는 타문화와 다른 독자적인 것이 되는 까닭에 현대적인 문화 요소도 민족문화로 보는 것이 가능하다. 반면에 남한에서는 역사적으로 경험하였던 문화 요소를 민족적인 것으로 보는 까닭에 북에 비해 민족문화의 원형을 강조하는 경향이 있다.

141) 분단의 남한 사회의 영향에 대해서는 이우영, 「새로운 통일 담론의 필요성」, 『동아시아 발전사회학』(한국비교사회학 편), 아프케, 2002 참조.

142) 김영모, 『한국 사회복지사업 연구』, 한국복지정책연구소 출판부, 1993 참조.

143) 이철수, 『북한 사회복지』, 청목, 2003 참조.

144) 최균 외, 『한국 사회보험의 현황과 정책과제』, 전국노동조합대표자회의, 1994 ; 중앙대학교 사회복지학과 편, 『한국 사회보장제도의 재조명』, 한국복지정책연구소 출판부, 1992 ; 서상목·최일섭·김상균, 『사회복지 전달체계의 개선과 전문 인력 활용 방안』, 한국개발연구원, 1988.

145) 전상인, 『북한 가족정책의 변화』, 민족통일연구원, 1993, 4장 ; 박현선, 『현대 북한 사회와 가족』, 한울아카데미, 2003, 6장 참조.

146) 오정수, 「북한의 사회복지제도 변동과 전망」, 『계간 북한연구』 2권 4호(1991, 겨울) ; 이철수, 앞의 책 참조.

147) 예를 들어 북한은 남한의 소설 등 문학작품에 대해 비판적이지만 일반 주민들에게 소개한 반면 남한은 접촉 자체를 금지하였다.

148) 변종화·박인화·서미경·김만철, 『남북한 보건의료제도 비교 연구』, 한국보건사회연구원, 1993 ; 박진·이유수, 『남북한 사회보장제도의 비교 및 통합 방향』, 한국개발연구원, 1994 참조.

149) 북한에서는 무상치료가 원칙이다. 지역을 단위로 병원이 갖추어지고 개인별로 담당의사가 배정되어 있다. 남한의 경우 의료보험이 전국민을 대상으로 실시되고 있으나

저소득층을 제외하고 치료비의 일정 부분은 개인이 부담하여야 한다.

150) 복지제도가 사회주의만의 특성은 아니지만, 그동안 남한 사회에서는 복지국가를 북유럽의 사회민주주의와 같은 뜻으로 생각하는 경향이 있었다. 권력의 집중과 유지를 반공에서 찾았던 군사정권은 허용되는 이념의 폭을 극단적으로 좁혀놓았고, 자본주의체제라고 할지라도 사회적 복지의 개념이 부족한 미국 모델만을 유일하게 받아들였다. 권혁범, 「반공주의 회로판 읽기 : 한국반공주의 의미체계와 정치 사회적 기능」, 『탈분단시대를 열며』(조한혜정·이우영 엮음), 삼인, 2000 참조.

151) 김연명, 『한반도 냉전체제가 남·북한 사회복지에 미친 영향』, 한국사회과학연구소, 1994.

152) 유치원 높은반 1년, 인민학교 4년, 중고등학교 6년을 의미한다.

153) 의무교육 확대가 본인과 학부모의 자율성을 해치는 것이라고 주장하기도 하였다.

154) 정경배·문옥륜·김진수·박인화·이상은, 『남·북한 사회보장 및 보건의료 제도 통합 방안』, 한국보건사회연구원, 1993 ; 성경륭, 「통일한국의 사회통합을 위한 사회복지정책의 방향」, 『통일한국의 새로운 이념과 질서의 모색 : 제3회 한국정치세계학술대회』, 한국정치학회, 1993 참조.

155) 평화연구소·중앙대 '사회와 복지연구회' 지음, 『한반도의 군축과 사회복지 : 한반도에서의 군비 축소에 따른 남한 사회복지의 발전전망』, 한울, 1991 참조.

156) 통일원, 『독일 통일백서』, 통일원, 1994.

157) 이 법령의 모성 보호 조치로는 산전산후 유급 휴가, 노동하는 여자의 수유시간 부여, 태모나 유모에게 시간 외 노동과 야간노동 금지를 규정하고 있다.

158) "북조선의 남녀평등권에 대한 법령"(1946. 7. 30), "북조선 남녀평등권에 대한 시행세칙"(1946. 9. 14), 『김일성저작집 1』, 1979, 327~328쪽.

159) 황정미, 「개발국가의 여성정책에 관한 연구」, 서울대학교 대학원 사회학과 박사학위 논문, 2001.

160) 복지주의적 관점은 모성의 권리를 우선 인정하고 모성 기능의 보호를 주장함으로써 사회복지 서비스의 확대를 요구하는 것으로 요약할 수 있다. 복지주의는 여성의 가사노동과 남편에 대한 경제적 의존으로 특징지어지는 전통적 가족관에 기반을 두고 있다. 즉, 현실적으로 가족 보호를 일차적으로 책임지고 여성의 상황을 그대로 인정하면서 여성이 좀더 가족 보호의 책임을 잘 담당할 수 있도록 도와줌으로써 여성이 현실에서 누리는 불이익을 점진적으로 해소하도록 하려는 전략이다. 그러나 여성의 신체적, 전통적 역할을 당연하게 받아들인다는 점에서 한계가 있다.

161) 박정희 정권은 1960년대 중반 급속한 산업화를 진행하는 데에 '과잉 인구'가 성장의 장애 요인이라는 것을 인식하고 '인구억제정책'을 강화하였다. 이를 위해 여성에 대한 출산 통제로서 피임이 적극적으로 보급되었고 여성들의 출산 통제를 통한 국가정책은 다산정책과는 반대로 성공을 거둘 수 있었다.

162) 『조선중앙년감』, 1979, 257~258쪽.

163) 이렇듯 어머니의 역할을 강조하면서도 여성들의 노동을 의무화하여 여성이 집안에 머무는 것을 원칙적으로 규제했다. 실제로 직장에 나가지 않는 여성(부양가족)은 식량 배급이 300그램이며, 직장에 나가지 않아도 결국 가내작업반 등에 동원되어야 한다. 여맹에서도 가정 부업으로 축산을 장려하고, 누구나 가내작업반에서 일하도록 촉구하면서 기술 혁신에서도 여성들의 역할을 강조하였다. 『조선녀성』, 1965~66년.

164) 연구자가 만난 대부분의 50~60대 북한 이탈 여성들은 지금도 사회적으로 인정받으며 살고 싶다는 생각이 강했다. 특히 자녀 교육을 중시하여 사회활동을 하는 어머니상을 자식에게 보여주고자 하였다. 아무리 고된 일이라도 이중 부담과 만성피로에 대해 불평은 하지만 일하는 여성으로서의 지위를 기꺼이 포기하려는 사람은 거의 없었고 무엇보다도 감정의 가장 소중한 부분일 수밖에 없는 '일을 통한 더 나은 삶에 대한 희망과 자신이 하는 일에 대한 자부심이나 일에 대한 의욕'을 강하게 표출하고 있었다. 이것은 여성들이 반드시 직업을 가져야 한다는 의식이 강하게 존재했음을 보여주는 것인데, 아마도 이런 의식은 그녀들이 봉건제와 식민지의 열악한 삶과 의식으로부터 벗어나 스스로 방대한 사회혁명 과정을 직접 거쳐나왔기 때문에 생겼을 가능성이 크다. "결혼해도 여자가 직장을 그만두는 경우는 거의 없다. 직장에 다녀야 한다는 의무감이 있었다. 여자도 직장에 다녀야만 월급과 배급을 탈 수 있다. 자기가 사회생활을 해야 직장 여성으로서 강한 만족감을 가지고 있었다"－구수미·오유석, 「북한 도시 여성의 삶과 의식 : 청진, 신의주, 혜산을 중심으로」, 『사회와 역사』, 한국사회사학회, 2004.

165) 가두여성이란 도시나 노동지구에서 직장에 다니지 않고 가정에 있는 여성을 의미한다. 이들은 공장에서 원료와 자재를 집에 가지고 와서 가공하거나 제품을 만드는 가내작업반의 형태를 통해 생활필수품을 생산하는 활동을 한다.

166) 1984년에 등장한 '8·3인민소비품창조운동'은 북한이 생활필수품 부족을 타개하기 위해 진행시킨 소비품 생산증대운동이다. 즉, 각 기업과 가정에 조직된 '생활필수품 직장·작업반', '가내작업반'에서 기업의 부산물, 폐기물, 지방의 차원에서 모은 유휴 원료·자재를 이용해 소비품을 생산하는 것이다. 이 운동의 직접적인 계기는 김정일이 1984년 8월 3일 평양에서 열린 전국경공업제품대회의 전시장을 둘러보고 「주민들에 대한 상품 공급 사업을 개선할 데서 제기되는 몇 가지 문제에 대하여」라는 제목의 담화를 발표한 것이다.

167) 경제난으로 인해 최근에는 여성들이 가족을 부양하는 사례가 늘어나면서 이혼에 대한 여성의 의식도 변화하고 있다. 즉, 무조건 남편을 받들고 사는 것이 아니라 무능하거나 폭력적인 남편과는 이혼하거나 아예 도망쳐서 다른 남성과 동거하거나 탈북하는 등 이혼에 대해 적극적으로 대응하는 경향이 나타나고 있다. 이에 대해 북한

에서는 1999년 민사소송법 시행령을 준비하고서도 공포하지 않고 있다는 보고도 있다.

168) '고난의 행군' 시기 가장 타격받은 인구 계층은 여성이었다. 원래 한국전쟁 이후 엄청난 여초현상을 보였던 북한에서 여성 비율이 크게 낮아지면서 성비가 급변하고 있는 것이다. 북한에서 여자 100명당 남자 수를 나타내는 성비가 1970년 89.9에서 1980년 92.7로 상승했고, 1990년 94.8에서 1995년 95.4, 2002년 96.5로 높아지면서 여성 비율은 상대적으로 그만큼 떨어졌다.

169) 서중석, 『한국현대민족운동연구 1』, 역사비평사, 1991 ; 박태균, 「8·15 직후 미군정의 관리 충원과 친일파」, 『역사와 현실』 10, 1993 ; 임대식, 「친일·친미경찰의 형성과 분단활동」, 『분단 50년과 통일시대의 과제』, 역사비평사, 1995.

170) 케인, 『해방과 미군정』, 까치, 1986, 68쪽.

171) 이강수, 『반민특위연구』, 나남, 2003, 54~56쪽. 김승학 유고 중 『친일파군상』은 1948년 민족정경연구소에서 작성한 『친일파군상』과 제목이 같으나 관련성 여부는 명확하지 않다. 『친일파군상』에는 정계·관계·실업계(43명), 교육계·종교계(19명), 언론계·문화계·연예계(45명), 국방금(10만 원 이상·1만 원 이상) 헌납자(92명), 지원병(36명) 등을 기록하고 있다. 특히 '지원병혈서 지원자'(34명) 등 다른 연구에서 파악되지 못한 친일파도 포함시켰다.

172) 김성보, 「소련의 조선임시정부 수립 구상」, 『역사비평』 1994년 봄호.

173) 기광서, 「친일파 처리, 그 배제와 수용의 메커니즘」, "한국역사연구회웹진"(http://www.koreanhistory.org/), 2004. 11. 16.

174) Доклад об итогах работы Управления Советской Гражданской администрации в Северной Корее за три года (август 1945 -ноябрь 1948 г.),том 1,АВПР, ф.0480,оп.4,п.14,д.46,л.274.

175) 『남조선과도입법의원속기록』 제36호, 1947. 3. 17.

176) 『제헌국회속기록』 제1회 제75호, 1948. 9. 27.

177) 「판결문」(단기 4283년 刑上제10호) 1950. 4. 18. 오익환의 「반민특위 활동과 와해」, 『해방전후사의 인식』 1, 한길사, 1980 등 기존 연구에서는 사건 자금을 박정근이 제공했다고 지적했지만, 「판결문」에 따르면 반민특위 제1호로 체포된 박흥식이 제공했다.

178) *National Traitors Act, 1948~1949*(American Mission in Korea, Seoul : Records of the U. S. Department of State relation affairs of Korea, 1945~1949, File 895), 1949. 2. 18.

179) 이강수, 앞의 책, 320~327쪽.

180) 서중석, 『한국현대민족운동연구 2』, 역사비평사, 1996, 214쪽.

181) 길진현, 『역사에 다시 묻는다』, 삼민사, 1984, 19쪽.

182) 이기동, 『비극의 군인들』, 일조각, 1982, 277~288쪽.

183) 임종국, 『친일문학론』, 평화, 1966.

184) 『반민특위재판기록』 17, 다락방, 1993, 774~797쪽.

185) 일반적으로 기독교를 신교로, 천주교를 구교로 이해한다. '基督'은 Christos를 음차한 한자고, '天主'는 그것을 의역한 한자이다. 물론 신교 선교사가 '기독교'를, 구교 선교사가 '천주교'를 사용함으로써 이 표현이 우리에게 그렇게 이해되었지만, 지금도 이 우연의 산물을 계속 유지할 필요가 없을 듯싶다. 실제로 신구교나 여기에 그리스 정교까지를 함께 표현하고 싶을 때, 마땅한 말이 없다. 본문의 '크리스트교'는 이 모든 종파를 포함하는 것을 표시하기 위해 필자가 임시적으로 사용한 표현이다.

186) Horst Zilleßen(ed.), *Volk — Nation — Vaterland. Der deutsche Protestantismus und der Nationalismus*, Gütersloh, 1970.

187) 나인호, 「나치 독재의 정치종교와 전체주의적 대중 만들기」, 『대중독재 — 강제와 동의 사이에서』(임지현 엮음), 책세상, 2004, 229쪽.

188) Christoph Kleßmann, "Protestantische Kirchen und nationale Identität im geteilten Deutschland", *Kirchliche Zeitgeschichte* 12, 1999, S. 447f.

189) Ulrich Bayer, "Die 'Deutsche Frage' auf den EKD-Synoden 1958 bis 1963 : Konsolidierung und Ernüchterung im Zeichen des Mauerbaus. Die Vertiefung der deutschen Teilung und das Ende der Einheit der EKD", *Kirchliche Zeitgeschichte* 3, 1990, S. 337.

190) Martin Greschat, "Der Protestantismus und die Entstehung der Europäischen Gmeienschaft", Greschat / Loth(eds.), *Die Christen und die Entstehung der Europäischen Gemeinschaft*, Stuttgart et al., 1994, S. 55, 59~68.

191) Martin Greschat, 위의 책, 56~59쪽 ; Anselm Doering-Manteuffel, "Die Kirchen und die EVG. Zu den Rückwirkungen der Wehrdebatte im westdeutschen Protestantismus und Katholizismus auf die politische Zusammenarbeit der Konfessionen", H.-E. Volkmann et al.(eds.), Die Europäische Verteidigungs-gemeinschaft. *Stand und Probleme der Forschung*, Boppard am Rhein, 1985, S. 323f.

192) Kleßmann, 앞의 책, 451f.

193) 로마서 13장 1절부터 7절까지의 주요 내용은 다음과 같다. "각 사람은 위에 있는 권세들에게 굴복하라. 권세는 하나님께로 나지 않음이 없나니, 모든 권세는 다 하나님의 정하신 바라. 그러므로 권세를 거스르는 자는 하나님의 명을 거스름이니 거스르는 자들은 심판을 자취하리라. 관원들은 선한 일에 대하여 두려움이 되지 않고 악한 일에 대하여 되나니 …… 공세를 받을 자에게 공세를 바치고 국세를 받을 자에

게 국세를 바치고 두려워할 자를 두려워하며 …….” 이 구절은 세속 질서에 대한 신자의 일반적인 자세를 언급한 것인데, 부당한 질서에 대한 복종을 명령한 것으로 잘못 해석되곤 하는 구절이다. 하지만 부당성에 대한 기준은 늘 고민거리이다.

194) Ulrich Bayer, 앞의 책, 341쪽.

195) 본 논문은 『카프카 연구』 11집에 실린 「배제와 경쟁－동서독의 문학」을 수정 보완한 것임.

196) Zitiert nach Ralf Schnell, *Geschichte der deutschsprachigen Literatur seit 1945*, Stuttgart, 1993, S. 79.

197) Ebenda, S. 80.

198) Hans Dieter Zimmermann, *Literaturbetrieb Ost / West. Die Spaltung der deutschen Literatur von 1948 bis 1989*, Stuttgart, 2000, S. 27f.

199) Vgl. Ebenda, S. 20.

200) Zitiert nach Helmut Peitsch, *Zur Vorgeschichte des Hamburger Streitsgesprächs deutscher Autoren aus Ost und West : Die Rezeption des Konzepts 'Engagement' in der BRD und in der DDR.* In : Sven Hanuscheck(Hg.) : *Schriftsteller als Intellektuelle. Poetik und Literatur im Kalten Krieg.* Tübingen, 2000, S. 315.

201) Jochen Vogt, *Langer Abschied von der Nachkriegsliteratur? Ein Kommentar zur letzten westdeutschen Literaturdebatte?* In : Karl Deiritz und Hannes Krauss(Hg.), *Der deutsch-deutsche Literaturstreit oder "Freunde, es spricht sich schlecht mit gebundener Zunge"*, Hamburg, 1991, S. 60.

202) Zitiert nach Karlheinz Fingerhut, *Produktive Kafka-Rezeption in der DDR.* In : Wilhelm Emrich und Bernd Goldmann(Hg.), *Franz Kafka. Symposium 1983*, Mainz, 1985, S. 295.

203) Alfred Kurella, *Der Frühling, die Schwalben und Franz Kafka. Bemerkungen zu einem literaturwissenschaftlichen Kolloquium.* In : Klaus Jarmatz(Hg.), *Kritik in der Zeit. Der Sozialismus-seine Literatur-ihre Entwicklung*, Halle o. J., S. 540.

204) Zitiert nach Manfred Behn, *Auf dem Weg zum Leser. Kafka in der DDR.* In : Text+Kritik, Sonderband, 7/94, Franz Kafka, S. 326.

205) Christa Wolf, *Der geteilte Himmel*, München, 1973, S. 114.

206) 전영애, 『독일의 현대문학, 분단과 통일의 성찰』, 창비, 1998, 267쪽.

207) David Bathrick, *Die Intellektuellen und die Macht. Die Repraesentanz des Schriftstellers in der DDR.* In : Sven Hanuscheck(Hg.), a.a.O., S. 239.

208) Vgl. Klaus－Michael Bogdal, *Wer darf sprechen? Schriftsteller als moralische Instanz －Ueberlegungen zu einem Ende und einem Anfang.* In : Karl Deiritz und Hannes Krauss(Hg.), *Der deutsch-deutsche Literaturstreit oder "Freunde, es spricht sich schlecht*

mit gebundener Zunge", Hamburg, 1991, S. 43f.

209) Zitiert nach Ralf Schnell, a.a.O., S. 207f.

210) 박설호, 『동독 문학 연구－동독 문화정책 개관』, 한신대학교 출판부, 1998, 254쪽 이하 참조.

211) Uwe Kolbe, *Die Heimat der Dissidenten. Nachbemerkungen zum Phantom der DDR-Opposition*. In : Karl Deiritz und Hannes Krauss(Hg.), *Der deutsch-deutsche Literaturstreit oder "Freunde, es spricht sich schlecht mit gebundener Zunge"*, Hamburg, 1991, S. 34.

212) Ebenda, S. 39.

213) Peter Wawerzinek, *Kryptaspiele*. In : Helge Malchow und Hubert Winkels(Hg.), *Die Zeit danach. Neue Deutsche Literatur*, Koeln, 1991, S. 122.

214) Andreas Neumeister, *aller Herren Laender aller Lieder Heimat*. In : Helge Malchow und Hubert Winkels(Hg.), a.a.O., S. 102.

215) Christa Wolf, *Was bleibt*, Hamburg, 1992, S. 94.

216) Vgl. Hans Peter Herrmann, *Der Platz auf der Seite des Siegers. Zur Auseinandersetzung westdeutscher Literaturwissenschaft mit der ostdeutschen Literatur*. In : Andreas Erb(Hg.), *Baustelle Gegenwartsliteratur. Die neunziger Jahre*, Opladen, 1998, S. 32.

217) Klaus-Michael Bogdal, *Klimawechsel. Eine kleine Meteorologie der Gegenwartsliteratur*, In : Andreas Erb(Hg.), *Baustelle Gegenwartsliteratur. Die neunziger Jahre*, Opladen, 1998, S. 10.

218) 최승완, 「'반파시즘적, 민주적 변혁'? : 소련 군정하 동독 지역의 탈나치화(1945~1948)」, 『대구사학』 69, 2002, 145~180쪽.

219) Alexander Abusch, *Irrweg einer Nation. Ein Beitrag zum Verstaendnis deutscher Geschichte*, Berlin, 1946.

220) Christoph Klessmann, "Das Problem der doppelten 'Vergangenheitsbewaeltigung' in der frueheren DDR", *Krise－Umbruch－Neubeginn*, eds. by Rainer Eckert, Stuttgart, 1992, S. 271~280 ; Konrad H. Jarausch, "Das Versagen des ostdeutschen Antifaschismus", *Berliner Debatte. Initial*, no.2, 1991, S. 114 이하 ; Jarausch, ed., *Zwischen Parteilichkeit und Professionalitaet. Bilanz der Geschichtswissenschaft der DDR*, Berlin, 1991 ; Wolfgang Wippermann, *Antifaschismus in der DDR. Wirklichkeit und Ideologie*, Berlin, 1980.

221) Hans Schleier, "Vergangenheitsbewaeltigung und Traditionserneuerung? Geschi-chtswissenschaft nach 1945", eds. by Walter H. Pehle, Peter Sillem, *Wissenschaft im geteilen Deutschland*, Frankfurt a.M., 1992, S. 212 이하 ; Peter

Bender, *Deutsche Parallelen. Anmerkungen zu einer gemeinsamen Geschichte zweier getrennter Staaten*, Berlin, 1989, S. 47 이하.

222) Leo Stern, "Gegenwartsaufgaben der deutschen Geschichtsforschung", *Neue Welt*, no.7, 1952, S. 1705~1708.

223) *Grundriss der Geschichte der deutschen Arbeiterbewegung*, Berlin, 1963.

224) Martin Sabrow, *Das Diktat des Konsenses. Geschichtswissenschaft in der DDR 1949~1969*, Muenchen, 2001 ; Ilko-Sascha Kowalczuk, *Legitimation eines neuen Staates. Parteiarbeiter an der historischen Front. Geschichtswissenschaft in der SBZ/DDR 1945 bis 1961*, Berlin, 1997 ; Jeffrey Herf, *Divided Memory. The Nazi Past in the Two Germanys*, Cambridge and London, 1997 ; Winfried Schulze, *Deutsche Geschichtswissenschaft nach 1945*, Muenchen, 1993, S. 183~200 ; Georg G. Iggers, *Ein anderer historischer Blick. Beispiele ostdeustcher Sozialgeschichte*, Frankfurt a.M., 1991.

225) '과거극복' 개념에 관해서는 Wolfgang Benz, ed., *Legenden, Luegen, Vorurteile. Ein Lexikon zur Zeitgeschichte*, Muenchen, 1990, S. 180 ; 전진성, 「어떻게 부담스런 과거와 대면할 것인가? 과거극복(Vergangenheitsbewaeltigung) 개념에 대한 이론적 검토」, 『독일연구』 6, 2003, 147~149쪽 참조. 개념의 형성사에 관해서는 Manfred Kittel, *Die Legende von der "Zweiten Schuld". Vergangenheitsbewaeltigung in der Aera Adenauer*, Berlin et. al., 1993, S. 14~21 참조.

226) Hans Mommsen, Haupttendenzen nach 1945 und in der Aera des Kalten Krieges, ed. by Bernd Faulenbach, *Geschichtswissenschaft in Deutschland*, Muenchen, 1974, S. 112~120.

227) Friedrich Meinecke, "Irrwege in unserer Geschichte?", *Der Monat*, no.2, 1949, S. 3~6.

228) Walther Hofer, "Ueber das Problem einer Revision des deutschen Geschichtsbildes", *Europa Archiv*, no.4, 1949, S. 1803~1804.

229) Friedrich Meinecke, *Die deutsche Katastrophe*, Wiesbaden, 1946.

230) Hans Rothfels, *Deutsche Opposition gegen Hitler*, Krefeld, 1949 ; Gerhard Ritter, *Carl Goerdeler und die deutsche Widerstandsbewegung*, Stuttgart, 1956.

231) Hans Peter Schwarz, *Die Aera Adenauer. Epochenwechsel 1957~1963*, Wiesbaden, 1983.

232) Hans Mommsen, "Betrachtungen zur Entwicklung der neuzeitlichen Historiographie in der Bundesrepublik," eds. by G. Alfoeldy, et. al, *Probleme der Geschichtswissen-schaft*, Duesseldorf, 1973, S. 132 이하 ; Bernd Faulenbach, "Historische Tradition und politische Neuorientierung. Zur Geschichtswissenschaft nach der 'deutschen

Katastrophe'", eds. by W.H. Pehle, P. Sillem, *Wissenschaft im geteilten Deutschland*, Frankfurt a. M., 1992, S. 191~204.

233) Karl Dietrich Bracher, "Totalitarismus", eds. by Bracher, E. Fraenkel, *Staat und Politik*, Frankfurt a. M., 1957, S. 294 이하.

234) Hans Rothfels, "Aufgaben der Zeitgeschichte", *Vierteljahrshefte fuer Zeitgeschichte*, no.1, 1953, S. 2, 8.

235) 뮌헨현대사연구소의 설립에 관해서는 특히 Hellmuth Auerbach, "Die Gruendung des Instituts fuer Zeitgeschichte", *Vierteljahrshefte fuer Zeitgeschichte*, no.18, 1970, S. 529~554 참조.

236) Rothfels, 앞의 책, 1~13쪽 ; Rothfels, *Sinn und Aufgabe der Zeitgeschichte* ; Rothfels, *Zeitgeschichtliche Betrachtungen*, Goettingen, 1959, S. 9~16.

237) *Geschichtsbuch 4*. Die Menschen und ihre Geschichte in Darstellung und Dokumenten, 1988 ; *Fragen an die Geschichte 4*. Geschichtliches Arbeitsbuch für Sekundarstufe I. Die Welt im 20. Jh., hrsg. von H. D. Schmid, Frankfurt, 1984 ; *Erinnern und Urteilen 4*. Unterrichtseinheiten Geschichte, Stuttgart, 1985 등이 여기에 속한다.

238) 이는 1986년에 출간된 동독 역사 교과서 *Geschichte. Lehrbuch fuer Klasse 10*에서 산출한 서술 비율이다.

239) *Geschichtliche Weltkunde 3*, S. 204.

240) 동독의 역사 교육 일반에 관해서는 이병련, 「독일 통일과 동독 역사 교육의 몰락」, 『사총』 50, 1999. 12, 139~163쪽 ; 이병련, 「구동독에서의 학교와 역사 교육 그리고 이데올로기」, 『호서사학』 30, 2001. 1, 105~137쪽.

241) *Geschichte, Lehrbuch fuer Klasse 10*, Volks und Wissen Volkseigener Varlag Berlin, 1974. 그러나 1986년에 출간된 역사 교과서에는 차례만 있을 뿐 서문조차 없다.

242) 1945년 제2차 세계대전 직후 소련 점령하 동독 지역에서 출발한 독일 공산당을 가리킨다. 독일 공산당과 사회민주당의 통합으로 이루어졌는데, 통합이 강제통합이었는지 자발적 통합이었는지에 관해서는 동서독 역사 교과서의 주장이 각기 다르다.

243) 실제로 그렇게 되어 있지만, 이분법적으로 나누어 간단하게 소개하면 다음과 같다.
1장 : 사회주의적 세계체제의 형성 / 민주주의와 사회적 진보에 대립하는 제국주의 (1945~1949)
2장 : 소련 점령지역 독일에서의 반파쇼적 민주주의적 질서의 수립과 강화 / 서독 점령 지역 내에서 독점자본의 복고. 독일 분단에 대항하는 독일인민의 투쟁. 동독의 건국
3장 : 사회주의적 세계체제의 안정(1949~1961) / 1950년대의 점증하는 제국주의의 침략성. 서독에서의 제국주의의 복고
4장 : 동독에서 사회주의의 기초 건립과 독일에서 사회주의와 제국주의의 계급투쟁.

동독—독일 최초의 평화국가. 반파쇼적 제국주의적 질서의 다각적 확립. 사회주의적 혁명으로의 점진적 이행

1960년대 이후를 다룬 부분에서도 사회주의와 제국주의의 대립이라는 구도가 유지되고 있는데, 여기에서는 사회주의의 "계속적인 확립"이라든가, 제국주의의 침략정책의 "결과"라든가 또는 "심화"라는 개념이 사용되고 있다.

끝으로 동독에서 발전된 사회주의적 사회 형성(1961~1971)으로 마무리하고 있다.

244) 영어로는 COMECON. 동유럽 국가들의 경제협력기구이다.

245) *Geschichte 10*, S. 79f.

246) *Geschichte 10*, S. 134f.

247) *Geschichtsbuch 4*, S. 239. 그러면서 이것의 나쁜 면을 "민주주의적 창의성과 공식정책에 대한 반대 여론이 아주 쉽게 '동쪽에 의해 조종되고 있는 것으로' 비방되어버리는 것"이라고 서술하고 있다.

248) *Fragen an die Geschichte 4*, S. 181f.

249) *Geschichtsbuch 4*, S. 238.

250) *Erinnern und Urteilen 4*, S. 150.

251) *Geschichtsbuch 4*, S. 236.

252) *Fragen an die Geschichte 4*, S. 206.

253) *Fragen an die Geschichte*. *4*, S. 206 ; *Geschichte*, *10*, S. 169f와 비교해볼 것. 동독의 교과서에는 서독 첩자들이 사용한 권총과 무전기 등을 담은 사진이 수록되어 있는데, 그것은 우리나라에서 북한 간첩이 사용했던 것을 진열해놓은 것과 똑같다.

254) *Geschichtsbuch 4*, S. 248.

255) *Geschichte 10*, S. 149f. 모두 11개 항목이 나열되어 있는데, 서독이 동독의 기습을 체계적으로 준비하고 있다는 사실을 명확하게 주장하는 내용들이다.

256) 성결교의 경우 1945년 11월 서울에서 열린 '재흥총회'에서 교단이 재건될 때 교단 해산 이전의 '연회'(북부, 남부) 조직을 서부(평안, 황해), 북부(함경), 중부(경기, 강원), 충호(충청, 전라), 영남(경상) 등 5개 교구로 나누는 '교구제' 조직으로 전환했다. 이후에도 북한 지역 교구장이 서울에서 열린 전국교구회에 38선을 넘어 참석했음을 확인할 수 있다. 1945년 10월 서울에서 열린 '전국신도대회'를 통해 '조선연합회' 조직을 재건한 안식교의 경우 대회 참여자 다수가 38선을 넘어온 북한 교회 지도자들이었다. 1945년 12월에 열린 조선연합회 평의원회는 38선 이북사업은 교통이 불편한 관계로 서선 지방에 '임시평의원회'를 두기로 결정했고 1946년 10월에는 정식으로 '북선대회'가 조직되었지만, 1948년 6월 서울에서 열린 제15회 연합회 총회에 북선대회장이 직접 참가하여 보고를 하는 등 남북한에 단독정부가 수립되기까지 서울에 있는 본부와 북한 교회의 연락은 계속되었으며, 본부가 계속 인사권을 행사한 사실을 확인할 수 있다.

257) 1948년 4월의 북조선종무원 정기대회에서 연원회의 조직 원리가 기존의 '속인제(屬人制)'에서 '속지제(屬地制)'로 변경되었는데, 이로 인해 '천도교북조선연원회'는 이미 종무원 조직으로 사실상 통합된 셈이었다.

258) 1974년 2월 존재가 알려지기 시작한 천도교중앙위는 현재까지도 '천도교북조선종무원'의 창립일을 자신의 결성기념일로 삼고 있다.

259) 조선기독교도연맹은 1999년부터 '조선그리스도교연맹'으로 이름을 바꾸었다.

260) 엄격히 말하면 이것은 개신교 최대 교단들인 장로교와 감리교의 경우에 해당된다. 성결교 등의 군소 교파들에서는 이런 일이 일어나지 않았다.

261) 1954년 3월 서울에서 열린 감리교의 제3회 정기총회에는 서부연회의 대표들이 기존 연회(주로 중부연회)에 포함되어 참가했으며, 1951년 특별총회에서 정한 본부(총리원) 이사 수 변경 조치(전체 24명의 이사 중 서부연회 소속 이사가 4명 포함되어 있음)를 그대로 채택하면서도 "서부연회 대표 이사의 선출은 당분간 보류키로" 단서를 달았다.

262) 조선천주교인협회는 1999년에 '조선가톨릭교협회'로 이름이 바뀌었다.

263) 1960~70년 사이에 남한의 평양교구 소속 성직자·수도자·신학생들은 서울대교구로 편입되었고, 1968~69년 사이에 남한의 함흥·덕원교구 소속 성직자·수도자·신학생들은 부산·대구·서울교구로 편입되었다. 함흥·덕원교구의 교구장 서리직은 여전히 베네딕트회 지도자에게 맡겨져 있지만, 평양교구의 교구장 서리직은 1975년 이후 서울대교구 교구장에게 맡겨지고 있다. 1970년대 이후 독자적인 기능은 사실상 정지되었지만, 망명교구들의 존재 자체는 현재까지 지속되고 있다.

264) 그 이전에는 1947년 4월에 장로교의 블레어(William N. Blair) 선교사가 개인 자격으로 북한을 방문하여 교회 지도자들과 짧은 만남을 갖고 김일성과 회담했던 것이 유일한 직접 접촉 사례였다.

265) 세계교회협의회가 1996년부터 2000년까지 북한에 제공한 원조 액수는 2,500만 달러에 달했다.

266) 1960년대 이후 모더니즘의 한계 상황에 대한 진단이 나오기 시작하면서 그 타개책을 놓고 세계 건축의 흐름은 크게 세 가지 방향으로 진행되고 있었다. 하나는 거장세대의 미완적 혁명정신을 지속 발전시키려는 경향, 두 번째는 모더니즘도 결국 전통으로부터 자유로울 수 없음을 선언하고 전통의 틀 안에서 새로운 방향을 찾으려는 경향, 그리고 세 번째는 모더니즘을 짓누르고 있던 고전주의의 한계를 벗어버리고 모더니즘이 실현하지 못했던 새로운 자유정신을 찾아 해답을 제시하려는 경향이 그것이다. 이러한 시대정신을 바탕으로 수많은 건축 이론들이 나타나기 시작하였다.

267) 이왕기, 『북한 건축 또 하나의 우리 모습』, 서울포럼, 2000, 17쪽.

268) 김정일, 『건축예술론』, 조선로동당출판사, 1992.

269) 1989년 7월 평양에서 개최되었는데 이 행사를 위하여 북한은 5·1경기장 외에 국제

영화관, 청년회관, 동평양대극장 등 대규모 건물, 광복거리, 청춘거리, 통일거리, 그리고 높이 2.5미터, 폭 110미터의 초대형 병풍과 같은 시설물 등 막대한 시설 투자를 하였다. 이 행사에 참여하기 위해 임수경과 문규현 신부가 방북을 하였다.

270) 이 당시 대표적인 대규모 개발로 만경대 구역의 광복거리, 청춘거리, 낙랑 구역의 통일거리 등을 들 수 있다.

271) 처음으로 북측의 건축을 남측에 소개한 글은 김동현의 「북한의 건축문화재」 1~4, 『건축가』(1992. 3~6)이다. 이어 이왕기의 「북한에서의 우리 건축사 연구」 1~6, 『건축가』(1993. 6~12)와 「북한의 현대 건축」 1~3, 『월간 플러스』(1995. 3~6) 등이 있다.

272) 리화선, 『조선 건축사 2』, 과학백과사전종합출판사, 1989.

273) 김현수, 「북한의 도시 계획에 관한 연구」, 서울대학교 대학원 박사학위 논문, 1993, 59쪽.

274) 龔德順, 花園城市－平壤, 『建築學報』 1985年 1月, 北京.

275) 이왕기, 앞의 책, 124쪽.

276) 김정일, 앞의 책, 150쪽.

277) 위의 책, 2쪽.

278) 리화선, 앞의 책.

279) 페르시아 지방에서 발전시켜온 건축 구조 형태로 비잔틴 양식의 독특한 기법이다. 정사각형에 외접하는 반구를 4면에서 수직 방향으로 절단하면 생기는 부분으로 수직 절단면은 반원형 아치가 되고 남은 반구는 4개의 점에 의해 지지되는데 4개의 아치에 의해 4개의 3각형 포물면을 형성, 이 삼각형 포물면의 부재를 펜던티브라고 한다. 이 모양을 건축 세부 장식에 다양하게 활용하고 있다.

280) 황재평, 「주체 건축 창조의 지도적 지침을 마련하여준 불멸의 대강」, 『조선건축』 1994-2호, 3쪽.

281) 양연국, 『조선조각사 2』, 조선미술출판사, 1991.

282) 본고에서 다루려는 2004년 현재 남북한의 역사 교육과 역사 교과서는 북한 관련 자료 수집의 곤란함 때문에 좀 불균등할 수밖에 없음을 미리 밝혀둔다. 남한의 경우 제7차 '교육과정'과 그에 입각하여 발행된 역사 교과서를 충분히 참조할 수 있었다. 북한의 경우 최근 역사 교육제도가 조금 바뀌었는데 이를 제대로 참조할 만한 자료를 찾지 못했다. 그래서 역사 교육과 역사 교과서 발행의 기본 지침이 되는 '교수 요강'을 참조하지 못했다. 다만, 『조선력사』는 2001년도와 2002년도에 발행된 책을 분석한 것에 비해 혁명역사와 혁명활동에 관한 교과서는 1999년에 발행된 것을 분석하였다.

283) 교육부 편, 「교육부 고시 제1997-15호(1997. 12. 30 개정 고시)」, 『초·중·고등학교 사회과·국사과 교육과정 기준(1946~1997)』, 2000, 106, 161쪽. 『국사』와

『한국근현대사』 교육의 성격에 관해 언급한 부분이다.

284) 「사회주의 교육에 관한 테제(1977. 9. 5)」, 『주체사상의 형성 과정 1』, 백두연구소 엮음, 백두, 1988, 303쪽.

285) 『조선력사－고등중학교 3』, 교육도서출판사, 2001, 2쪽. '머리말'에서 인용하였다.

286) 「사회주의 교육에 관한 테제(1977. 9. 5)」, 백두연구소 엮음, 앞의 책 1, 284쪽.

287) 세계사는 확인하지 못했지만, 2002년 9월 이전에는 고등중학교 5, 6학년의 '력사' 과목으로 배웠다. '조선력사'는 고등중학교 4학년으로 끝났던 것이다.

288) 교육부 편, 「교육부 고시 제1997-15호(1997. 12. 30 개정 고시)」, 앞의 책, 177쪽.

289) 『위대한 수령 김일성 동지 혁명력사－고등중학교 4』, 교육도서출판사, 1999, 8쪽.

290) 『위대한 수령 김일성 동지 혁명력사－고등중학교 6』, 교육도서출판사, 1999, 39~40쪽.

291) 북한의 역사 교과서를 구하기가 무척 어려웠다. 그래서 1950년대 중반부터 1960년대 후반까지의 내용을 분석할 때는 재일본조선총연합회의 민족학교에서 사용한 교과서도 참조하겠다. 1945~1949년과 1970, 1980년대 교과서는 참조하지 못했다. 그러므로 해당 시기를 언급할 때는 당대의 대표적인 역사서를 참조하겠다.

292) 미군정청 문교부, 『국사교본』, 1946, 171~174쪽.

293) 신석호, 『중등국사』, 동방문화사, 1948, 214, 215, 218쪽. 이 책은 8월 25일 인쇄되어 31일에 발행되었으며, 1955년도 검정 때 『중학교 사회생활과 국사』로 바뀌어 출판되었다.

294) 1956년의 '8월 종파 사건'으로 연안파도 제거되었다.

295) 이 시기 역사 인식의 변화를 가져온 상황에 대해서는 신주백, 「북한의 근현대 반침략투쟁 연구」, 『북한의 역사 만들기』(한국역사연구회 북한사학사연구반), 푸른역사, 2003 참조.

296) 『조선력사－고급 중학교용』, 교육도서출판사(평양), 1955년판, 1958년판 ; 『조선력사－고급학교 제2학년용』, 학우서방(동경), 1964년판. 1964년판은 조총련 민족학교의 교재이다.

297) 『역사학보』 49, 1970, 1~2쪽. 자세한 것은 신주백, 「공동의 경험, 기억의 차이, 그리고 작은 희망－한국과 일본의 역사 교과서를 중심으로」, 『2004 아시아·유럽 교과서 세미나 동·서양 식민지 역사 서술과 민족주의』 참조.

298) 교육부 편, 「문교부령 제251호(1969. 9. 4 개정 공포) 중학교교육과정」, 앞의 책, 281쪽.

299) 교육부 편, 「문교부령 제325호(1973. 8. 31 개정 공포) 중학교교육과정」, 위의 책, 287쪽.

300) 이상의 내용은 신주백, 「만주와 해방 후의 기억」, 『만주학회 2004년 국제학술대회 자료집－동아시아 역사와 기억 속의 만주』 참조.

301) 문교부, 『고등학교 국사』, 1979, 279~280쪽.

302) 문교부, 『고등학교 국사(하)』, 1990, 185쪽.

303) 『조선교육사 4』, 사회과학출판사, 1995.

304) 자세한 것은 권오용, 「단군릉 사건과 대동강문화론의 전개」, 한국역사연구회 북한 사학사연구반, 앞의 책 참조.

305) 『중학교 국사』, 교육인적자원부, 2002, 60쪽 ; 『고등학교 국사』, 교육인적자원부, 2003, 36·58쪽.